図解 社会経済学

資本主義とは
どのような
社会システムか

political economy

大谷禎之介

桜井書店

はじめに

　だれでも，現代社会の根幹をなしているのが「資本主義」という社会の仕組みであることを知っている。しかし，あらためて，「資本主義」とはどういうものか，と問われたら，これに答えるのは容易でないことに気づく。じつは，人類史にこの社会システムが登場したときから，この問いに答えようと苦闘してきたのが〈社会経済学〉という，古典派経済学からマルクス経済学にいたる経済学の流れなのである。本書がこれから読者にお伝えしようとしているのは，この問いにたいする社会経済学の答えである。

　ところで，ここで「社会経済学」と言うのは，資本主義社会が成立する過程で生まれて今日まで発展してきたポリティカル・エコノミー（political economy）のことである。ポリティカル・エコノミーはときとして「政治経済学」と訳されることがあるが，ここでの〈ポリティカル（political）〉は，「政治にかかわる」という意味ではなく，もっと広く「社会にかかわる」という意味である。もともと「経世済民」から来た日本語の「経済」という語は家計のやりくりではなくて社会の経済を意味するのだから，わが国でポリティカル・エコノミーが長い間，たんに「経済学」と訳されてきたのはまったく正当なことであった[1]。ところが19世紀の後半に，マーシャル（Alfred Marshall, 1842-1924）などが自分たちの「経済学」を古典派以来のポリティカル・エコノミーと名称のうえでも区別しようとして「エコノミクス（economics）」と称してから，ポリティカル・

1） 最近刊行された，アダム・スミス（Adam Smith）に先行する経済学者ステュアート（James Steuart）の主著 *An Inquiry into the Principles of Political Oeconomy*（1767年）の邦訳では，この書名が『経済の原理』と訳されている。訳者の竹本洋氏は「訳者解説」で，なぜポリティカル・エコノミーを，スミス（『諸国民の富』）を訳す場合とは異なって，「経済学」とせずに「経済」としたのかを，ステュアートの用語例を整理して説明されるとともに，なぜポリティカル・エコノミーを「政治経済」または「政治経済学」と訳すべきでないのかということについても詳しく説明されている（小林昇監訳『経済の原理——第1・第2編——』名古屋大学出版会，1998年，648-654ページ）。

エコノミーは「純粋に科学的」な経済学とは異なる「政治的」なバイアスのかかった経済学なのだという奇妙な観念がはびこるようになった。大方は善意をもって使われている「政治経済学」という訳語もこの観念を広めるのに一役を買ってきた。そういうこともあって，近時，エコノミクスとは区別されるポリティカル・エコノミーのもつ意味を積極的に表現しようとして，「社会経済学」という語が使われるようになってきた。これはポリティカルという語の含意を表現するのに適切な訳語である。本書でも，ポリティカル・エコノミーをエコノミクスから区別する必要があるときには，「社会経済学」という語を使うことにする。

多くの類書があるなかで本書になにか独自の特徴があるのか，と問われれば，次の三つのことをあげたい。

第1に，本書は，本文での説明を補うものとして，かなりの数の図を使っている。しかしその特色は，図の数が多いということよりも，図の作り方に一貫性をもたせて，あとからこれらの図を通して見るだけでも全体の展開の筋道を追えるようにしている，という点にある。もちろん図そのものが語れるのはわずかのことでしかないし，単純化された図がおかしな考え方を誘い出すこともある。けれども，そうした限度があることをわきまえていれば，本書での図示が経済学の内容を理解するのにそれなりに有用であると確信している。

第2に，本書では，読者の興味を引くような事実を並べて読者に断片的な常識的知識を与えればよいとする，ときどき見受けられる風潮に逆らって，叙述の目標を，読者が体系的な理論的展開のもつ魅力と迫力とを感知できるようにするところにおいた。常識の世界に身を委ねているかぎり，世の中での自利にかかわる違和感は山ほどもつとしても，社会全体についての鋭い疑問や問題意識はけっして自然には生まれてこない。見えている表面から，その奥に隠れている真相をつかみだし，この認識にもとづいてあらためて，表面に見えているものを説明しようとしたときに，はじめて，明らかにしなければならない問題がはっきりと見えてくる。こうしてつかまれた問題を解くことによって，社会についてのわれわれの認識が一歩一歩深まっていくのであり，科学としての経済学のもっている力を感じることができるのである。本書は，読者をそのよう

な登攀ルートにいざない，険しい山道をよじのぼることの苦しさと楽しさとを味わいながら，一緒に「明るい頂上」[2]を目指すことを選んだ。

　第3に，本書の本論である第1〜3篇の三つの篇の内容は，それぞれ大枠で，マルクスの『資本論』の第1〜3部の三つの部の内容に見合っており，本書が『資本論』への道案内となることを意図している。よく知られているように，『資本論』はけっしてやさしい書物ではない。しかし，それのどこもかしこもが難解というわけではけっしてない。ただ，ところどころに，はじめて読む人びとにとっては理解しにくい関門があるので，そのようなところで先に進むのをやめてしまう読者が少なくないために，この書物の全体が難解であるかのように言われるのである。本書では，とくにそのような関門にあたる部分をわかりやすく説明することによって，『資本論』の全体を読み通すための手助けをしようとしている。本書を読まれて『資本論』に興味をもたれた読者，また本書の内容をさらに深く知りたい読者には，ぜひとも『資本論』そのものに取り組まれるようお勧めする[3]。

　なお，本書では強調にゴシック体と傍点とを併用しているが，**ゴシック体**にした箇所は記憶しておいていただきたい語句，傍点を付けた箇所は注意して読

---

[2] マルクスは『資本論』フランス語版への序文（出版者ラシャトル宛ての手紙）で次のように書いている。
　「私が用いた分析の方法は，これまで経済の問題に適用されたことのないもので，はじめの諸章を読むことをかなりむずかしくしています。それで心配なのは，フランスの読者が，いつも性急に結論に到達しようとし，また一般的原理と自分が熱中している直接的問題との関連を知りたがるあまり，先にどんどん進めないからといって読み続けるのがいやになりはしないかということです。
　これは一つの不利な点ですが，これにたいしては，真理を求める読者にあらかじめこのことに注意を促して，心の準備をしておいてもらうよりほかには，私にはどうすることもできません。学問に平坦な大道はありません。そして，学問の険しい坂道をよじのぼる労苦をいとわない人びとだけに，その明るい頂上にたどりつく仕合わせがあるのです。」（マルクス『資本論』第1部，MEW, Bd. 23, S. 31.）

[3] 『資本論』の信頼できる邦訳で入手しやすいのは次の二つである。
　　岡崎次郎訳，大月書店，1967年（国民文庫版，全9冊）。
　　資本論翻訳委員会訳，新日本出版社，1998年（上製版，全5冊）。

んでいただきたい箇所，あるいは著者が重要だと考えている箇所である．

　本書の事項索引は，印刷されたものとして巻末に付けることはせず，桜井書店のホームページ（http://www.sakurai-shoten.com/）を通じて電子ファイルとして提供することにした．インターネットを利用されていない方々にはご不便をおかけすることになるが，これによって，紙幅に制限されずに任意の大きさのものを作成できるほか，読者がつねに，改善の手が加えられた最新版をダウンロードできるなど，多くの利点があると判断した．

　資本主義とはどのような社会システムか，という問いは，すでに三百歳の齢(よわい)を重ねてきたこの社会が，この先どのような方向に進み，どのように変わり，どのようにして新しい社会を産み落とすのか，という問いでもある．いま，新たな千年紀の入り口に立って，読者とともに人類史の将来に思いを馳せたい．

凡　例

　本書では折に触れてマルクスの文献からの引用を掲げているが，その出典ページとしては，『マルクス゠エンゲルス全集』（大月書店，1959-1991年）の原本であったドイツ語版『マルクス゠エンゲルス著作集』のページをあげている。その理由は，このページが邦訳『全集』の欄外につけられているので，該当する箇所を邦訳『全集』で容易に見つけることができるということのほか，『全集』とは別に刊行されている『資本論』の邦訳（大月書店版，新日本出版社版）でも，同じ『著作集』のページが欄外につけられているので，こちらも該当箇所をすぐに見つけることができるからである。ドイツ語版『著作集』は MEW で表わし，そのあとに巻数を Bd. で示し，S. でページをあげている。たとえば，MEW, Bd. 4, S. 100 は，ドイツ語版『著作集』第 4 巻 100 ページを表わす。『資本論』は，その第 1 部が『著作集』第23巻（MEW, Bd. 23），第 2 部が第24巻（Bd. 24），第 3 部が第25巻（Bd. 25）に当たるので，それぞれ，MEW, Bd. 23, S...., MEW, Bd. 24, S...., MEW, Bd. 25, S.... のように書いてある。ドイツ語版『著作集』に収められていない『直接的生産過程の諸結果』からの引用には，国民文庫版（大月書店，1970年）のページをあげ，邦訳『全集』に収められていない『経済学批判要綱』からの引用には，『資本論草稿集』②（大月書店，1993年）のページをあげておいた。

　なお，『資本論』第 1 部からの引用では，『資本論』初版でのマルクスによる強調を示すようにした。この強調は，第 2 版以降，印刷コストを引き下げるために削除されたので，『著作集』版にも，したがってまたそれを底本とするどの邦訳にもつけられていないが，マルクスがどういうところを大事だと考えていたかということを知るのに有用なものである。

本書で使われている記号

A 繰り返して出てくる重要な記号

A	：労働力	Ln	：必須労働（必須労働時間）
Am	：労働手段	M	：剰余生産物
Ar	：労働者	m	：剰余価値
C	：投下総資本	m'	：剰余価値率
c	：不変資本	ma	：追加資本となる剰余価値
cd	：固定資本摩損（移転）価値	mc	：追加不変資本となる剰余価値
cf	：固定資本	mk	：資本家の個人的消費にあてられる剰余価値
cz	：流動不変資本		
dp	：平均利潤	mv	：追加可変資本となる剰余価値
dp'	：平均利潤率	N	：必須生産物
G	：貨幣	P	：生産資本
I	：第Ⅰ部門（生産手段生産部門）	p	：利潤
II	：第Ⅱ部門（消費手段生産部門）	p'	：利潤率
K	：資本家	Pm	：生産手段
k	：費用価格	Pp	：生産価格
Km	：消費手段	Pr	：生産物
L	：労賃	v	：可変資本
L	：労働時間（抽象的労働の量）	W	：商品
Lm	：剰余労働（剰余労働時間）	z	：流動資本

B 特定箇所だけに出てくる記号　（　）内は該当ページ

E	：一般的等価物（89）	M	：年剰余価値（262-263）
[G]	：貨幣支払約束（107-109）	M'	：年剰余価値率（262-263）
S	：手形（109）	mg	：金形態で貨幣補塡にあてられる剰余価値（282）
q	：商品量（114-116）		
Wg	：商品としての金（118）	+p	：超過利潤（314, 387）
+m	：特別剰余価値（157, 384）	−p	：欠損利潤（314, 387）
−m	：欠損価値（157, 384）	N	：新価値（329-330）
H	：優位の生産条件をもつ諸資本の商品（157, 314）	n'	：新価値率（329-330）
		a	：商業費用のうちの物件費（341）
L	：劣位の生産条件をもつ諸資本の商品（157, 314）	b	：商業費用のうちの人件費（341）
		g	：商業資本が商品仕入に投下した貨幣資本（341）
M	：中位の生産条件をもつ諸資本の商品（157, 314）		
		h	：総商業利潤（341）
g	：貨幣形態にある剰余価値（248-251, 255）	p	：総産業利潤（341）
		Pk	：商業資本の総生産価格（341）
w	：商品形態にある剰余価値（248-251, 255）	Pp	：産業資本の総生産価格（341）
		W	：総価値（341）
u	：資本の回転時間（259）	ag	：絶対地代（387）
n	：資本の回転数（259-263, 306-307）		

目　次

はじめに　ⅲ

凡　　例　ⅶ

本書で使われている記号　ⅷ

図表目次　ⅹⅶ

序　章　労働を基礎とする社会把握と経済学の課題 …………………… 3

第 1 節　現代社会と社会経済学 …………………………………………… 4

第 2 節　労働と生産 ………………………………………………………… 9

§ 1　経済学の土台＝労働を基礎とする社会把握　9

§ 2　労働による生産物の生産　9

§ 3　個人および社会にとっての労働の意義　13

第 3 節　生産様式とその交替 …………………………………………… 14

§ 1　社会の生産力　14

§ 2　社会的再生産の一般的法則と生産力の発展　23

§ 3　生産関係　29

§ 4　社会発展の一般的法則　36

第 4 節　経済学の基本性格 ……………………………………………… 40

§ 1　経済学の対象と課題　40

§ 2　経済学の方法　41

第 1 篇　資本の生産過程 ……………………………………………………… 47

第 1 章　商品と貨幣 …………………………………………………………… 50

第 1 節　商　品 …………………………………………………………… 50

§ 1　商品生産としての資本主義的生産　50

§ 2　商品の価値　55

第 2 節　価値形態と貨幣 ………………………………………………… 64

§ 1　単純な価値形態と個別的等価物　64

§ 2　全体的な価値形態と特殊的等価物　68

§ 3　一般的な価値形態と一般的等価物　70

        §4　貨幣形態と貨幣　71
　　第3節　商品生産関係とその独自な性格 ………………………………………72
        §1　商品生産関係　72
        §2　生産関係の物象化と物神崇拝　75
        §3　物象の人格化と商品生産の所有法則　78
        §4　ホモ・エコノミクス幻想　80
　　第4節　貨幣発生の必然性 ……………………………………………………83
        §1　なにが一般的等価物を生み出す共同行動を引き起こすのか　83
        §2　特定の商品が一般的等価物の機能を独占するのはなぜか　89
        §3　一般的等価物の機能を独占した商品が金だったのはなぜか　90
　　第5節　貨幣の機能 ……………………………………………………………92
        §1　貨幣の機能　92
        §2　流通貨幣量と貨幣貯水池　114

第2章　資本と剰余価値 ……………………………………………………………125
　　第1節　価値増殖過程 ……………………………………………………………125
        §1　資本の謎　125
        §2　謎を解くカギ：商品としての労働力の使用価値と価値　127
        §3　労働力の売買　129
        §4　価値増殖過程の秘密　135
        §5　不変資本と可変資本　138
　　第2節　剰余価値率 ……………………………………………………………140
        §1　剰余価値率＝労働力の搾取率　140
        §2　生産物価値を表示するさまざまの仕方　142

第3章　労働日の延長と短縮 ………………………………………………………147
　　第1節　労働日とその限界 ……………………………………………………147
　　第2節　絶対的剰余価値の生産 ………………………………………………150
　　第3節　労働日をめぐる労資間の闘争 ………………………………………151

第4章　生産力発展のための諸方法 ………………………………………………154
　　第1節　相対的剰余価値の生産 ………………………………………………154
　　第2節　協　　業 ………………………………………………………………158
　　第3節　分業とマニュファクチュア …………………………………………160
　　第4節　機械と大工業 …………………………………………………………163

§1　機械と大工業　163
　　　§2　資本による機械の使用は機械による労働者の支配をもたらす　168
　　　§3　大工業は資本主義的生産の変革と新社会の形成要素を発展させる　170

第5章　資本主義的生産関係と労働の疎外 …………………………………174
　第1節　資本主義的生産関係……………………………………………………174
　第2節　資本のもとへの労働の包摂……………………………………………177
　第3節　資本の生産力への労働の社会的生産力の転化 ………………………180
　第4節　資本主義的生産における労働の疎外…………………………………181

第6章　労　　　賃 ………………………………………………………………184
　第1節　賃金の本質と現象形態 ………………………………………………184
　第2節　労賃の二つの基本形態：時間賃金と出来高賃金 ……………………185
　第3節　労賃形態 ………………………………………………………………188

第7章　資本の再生産 ……………………………………………………………191
　第1節　資本と資本関係の再生産 ……………………………………………192
　　　§1　資本の再生産　192
　　　§2　単純再生産　192
　　　§3　資本の再生産は同時に資本関係の再生産である　193
　第2節　労働ファンドの資本主義的形態としての可変資本 …………………194
　第3節　他人労働の物質化としての資本 ……………………………………196
　第4節　他人労働の取得による資本所有の再生産 …………………………199

第8章　資本の蓄積 ………………………………………………………………201
　第1節　資本の蓄積と資本関係の拡大再生産…………………………………201
　第2節　商品生産の所有法則が資本主義的取得の法則に
　　　　　転回する ……………………………………………………………203

第9章　資本蓄積と相対的過剰人口 ……………………………………………210
　第1節　資本構成とその高度化 ………………………………………………210
　　　§1　資本の構成　210
　　　§2　資本構成の高度化　211
　第2節　資本蓄積と賃金変動……………………………………………………212
　　　§1　資本構成不変のままで蓄積が進めば労働力需要が増加する　212

- §2　資本蓄積が賃金変動を規定する　212
- 第3節　構成高度化をともなう資本蓄積と労働力需給の変動 ……… 213
  - §1　資本構成の高度化をともなう資本蓄積と可変資本の増減　213
  - §2　資本の集中と可変資本の増減　214
  - §3　高度化をともなう蓄積の進行がもたらす労働力の需給の変化　215
  - §4　労働市場での労働力の需要供給を規定する諸要因　215
- 第4節　相対的過剰人口の生産とその存在形態 ……………………… 216
  - §1　相対的過剰人口または産業予備軍の生産　216
  - §2　相対的過剰人口の存在は資本主義的生産様式の生活条件である　217
  - §3　相対的過剰人口の存在形態　219
  - §4　資本主義的蓄積の一般的法則　220

第10章　資本の本源的蓄積 …………………………………………… 222

- 第1節　資本の本源的蓄積とその諸方法 ……………………………… 222
  - §1　経済的基礎過程：商品生産のもとでの小生産者の両極分解　223
  - §2　資本の本源的蓄積：強力的方法による基礎過程の促進　226
- 第2節　資本主義的生産の歴史的位置 ………………………………… 231
  - §1　資本主義的生産の運動法則　231
  - §2　資本主義的生産からアソシエーション的生産へ　234

第2篇　資本の流通過程 ………………………………………………… 243

第1章　資本の循環 ……………………………………………………… 245

- 第1節　資本の循環とその3形態 ……………………………………… 245
  - §1　資本の循環の概念　245
  - §2　循環のなかで資本がとる三つの形態　245
  - §3　循環の三つの形態　247
- 第2節　流通時間と流通費 ……………………………………………… 252
  - §1　流通時間　252
  - §2　流通費　253

第2章　資本の回転 ……………………………………………………… 258

- 第1節　回転時間と回転数 ……………………………………………… 258
  - §1　回転の概念　258
  - §2　資本の回転時間　258

§3　資本の回転数　259
第2節　固定資本と流動資本⋯⋯⋯⋯⋯⋯⋯⋯⋯⋯⋯⋯⋯⋯⋯⋯⋯⋯⋯⋯259
§1　固定資本と流動資本　259
§2　固定資本と流動資本との区別と不変資本と可変資本との区別　260
第3節　回転が資本の価値増殖に及ぼす影響⋯⋯⋯⋯⋯⋯⋯⋯⋯⋯⋯⋯261
§1　投下総資本の平均回転と回転循環　261
§2　年剰余価値量と年剰余価値率　262
§3　追加貨幣資本の必要と遊休貨幣資本の形成　263

第3章　社会的総資本の再生産と流通⋯⋯⋯⋯⋯⋯⋯⋯⋯⋯⋯⋯⋯⋯264
第1節　社会的再生産の一般的法則⋯⋯⋯⋯⋯⋯⋯⋯⋯⋯⋯⋯⋯⋯⋯⋯264
第2節　社会的総資本の再生産とそのための諸条件⋯⋯⋯⋯⋯⋯⋯⋯267
§1　社会的総資本の再生産の条件＝法則　267
§2　貨幣流通による媒介　273
§3　スミスのｖ＋ｍドグマの批判　276
§4　固定資本の再生産と流通　278
§5　貨幣材料の再生産と流通　281
第3節　資本蓄積と拡大再生産⋯⋯⋯⋯⋯⋯⋯⋯⋯⋯⋯⋯⋯⋯⋯⋯⋯⋯282
§1　拡大再生産の法則と条件　282
§2　拡大再生産の進行過程　283
§3　社会的再生産における蓄積ファンドの積立と投下　284
§4　単純再生産から拡大再生産への移行　289
第4節　再生産の諸法則と恐慌の発展した可能性⋯⋯⋯⋯⋯⋯⋯⋯⋯⋯293
第5節　社会的再生産における生産・流通・消費の
　　　　内的関連⋯⋯⋯⋯⋯⋯⋯⋯⋯⋯⋯⋯⋯⋯⋯⋯⋯⋯⋯⋯⋯⋯⋯⋯295

第3篇　総過程の諸形態⋯⋯⋯⋯⋯⋯⋯⋯⋯⋯⋯⋯⋯⋯⋯⋯⋯⋯⋯297

第1章　資本と利潤⋯⋯⋯⋯⋯⋯⋯⋯⋯⋯⋯⋯⋯⋯⋯⋯⋯⋯⋯⋯⋯⋯299

第1節　資本と利潤および利潤率⋯⋯⋯⋯⋯⋯⋯⋯⋯⋯⋯⋯⋯⋯⋯⋯⋯299
第2節　費用価格と利潤⋯⋯⋯⋯⋯⋯⋯⋯⋯⋯⋯⋯⋯⋯⋯⋯⋯⋯⋯⋯⋯300
第3節　利潤の形態での資本と剰余価値の神秘化⋯⋯⋯⋯⋯⋯⋯⋯⋯⋯303
第4節　個別資本の行動基準としての利潤率⋯⋯⋯⋯⋯⋯⋯⋯⋯⋯⋯⋯306

第 2 章　平均利潤率と生産価格 308

第 1 節　生産部門内の競争による市場価値の成立 308

第 2 節　平均利潤率と生産価格 315

§1　全商品が価値どおりに販売されれば利潤率は部門ごとに異なる　315
§2　生産部門間の諸資本の競争は部門間の資本の移動を引き起こす　316
§3　商品の市場価格は生産価格を中心にして変動する　316

第 3 節　諸資本の競争による利潤率均等化の過程 318

第 4 節　価値法則および剰余価値法則の貫徹 323

第 3 章　利潤率の傾向的低下の法則 326

第 1 節　利潤率の低下と古典派経済学 326

第 2 節　利潤率の傾向的低下の法則 326

§1　マルクスの説明：資本構成の高度化による利潤率の低下　326
§2　マルクスへの批判　328
§3　生産力の発展によって利潤率の上限が低下する　329
§4　利潤率の低下は対抗的諸要因の作用によって傾向的な形態をとる　331
§5　資本間の競争が利潤率を低下させる新技術を採用させる　333

第 3 節　利潤率の傾向的低下の法則と資本の運動 334

第 4 章　商業資本と商業利潤 335

第 1 節　商業資本の自立化 335

§1　産業資本からの商業資本の自立化　335
§2　商業資本の運動形態　336
§3　資本主義的生産にとっての商業資本自立化の意義　337

第 2 節　商業利潤 337

§1　商業利潤の源泉としての商業資本による売買での価格差　337
§2　基本的な関係：価値よりも安く買って，価値で売る　338
§3　産業資本も商業資本も生産価格で売る　339
§4　商業費用も商業資本の一部を形成し利潤を要求する　340

第 3 節　商業資本の回転 342

第 4 節　商業資本の外的自立性と再生産過程の内的関連
　　　　　の貫徹 342

第 5 節　貨幣取扱資本 344

§1　貨幣取扱資本　344

§2　貨幣取扱資本の自立化　344
　　　§3　貨幣取扱資本の運動形態　345
　　　§4　貨幣取扱資本の利潤　345
　　　§5　貨幣取扱資本の成立と発展　346

第5章　利子生み資本と利子 …………………………………………347
　第1節　利子生み資本 ……………………………………………347
　　　§1　利子生み資本と利子　347
　　　§2　利潤の分割と利子率　351
　　　§3　利子と企業利得　352
　　　§4　利子生み資本における資本の物神性の完成　353
　第2節　銀行資本と銀行制度 ……………………………………355
　　　§1　銀行制度の二つの側面　355
　　　§2　銀行の利潤と資本　362
　　　§3　銀行の貸付可能な貨幣資本の諸源泉（預金の源泉）　364
　　　§4　銀行による貨幣資本の運用の形態　366
　　　§5　銀行信用と，銀行が受けている信用の諸形態　366
　　　§6　銀行の支払準備と銀行経営　369
　　　§7　架空資本とその諸形態　370
　　　§8　資本主義的生産における銀行制度形成の必然性　373
　　　§9　資本主義的生産における銀行制度の役割　377

第6章　土地所有と地代 ………………………………………………380
　第1節　資本主義的生産と土地所有 ……………………………380
　　　§1　近代的土地所有と資本主義的農業経営　380
　　　§2　資本主義的地代　380
　第2節　絶対地代 …………………………………………………382
　第3節　差額地代 …………………………………………………385
　第4節　資本と土地所有 …………………………………………391
　第5節　土地価格 …………………………………………………393
　第6節　土地物神 …………………………………………………395

第7章　収入諸形態と諸階級 …………………………………………397
　第1節　収入とその源泉 …………………………………………397
　第2節　国民所得 …………………………………………………399

第 3 節　経済的三位一体の観念 …………………………………………403
　第 4 節　資本主義社会の諸階級 …………………………………………405
おわりに──研究の到達点と残された諸課題── ………………………409

　あとがき　413

　事項索引　⇨　http://www.sakurai-shoten.com/

図表目次

- 図1　労働・生産は人間の生存と社会の存続との基本的条件である　10
- 図2　生産手段と消費手段，本来の消費と広義の消費　10
- 図3　使用価値による欲求の充足　10
- 図4　使用価値取得のための自然への働きかけとしての労働　11
- 図5　人間によって制御される自然過程としての労働過程　12
- 図6　労働過程と生産過程　12
- 図7　労働過程の要素と生産過程の要素　13
- 図8　生産過程（簡略図）　13
- 図9　生産力と生産関係　15
- 図10　生産の特定の社会形態としての歴史的生産様式　15
- 図11　労働の二つの側面：変形作用＋労働力支出　17
- 図12　具体的労働＝有用的労働　18
- 図13　抽象的労働＝人間的労働　19
- 図14　労働の二重性（簡略図）　19
- 表1　労働力人口と非労働力人口　19
- 図15　労働力とその発揮・流動化としての労働　20
- 図16　生産費用としての労働＝抽象的労働の量　20
- 図17　生産物の生産費用：新労働＋旧労働　21
- 図18　生産費用としての労働（簡略図）　21
- 図19　同量の抽象的労働でも生産物量は異なりうる　22
- 図20　具体的労働の生産力の増大は生産費用＝抽象的労働の量を減少させる　22
- 図21　年々の生産物による生産手段と労働力との再生産　23
- 図22　生産手段と労働力再生産用の消費手段との再生産　24
- 図23　総生産物は再現生産手段と新生産物とからなる　25
- 図24　必須生活手段と必須労働　26
- 図25　剰余労働と剰余生産物　26
- 図26　再生産の一般的法則（簡略図）　27
- 図27　労働の生産力の発展による剰余労働の増大　28
- 図28　社会的総労働の配分と社会的総生産物の分配　29
- 図29　共同体のもとでの社会的再生産　31
- 図30　古代的奴隷制のもとでの社会的再生産　32
- 図31　農奴制のもとでの社会的再生産　33

図32	隷農制のもとでの社会的再生産　33
図33	アソシエーションのもとでの社会的再生産　35
図34	生産様式・社会構成体・社会システム　37
図35	社会形態の発展＝生産様式の交替　⇒ **巻末折込み1**
図36	社会革命＝生産力の発展を起動力とする社会構成体の交替　⇒ **巻末折込み1**
図37	分析（現象→本質）と展開（本質→現象）　42
図38	現象と本質の重層的構造　43
図39	下り道と上り道　43
図40	叙述の仕方　44
図41	経済の「循環的流れ」についての常識的イメージ　⇒ **巻末折込み2**
図42	叙述の出発点と到達点　51
図43	資本主義社会の富は商品という形態をとる　51
図44	商品は使用価値をもっていなければならない　53
図45	商品にとって肝心なのはそれの交換価値である　53
図46	交換価値の大きさを規定しているのは価値である　54
図47	商品の価値は商品に対象化した抽象的労働である　55
図48	労働の二重性　55
図49	労働の二重性が商品の2要因という独自な形態で現われる　56
図50	生産費用としての抽象的労働　56
図51	価値量を規定する労働時間は社会的必要労働時間である（価値規定）　58
図52	労働の生産力が変化すれば商品に対象化した労働の量は変化する　59
図53	熟練度の高い個別的労働は力能の高い労働として意義をもつ　60
図54	複雑労働力の修業費は商品の価値を通じて回収されるほかはない　61
図55	どんな種類の複雑労働も単純労働に還元される　62
図56	商品の価値は社会的必要労働時間によって決まる　62
図57	具体的労働による生産手段の価値の移転　63
図58	労働の二重性と商品の新価値および旧価値　64
図59	最も単純な交換関係　65
図60	交換関係は価値表現を前提する　66
図61	単純な交換関係に含まれている価値表現＝価値形態　66
図62	単純な価値形態と個別的等価物　66
図63	全体的な価値形態を含む交換関係　69
図64	全体的な価値形態と多数の特殊的等価物　69
図65	一般的な価値形態を含む交換関係　70
図66	一般的価値形態と一般的等価物　71
図67	貨幣形態と貨幣　72

図68　商品の価格形態　72
図69　価格の貨幣名での表示　72
図70　商品形態は労働生産物の独自な社会的な形態である　73
図71　商品生産関係のもとで，労働生産物は商品となり，貨幣が生まれる　73
図72　アソシエーションにおける社会的労働・社会的取得・社会的所有　74
図73　商品生産における私的労働・私的取得・私的所有　74
図74　商品生産者の生産関係は商品の交換関係をとおして取り結ばれる　75
図75　生産関係の物象化：人びとの関係が諸物象の関係として現われる　76
図76　商品生産では生産関係の物象化と物神崇拝とが必然的に生じる　77
図77　物象の人格化：物象が人格によって代表される　79
図78　商品を生産する労働の矛盾が商品の矛盾として現われる　85
図79　交換過程の矛盾：商品の二つの実現のあいだの矛盾　87
図80　一般的等価物による交換過程の矛盾の媒介　89
図81　商品の価値表現と商品の価格　92
図82　貨幣の価値尺度機能　92
図83　価値尺度の質　93
図84　商品の価格とそれによって表象されている実在の貨幣　93
図85　貨幣商品の独自な価値表現　94
図86　価格（貨幣）の度量単位としての「円」　96
図87　価格は価値を正確に表現するわけではない　97
図88　商品の変態とその絡みあい　99
図89　1商品の変態における四つの極と3人の登場人物　99
図90　商品流通と流通手段としての貨幣の流通　100
図91　購買手段としての貨幣の機能　101
図92　鋳貨の流通　101
図93　鋳貨の摩滅による実質金量の名目金量からの乖離　102
図94　蓄蔵貨幣の形成（貨幣蓄蔵）　103
図95　現金売買と掛売買　105
図96　掛売買における商品の変態の絡みあいと貨幣の機能　107
図97　掛売買では信用が授受される　107
図98　信用の連鎖と支払手段の流れの連鎖　108
図99　債権と債務との相殺　109
図100　手形流通による債権債務の相殺　109
図101　世界市場における金の運動と世界貨幣の諸機能　112
図102　並行して行なわれる商品変態を媒介する流通手段の量　115
図103　継起的な絡みあった商品変態を媒介する流通手段の量　115

図表目次　XIX

図104	金の生産源から流通部面への金の流入　118
図105	鋳貨準備と蓄蔵貨幣　119
図106	流通貨幣と鋳貨準備とは同じものを別の視点から見たものである　119
図107	流通界から蓄蔵貨幣貯水池への流出とそこからの流入　120
図108	蓄蔵貨幣貯水池その他による流通貨幣量の調節　120
図109	国家紙幣には流通界からの出口がほとんどない　121
図110	流通貨幣量の変動と最低流通必要貨幣量　122
図111	単純な商品流通：W―G―W　125
図112	資本としての貨幣の流通形態：G―W―G　125
図113	資本の一般的定式：G―W―G′　126
図114	資本の謎：価値の増加分はどこから出てくるのか？　126
図115	価値量の変化が生じうる唯一の可能性　127
図116	労働力はそれの消費＝労働によって価値を生む　128
図117	資本主義社会では，労働市場で労働力が商品として売買されている　129
図118	時間極めで販売される商品の時間当たりの価格の決まり方　131
図119	労働力の総価値　133
図120	労働力の日価値は，それの総価値と販売日数とによって決まる　133
図121	労働力の総価値と労働力の日価値　134
図122	労働力の再生産費が労働力の価値を規定する　135
図123	労働力の日価値と1労働日が生み出す価値　136
表2	付加価値・賃金・労働分配率（1998年）　137
図124	1労働日が生み出す価値と労働力の日価値との差額は剰余価値である　137
図125	不変資本　138
図126	可変資本　139
図127	価値増殖過程（剰余価値の生産）　⇒　巻末折込み3
図128	生産物価値と価値生産物　140
図129	総生産物の価値の構成部分を表示するさまざまの仕方　143
図130	労働日の諸制限　147
図131	異常に長い労働日は労働力の日価値を激増させる　148
図132	絶対的剰余価値の生産（労働日の延長による剰余価値の増大）　150
図133	相対的剰余価値の生産（必須労働時間の短縮による剰余価値の増大）　155
図134	生産諸条件の相違による特別剰余価値の発生　157
図135	マニュファクチュアの二つの起源　162
図136	異種的マニュファクチュアと有機的マニュファクチュア　162
図137	発達した機械　163
図138	多数の同種機械の協業→機械体系→自動機械体系　164

図139	生産物形成要素としての機械と価値形成要素としての機械　166
図140	賃金の本質：労働力の価値および価格　184
図141	賃金の現象形態：労賃（労働賃金）＝労働の価値および価格　185
図142	時間賃金　186
図143	出来高賃金　187
図144	資本主義的生産関係のもとでの社会的再生産　193
図145	資本家階級と労働者階級との取引の外的形態　195
図146	資本家階級と労働者階級との取引の実質的内容　196
図147	資本家は自分の資本価値によって取得した剰余価値を消費する　197
図148	単純再生産の反復によって資本は資本化された剰余価値に転化する　197
図149	蓄積のさいに剰余価値が分解していく諸部分　202
図150	資本の蓄積＝剰余価値の資本への転化＝資本関係の拡大再生産　204
図151	蓄積の進行によって取得法則が転回する　206
図152	資本の技術的構成と資本の価値構成　210
図153	資本の有機的構成　211
図154	資本の構成の高度化　211
図155	ラサール流の賃金鉄則の考え方　213
図156	資本蓄積が賃金変動を規定するのであって，その逆ではない　213
図157	資本構成の高度化による可変資本の相対的減少　214
図158	一方での労働需要の増加，他方での現役労働者の遊離　215
図159	近代産業の運動形態＝産業循環　218
図160	現役労働者軍と産業予備軍　219
図161	資本主義的生産の出発点としての資本蓄積＝資本の本源的蓄積　223
図162	労働者と生産手段との分離過程の二つの契機　224
図163	小商品生産者の両極分解　225
図164	小商品生産者のもとでの胚芽的利潤と民富の形成　225
図165	資本・賃労働関係の発生　227
図166	資本の本源的蓄積と個人的所有の再建　234
図167	循　環　245
図168	資本の循環　245
図169	貨幣資本の循環の反復は生産資本の循環と商品資本の循環とを含む　249
図170	資本の3形態への空間的分割と資本の3循環の並列的進行　252
図171	流通時間による生産過程（＝価値増殖）の中断　253
図172	商品変態の絡みあいと商品流通　254
図173	資本流通の絡みあいと商品流通　254
図174	資本流通と収入流通との絡みあいと商品流通　255

図175	固定資本と流動資本　260
図176	固定資本と流動資本との区別と不変資本と可変資本との区別　261
図177	総資本の回転時間および回転数の算定　262
図178	年剰余価値量と年剰余価値率　263
図179	社会の２大生産部門：生産手段生産部門と消費手段生産部門　265
図180	再生産諸要素の内部補塡と相互補塡　266
図181	剰余生産物を含む再生産諸要素の内部補塡と相互補塡　266
図182	マルクスの再生産表式（単純再生産表式）　267
図183	再生産表式の意味　269
図184	再生産表式の説明図（簡略図）　272
図185	単純再生産の法則（３流れの運動）　272
図186	単純再生産の条件　273
図187	貨幣流通による社会的再生産の諸転換の媒介　274
図188	両部門の生産物価値（ｃ＋ｖ＋ｍ）と価値生産物（ｖ＋ｍ）　277
図189	固定資本の償却と更新（償却ファンドの積立と投下）　280
図190	貨幣材料の再生産　282
図191	各部門での資本蓄積＝拡大再生産　283
図192	拡大再生産の法則（３流れの運動）　283
図193	拡大再生産の条件　283
図194	拡大再生産の進行過程の一例　285
図195	蓄積ファンドの積立と投下　287
図196	これまで単純再生産が行なわれてきた　289
図197	第Ⅰ部門での蓄積のための配置換え　290
図198	第Ⅱ部門の縮小　290
図199	第Ⅱ部門縮小後の再生産諸要素の補塡　291
図200	第２年度から両部門での拡大再生産が可能となる　291
図201	社会的再生産過程における生産・流通・消費の関連　⇒ **巻末折込み４**
図202	費用価格および利潤という形態が生み出す諸観念　303
図203	「利潤は流通過程から生まれる」（虚偽の観念）　305
図204	部門内競争によって個別的価値の加重平均である市場価値が成立する　314
図205	資本の有機的構成は生産部門によって異なる　315
図206	資本構成の相違によって剰余価値＝利潤の量は異なる　315
図207	資本構成の相違によって利潤率も異なる　315
表３	資本構成の相違によって生産部門ごとに利潤率が異なる　319
表４	資本移動の結果，各部門での供給量が変化し，価格が変動する　320
表５	価格変動による需要の変化が生じて，全部門の利潤率が均等になった　321

表6	均衡状態ではどの生産部門の商品も生産価格で販売される 322
図208	平均利潤は総剰余価値を資本量に応じて分配したものである 324
図209	資本の有機的構成の高度化にともなう利潤率の低下 327
図210	剰余価値率の上昇は新価値率（p'の上限）の低下を相殺できない 330
図211	利潤率の低下をもたらす諸要因と反対に作用する諸要因 332
図212	商業資本の自立化とその運動 336
図213	商業利潤の源泉としての売買価格差（販売価格－購買価格＞0） 338
図214	商業資本家は商品を，その価値よりも安く買って，その価値で売る 339
図215	商業資本の購買価格と販売価格 340
図216	商業資本の販売価格には商業費用がはいる 341
図217	産業資本の回転と商業資本の回転との相違 342
図218	再生産過程の内的関連と商業資本の運動の外的な自立性 343
図219	生産関係の発展と物神性の発展 355
図220	貨幣取扱資本のもとへの貨幣の集中とそのもとでの遊休貨幣の形成 358
図221	貨幣取扱資本のもとでの遊休貨幣の利子生み資本への転化 359
図222	銀行資本（貨幣取扱業務および利子生み資本管理業務を営む資本） 360
図223	利子生み資本の媒介者としての銀行 361
図224	銀行制度の二つの側面と信用システムの二つの構成部分 362
図225	銀行資本の利潤 363
図226	貸借対照表と損益計算書 364
図227	銀行の貸借対照表と損益計算書 364
図228	土地所有の制限によって生じる超過利潤の絶対地代への転化 384
図229	土地条件から生じる超過利潤の差額地代への転化 387
図230	資本主義的生産様式における諸収入とそれらの真の源泉 399
図231	社会的総生産物の二つの価値構成部分と新価値の分解 400
図232	国民総生産と国民所得 401
図233	国民所得と資本主義社会の諸階級へのその分配　⇒ **巻末折込み5**
図234	経済的三位一体の定式 404
図235	資本主義社会の基本的階級関係 406

図 解
社会経済学

序章　労働を基礎とする社会把握と経済学の課題

本章の課題と研究の進め方

　[**本論にはいるための準備をしよう**]　経済学の最も重要な課題は，現代社会の経済の仕組みを解明することであり，したがってその研究の対象は現代社会の経済である。

　しかし，「現代社会」と言うとき，その現代とはいつのことなのだろうか。また，社会の複雑に絡みあったさまざまの側面のなかで〈経済〉というのはどういう側面なのだろうか。〈経済の仕組み〉がたえず変化・発展していることは誰でも知っていることだが，そのように変化・発展している対象を経済学はどのようにして捉えようとするのだろうか。さらに，現代の経済は，さまざまの異なった社会を経験してきた人類の歴史のなかでどのような位置を占めているのだろうか。そしてまた，そうした現代の経済を研究するときにどのような手順をとる必要があるのだろうか。そもそも経済学というのはどういう独自の性格をもった科学なのだろうか。

　これらの問題についてある程度の予備的知識をもっておくことは，のちに経済学の本論にはいったとき，ときどきに自分がどこにいるのかを見定めるのに役に立つにちがいない。というのは，どうしてもわかっておかなければならない最も基礎的な部分にいるとき，自分がいまどの辺にいるのかがわからないと，まるで，現実とは無関係の理屈だけの世界のなかで引きずり回されているような気がするものだからである。

　そこで，この序章で，本書の第1篇から始まる本論にはいる準備をすることにしよう。

　[**現代社会と社会経済学**]　まず第1節で，経済学が研究する現代経済とはどの時期の経済のことなのか，それと取り組んできた経済学は，これまでどのような軌跡をたどってきたのか，そして，いま経済学にどのようなことが求められているか，ということを略説する。

　[**労働と生産**]　第2節では，これまでの人類の歴史のなかで，つねに社会を

支え、社会のあらゆる側面をたえず形成してきた労働とそれによる生産とについて、なんとしても押さえておかなければならない基礎的事項を述べよう。

［生産様式とその交替］　第3節では、まず§1で、自然から生産物を獲得する力である生産力を考えるときに欠かすことのできない、生産費用としての労働とはどういうものかを考えよう。ここでは、〈労働の二重性〉と〈労働力〉という二つの概念がキーワードである。そのうえで§2で、社会を存続させている社会的な再生産がどのように行なわれてきたのか、そしてそのなかで生産力が発展するとどのような結果がもたらされるか、ということを概観する。§3では、こんどは、生産のなかで人びとが取り結ぶ社会的関係である生産関係の側面に移り、人類がこれまでに経験してきた、またこれから経験するであろう、さまざまの歴史的な生産関係のなかで、社会的再生産の法則がどのように貫くのか、ということを見よう。最後に§4で、旧来の社会が新たな社会にとってかわることによって発展してきた人類史のこれまでの経験が、経済における変化を出発点として進行する法則的な過程を示していることを述べよう。われわれの経済学の対象である資本主義の社会も、この〈社会発展の一般的法則〉から逃れることはできないのである。

［経済学の基本性格］　本章の最後の節である第4節では、まず§1で、経済学の対象はなにか、その独自性はどういう点にあるか、その課題をまとめるとどういうことになるか、ということを要約的に見ておこう。§2では、経済学の科学としての意味、それから出てくる研究と論証の進め方について、最小限のことを説明しよう。

第1節　現代社会と社会経済学

［**現代社会の特質は資本主義という社会形態にある**］　人びとが経済学に期待するのは、現代のさまざまの問題に解決の道を示すことである。それでは、ここで「現代」と言うのは、どこから始まった時期なのだろうか。19世紀末に帝国主義が出現し、1945年に戦後世界が始まり、1989年以降いわゆる「現存社会主義」諸国の社会システムが崩壊し、冷戦体制が解体した。いったいどこから「現代（modern times）」が始まるのであろうか。

歴史学での「現代史（modern history）」の起点は，時間の推移とともにたえず新しい時点に書き換えられてきているわけではない。なぜだろうか。それは，いまわれわれが生活している社会の形態が誕生してこのかたを「現代」と呼ぶのであって，さまざまの新たな「画時代的な」出来事が生じたとしても，それらがこの社会の基本的な形態を変えるようなものでないかぎり，それらは「現代」の社会の内部での出来事にほかならないのだからである。

　それでは，「現代」社会とはどのような形態，特質をもった社会なのであろうか。一言で言えば，それは〈資本主義〉と呼ばれる歴史的に独自な社会形態である。「現代」社会の根本的な質は，それが資本主義社会だというところにある。現代社会が資本主義社会であるかぎり，日々新たに生じる無数の出来事は，この社会の根本的な質に規定され，その枠組みのなかで生じているのである。

　時代の推移とともに，次々と解明されるべき新たな問題が現われてくるが，それにもかかわらず，「現代」の諸問題のなかで最も根源的な問題が，資本主義とはなにか，それはどのような社会形態であり，どのように運動しているのか，という問題であることは，依然としてまったく変わっていない。この問題は，いわゆる「現存社会主義」の崩壊によって消え去るどころか，それ以前よりもはるかに深刻なかたちで問われるようになってきている。1990年代にはいってから，書店の書棚に，「資本主義」という語を表題に含む書物が著しく増えてきた。このことは，いま人類の社会が当面している数え切れないほどの問題や困難をそれらの根源に遡って考えようとすると，誰しも，資本主義という社会システムの問題にまで行き着かざるをえないことをよく示している。なぜなら，いま人類が生活している社会の最も発展した形態は資本主義だからであり，われわれの目の前にあるのは世界的な資本主義のシステムだからである。

　［経済学は資本主義経済の特質を明らかにしなければならない］　資本主義とはなにか，それはどのように運動しているのか，という問題に答えるには，この社会の生産力，産業構造，産業配置，経済組織，政治構造，法制度，社会的意識，等々，さまざまの側面をトータルに捉えることが必要である。しかし人びとは，この問題を論じるとき，なによりもまずこの社会の経済の仕組みに注目する。そしてそれはまったく当然のことである。なぜなら，資本主義という質的な規定そのものが，ほかならぬこの社会の経済の仕組みの独自なあり方に

ついてなされたものなのだからである。だから，**経済学**こそ，資本主義とはなにか，それはどのように運動しているのか，という問題に答えなければならないのであり，経済学はそれに答えたうえで，そのような資本主義社会が現在どのような新しい現象や形態を示しているのかを分析し，われわれが直面している最新の諸問題に解答を出さなければならないのである。その意味で，「現代」の経済学とは，資本主義という独自の社会の経済についての経済学でなければならない。

　［経済学の二つの流れ：社会経済学とエコノミクス］　経済学にマルクス経済学と近代経済学という大きな二つの流れがあることはよく知られている。しかしこの二つの流れは，じつは，社会経済学とエコノミクスというもっと包括的な二つの流れの下流なのである。

　社会経済学（political economy）に含まれるのは，古典派経済学の本流と，それを引き継ぐ流れ，とりわけマルクス経済学である。社会経済学は，労働価値説にもとづき，現代の社会を，歴史的に形成された経済，政治，法，倫理，社会的意識，等々の複雑に絡みあった一つの総体として捉え，この総体の土台をなしている経済構造を，他の社会的諸側面との密接な関連のもとで解明しようとする。

　エコノミクス（economics）に含まれるのは，1870年代初頭に古典派経済学の一面を継承して始まった「限界効用学派」以降のいわゆる「近代経済学」のさまざまの流れであって，「新古典派」，「ケインズ理論」，「新古典派総合」，「新保守主義（新自由主義）経済学」，その他の支流を包括する。エコノミクスは，労働価値説を否定し，現代社会の経済的側面だけを，その他の社会的諸側面や歴史的特殊性を度外視して純粋に分析し，そこでの数量的な法則，因果関係をできるかぎり正確に捉えることをもって，その「科学性」だと主張する。

　［古典派経済学の成立と終焉，経済学批判としての『資本論』］　社会経済学は，もともとは「経国済民」のために政府がとるべき「術」すなわち政策を明らかにすべき学問であった。ところが，資本主義社会が確立していく過程で，経済学のあり方に大きな転換が生じた。ケネー（François Quesnay, 1694-1774）とアダム・スミス（Adam Smith, 1723-1790）は，資本主義経済について，〈それには自然に発展して国富を増大させる仕組みが備っているのだから，政府は経

済過程に干渉すべきではない〉として,「自由放任」を唱えた。それに対応して,経済学は,そのような自然的な仕組みを解明すべき「科学」となったのである。こうして成立した経済学は**古典派経済学**と呼ばれている。

スミスの学説の最も重要な特質は,それが**労働価値説**にもとづいていたことであった。古典派経済学を完成させたリカードウ (David Ricardo, 1772-1823) は,資本主義社会における階級的利益の対立を社会の自然的な現象と考え,資本主義社会の積極面を強調した。

1830年代にはいって,資本主義社会における諸矛盾が人びとの目にはっきりと映るようになって,この社会の矛盾を強調するシスモンディ (Jean Charles Léonard Simonde de Sismondi, 1773-1842) が現われ,資本主義を社会的な生産の最終的な完成した姿だと考えてきた古典派経済学を終わらせた。古典派の理論を労働者階級の要求と調和させようとするジョン・ステューアト・ミル (John Stuart Mill, 1806-1873) の努力は,資本家階級の立場に立つ経済学の自己破産の宣言であった。

これに対応して,一部の経済学者たちは,常識的な意識をもっともらしく体系化した経済学をもって資本主義を弁護し,露骨に資本家階級の利益を代弁した。このような経済学には**俗流経済学**という蔑称が与えられている。

ホジスキン (Thomas Hodgskin, 1787-1869) のように,リカードウ流の労働価値説によって労働者の利益を擁護する「社会主義」の主張が現われたが,科学的な分析としてはきわめて不十分なものであった。

古典派経済学の科学的な成果を救い出し,資本主義社会の総体的な分析に道を開いたのはマルクスの**経済学批判**であった。マルクス (Karl Marx, 1818-1883) は主著『資本論』で,徹底的に科学的な方法によって,資本主義的な生産形態の独自性を解明した。マルクスは,労働を基礎とする社会観を徹底させ,経済的構造の分析が社会全体の総体的把握の基礎であることを明らかにした。

［**近代経済学の成立・発展とその危機**］ 1870年代にジェヴォンズ (William Stanley Jevons, 1835-1882),メンガー (Carl Menger, 1840-1921),ワルラス (Marie Esprit Léon Walras, 1834-1910) によって**限界効用価値説**を根幹とする経済学説が唱えられ,いわゆる**近代経済学** (modern economics) の系譜が始まる。その根本的特徴は,労働価値説を根底から否定し,経済現象は抽象的な私的個人の主

観的な選択行為の合成結果であって,彼らの自由競争が経済全体の均衡をもたらすのだと考え,経済的諸量の量的分析に力を注ぐところにある(「**新古典派**」)。この延長線上で,マーシャル (Alfred Marshall, 1842-1924) が自分の経済学を political economy から区別しようとして economics と称したのち,近代経済学の世界ではこの呼称が次第に使われるようになった。

20世紀にはいってからの現実はそのような均衡理論の非現実性を明らかにした。ここに登場したのがケインズ (John Maynard Keynes, 1883-1946) であった。彼は,有効需要が不足している場合には不完全雇用のもとでも(つまり失業者が存在している状態でも)均衡が成立しうるのだから,国家が有効需要を創出する政策をとることによってはじめて不況を打開し完全雇用を実現することができるとした。そののち,国家によるケインズ政策の採用が恐慌現象を緩和したかのように思われ,**ケインズ学派**の理論は近代経済学の主流となるかに見えた。

しかし,第2次世界大戦後の資本主義諸国の復興と経済の相対的に安定的な成長のなかで,再び新古典派の均衡理論が盛行し,なかでも,政府がケインズ政策によって有効需要の総量を調整していさえすれば,自由放任によって均衡がもたらされる,とするサミュエルソン (Paul Anthony Samuelson, 1915-) の**新古典派総合**がもてはやされた。

1960年代後半から先進資本主義諸国の経済は激しいスタグフレーションに見舞われたが,財政政策は有効な力を発揮できず,ケインズ学派にも新古典派総合にも深刻な打撃を与えた。この時期に,一方では,資本主義そのものを批判して社会主義への移行さえも主張するラジカル・エコノミストが出現した。他方では,ケインズをも新古典派総合をも激しく批判する,「マネタリズム」,「合理的期待形成仮説」,「サプライサイドの経済学」,「公共選択理論」などの,「**新保守主義(新自由主義)**」の経済学が現われた。これらは,ケインズ政策を採用する「福祉国家」や「大きい政府」を激烈に批判した。各国の保守政権はこの理論によって,すさまじいデフレ政策,福祉切り捨て政策,大幅減税を強行した。だが,ほどなくして新保守主義の政策は完全に破綻し,政治的にもその影響力は決定的に後退した。しかし,だからと言って,ケインズ政策で経済的諸困難を解決できる見通しが生まれてきているわけではない。このような状況のなかで,新保守主義の経済学の破産も明らかとなってきた。エコノミクス

はいま，再び新たな枠組みを懸命に探りつつあるように見える。

［社会経済学こそ現代を明らかにする経済学である］　国際的に，南北問題，地球規模での環境破壊，民族対立，累積債務，貿易摩擦，などの問題が山積し，多くの資本主義国は不況と失業に悩んでいる。日本経済もバブル崩壊以降，1990年代の全体をおおった深刻な不況と金融システムの危機に直面した。これらの問題を根本的に検討しようとすれば，資本主義という社会システムの検討に行き着かざるをえない。いま再び，資本主義という「現代」が問い直されているのである。

資本主義社会の歴史的な性格を見据え，労働価値説を基礎にして，経済諸主体の行動を決定する社会的な枠組みを探求する社会経済学こそ，資本主義を明らかにする経済学，つまり「現代」を明らかにする**現代経済学**である。

これから，社会経済学が明らかにしている資本主義の仕組みを，基礎的な事柄から出発してわれわれの目に見えているもろもろの現象に到達するまで，体系的に説明しよう。

第2節　労働と生産

§1　経済学の土台＝労働を基礎とする社会把握

［社会経済学は，労働を基礎とする社会把握を土台に置いている］　社会経済学は，労働を基礎とする社会把握をその土台に置いている。**労働を基礎とする社会把握**というのは，約言すれば，人間社会の存在は悠久の自然史のなかで生起している過程であり，人間社会の最深の基礎は，人間が自然とのあいだで行なう物質代謝の人間特有の形態すなわち労働による生産物の取得である，とする社会の見方である。次節では，労働を基礎として社会の仕組みを捉える，というのはどういうことかについて，その大筋を説明するが，そのまえにこの節で，労働と生産というのは本来どういうものなのか，労働は個人および社会にとってどのような意味をもっているのか，ということを見ておこう。

§2　労働による生産物の生産

［人間諸個人は労働によって**物質的富**を生産している］　われわれの考察の出

発点は，なんらかの形態の社会を構成して生活している**人間諸個人**（individuals）である。彼らは，**労働**して**生産**した**物質的富**を**消費**することによって生活している（図1）。

図1　労働・生産は人間の生存と社会の存続との基本的条件である

```
        労働・生産          消　費
人間 ─────────→ 物質的富 ～～～～→ 人間
```

❖　以下の図示で，波線（～～～～）はつねに消費を表わす。

［**物質的富の，消費手段としての消費（本来の消費）**］　人間諸個人が，自己を維持するために消費する物質的富を**消費手段**（**消費財**）と言う。消費手段としての物質的富の消費には，社会のそれぞれの個人によって行なわれる場合（**個人的消費**）と，なんらかの意味で多くの個人によって社会的に行なわれる場合（**社会的消費**）とがある。

［**物質的富の，生産手段としての消費**］　消費には，このような**本来の消費**のほかに，物質的富の生産における消費がある。ここでは物質的富が生産の手段として消費されるのである（**生産的消費**）。このように生産の過程で消費される物質的富を**生産手段**（**生産財**）と言う（図2）。

図2　生産手段と消費手段，本来の消費と広義の消費

```
           ｜生産手段（生産財）⇒ 生産 ＝ 生産的消費｜
物質的富  ｜                                        ｜広義の消費
           ｜消費手段（消費財）⇒ 消費 ＝ 本来の消費｜
```

［**使用価値**］　物質的富がもつ，人間の欲求を充たすという性質を使用価値と言う。**使用価値とは，物質的富がもつ自然属性**——つまり物理的・化学的・生物的・等々の属性——**によって人間のなんらかの欲求を充たすことができるという性質である。**物質的富が使用価値をもっているとき，この物質的富そのものを使用価値と呼ぶこともできる（図3）。

図3　使用価値による欲求の充足

```
              充　足
使用価値 ～～～～→ 欲求
```

［**自然過程の意識的制御としての労働**］　人間は，自然に働きかけて，自然から彼の欲求を充たす使用価値を取得し，消費後の廃棄物を自然のなかに戻す。これが人間特有の**物質代謝**の全過程である。このうち，使用価値を**生産**するための人間の活動が**労働**である（図4）。不要物の**廃棄**は，しばしば，意図しない自然の形態変化（環境の汚染や破壊など）を引き起こすのであり，生産活動に必然的にともなう人間活動として経済学の対象の重要な一部をなしている。

　　図4　使用価値取得のための自然への働きかけとしての労働

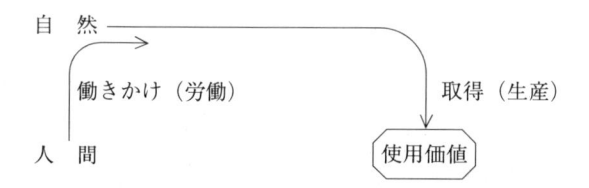

```
自　然 ─────────────────┐
   ↑                    │
   │働きかけ（労働）    │取得（生産）
   │                    ↓
人　間                使用価値
```

［**労働対象**］　この労働の過程で生じるのは，**自然素材**の**形態変化**である。労働とは，まずもって，このような**形態変化**（以下，「形態変化」をしばしば簡単に「変形」とする）を引き起こすことである。形態変化の対象となる自然素材を**労働対象**と呼ぶ。

［**労働力**］　人間の働きかけには，人間の力の発揮が，それ自体として直接に物理的な力の作用として自然素材を変形させる場合と，自然力の作用がその自然素材の変形を引き起こすように仕組むことに向けられる，という場合とがある。いずれにしても，こうした労働の過程で発揮される人間の力を，総括的に**労働力**と呼ぶ。

［**労働手段**］　また人間は，自然力としての人間の力やその他の自然力の作用を増幅したり変形させたりする伝動体を利用する。このような自然素材を**労働手段**と呼ぶ。労働手段を創造して使用することは，人間特有の労働過程を特徴づけるものである（図5）。

［「**理性の狡智**」］　ヘーゲル（Georg Wilhelm Friedrich Hegel, 1770-1831）は人間が行なう活動の特質について，「**理性の狡智**（ずるがしこさ）」ということを言った。彼によれば，「理性の狡智は，もろもろの客体をそれらの本性に従って相互に作用させ働き疲れさせておきながら，自分は直接にはこの過程にはいりこまず，それでいて自分の目的を実現する，という媒介的活動にある」のであ

図5　人間によって制御される自然過程としての労働過程

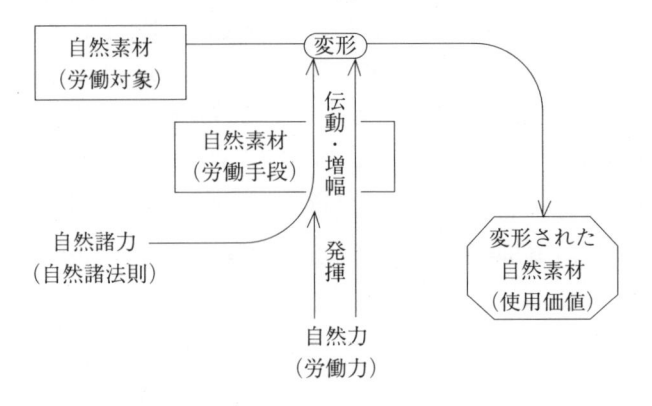

る。このような「理性の狡智」としての労働，つまり自然過程の意識的な制御としての労働は，人間の自然との物質代謝を特徴づける，人間に固有のものである。

[**労働過程と生産過程**]　労働を一定の時間を経て進行する過程として見るとき，それは**労働過程**である。労働過程をその結果として生産物をもたらす過程として見るとき，それは同時に**生産過程**である（図6）。

図6　労働過程と生産過程

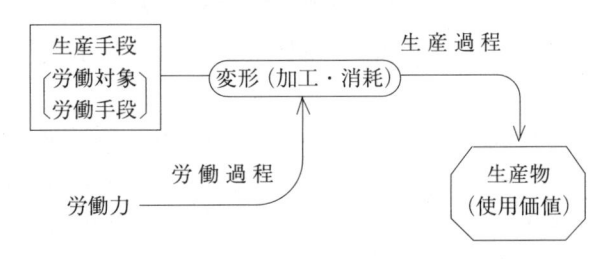

❖ 以下の図示で，生産手段は四角形ないし長方形で囲み，生産物は八角形で囲む。

[**労働過程の要素と生産過程の要素**]　労働過程に不可欠の要素は，上に見たように，労働そのもの，労働対象，労働手段の三つである。生産手段のうち，労働対象は加工されるという仕方で，労働手段は消耗されるという仕方で，どちらも生産物の生産のために形態変化される。労働対象は，まだ人間の手が加

わっていない天然の自然素材，つまり天然資源と，すでに人間の手によって加工された自然素材，つまり原料とに分けられる。労働手段には，機械や道具のような労働用具のほか，容器や輸送管類，さらに土地・道路・運河・建物なども含まれる。労働過程の要素を，生産過程に不可欠の要素として見れば，労働は生産物をもたらす生産的労働であり，労働対象と労働手段とは生産物の生産のための手段つまり生産手段である（図7）。

図7　労働過程の要素と生産過程の要素

労働過程の要素	生産過程の要素
労働力 ⇒ 労働そのもの	生産的労働
天然資源 / 原料 〉労働対象	生産手段
労働用具・容器類 / 土地・道路・運河・建物 〉労働手段	

［簡略図］　以後，本書では一貫して，生産過程とその諸要素を次の図で表わすので，図形と記号の意味を理解しておかれたい（図8）。

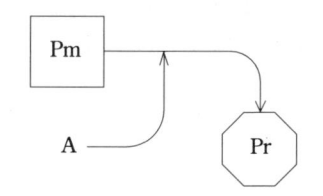

図8　生産過程（簡略図）

A ＝ 労働力（Arbeitskraft）
Pm ＝ 生産手段（Produktionsmittel）
Pr ＝ 生産物（Produkt）

§3　個人および社会にとっての労働の意義

［労働は富の源泉であり，人間生活の根本的条件である］　労働は，自然とともに物質的富の源泉であり，したがって人間生活の根本的条件である。労働は，あらゆる社会を通じて，人間の生存と社会の存続にとっての第1の条件であったし，今後もそうであることをやめない。

［労働は個人の人間的発達の不可欠の条件である］　労働によって，人間は自分の外にある自然を変化させるが，同時に，自分自身の肉体にそなわる自然力，

腕や脚，頭や手を動かすことによって，自分自身の人間的自然を変化させる。すなわち，自分自身のなかに潜んでいる力を発現させ，自分自身の統御に従わせる。こうして自分の諸能力を発展させ，人間としての自分自身を発展させるのである。労働なしに個人の人間的発達はありえない。

　［労働が人間そのものをつくりだした］　歴史的には，ある種の類人猿がホモ・サピエンスに転化する過程で，労働が決定的な役割を果たした。自然史のなかでの人類の出現は労働なしにはありえなかった。まさしく労働が人間そのものをつくりだしたのである。

　［労働は人間実践の本源的形態，人間の本源的存在形態である］　人間生活の本質は，主体としての人間が客体としての現実を目的意識的，合目的的に変革する活動，つまり実践である。人間は，この活動によって，自分の欲求を満足させる。人間が行なうあらゆる実践的活動のなかで，労働こそ，最も本源的かつ基本的な実践である。労働は人間の本源的な存在形態そのものでさえある。だから人間諸個人は，本源的かつ本質的には，労働する諸個人なのである。

　［現代社会の労働はそのようなものとして現われていない］　目的を達成することによって欲求を充足させる労働は，本来，人間にとって喜びの源泉であるはずであり，魅力あるものであり，それ自体が人間欲求の対象であるはずである。しかし現代の社会では，労働は一般にはそのようなものとして現われず，人間に喜びを与えるものであるどころか，しばしば苦痛の源泉であり，〈しなくてもよければしたくないもの〉となっている。なぜこのようなことになるのであろうか。経済学はこの問いに答えなければならない。

第3節　生産様式とその交替

§1　社会の生産力
(1)　生産力と生産関係。生産様式
　［生産力と生産関係］　人間が生産のなかで自然を制御できる力能を生産力と呼ぶ。各時代の基礎には，いつでも，それぞれ異なった発展度の生産力があった。これにたいして，生産における人間の社会的関係を生産関係と呼ぶ。社会形態の相違は生産関係の相違によって規定される（図9）。

図9　生産力と生産関係

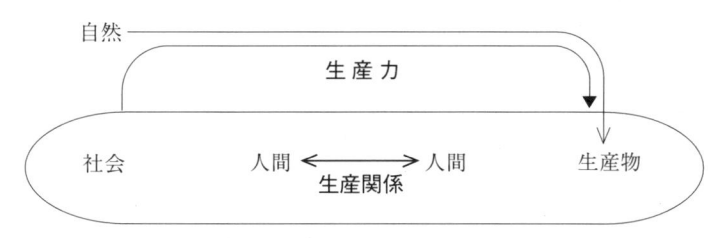

```
自然 ─────────┐
       生産力  │
  ┌──────────────▼──────┐
  │ 社会　　人間 ←→ 人間　　生産物 │
  │          生産関係         │
  └───────────────────┘
```

[**生産様式**]　現実の生産は，つねに，特定の発展段階の生産力をもって，特定の形態の生産関係のもとで行なわれる生産である。特定の発展段階の生産力とそれに対応する特定の形態の歴史的生産関係とのもとで行なわれている特定の生産のあり方を**生産様式**と呼ぶ。のちに見るように，生産力の発展段階と生産関係の形態とは相互に密接に関連しあっている（図10）。

図10　生産の特定の社会形態としての歴史的生産様式

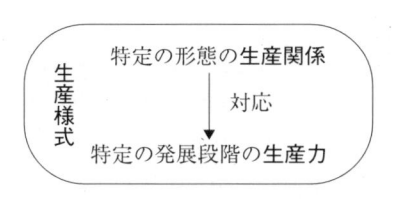

```
  ┌──────────────────┐
生│　　特定の形態の生産関係　│
産│          ↓対応          │
様│                          │
式│　　特定の発展段階の生産力│
  └──────────────────┘
```

そこでまず，この§1で，社会の生産力とその発展について考察しよう。

(2) 社会の生産力とその原動力としての労働

[**労働の生産力と社会の生産力**]　社会の生産力を規定するのは労働の生産力である。労働が生産物を生産する力量を**労働の生産力**と言い（労働生産力または労働生産性とも言う），総体としての社会が生産において自然を制御する力量を**社会の生産力**と言う。社会の生産力はその社会の労働の生産力の全般的水準によって基本的に規定されている。

[**生産力の原動力は労働である**]　社会の生産力を実際に構成するのは生産の二つの要因である生産手段と生産的労働であり，この両者が生産力の発展水準を決定する。しかし，生産手段は労働の働きかけがなければなんの機能をも果たせず，使用価値を失っていく一方である。これにたいして労働は，生産力を維持するだけでなく，それを発展させていく。だから，労働こそが生産力の原

動力なのであり，その発展水準こそが生産力の高さを決定するものなのである。

(3) 生産費用としての労働

[生産力の発展度の把握は生産費用の概念を必要とする] 生産力の発展の程度を問題にするときには，生産物を生産するのに必要な費用（コスト），つまり**生産費用**（生産費）の概念が不可欠である。

[生産の本源的費用は労働である] 人間諸個人は，労働しないでは生産物を生産することができない。だから，労働こそ，人間にとっての生産の本源的費用である。生産費用すなわち人間が生産物の生産に要する費用とは，つまるところ，生産物を生産するのに支出される労働の量である。

[生産手段が費用であるのはその生産に労働が必要な場合である] 生産物を生産するのには生産手段が必要であるが，生産手段が人間にとって費用となるのは，その生産手段そのものが労働を必要とするかぎりででしかない。労働が加わっていない天然の自然素材も自然環境も，人間にとってはまったく費用のかかっていないものである。生産手段が人間にとって費用のかかったものとして意味をもつのは，それの生産に労働を必要とする程度に応じてである。だから，ある生産物の費用とは，その生産物を生産するのに必要な労働の量であり，それは，その生産物の生産そのものに必要な現在の労働とこの生産に使われる生産手段を生産するのに必要だった過去の労働との合計である。

[労働を生産費用として見るとき，労働は新たな意味を受け取る] このように，生産物を生産する費用という観点から労働を見るときには，さきに見た，なんらかの生産物を取得するための自然素材の変形・加工という意味での労働が，さらにもう一つの意味を，つまり，それぞれの生産物を生産するために必要な費用という意味をもつことになる。どのような社会の労働であろうと，労働を生産物の費用として考慮しなければならないときには，労働はつねに，自然素材の変形・加工であると同時に人間にとっての生産の費用なのである。こうして，労働は二つの側面から考察されなければならないことになる。

[労働は二面をもつものとして取り扱われなければならない] 社会の生産を見るとき，生産物の生産費用としての労働を考えないですませることは不可能である。だから，経済学で労働を問題にするときには，どんな歴史的社会におけるものであろうと，労働はつねに，この二つの側面をもつものとして取り扱

われなければならない[1]。

　[質的に異なる変形作用の側面と量的に異なる労働力支出の側面]　そこで，労働がもつこの二つの側面を立ち入って調べてみよう。この二つの側面をとりあえず簡単に言い表わせば，質的にさまざまに異なる変形作用という側面と量的にだけ異なる労働力支出という側面である（図11）。

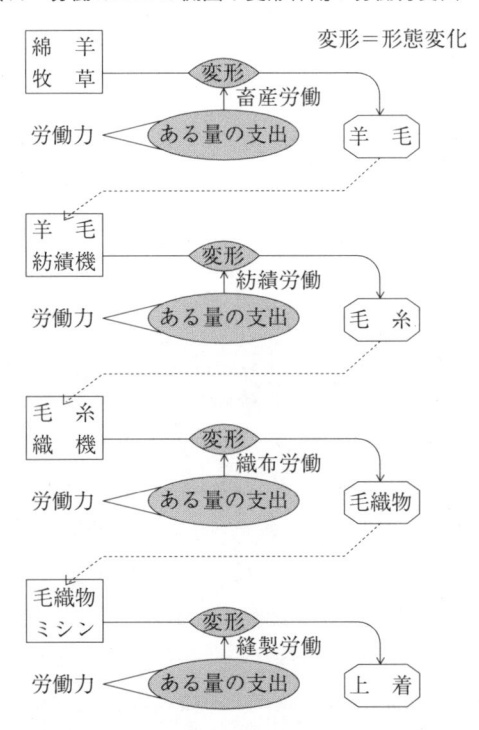

図11　労働の二つの側面：変形作用＋労働力支出

1）このように，労働によって富を生産しなければならないあらゆる社会について，労働が，変形作用と人間労働力支出の二側面から考察されなければならないのに，「労働の二重性」は商品生産に固有の概念だとする抜きがたい思い込みが広まっている。このような主張をする人びとは，労働の生産力の発展にともなう，生産物を生産する労働量の減少や，のちに§2で述べる必須労働と剰余労働との区別を問題にするときには，労働を具体的な変形作用の違いを度外視した人間の労働力の支出として，つまりは抽象的労働として見ていることに気づいていないのである。これを抽象的労働と呼ぶべきでないとしたら，そのかわりになんと呼ぶのであろうか。

［**具体的労働＝有用的労働**］　変形作用としての労働とは，特定の生産手段を特定の仕方で形態変化させて特定の使用価値を生産する合目的的活動のことである。「君がしている労働と僕がしている労働とは違う」，「僕の昨日の労働と今日の労働とは違う」，「これを生産する労働とあれを生産する労働とは違う」などと言うとき，ひとは「労働」という言葉をこの意味で使っている。この意味での労働は，特定の具体的形態における労働だから**具体的労働**と呼ばれ，また，なんらかの有用物を生産する労働だから**有用的労働**と呼ばれる（図12）。

図12　具体的労働＝有用的労働

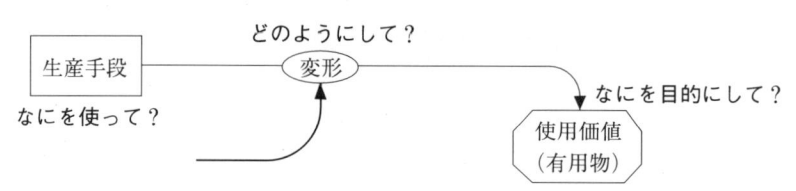

```
                    どのようにして？
   ┌──────┐         ┌──┐
   │生産手段│─────────│変形│────────┐
   └──────┘         └──┘         │なにを目的にして？
     なにを使って？        ↑              ▼
                                      ┌──────┐
                                      │使用価値│
                                      │(有用物)│
                                      └──────┘
```

［**抽象的労働＝人間的労働**］　労働力支出としての労働とは，人間の力の支出，発揮として見られた活動である。「君はたくさん労働するが，僕はあまり労働しない」，「僕は昨日はたくさん労働したが，今日はあまり労働しなかった」，「これを生産するのには多くの労働が要るが，あれを生産するのには少しの労働しか要らない」などと言うとき，ひとは「労働」という言葉をこの意味で使っている。この意味での労働は，さまざまの具体的形態をもつ現実の労働から労働力支出という共通の質だけを抽象[2]してみた労働だから**抽象的労働**と呼ばれ，またその共通の質が人間の労働力の支出だから**人間的労働**とも呼ばれる。抽象的労働の量は継続時間で測られる。その計測単位は，時間（time）の計測単位である，時間（hour），分，などである（図13）。なお，「人間の労働」，あるいはたんに「人間労働」と言うときには，一般に，具体的労働と抽象的労働との両面をもつ人間の労働のことを指し，「人間的労働」と言うとき，つまり

2）　**抽象**とは，事象のもつ多くの側面のなかから，思考のなかで特定の側面ないし諸側面だけを抽出することであり，人間の認識，とりわけ科学的認識では，決定的に重要な思考の手段である。特定の側面を抽出するということは，それ以外の側面を度外視することでもある。日本語には，この度外視のほうだけを表現する**捨象**という語がある。

「的」を入れて言うときには，人間の労働の一つの側面である，人間労働力の支出としての労働（つまり抽象的労働）のことを指す[3]。

図13　抽象的労働＝人間的労働

人間の労働力　＜　ある量の支出　｜どれだけ？

［**経済学のかなめとしての労働の二重性**］　このように労働が二つの側面をもっていることを**労働の二重性**という。労働の二重性の理解は経済学のかなめである。以後，本書では，労働の二重性を次のように図示する（図14）。この図はこれから頻出するので，図形の意味と記号とをよく記憶しておかれたい。

図14　労働の二重性（簡略図）

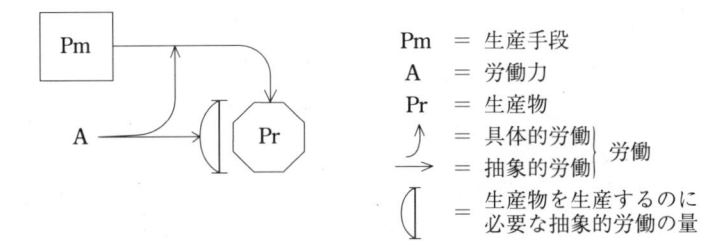

Pm　＝　生産手段
A　＝　労働力
Pr　＝　生産物
↑　＝　具体的労働　｜
→　＝　抽象的労働　｜労働
）　＝　生産物を生産するのに必要な抽象的労働の量

［**労働と労働力**］　上の図でも，労働と労働力とは区別されている。この両者はどのように異なり，どのように関連しているのであろうか。

次の表1は総務庁統計局が毎年作製している『労働力調査』からとったもの

表1　労働力人口と非労働力人口

総人口　　　　　10,836万人
　非労働力人口　4,057万人……労働力をもっていない
　労働力人口　　6,766万人……労働力をもっている
　　就業者　　　6,446万人………労働している
　　完全失業者　320万人………労働していない

（総務庁統計局『2000年労働力調査』により作成。15歳以上人口，2000年平均）

3）「人間の労働」あるいは「人間労働」はドイツ語の die menschliche Arbeit（定冠詞つき）の訳語，「人間的労働」は menschliche Arbeit（無冠詞）の訳語であって，ドイツ語では両者ははっきりと区別される。「的」の有無に注意してほしい。

序章　労働を基礎とする社会把握と経済学の課題

である。ここでは労働力人口が，就業者つまり労働している人口と，失業者つまり労働したいができないでいる人口とに分けられている。

この統計からわかるのは，労働力人口つまり労働力をもっている人口のなかには，失業者つまり労働していない人口があることである。つまり，労働力をもっていることと労働することとは別のことなのである。**労働力**とは，感覚器官や脳髄や運動器官などからなる人体のうちにあって，使用価値を生産するときに運動させる肉体的能力および精神的能力の総体のことである。この労働力との関連で言えば，**労働**とは，労働力の発揮という人間の活動であり，労働力を流動化させること，労働力を支出することである。労働力と労働との違いは，エンジンの馬力とそれの実際の回転，核爆弾の爆発力（何メガトン相当という）とそれの爆発，語学力とそれの駆使，などのような，もろもろの力とそれらの発揮との違いとまったく同様である（図15）。

図15　労働力とその発揮・流動化としての労働

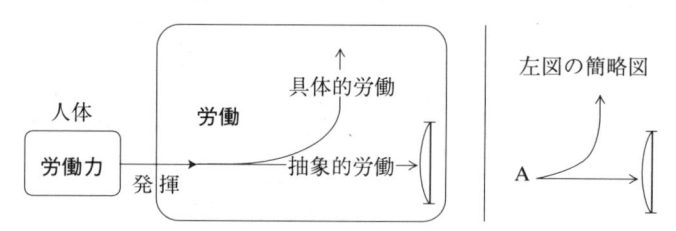

[**生産物の生産費用としての抽象的労働**]　生産費用としての労働とは，生産物を生産するのに必要な抽象的労働である。どんな生産物の生産費用としての労働も，同質の労働の量として比較し，また加算することが可能であるが，この場合の労働とは抽象的労働にほかならない（図16）。

図16　生産費用としての労働＝抽象的労働の量

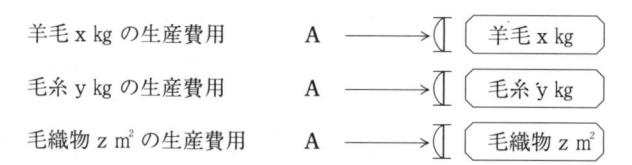

羊毛 x kg の生産費用　　A ───→ 〔 羊毛 x kg 〕

毛糸 y kg の生産費用　　A ───→ 〔 毛糸 y kg 〕

毛織物 z ㎡ の生産費用　A ───→ 〔 毛織物 z ㎡ 〕

[**生産費用としての旧労働と新労働**]　ある生産物の生産で消費される生産手

段がその生産物の生産費用としての意味をもつのは，この生産手段がこの生産以前に行なわれた生産過程での生産物であって，それを生産するのにある量の労働を必要とするかぎりにおいてである（図17）。

図17　生産物の生産費用：新労働＋旧労働

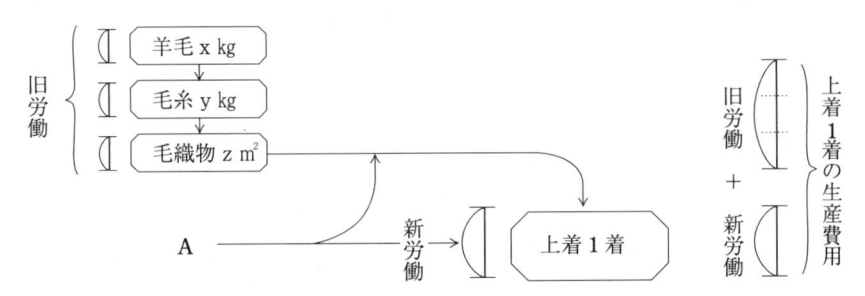

だから，生産物の生産費用としての労働とは，その生産物を生産するのに必要な**新労働**と，この生産で消費される生産手段を生産するのに必要な**旧労働**との合計である。新労働は**現在の労働**，**生きた労働**とも呼ばれ，旧労働は**過去の労働**，**死んだ労働**とも呼ばれる。

これまでの簡略図にならって，新労働と旧労働とからなる，生産費用としての労働を示す簡略図を描けば，次のようになる（図18）。

図18　生産費用としての労働（簡略図）

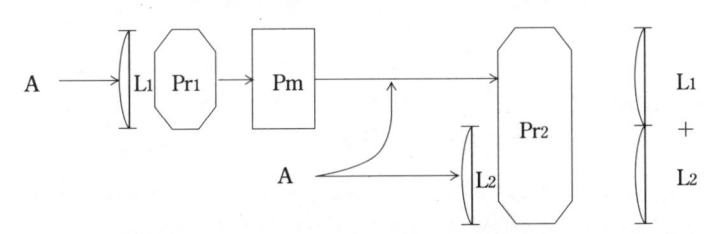

❖　Pr_2の生産費用としての抽象的労働 ＝ L_1（旧労働）＋ L_2（新労働）

（4）労働の生産力

[**労働の生産力は具体的労働の生産力である**]　同じ量の労働（抽象的労働）でも生産物の量は異なりうる。生産物量のこのような相違をもたらすのは，労働の有効性，作用度の違いである。この違いは労働力を支出するさいの具体的な形態の違い，有用物をもたらす程度の違いであり，つまりは具体的労働の違

いである。労働が生産物を生産する力量である**労働の生産力**とは，じつは**具体的労働の生産力**なのである（図19）。

図19　同量の抽象的労働でも生産物量は異なりうる

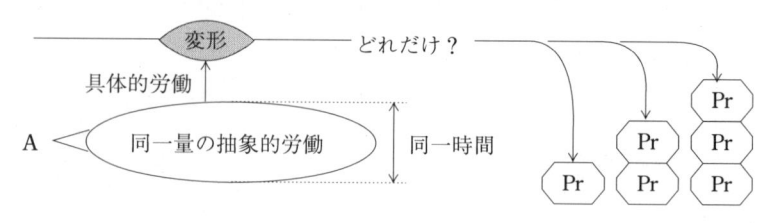

労働（具体的労働）の生産力の増大は，同一の労働（抽象的労働）量で生産される生産物の量を増大させるが，これは，生産物1単位について見れば，生産物を生産するのに必要な抽象的労働の減少，つまり生産物の生産費用としての労働量の減少にほかならない（図20）。

図20　具体的労働の生産力の増大は生産費用＝抽象的労働の量を減少させる

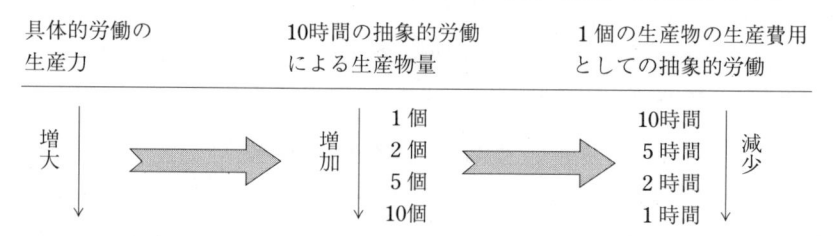

具体的労働の生産力	10時間の抽象的労働による生産物量	1個の生産物の生産費用としての抽象的労働
増大 ↓	増加 ↓　1個　2個　5個　10個	10時間　5時間　2時間　1時間　減少 ↓

[**労働の生産力を決定する諸事情**]　労働の生産力は，労働者の熟練の程度，協業や分業のような生産過程での労働者の社会的結合の発展度，科学・技術の発展段階，機械，自動化工場，等々のような生産手段の規模と作用能力，土地の豊度や天候のような自然の諸事情などによって決定される。

（5）　**生産力の発展と呼べるものと呼べないもの**

[**生産物の多様化も社会の生産力の発展の一形態である**]　労働の生産力の発展による社会の生産力の発展と結びついて，社会が処理できる抽象的労働の同じ量が，より多くの種類の生産物の生産に充用されるなら，これもまた人間による自然の制御能力の拡大であり，社会の生産力の発展である。使用価値の種類が増加し，充足される人間の欲求も多様化する。

［環境を破壊する技術の発達は生産力の発展と呼ぶことはできない］　生産力の発展が人間による自然の制御の拡大を意味するものであるかぎり，どれだけ物質的富の生産量を増大させる技術の発達であろうと，それが環境を破壊し，人間の自然との正常な物質代謝を困難にするようなものであるなら，それを生産力の発展と呼ぶことはできない。その意味で，「生産力が発展しすぎて環境破壊にいたった」などと言うのは，「生産力」という語の誤用でしかない。自然とのエコロジカルな調和を実現できない社会は，まだ，自然を制御する十分な力をもっていないのであり，まだ，そこまで生産力が発展していないのである。

§2　社会的再生産の一般的法則と生産力の発展

［社会は再生産によって存続することができる］　生産は，その社会形態がどのようなものであるかにかかわりなく，たえず繰り返して行なわれなければならない。社会は，消費をやめることができないように，生産もやめることができない。繰り返して行なわれる生産を再生産という。社会は再生産によって存続することができるのである。

単純再生産（生産の規模が不変の再生産）を前提して，あらゆる社会で貫く社会的再生産の一般的法則を見ておこう。ここでは，一つの生産過程が1年間の生産を総括的に表わすものとし，さしあたり労働の生産力は変化しないと考える。

［生産手段と労働力が再生産されなければならない］　まず，年々の生産物によって，翌年の生産のための生産手段および労働力が準備されなければならない（図21）。

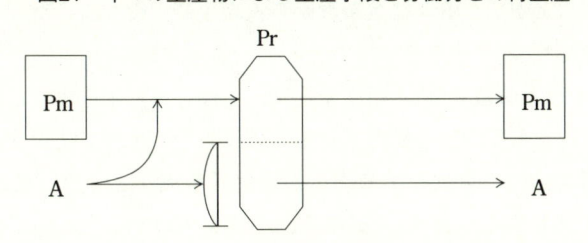

図21　年々の生産物による生産手段と労働力との再生産

［生産物は生産手段と消費手段とを含まなければならない］　翌年の生産のために労働力が準備されるというのは，年々の生産物が，労働力を再生産するための消費手段を含まなければならないということである（図22）。

図22　生産手段と労働力再生産用の消費手段との再生産

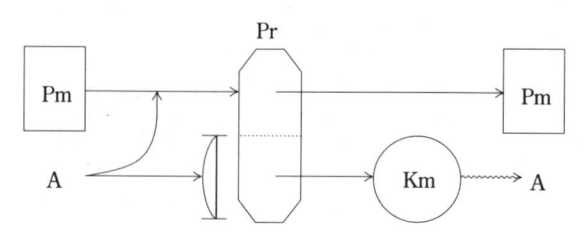

- 生産手段（Pm）としての消費　＝　生産的消費
- 消費手段（Km）としての消費　＝　個人的消費

［総生産物－再現生産手段＝新生産物］　社会の総生産物はさまざまの生産物（使用価値）からなっているが，同じ規模での同じ内容の生産が繰り返されるためには，今年度の**総生産物**のなかに，今年度中に消費されてしまった生産手段が含まれていなければならない，つまりそれが再現していなければならない。この**再現生産手段**は旧労働で生産されたものが今年度の生産物中に再現したものである。

総生産物の生産費用を考えると，すでに見たように，それは今年度の新労働と消費した生産手段の生産に必要な旧労働との合計である。今年度の総生産物のうちの，再現した生産手段を生産するのに必要な労働の量とは，消費した生産手段の生産に必要な旧労働の量にほかならないのだから，総生産物から再現生産手段を除いた残りの生産物の生産費用は今年度の新労働である。言い換えれば，今年度の新労働がこの生産物を生産したのであって，これを今年度の**新生産物**と呼ぶことができる。総生産物から再現生産手段を除いたものが新生産物である（図23[4]）。

［必須生活手段と必須労働］　新生産物は，労働力を再生産するための生産物を含まなければならない。労働力（労働力の持ち手によって扶養される家族をも含む）の再生産に不可欠な生産物を**必須生活手段**[5]と呼び（**必須生産物**または**労働ファンド**[6]とも言う），必須生活手段を生産するのに必要な労働（抽

図23　総生産物は再現生産手段と新生産物とからなる

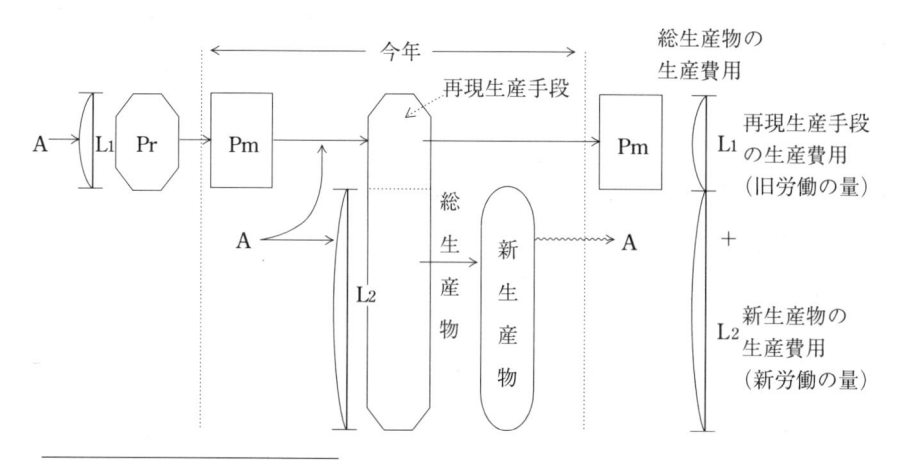

4）ここでは，簡単化のために，労働の生産力には変化がないものと仮定している。今年度の生産力が前年度よりも高くなるときにはどうなるであろうか。今年度の年間の総労働量（L_2）が前年度のそれと同量であれば，この同量の労働によって生産される新生産物の量が当然に増大する。しかし，物的には昨年度よりも増大している今年度の総生産物の生産費用である新労働（L_2）は前年度と同じ（つまり年間総労働量は前年度と同じ）である。もし今年度の新生産物の全部が今年度中に消費されるのなら，消費される生産物量は前年度よりも増大する。消費される生産物量が前年度と同じであるなら，消費されない剰余の生産物が生じることになる。これはすぐあとに述べる剰余労働の発生または増大を意味する。なお，生産力の発展にともなって，同じ物的形態で再現するそれぞれの生産手段の生産に必要な労働の量は前年度よりも減少するが，今年度消費された生産手段は前年度の生産力のもとで生産されたものだから，再現生産手段の生産費用はそれを生産するのに前年度に必要であった労働量である。ただ，再現生産手段が次年度の生産にはいっていくとき，次年度の再現生産手段の生産費用として計算されるのはこの生産手段の生産に今年度の生産力のもとで要する労働量だから，それは今年度にそれの生産費用として計算されるものよりも減少するのである。
5）「必須生活手段（生産物）」および「必須労働（必須労働時間）」は，通常，「必要生活手段（生産物）」および「必要労働（必要労働時間）」と訳されているが，のちに本論で出てくる「必要労働時間」という語が別の意味（「商品を生産するのに必要な労働時間」という意味）で使われるので，本書では，通常の訳語のままでは生じることが避けがたい読者の混乱を回避するために，このように別の訳語を当てる。
6）このあとでも繰り返して登場するファンド（fund）という言葉は，なんらかの使途に充てられるべき，あるいは用意される，あるまとまった大きさの財貨や貨幣のことである。また，なんらかの目的に使用するために確保しておかれる財貨や貨幣もファンドと呼ばれる。「基金」，「財源」，「元本」と訳されることもある。

序章　労働を基礎とする社会把握と経済学の課題　25

象的労働）を**必須労働**（**必須労働時間**）と呼ぶ（図24）。（なお，これ以降の図でしばらくのあいだ，再現生産手段の生産費用である旧労働の図示は省く。）

図24　必須生活手段と必須労働

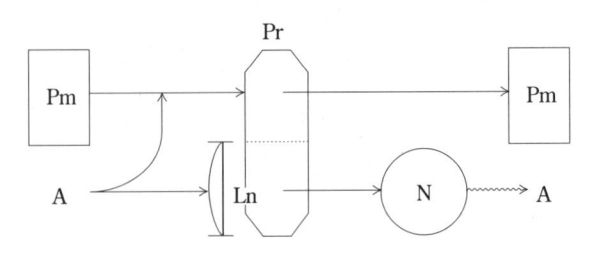

- ❖　N ＝ 必須生活手段 ＝ 労働力の再生産に不可欠な生活手段
- ❖　Ln ＝ 必須労働（必須労働時間）＝ 必須生活手段を生産する労働（労働時間）

［**剰余労働と剰余生産物**］　労働する諸個人が必須労働時間以外に自由に処理できる時間をもっていて，その時間も労働すれば，必須生活手段を超える生産物を生産することになる。労働時間のうち必須労働時間を超える部分を**剰余労働**（**剰余労働時間**）と呼び，この剰余労働時間に生産された生産物，つまり新

図25　剰余労働と剰余生産物

- ❖　Lm ＝ 剰余労働（剰余労働時間）＝ 必須労働（必須労働時間）を超える労働（労働時間）
- ❖　M ＝ 剰余生産物 ＝ 新生産物のうち必須生活手段を超える超過分

生産物のうち，必須生活手段を超える超過分を**剰余生産物**と呼ぶ（図25）。

［**どんな社会でも剰余生産物が生産されなければならない**］　剰余生産物の「剰余」とは，必須生活手段を超える剰余という意味であって，けっして「余

計な，なくてもいい」ものということを意味しない。社会が存続するためには，多かれ少なかれ剰余生産物が生産されていなければならない。

　A）まず，どのような社会でも，次の使途に充てられる生産物をもたなければならないが，これは必須生活手段を超える剰余生産物によるほかはない。

① 生産の拡大（蓄積ファンド）
② 非常時のための備蓄（予備ファンド）
③ 直接生産者以外の人口の消費ファンド
　ⓐ 非生産的労働に従事する人口の消費のファンド
　ⓑ 直接生産者によって扶養されえない非労働力人口の消費のファンド
④ 社会的に行なわれる非生産的な消費（公共の施設など）のファンド

　B）さらに，労働しない階級が存在する社会では，労働に従事する階級によって生産された生産物のうちの剰余生産物をこの労働しない階級が搾取し，消費する。剰余生産物なしに階級社会はありえない[7]。

　以上が，社会形態にかかわりなく貫徹する，社会的再生産の一般的法則である。簡略化して図示すれば，次のようになる（図26）。

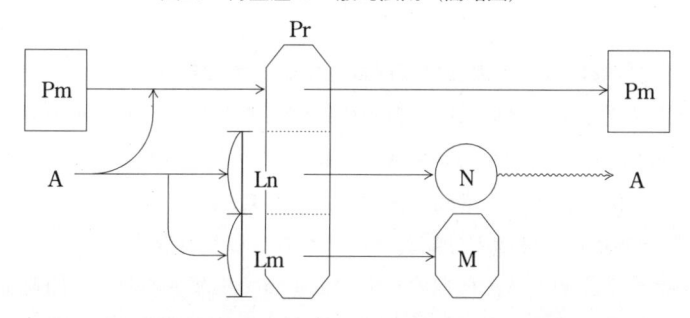

図26　再生産の一般的法則（簡略図）

---

7) 言うまでもなく，社会形態が異なれば，必須生活手段と剰余生産物とへの新生産物の分割のあり方も量的・質的に著しく異なる。とりわけ階級社会では，必須生活手段は剰余生産物に比べて量・質ともに貧弱であらざるをえない。しかし，ここでも階級間の力関係の変化で必須生活手段の内容は変化しうるのであって，固定的なものではけっしてない。かなめは，どんな社会でも，社会の総生産物は労働する諸個人の再生産にはいる部分とそれを超える部分とに分かれるのだというところにある。必須労働と剰余労働との区別は階級社会だけのものだとする一部の論者は，このことの意義と重要性とに気づいていないのである。

［生産力の発展による剰余労働の増大］　剰余生産物なしには，生産の拡大も人口の増加も不可能である。社会が発展するためには，剰余生産物の増大が不可欠である。剰余生産物の量的増大は，生産の拡大と労働力人口の増加によっても行なわれるが，決定的に重要なのは，労働の生産力の発展による剰余労働の増大である。労働の生産力の発展は，必須生活手段の量と範囲とが変わらなければ，必須生活手段を生産するのに必要な労働時間つまり必須労働時間を減少させる。総労働時間が変わらなければ，必須労働の減少は剰余労働を増大させることになる（図27）。

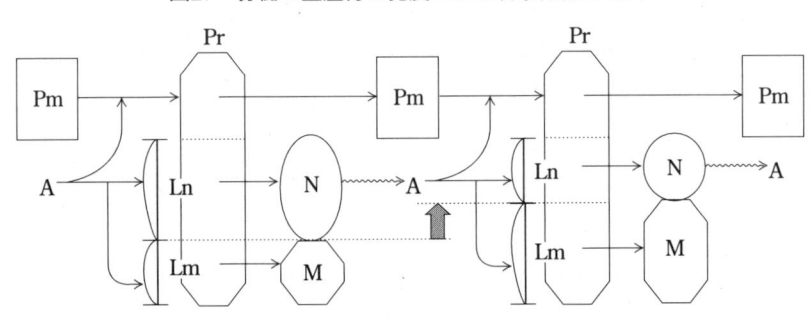

図27　労働の生産力の発展による剰余労働の増大

［生産力の発展による労働日の短縮は自由の拡大の条件である］　増大し多様化する欲求を充足するためには，**自由に処理できる時間の増加**が不可欠である。諸個人の個性と能力の全面的な発展と開花のためには，生産力の高度な発展とそれによる労働日（1日の労働時間）の大幅な短縮とが不可欠なのである。

［社会的分業と総生産物の分配とが行なわれなければならない］　どんな社会でも，労働する諸個人は，彼らの総労働によって生産された社会的総生産物のなかから，彼らの欲求を充たすべき生産物を入手して生活する。そのためには，社会の総労働は，社会が必要とするさまざまの生産物を生産するさまざまの具体的労働の形態をとらなければならないから，異なった使用価値を生産するさまざまの労働部門に**配分**されなければならない。これが**分業**（division of labor, つまり文字通りには〈労働の分割〉）である。この分業は，社会全体における労働の分割だから——工場の内部での分業（労働の分割）である工場内分業と区別して——**社会的分業**と呼ばれる。

さらに，生産されたさまざまの種類の生産物が，なんらかの仕方で，労働する諸個人およびその他の社会成員に**分配**されなければならない（図28）。

図28　社会的総労働の配分と社会的総生産物の分配

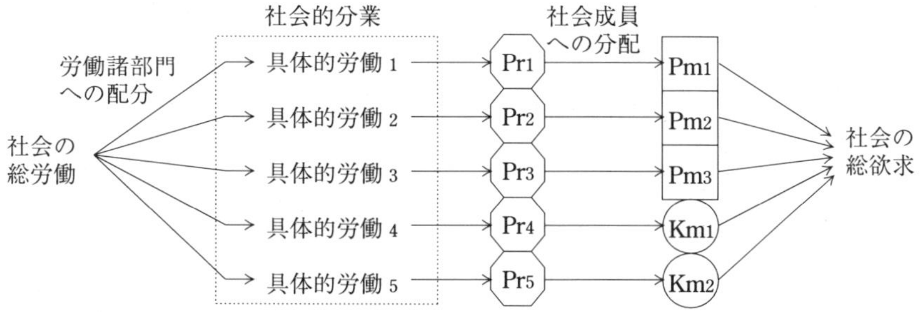

```
                  社会的分業           社会成員
  労働諸部門   ┌─具体的労働1─→ Pr1─→ Pm1 ┐
  への配分    │ ─具体的労働2─→ Pr2─→ Pm2 │
社会の ──────┤ ─具体的労働3─→ Pr3─→ Pm3 ├─→ 社会の
総労働       │ ─具体的労働4─→ Pr4─→ Km1 │    総欲求
            └─具体的労働5─→ Pr5─→ Km2 ┘
```

§3　生産関係

（1）人間生活の社会形態を決定する生産関係

［**生産関係：生活の社会的生産における人間相互間の関係**］　人間は，彼らの生活の社会的生産のなかで，社会の生産力の発展段階に対応する一定の諸関係を取り結ぶ。これを**生産関係**と言う。この生産関係こそが人間諸個人相互間のいっさいの社会関係の根底をなすものである。

生産関係のかなめは，労働する諸個人がどのような仕方でその労働に必要な諸条件すなわち生産手段にかかわるのか，彼らはどのような仕方で生産手段と結びついて労働するのか，ということにある。このような，生産手段にたいする労働する諸個人のかかわり方が，社会を構成する諸個人による生産物の，とりわけ剰余生産物の取得のあり方を決定する。

［**生産関係の歴史的諸形態とそのもとでの社会的再生産**］　これまでの人類史のなかで，労働する諸個人は，まずもって，共同体——すなわち，人間社会の出発点に存在していた本源的な共同体，および，それの解体過程に生じたさまざまの形態での共同体——を基礎とした**共同体的生産関係**を経験した。そしてその次に，共同体に代わって貨幣が人びとを結びつける絆となっている生産関係である**商品生産関係**が現われた。現在の資本主義社会の生産関係はこの商品生産関係の最も発展した形態である。この資本主義社会はその発展のうちに，産み落とすべき新たな生産関係を自己の胎内に宿すようになる。それは，自由

な諸個人が自発的・自覚的に社会関係を形成する**アソシエーション的生産関係**である。共同体的生産関係，商品生産関係，アソシエーション的生産関係が，人類史の三つの大きな発展段階をなしているのである。

社会的再生産の一般的法則がどのような形態で貫徹するのか，ということに注目しながら，これらの生産関係を概観しておこう。

(2) 歴史上の主要な生産関係とそこでの社会的再生産

(A) 共同体を基礎とする人格的依存関係

人類が最初に経験した生産関係は，原始共同体とその解体過程に生じたさまざまの形態の共同体を基礎とする生産関係である。ここでは，労働する諸個人はなんらかの共同体に帰属し，共同体の成員として相互に**人格的依存関係**を取り結び，労働諸条件すなわち生産手段にたいして，共同体に属するものにたいする仕方でかかわる。社会的生産のなかでの彼らの関係の特徴は，それが彼ら相互間の人格的な依存関係であるか，さもなければ，労働しない諸個人が労働する諸個人を人格的に支配する支配・隷属関係であるところにある。

(A)-① 共同体的生産関係

ここでの基本的な生産関係は，労働する諸個人が自然発生的に成員となっている原生的な共同体と，この共同体による生産手段の所有である。彼らはたがいに，生産手段を所有する共同体の成員としてかかわりあう。労働する諸個人をたがいに結びつけているのは原生的な種属関係にもとづく共同体であり，彼らを支配しているのは自然発生的な人格的依存関係である。彼らは共同体のなかに埋没しており，個人として自立できない。共同体成員による共同労働は，直接に共同体の必要を満たすことを目的にして行なわれる労働，すなわち直接に社会的な労働である。したがって，生産物はすべて共同体成員のあいだに，必要に応じて分配される（図29）。

生産力の発展とともに，共同体そのもののなかに諸個人による私的所有（私有）が発生・発展し，それとともに共同体は次第に解体していく。この解体過程に見られる共同体の形態には，私有の発展程度に応じて，私有がまだほとんど発生していない**アジア的形態**，共有と私有とがいわば並存状態にある**ギリシア・ローマ的形態**，共有が私有の補完物にすぎない**ゲルマン的形態**の三つがある。

(A)-② 人格的な支配・隷属関係（奴隷制，農奴制）

図29　共同体のもとでの社会的再生産

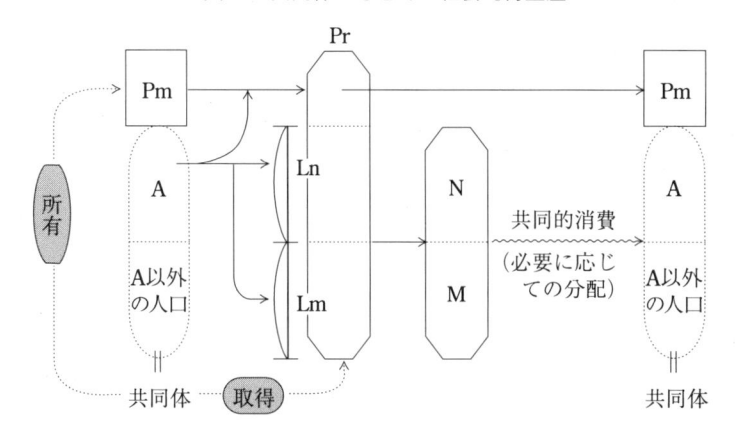

　共同体の解体過程で諸個人のあいだに人格的な敵対関係が発生すると，位階（ヒエラルキー）的な秩序をもつ直接的な**支配・隷属関係**が成立する。しかしここでの労働する諸個人による他人のための労働も，依然として直接に社会的な労働である。

　人類がこれまでに経験した主要な支配・隷属関係は，ⓐアジア的共同体を土台にして成立したアジア的奴隷制，ⓑギリシア・ローマ的共同体を土台にして成立した古代的奴隷制，ⓒゲルマン的共同体を土台にして成立した封建制の三つである。

(A)–②–ⓐ　アジア的奴隷制

　この奴隷制はアジア的共同体を基礎として発生した。共同体を人格的に代表する**専制君主**が共同体をその成員ともども包括的に支配する。諸個人は生産手段にたいして共同体成員としてかかわるが，共同体をまるごと支配する専制君主に人格的に隷属した**奴隷**であって，直接に社会的な労働によって生産された生産物のうちから剰余生産物が専制君主によって共同体を通じて搾取される。

(A)–②–ⓑ　古代的奴隷制

　この奴隷制はギリシア・ローマの都市共同体の解体過程で発生した。**奴隷所有者**の管理人による指揮・監督のもとで労働する**奴隷**は，生産手段にたいして他人＝奴隷所有者の所有物にたいする仕方でかかわるのであって，家畜と同じ非人格的存在でしかない。奴隷所有者がすべての生産物を取得し，そのなかか

ら必須生活手段の部分を奴隷に——いわば餌として——あてがう（図30）。

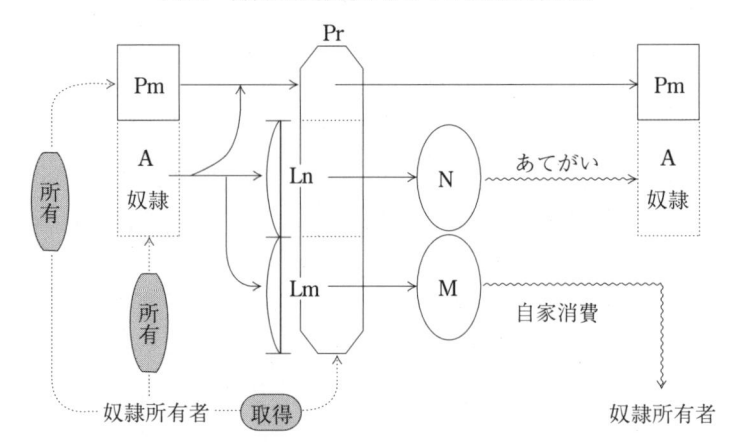

図30　古代的奴隷制のもとでの社会的再生産

(A)-②-ⓒ　**封建制**

　封建制は，古代的奴隷制の廃墟のうえにゲルマン的共同体を基礎として築かれた人格的支配・隷属関係である。封建制では，ⓘ農奴制とⓘⓘ隷農制という二つの段階が区別される。

(A)-②-ⓒ-ⓘ　**農奴制**

　農奴制では，労働する諸個人である**農奴**は**封建的土地所有者**たる**領主**に人格的に従属しており，主要な生産手段である土地にたいして二様のかかわりをもつ。農奴は，**農民保有地**では，事実上，土地にたいして自己に属する生産手段にたいする仕方でかかわり，その生産物を取得する。彼は，**領主直営地**では，土地にたいして他人に属するものにたいする仕方でかかわるのであって，その生産物はすべて領主が取得する。労働は，前者にあっては必須生活手段のために行なわれる農奴自身の主体的活動であり，後者にあっては領主の意志を体現する管理者のもとでの**経済外的強制**による強制労働である。剰余労働は**労働地代**（賦役）の形態で搾取される（図31）。

(A)-②-ⓒ-ⓘⓘ　**隷農制**

　生産力の発展によって，農奴制は隷農制に再編成されていった。隷農制では**隷農**は土地にたいして，事実上，自立した所有者としてかかわり，生産物をい

図31　農奴制のもとでの社会的再生産

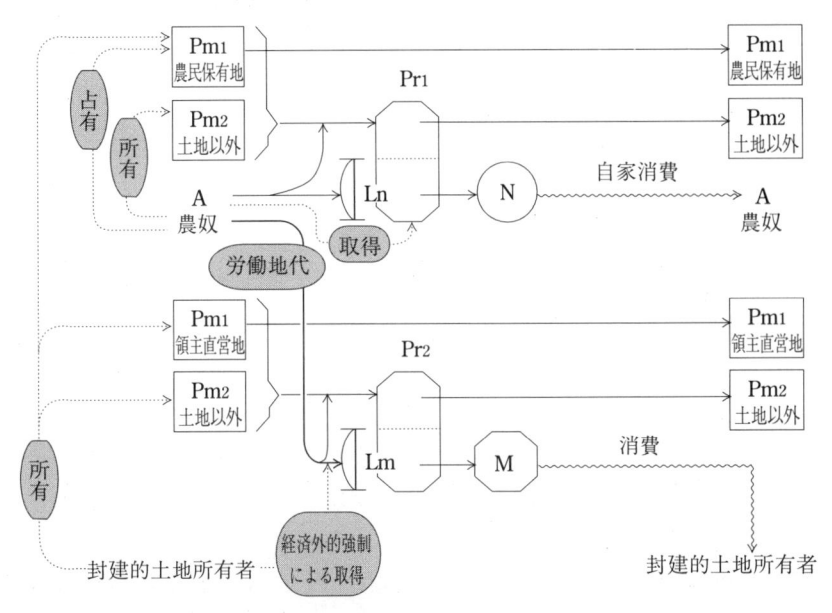

図32　隷農制のもとでの社会的再生産

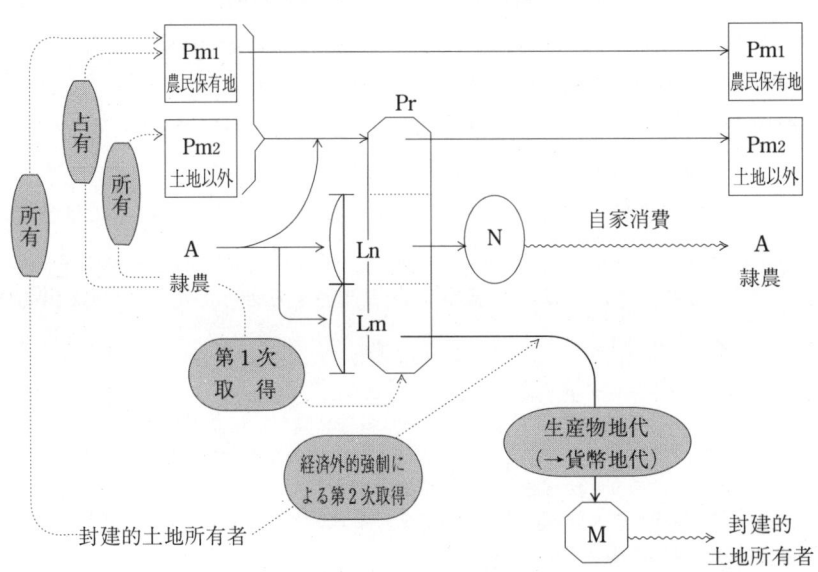

序章　労働を基礎とする社会把握と経済学の課題　33

ったんすべて取得する。労働は彼自身の主体的活動である。しかし彼を人格的に支配する領主は彼の剰余生産物を，経済外的強制によって，**生産物地代**（物納地代），そしてのちには**貨幣地代**（金納地代）として取得する（図32）。

　(B)　**貨幣による諸個人の物象的な依存関係**

　(B)-①　**商品生産関係**

　自然発生的な共同体的生産関係をも人格的な支配・隷属関係をも根底からくつがえして，諸個人の物象的な——つまり物象を通じての——依存関係に置き換えたのは，資本主義的生産様式である。資本主義的生産関係のかなめは資本・賃労働関係という独自の生産関係であるが，この生産関係は，**諸個人の物象的な依存関係**である**商品生産関係**を基礎に成立し，商品生産関係によってすっかりおおわれている。

　商品生産関係では，労働する諸個人は生産手段にたいして，**相互に自立した私的個人**としてかかわる。ここでの労働は直接には私的労働である。しかし，こうした私的諸労働が社会の総労働を形成しているのであり，それらは社会的分業の自然発生的な諸分肢として相互に依存しあっている。直接には私的な労働が社会的な労働となるためには労働生産物の交換によらなければならない。だから，労働する諸個人の相互依存は商品および貨幣の交換関係という物象的形態をとり，労働における人間と人間との社会的関係は，物象と物象との社会的関係という装いをとらないではいない。そして，諸個人のこのような物象的依存性のうえに，諸個人の人格的独立性が築かれる。私的諸個人はたがいに，商品・貨幣という物象の人格的代表者としてかかわるのであり，それらの私的所有者として相互に承認しあわなければならない。こうして，ここでは労働における人びとの社会的関係が私的所有という法的関係を成立させるのである[8]。（商品生産関係については第1篇第1章で詳述するが，さしあたり後出の図73・74を見られたい。）

---

8) なんらかの共同体を基礎とする社会や，自分に属する生産手段で生産する小経営的生産様式では，共同体を通じての所有であれ，分散した諸個人の所有であれ，所有が労働の前提であり，所有者が同時に労働者であった。商品生産関係では，所有と労働との関係はまったく逆転する。労働における人びとの社会的関係を基礎に私的所有という法的関係が成立するのである。

(B)–② 資本主義的生産関係

資本主義的生産以前の諸社会では，商品生産関係は部分的に存在しうるだけであり，この関係が社会の全面をおおうのは資本主義的生産様式においてである。発展した商品生産である資本主義的生産では，労働する諸個人から生産手段が完全に分離して資本の形態をとっており，労働する諸個人は，資本の人格的代表者である**資本家**に自己の労働力を販売して生活する**賃労働者**となっている。このような生産関係を**資本・賃労働関係**，略して**資本関係**という。（資本主義的生産関係については第1篇で詳述するが，さしあたり後出の図144を見られたい。）

(C) 諸個人の意識的な人格的連合関係（アソシエーション）

資本主義的生産様式は，この生産様式のもとでの生産力の発展の結果，自己の胎内に，自己自身を否定し，止揚（しよう）する諸契機を生まないではいない。これらの契機が指し示している新たな生産形態は，自由な諸個人による**アソシエーション**（association＝自発的な結合体）である（図33）。

図33 アソシエーションのもとでの社会的再生産

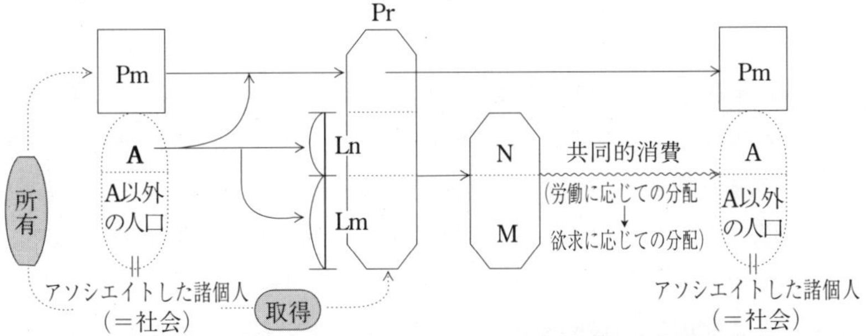

ここでは，労働する諸個人は生産手段にたいして，**社会的にアソシエイトした**（associated＝自発的に結合した）**自由な個人**としてかかわる。労働は，共同の生産手段をもって，自分たちの労働力を意識的に社会的労働力として支出する過程であり，直接に社会的な労働である。一方で，生産過程が，自由に社会化された人間の所産として人間の意識的計画的な制御のもとにおかれ，生産力の高度な発展が実現される。他方で，高度な生産力がもたらす必須労働時間の減少は労働日の短縮に向けられ，諸個人が個性と能力とを全面的に発展させるた

めの自由な時間が拡大されていく。（アソシエーションについては，第1篇第10章第2節§2で述べる。）

(3) 社会構成体と社会システム

[社会は土台＝経済的構造と法的・政治的上部構造からなっている]　現実の歴史的社会では，どこでもさまざまの生産関係が，すなわち古いものと新しいものとが，また未発展なものと発展したものとが，複雑に絡みあいながら存在している。この全体が社会の経済的構造をなしている（これがいわゆる「経済」である）。この経済的構造の上に，**法的かつ政治的な**構造がそびえ立つ。すなわち，経済的構造が**土台**であり，法的・政治的な構造はこの土台によって制約される**上部構造**である。この土台と上部構造とは一つの有機的な全体をなしている。この有機体を**社会構成体**と言う。

一定の生産諸力と，それに対応する生産諸関係を土台とする特定の社会構成体との総体こそ，労働する諸個人が，彼らの相互的なかかわりあいのなかで自然との物質代謝を行なうことによって形成し，たえず再生産していく一定の歴史的な有機的システムであり，**社会システム（社会的生産有機体）**である。日常用語としての「社会」は，ときには社会構成体を意味し，ときには社会システムを意味する。

[社会的意識諸形態も経済的構造に対応する]　社会のなかでの，社会に関する人びとの意識にはさまざまの形態がある。社会的心理，哲学・科学・芸術・倫理・法的観念・政治上の主義・宗教，思想，等々がそれである。これらの**社会的意識形態**は社会の土台である経済的構造に対応せざるをえない（図34）。

§4　社会発展の一般的法則

[人間の歴史は意識・意志をもった人間の行動の総合的結果である]　歴史をつくるのは，意識・意欲・意志をもった人間諸個人の行動である。しかし，もし人間の意識や意志がおよそなにものにも制約されないのだとすれば，歴史は，恣意的にあらゆる方向に向かう諸個人のもろもろの行動のたんなる合成的な結果であるほかはなく，歴史とは偶然の集積にすぎないものだ，ということになるであろう。はたしてそうなのであろうか。

[人間行動を制約する生産力と生産関係は物質的な性格をもつ]　すでに見た

図34 生産様式・社会構成体・社会システム

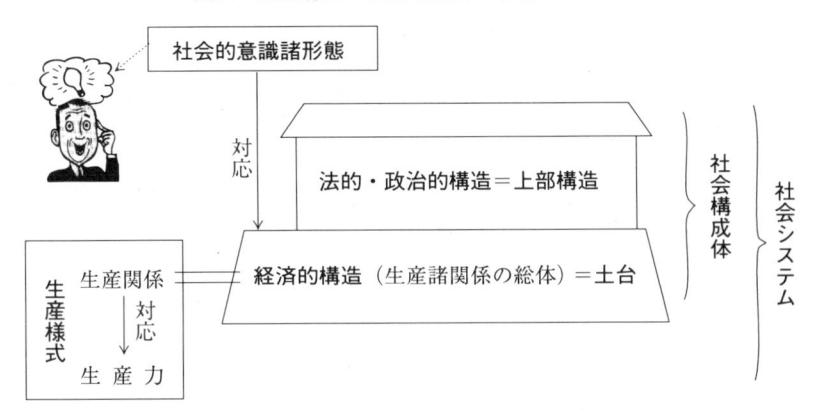

ように，人間の生活の核心は，本質的に，合目的的な実践にある。目的を達成するためには人間は客観的な法則性に従わなければならない。社会にもそれを貫くもろもろの法則があることは，すでにこれまで見てきたとおりである。だから諸個人の意識や意志は，彼らが自然に働きかける場合と同じく，彼らが社会のなかで行動する場合にも社会的諸法則によって制約されざるをえない。

社会の生産（生産様式）は生産力と生産関係との統一であるが，生産力が発展してくると生産関係の交替が避けられないものとなる。だから，社会の経済的構造は社会の物質的生産諸力の発展段階に対応する客観的な——すなわち人間の意識や意志のような主観的なものからは独立した——存在である。諸個人は自分がどのような社会に生まれるかを，自分の意志で任意に選択することができないのである。そして社会的意識も，また一定の社会的意識によってつくりあげられる法的・政治的な上部構造も，ともにこの客観的に存在する生産関係に対応しないではいない。このように，人間の物質的生活のあり方が，つまりそのときどきの生産様式が，人間のそのときどきの社会的・政治的・精神的生活を制約している。人びとの意識が人びとの存在を規定するのではなく，逆に，人びとの社会的存在が人びとの意識を規定するのである。

しかし，このように社会が経済的構造という土台とその上にそびえ立つ法的・政治的上部構造とからなっているということも，人びとの社会的存在が人びとの意識を規定するということも，じつは，どのようにして新しい社会構成

序章　労働を基礎とする社会把握と経済学の課題　37

体が古い社会構成体にとって代わるのかという，社会の交替の過程を知ったときに，はじめて十分に理解できるものとなる。そこでその粗筋(あらすじ)を見ておくことにしよう。

　[社会構成体の交替は社会革命を通じて行なわれる]　社会構成体の交替の過程が社会革命である。現実の歴史的社会の経済的構造は多くの生産関係の総体であって，社会革命期以外は，経済的構造は**支配的な生産関係**とその他の**従属的な生産関係**とからなっており，支配的な生産関係が上部構造の性格を，したがってまたその社会の性格を規定している（図35[9]）。

図35　社会形態の発展＝生産様式の交替　（⇒ 巻末折込み1）

　だから社会革命は，まず，旧社会の内部に新たな生産関係が発生し始め，次に，旧来の支配的な生産関係に対応していた従来の上部構造に代わって，新たな生産関係に対応する新たな上部構造が打ち立てられ（政治革命），最後に，この上部構造のもとで新たな生産関係が急速に拡大されて支配的生産関係になる（経済革命），という一連の過程として進行する。この道筋をもう少し立ち入って見てみよう（図36）。

図36　社会革命＝生産力の発展を起動力とする社会構成体の交替　（⇒ 巻末折込み1）

　生産力はどんな社会でも次第に増大・発展していく(1)。この発展が進行すると，支配的生産関係と矛盾し，衝突するようになる(2)。その結果，支配的生産関係は生産力の桎梏(しっこく)となり(3)，さまざまの軋轢(あつれき)が生まれる。他方では，発展した生産力にふさわしい新生産関係が発生し，発展し始める(4)。新生産関係の担い手たちは旧来の上部構造を自らの経済活動の障害と感じ，政治権力を倒そうとする。支配層は体制を維持しようとするが，生産力の発展からくる土台の変

9）　図35には〈小経営的生産様式〉という生産様式が見られるが，これは事実上，自分の土地およびその他の生産手段をもって経営する個人的生産者の生産である。この生産様式は，どの社会の内部にも多かれ少なかれ存在し，とくに封建社会から資本主義社会への移行期には広範に存在したが，歴史的に支配的な生産関係になったことはなかった。資本主義的生産は，所有者であった労働する諸個人から生産手段を分離させ，この小経営的生産様式を滅ぼしつつ成立した。

化を阻止できず，上部構造は保守的になり，脆弱(ぜいじゃく)になっていく(5)。

　経済的構造における軋轢と変化は人びとの社会的意識に反映する。人びとのあいだに変革への期待と志向とが生まれ，先進的な諸個人や集団の思想の形態で**革命思想**が生まれる(6)。時代の要求に合致し，変化の方向を先取りした思想が民衆の心を捉えて，革命運動の流れをつくりだす。旧社会の被支配者が支配者に反抗する闘争に，新生産関係を代表する階級の旧支配階級にたいする闘争が加わり，旧支配階級にたいする**階級闘争**は極点にまで高まっていく。そしてその頂点で**政治革命**が，すなわち，政治権力の交替とそれに引き続く法的・政治的構造の変革が生じる(7)。

　権力の座につくのは，新生産関係の発展を利益とする階級であり，この新支配階級は，新生産関係の発展を妨げてきた法的・政治的な制約を取り払い，新生産関係を急速に拡大させていく。これが**経済革命**である(8)。新たな経済構造は生産諸力の発展形態として(9)，そのもとで生産諸力をのびのびと発展させるようになる(10)。

　新社会を生み出した革命思想は，新社会を支える思想から次第に支配的な体制思想に転化していく(11)。この新たな体制思想とそれに支えられる上部構造は，生産力の発展とそれに対応する生産関係の変化とに適合的であり，だから進歩的であり，その支配は堅固である(12)。

　このように，歴史を形成するものは，意識・意欲・意志をもった諸個人の行動以外のなにものでもないのだが，こうした諸個人の意志的行動の総体としての歴史的過程の基底に，人びとの意志・意欲に先行し，それらを規定する，物質的な生産力の発展と経済的土台における変化とがあるのである。

　[**社会発展の一般的法則**]　社会のこのような運動，すなわち〈生産力の発展→生産関係との矛盾・衝突→新生産関係の発生・発展→革命思想の形成・発展→政治革命→経済革命→生産力の発展〉という運動は，あらゆる社会を貫く**社会発展の一般的法則**である。しかしこの法則は，それぞれの歴史的社会でそれぞれ異なった形態をとって貫徹するのであって，それぞれの社会にはそれぞれ独自の発生・発展・消滅の法則がある。そして，資本主義社会の発生・発展・消滅の法則を明らかにするのが，この社会の経済的構造を解明する経済学の理論なのである。

第4節　経済学の基本性格

§1　経済学の対象と課題

[**経済学の対象**]　経済学の研究対象は，**資本主義的生産様式**である。

経済学が独立の科学として成立したのはペティ（William Petty, 1623-1687）からであり，A・スミスおよびリカードウがこれを発展させた。彼ら古典派経済学者は，眼前の資本主義社会の経済的構造を研究した。経済学は，資本主義社会の経済的構造を対象とする科学として成立したのである。

マルクスは，古典派経済学の科学的な側面を継承し，さらに発展させた。彼は，資本主義社会が他の諸社会とは区別されるべき歴史上の一つの社会であることを明確にし，この社会の運動法則，すなわちその発生・発展・消滅の法則を明らかにした。

[**狭義の経済学と広義の経済学**]　資本主義的生産様式を研究する経済学を**狭義の経済学**と呼び，この生産様式以外の生産様式を研究する経済学をも含む経済学の全体を**広義の経済学**と呼ぶ。しかし，体系的な理論的展開を必要とするのは，物象的関係によっておおわれている資本主義的生産様式だけであり，それ以前の諸社会の経済的構造の解明は実質的には経済史の研究に包括される。

[**経済学の独自性**]　経済学以外の社会諸科学の場合，それらの対象は，基本的には，社会的意識諸形態か，意識的に形成される法的・政治的上部構造か，あるいは社会的意識をもつ人間や人間集団の社会的行動である。それらについての科学的認識は，土台についての認識なしに成立しようがない。だから，他の社会諸科学は，資本主義社会の経済的構造についての理論，つまり経済学の理論を前提せざるをえないのであり，経済学は他の社会諸科学にとっての基礎科学であらざるをえないのである。

経済学は，社会の諸個人・諸階級の経済的利害を直接に取り扱う。だから経済学には，私的利害からの攻撃を恐れずに，仮借（かしゃく）ない批判的精神をもって冷徹に分析することが要求される。

[**経済学の課題**]　経済学は，資本主義生産様式とはどのようなものであり，どのような仕組みをもち，どのようにして再生産されているのか，を解明する。

しかし経済学はさらに，それはどのようにして生まれたのか，それは生産力の発展とともにどのように変化していくのか，それはどのようにして生産力にとっての桎梏に転化するのか，そしてそれはどのような新生産関係をどのように準備するのか，ということをも明らかにする。つまり経済学は，**資本主義社会の経済的運動法則**，すなわちその**発生・発展・消滅の法則**をも解明しなければならない。

§2　経済学の方法

[**経済学の方法**]　経済学の対象の**研究方法**と研究結果の**叙述方法**とが経済学の方法の問題である。ただ，経済学の内容全体についてのイメージをもっていないところで，方法についての抽象的な説明を聞かされても理解しようがないから，ここでは，経済学の理論の出発点のところで日常的な経済現象が一挙に出てこないのはなぜか，という点にかかわるかぎりで，方法の問題に触れるにとどめよう[10]。

　[**現象から本質へ，本質から現象へ**]　経済学は科学である。**科学**とは，まずもって，人間による客観的諸法則の体系的な認識であり，科学の**理論**とは，そのように認識された諸法則の体系である。

　人間がその生活のなかで自然や社会を意識的に変形することができるのは，世界に人間の意識や意志にかかわりなく貫徹している法則があるからである。**法則**とは，諸事象のあいだの内的な一般的な必然的関連である。われわれの感覚に与えられているのは，法則の現われ，つまり**現象**である。このように，科学はなによりもまず，現象の奥に潜んでいる**本質**あるいは法則をつかみだす。

　しかし，現象の背後にある本質あるいは法則は，しばしばまったく逆のかたちで現われる。認識された法則は，しばしば出発点での諸現象とはまったく違

---

[10]　経済学の方法として決定的に重要であるにもかかわらずここで触れていないのは，「**弁証法的方法**」と呼ばれる方法の側面である。経済学の理論的展開のなかで，対象そのものの**弁証法的な運動**が捉えられなければならない。しかし，弁証法が現われる具体的な場面についての表象がまったくない読者にそれについて抽象的に説明することは，かえって弁証法のもつ意味についての誤解を招く可能性が大きいと考えるので，ここでは弁証法的方法には触れないでおく。弁証法に興味をもたれる読者は，とりあえず，84ページ注11を参照されたい。

ったかたちをとっている。だから科学とは，諸現象から諸法則を体系的につかみだし，そのうえで，その諸法則から諸現象を展開＝説明する，という認識である。この展開＝説明がないかぎり，法則＝本質として捉えられたものと，依然として現象として与えられているものとの両者は，まだ別々のものにとどまっているのであって，現象はまだ理解されていない。〈現象から本質へ〉，そしてそれから〈本質から現象へ〉，という二つの歩みは，科学が客観的現実を把握するために必ずたどらなければならない道程なのである（図37）。

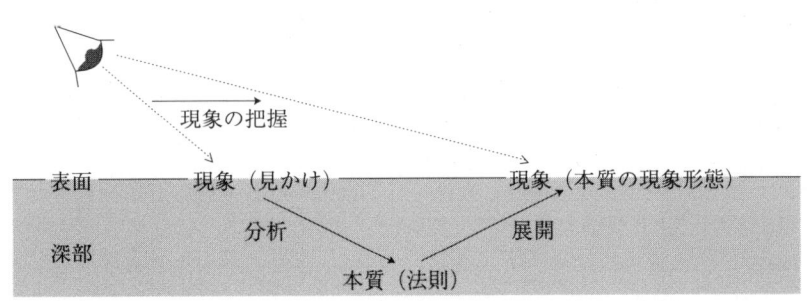

図37　分析（現象→本質）と展開（本質→現象）

［研究の仕方］　経済学で，分析すべきものとして与えられているのは，現実の社会の経済的構造の複雑に絡みあった，混沌とした姿態である。経済学の研究とは，与えられたこの諸現象から，その奥に潜んでいるもろもろの本質的な関連，法則をつかみだし，そのうえで，それらの関連，法則から，われわれの表象に与えられている諸現象を展開し，説明することである。

［現象と本質の関連は幾重にも重なりあっている］　現実の経済は幾重にも重なりあった〈本質→現象〉という関連の総体である（図38）。

研究はこうした関連の一つひとつを正確に捉え，さらに，それらの関連相互の繋がりを明らかにしていく。この作業が成し遂げられれば，出発点での対象についての混沌とした表象は，いまでは，多くの法則や関連からなる一全体の整然とした像に転化するのである。

［上り道と下り道］　研究とその結果の叙述とは，基本的に，下り道と上り道という二つの道を通らなければならない。第1に，最表層に現われている混沌とした現象から，本質を追いかけていって，最深部にある本質にまでたどりつ

図38 現象と本質の重層的構造

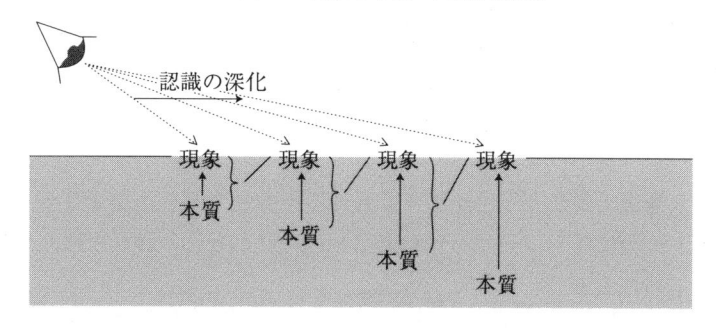

く，という道である（下り道）。これは基本的には，〈現象→本質→現象〉という作業の前半の〈現象→本質〉にあたる。第2に，つかみだされた最深部の本質から，次々に現象形態を明らかにしていって，再び最上層の総体にまで到達しなければならない（上り道）。これは基本的には，〈現象→本質→現象〉の後半の〈本質→現象〉にあたる（図39）。

図39 下り道と上り道

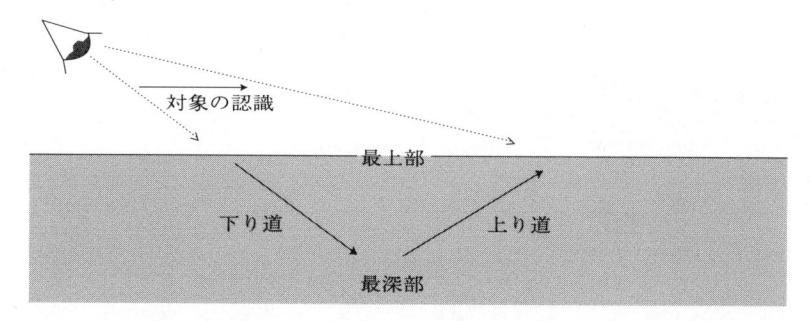

研究にとって決定的に重要で，その成否を決定するのは下り道であり，研究の過程は，全体として言えば下り道である。けれども，この下り道は，一方的にまっしぐらに下っていく過程ではなく，そのなかに，たえず部分的な上りを含みながら，しかし全体としては下っていくという，行きつ戻りつを含む過程である。たとえば，時計を分解した子供が，それをもとのように組み立てることができないのは，その分解が，次々に部品を切り離していくだけの一方的な下り道だからである。再び組み立てることができるような仕方で分解する大人

であれば，その分解の過程のいたるところで，それぞれの部品が他の部品とどのような関連にあるのかを確認して頭に入れておくために，切り離した部品をいったんもとのところにはめてみる，ということを繰り返しながら分解していくであろう。このような，いたるところに部分的な再合成を，だから部分的な上りを含むような下り道であってはじめて，すべてを分解し終えたときに，時計の全体の構造を整然としたかたちで脳裡に再生産することができる。そこではじめて，完全にばらばらになった部品から時計をもとどおりに組み立てることができるのである。

　[**叙述の仕方**]　研究の結果の**叙述**は，認識の正当性を論証するものである。研究結果の叙述は，最深部の最も抽象的な本質から出発して，次々により具体的な現象形態を展開して，最後に最上部の総体に到達するという上りの過程を経て，対象の全体を読み手の頭脳のなかに再生産することに成功したとき，その論証が完了する。だから，叙述＝論証は基本的には上り道を進むのである。

　ただし，上りの各段階で新たに取り上げる事柄が，経済的構造のなかに現に存在するものであることを示すためには，その事象を経済的構造からつかみだしてみせなければならない。だから叙述は，現象から本質へという分析を含まざるをえないのであり，たえず部分的な下りを含みながら進んでいくものである（図40）。

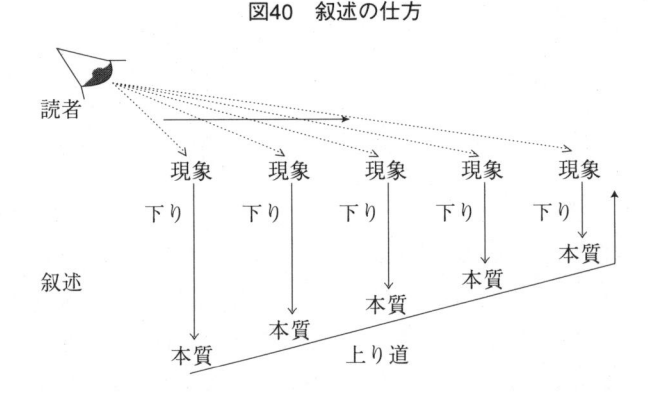

図40　叙述の仕方

上り道である経済学の叙述の出発点では，最も簡単で一般的な事象が取り上げられ，分析される。こういうわけで，叙述の起点では，日常的な経済現象の

全体が一挙に登場することはないのである。しかし，展開の上り道を進んでいくうちに，順次に具体的な事象が登場して，それらのあいだの関連や繋がりが次々に説明され，次第に，表面に見えている日常の現象世界に近づいていくことになる。

第 1 篇
資本の生産過程

本篇の課題と研究の進め方

[**資本の前に商品と貨幣を研究する**]　これから，資本主義的生産様式を研究する経済学の本論にはいる。資本主義経済の決定的なキーワードを一つだけあげるとすれば，それが〈資本〉であることについては異論がないであろう。しかし本書では，資本そのものの分析にとりかかる前に，まず，第1章で商品と貨幣とについて研究する。なぜなら，これらについての正確な理解をもたないでは，資本を分析することがまったくできないからである。

[**商品および貨幣とそれらを生み出す商品生産関係**]　第1章では，市場に現われている商品を分析して，それに含まれている使用価値と価値という二つの要因を取り出し，それらを詳しく研究する。そのうえで，価値というまったく社会的な要因が他の商品の使用価値という自然物の量で表現されるという，価値がとる独自な形態を分析する。すると，価値がとるこの形態の発展の最後の産物として貨幣が生まれることがわかる。もちろんそこでは，貨幣とはなにか，ということも同時に明らかにされる。そのうえで，労働によって生産された生産物が商品という形態をとり，そのなかから貨幣が生まれてくるのはなぜか，ということを研究し，それは商品生産関係という生産関係があるからだということを明らかにする。そして人間と人間のあいだのこの生産関係は，必ず物象と物象の関係として現われること，さらに，この物象と物象の関係はたがいに人格としてかかわりあう人間たちによって代表されることがわかってくる。最後に，商品生産関係のもとで貨幣がどのような機能を果たすのかということを明らかにする。

[**資本の価値増殖の秘密**]　こうして，商品と貨幣について得られた知識をもって，第2章で資本の分析にはいる。まず，資本とは自己増殖する価値であることを確かめたうえで，どうして価値が増殖できるかということを追いつめていき，それは人間の能力である労働力を買って使うことができるからだという

ことをつかまえる。そこで，労働力を使うとどうやって価値が増殖できるのかを追究する。こうして，この章で，資本の価値増殖の秘密，つまりその増加分である剰余価値の本質が明らかにされる。本書のこれ以降のすべての研究が，ここで得られた認識を基礎にして展開されるので，この章での研究は本書全体のかなめの位置を占めるものである。

　　［剰余価値を増大させるための二つの方法］　続いて，この剰余価値を増大させるために資本がとる二つの方法を，第3章と第4章でそれぞれ研究する。第3章では，労働者の1日の労働時間を延長することによって剰余価値を増大させる方法を見る。第4章では，労働の生産力を高めて労働者の賃金を規定するさまざまの商品を低廉化し，それによって剰余価値を増大させる方法を研究する。これは同時に，資本主義のもとでの生産方法の発展を見ることでもある。具体的には，マニュファクチュアのもとでの単純な協業から分業にもとづく協業への発展，機械の利用の一般化による大工業の確立である。ここでは，一方で，資本主義的生産のもとにおける労働者たちの資本への従属とそこから生じるさまざまの苦難とが明らかとなるが，他方で，人類史のなかで資本主義的生産が果たす積極的な役割も見えてくる。

　　［資本の増殖運動の根拠としての資本主義的生産関係］　そこで，次の第5章で，ここまでに見てきた資本の価値増殖過程の根拠である資本主義的生産関係をあらためて総括し，この生産関係のもとで労働者が資本にすっかり取り込まれ，資本に従属すること，それはまさに「労働の疎外」と呼ばれるにふさわしい，労働する諸個人のさまざまの状態をもたらすことを明らかにする。

　　［賃金の独自な転倒的形態である労賃］　資本の価値増殖過程の分析のなかで，労働者が自分の商品の対価として受け取る賃金の本質が労働力の価値であることはすでに明らかにされているが，それは必ず「労働の価値または価格」というまったく転倒した形態をとるので，第6章では，労働賃金——つまり労働にたいする賃金——というこの形態について述べる。

　　［資本の再生産と資本蓄積］　以上のところでは，資本と労働力とが存在しているものと前提し，そのうえで価値増殖が行なわれる仕組みを見てきたが，資本主義的生産そのものがたえず新たに資本を生み出し，労働市場に出てくる労働力が絶えないようにしている。そのことは，資本が生産を繰り返す過程，再

生産過程を見るとよくわかる。第7章では，資本の再生産を分析して，再生産の進行のなかで資本が剰余価値のかたまりに変わっていくことを明らかにする。第8章では，資本が，取得した剰余価値を資本に転化して資本そのものを増加させていく過程である資本の蓄積を研究して，資本による剰余価値の取得とは，剰余価値のかたまりによる剰余価値の取得であることを理解する。

　[**資本蓄積が労働者階級に及ぼす影響**]　第9章では，この資本蓄積が労働者階級に及ぼす影響，具体的には，賃金と雇用状況とに及ぼす影響を取り上げる。このなかで，資本主義的生産は，自分自身の生活条件である過剰人口（失業人口）を自分自身でたえず生産しないではいないということが明らかになる。

　[**資本の出発点の歴史的形成過程**]　以上の研究で，資本主義的生産の仕組みの基本がわかったが，ここまでのところでは，労働するための物的条件をもっていない労働する諸個人と資本の形態にあるそれらの条件とが分離している状態を前提していた。しかし，先資本主義的諸社会では労働する諸個人と労働諸条件とが結合していたのだから，なんらかの仕方でそれらが分離する過程があったはずである。この歴史的過程は「資本の本源的蓄積」と呼ばれている。第10章では，この歴史的過程を振り返って，資本主義的生産のそもそもの生成を知り，こうして，資本主義的生産の生成・発展・消滅の法則的傾向をつかむことができるようになる。

　[**資本の流通過程の研究へ**]　資本主義的生産の最も本質的な内容は，資本の生産過程のなかにあるのだから，以上の第1篇での研究によって，この内容の把握は終わる。そこで，それまでの知識をもとにして，次の第2篇で資本の流通過程を研究し，こうして資本の生産と流通を知ったうえで，資本と剰余価値がわれわれの目の前に現われてくる具体的な姿を第3篇で見ることになる。

第1章　商品と貨幣

第1節　商　　品

§1　商品生産としての資本主義的生産

[経済の「循環的流れ」についての常識的イメージ]　資本主義経済は，経済学の知識をもたずにそれを鳥瞰したとき，どのように見えるのだろうか？　資本主義経済について人びとがもっている大づかみな一般的イメージを図示しよう（図41）。

　　図41　経済の「循環的流れ」についての常識的イメージ（⇒ 巻末折込み2）

　この図のような把握は，エコノミクスにあっては，その研究の最終的な結論と完全に一致している。

　しかし，社会経済学にとっては，資本主義経済についてのこのような観念は，研究の出発点である。それは，人びとが資本主義経済の表面を見たときに特別な経済学的分析なしに容易にもつことができる常識的観念，表象にすぎない。そのような表層の奥にある深部を探り出すことこそ，科学としての経済学の課題である。

　経済学は，これらの表象を与える諸現象の奥に潜む本質的な関係を明らかにする。しかし，この作業は一挙にできるものではなくて，最も簡単で抽象的なものから次第に複雑で具体的なものにまで上っていき，最後に，これらの観念の全体を，その深部の構造や法則によって完全に説明された像に変える，という仕方で行なわれる。われわれはのちに，そのようにして到達した像とここで出発点としてもっている常識的イメージとをじっくりと比べる機会をもつことになる（図42）。

　[市場経済と商品生産]　資本主義経済における最も一般的な事象は，商品の売買関係であり，さらに，それを媒介する貨幣を度外視すれば，商品どうしの交換関係である。だからこそ，資本主義経済は一般に，まずもって〈**市場経済**〉

図42　叙述の出発点と到達点

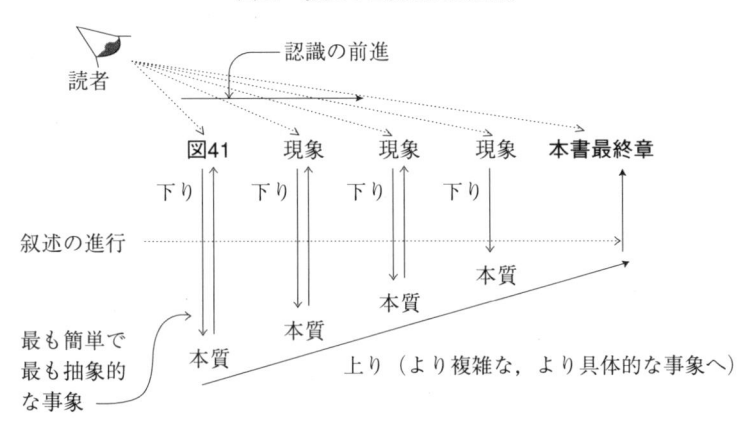

と捉えられるのである。

　だから資本主義経済では，労働によって生産され，人間の生存と社会の存続とを支える社会の富[1]は，膨大な商品の集りとして現われるのであり，言い換えれば商品という形態をとっている。資本主義経済における最も一般的で，最も簡単で，最も抽象的な事象は，労働生産物が**商品**という形態をとっている，ということなのである（図43）。

図43　資本主義社会の富は商品という形態をとる

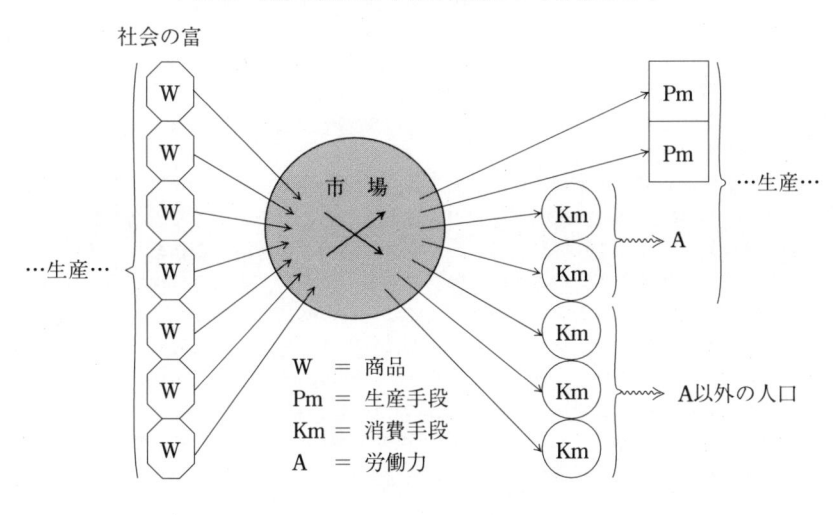

W ＝ 商品
Pm ＝ 生産手段
Km ＝ 消費手段
A ＝ 労働力

第1章　商品と貨幣　51

だからわれわれは，なによりもまず，商品[2]を分析して，それはどのようなものか，それはどのような独自の社会的な性格をもっているのか，というこ

---

1) ここで取り上げる「富」が，人間の生存と社会の存続とを支えている，労働によって生産された生産物であることは自明である。労働なしには人間の生存も社会の存続もありえないこと，人間は物質的富を労働によってのみ自然から獲得できること，どのような社会でも人間は富を獲得するのに必要な労働について思いめぐらさなければならなかったということ，——これらのことは，中学生でもわかる自明の事実であって，経済学によってはじめて明らかにされる「隠された真実」などではない。だから，経済学はこのような事実を自明のこととして前提するのであり，まったくの無前提で出発するのではない。

　なお，「前提」とは，人間の思考については，ある命題から見てこの命題が「結論」として成立するのに不可欠の別の命題のことであり，客観的世界については，ある事象（出来事）から見てこの事象が「結果」として生じるのに不可欠の別の事象のことである。「無前提で出発する」とは，既知の事実がまったくないものとして出発する，ということである。

2) 貨幣が使われているところでは，なんでも貨幣と交換されるようになり，そのかぎりで「商品」になる。選挙の1票，公共事業の落札，会員名簿，競馬の予想，等々，要するにありとあらゆるものが売買される。「経済財」としてたとえば「宇宙探検，教育，国防，レクリエーション，時間，娯楽，清浄な空気，よい環境，よい労働条件，生産性の高い資源，余暇」等々をあげる「経済学」があるが，これは要するに，現に売買されているものをやたらに列挙しただけのことである。このようなものを並べて，その全部に共通なものを見つけようとするなら，「人が欲しがるものだから売買されているもの」という，まったく無内容な性質しか得られない。しかもこれはまったくの同義反復である。なぜなら，現に売買されているもの——欲しがる人がいなくて売買されるものがあるだろうか!?——をもってきて並べただけなのだから。

　ここで取り上げなければならない商品は，「市場経済」のなかで人びとが，日々，自己の生存のために市場にもっていって売っている商品であり，人間の生存と社会の存続を支える社会の富がとっている独自の形態としての商品である。言い換えれば，社会の総労働の一部によって日々生産され，市場で交換されたのちに，生産や個人的消費のなかで社会の総欲求の一部を日々満たしている，そのような商品であり，市場での需給関係によって価格が変動し，生産者たちがこの価格の変動をバロメーターにして生産量を増減させているような商品である。だから，店で売られているものであっても，古本や古物のようなものはここでは考察の外におかなければならない。本来の商品や貨幣がどのようなものであるかがはっきりしたのちにはじめて，労働によって生産されたのではない「商品」であるとか，世界にただ一つしかない「商品」であるとか，あるいは買い手の欲求と支払能力以外に価格水準を決めるものがないようなさまざまの「商品」について，その価格や価値のことを理解することができるようになるのである。

とを把握しなければならない。だから，われわれの経済学の本論も，資本主義社会で労働生産物がもつ商品という独自の形態を分析することから始めることにしよう。

［**商品の使用価値と交換価値**］　商品は，なによりもまず，人間のなんらかの欲求を充たす，なんらかの**使用価値**をもたなければならない（図44）。

図44　商品は使用価値をもっていなければならない

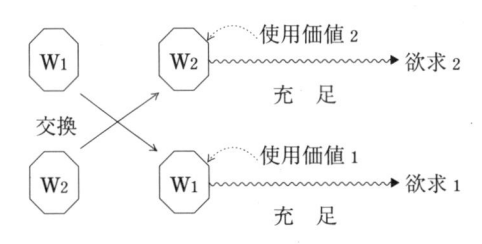

しかし，商品にとって肝心なのは，それの**交換価値**である。商品の交換価値とは，それを交換に出したときに，それがどれだけの量の他商品に（すでに貨幣が生まれていれば，どれだけの量の貨幣に）代わることができるか，ということである（図45）。

図45　商品にとって肝心なのはそれの交換価値である

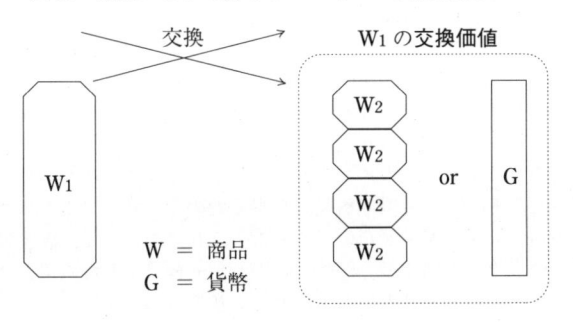

ある商品，たとえば5mの綿布の交換価値は，それが交換される他の商品の種類によって，さまざまの異なった表現をもつ。しかし，5mの綿布の交換価値は，綿布1単位に固有ななにかのある量と，上着1単位，茶1単位，米1

第1章　商品と貨幣　53

単位，金 1 単位，鉄 1 単位のそれぞれに固有ななにかのある量との相対的関係によって決まるのだと考えるほかはない。

この「なにか」こそが，商品にとって肝心な交換価値を決めるものなのだから，それは商品の「ねうち」，つまり**価値**[3]と呼ばれる（図46）。

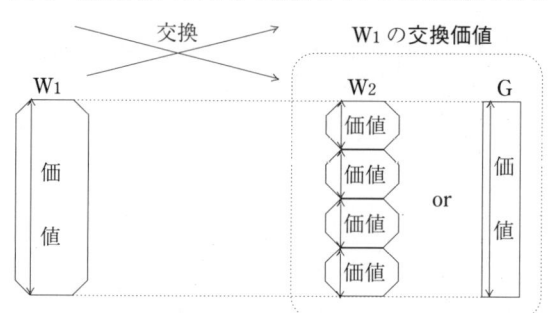

図46　交換価値の大きさを規定しているのは価値である

---

3) **価値**というのは，経済学が苦心惨憺してはじめて見つけ出したというようなものではない。昔から，市場にやってくる売り手や買い手は，自分の商品についても他人の商品についても，それぞれの商品が社会的に認められていいはずの，ある大きさの「ねうち」をもっていると考えていて，ある商品の価格（売り値）がそれの「ねうち」よりも高くなれば，その商品は有利になっていると感じ，それよりも低くなれば不利になっていると感じる。そしてこのような判断にもとづいて，自分がなにをどれだけ生産するか，市場に出すかを決めてきた。このような「ねうち」を，売り手や買い手たちも，またのちに古典派経済学者たちも「価値（value）」と呼んだのである。経済学が発見しなければならなかったのは，この「価値」とはいったいなにによって決まるのだろうか，そもそもそれは商品のもっているどのような性質をさしているのだろうか，ということであった。これについて，A・スミスなどの古典派経済学者は，価値は労働の量だ，という「労働価値説」を唱えたのであり，マルクスはこの労働価値説をさらに厳密にし，発展させたのであった。これにたいして，価値は「効用」によって決まるという「効用価値説」が生まれて，俗流経済学者たちによって広められたが，そのもともとの形態では効用の主観性・恣意性への疑問に答えることがきわめて困難であったために，1871年にジェヴォンズ，ワルラス，メンガーの 3 人によって，それぞれ独立に，限界原理をもちこんだ「限界効用価値説」という新たな装いを与えられなければならなかった。しかし，現代のエコノミクスでは，この効用価値説でさえも「形而上学的な議論」だとして，「価値」などという概念は使う必要がないとする「理論」が支配的である。

§2　商品の価値

［**商品の価値は商品のなかに対象化した抽象的労働である**］　諸商品の交換比率を決める，それらに共通な価値とはなにか。

諸商品は，使用価値が異なるからこそ交換されるのだから，それらに共通なものは，それらの使用価値ではありえない。むしろ，それらの使用価値をすべて度外視しなければならない。

諸商品の使用価値を度外視すれば，それらに残るのは，それらがいずれも労働の生産物だという属性だけである。しかもここでの「労働」とは抽象的労働以外のものではありえない。つまり，**抽象的労働**が価値の**実体**なのである。

しかし抽象的労働は，あらゆる社会のあらゆる現実の労働がもつ，それらに共通な性格であり，しかもそのものとしては人間の活動状態である。それがここでは，商品である諸物の属性，社会的属性となっている。つまりここでは，人間の活動である抽象的労働が，諸物のなかに**対象化**，**物質化**，**凝結**，**結晶**して，諸物の属性となっている。だから，価値とは，商品に対象化した抽象的労働にほかならない（図47）。

図47　商品の価値は商品に対象化した抽象的労働である

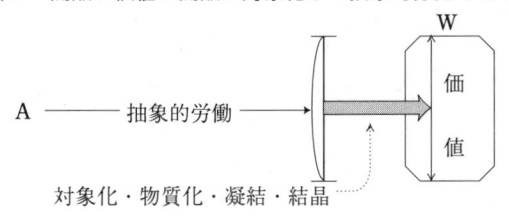

［**労働の二重性が商品の2要因という形態で現われる**］　労働の二重性は，あらゆる社会の労働に共通のものである（図48）（☞　図11〜14）。

図48　労働の二重性

このような労働そのものの二重性は，商品生産のもとでは，**商品の二つの要因という独自の形態**をとる。すなわち，具体的労働は他人のための使用価値という形態を，抽象的労働は価値という形態をとる。労働そのものの二重性はここでは労働の結果の二面性として現われるのである（図49）。

図49　労働の二重性が商品の2要因という独自な形態で現われる

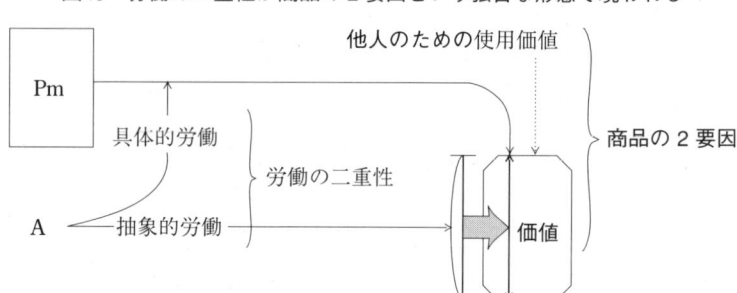

すでに見たように，どんな社会でも，生産物の生産費用はそれを生産するのに必要な抽象的労働の量であった（☞図16〜18）。ここでは，とりあえず生産手段の生産費用（これについてはこの§2の末尾で説明する）を度外視して，生産物の生産費用としての抽象的労働を図示しよう（図50）。

図50　生産費用としての抽象的労働

Prの生産費用としての抽象的労働 ＝ L

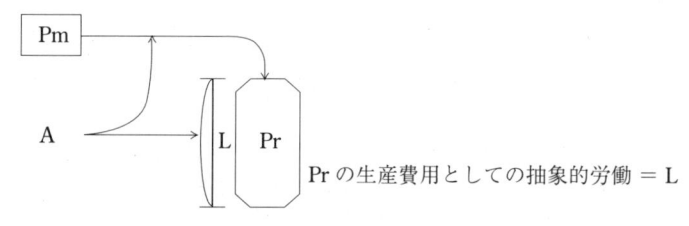

商品の価値がそれに対象化した抽象的労働だ，というのは，じつは，商品の価値は，あらゆる社会に共通の，生産物の生産費用を，生産物の属性という独自な形態で表現しているのだ，ということにほかならない[4]。商品生産の社会における独自性は，この生産費用すなわち抽象的労働が，生産物に対象化した価値という物象的な形態をとる，というところにあるのである。

［価値規定：社会的必要労働時間による商品価値の規定］　商品の価値が，商

品に対象化した抽象的労働であるなら，商品の価値量は，個々の商品を生産するときに実際に費やされた労働時間によって決まるのだろうか。

　ここで重要なのは，価値とは，流動状態にある抽象的労働そのものではなく，それが商品という物的形態に凝固し，その属性になったものだということである。価値は「物」に属する属性なのであり，同じ種類の商品はすべて同じ量の価値をもつ。価値をもつのは商品であって，労働ではなく，労働する人間でもないのである。

　では，ある商品種類の1単位がもつ価値量を決める抽象的労働の量とは，どのような量か。

　商品世界では，同じ商品であれば，その商品のどれもがその商品の**平均見本**として通用する。だからそれの価値は，そのような平均見本を生産するのに必要な労働量によって決まる。つまり，それを生産するのに社会的平均的に必要な労働量によって決まるのである。これを社会的必要労働時間という。**社会的必要労働時間**[5]とは，現存の社会的に正常な生産条件と，労働の熟練および強度の社会的平均度とをもって，なんらかの使用価値を生産するために必要な労働時間である。社会的必要労働時間による商品の価値量の規定を，略して**価値**

4）商品の価値は，商品の「効用」，つまり商品が人間の欲求を充たす程度によって決まるという学説を「**効用価値説**」と言う。この説によれば，商品の価値は，効用によって，つまるところ商品が人間の欲求を充たす程度によって決まるのだから，要するに，価値というのは，それを生産するのにどれだけの労働が必要かということにはまったく無関係だと言うわけである。だから，そのような価値しかもたない商品をたがいに交換しあっている商品所持者たちの世界とは，他人のもつ商品が自分の欲求をどれだけ充たしてくれるかということだけに気を奪われて，市場にもっていく自分の商品がどれだけの費用を要するものかということにはまったく無頓着という，なんとも間の抜けた売り手しかいない世界であり，あるいは，もう要らなくなったオモチャをもちよって，たがいに「欲しい」と思う程度に応じて交換の比率を決めて交換している悪童たちの世界である。それは，自分の商品の生産費用と市場での価格とをたえずにらみながら，なにをどれだけ生産するかを日々決定している現実の商品生産者たちの世界とはまったく別の世界である。

5）ここで言う「必要労働時間」と，序章で見た必須労働時間——これは通常「必要労働時間」と訳されている——とはまったく別のものである。ここでの「必要労働時間」とは，商品の生産に必要な労働時間であるが，必須労働時間とは，必須生活手段を生産するのに必要な労働時間である。くれぐれも混同しないようにご注意！

規定と言う（図51）。

図51 価値量を規定する労働時間は社会的必要労働時間である（価値規定）

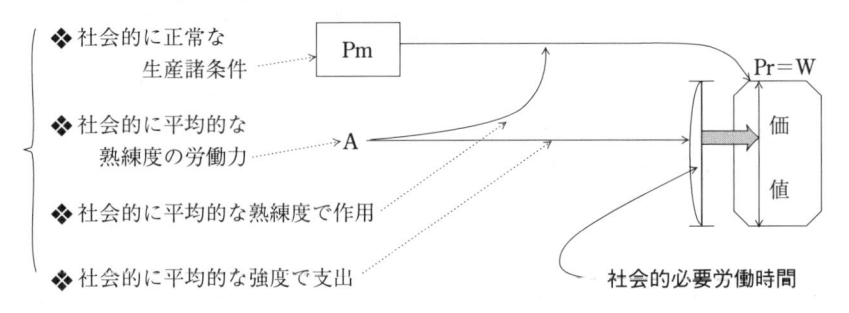

- ❖ 社会的に正常な生産諸条件 ⋯⋯ Pm
- ❖ 社会的に平均的な熟練度の労働力 ⋯⋯ A
- ❖ 社会的に平均的な熟練度で作用
- ❖ 社会的に平均的な強度で支出

Pr＝W　価値

社会的必要労働時間

　使用価値の生産に必要な労働時間は，労働の生産力の変化とともに変動する。だから，ある商品の社会的必要労働時間も，社会的に正常な生産条件のもとでその商品を生産する労働の生産力の変化につれて増減する。

　それぞれの商品を生産するための社会的に正常な生産条件は，その商品を生産する生産者たちによる生産条件の改良や，多くの生産者たちの優劣さまざまの生産条件の組み合わせの変化などによって，たえず変動しているのだから，社会的必要労働時間はけっして固定的なものではなく，また技術的に決まるものでもない。商品の価値は，自然素材としてのそれがもつ自然科学的な諸属性の諸量とはまったく異なる，純粋に社会的な量なのであり，商品の属性ではあるが，自然的な属性ではなくて，まったく社会的な属性なのである。

　［労働の強度の相違は流動する抽象的労働の量の相違である］　社会的必要労働時間に影響を与える諸条件のうちで，労働の強度とそれ以外の諸条件とははっきりと区別されなければならない。

　労働の強度の相違とは，同一の物理的な時間のなかでの抽象的労働の支出の密度の相違である。一般に，労働の強度の相違の程度は，それの生産物量を正常な強度の労働による生産物の量と比較することによって把握することができる。したがって，他の諸条件が同一であるときに，ある使用価値を社会的必要労働時間よりもどれだけ少ない，あるいは多い労働時間で生産するか，ということを通じて，強度の高い労働は，正常な強度の労働の何倍かの密度での労働力の支出として，簡単に換算されるのである。

［労働の生産力の相違は具体的労働の作用度の相違である］　社会的必要労働時間に影響を与える諸条件のうち，労働の強度以外の諸条件は，すべて**労働の生産力**（労働生産性）にかかわるものである。

序章第3節§1で見たように（☞図19），労働の生産力は具体的労働の生産力であり，それは，労働者の熟練度，科学とその技術的な応用可能性の発展段階（要するに科学・技術），生産過程の社会的結合（協業や分業），生産手段の規模と作用能力（機械，自動化工場，等々），自然の諸事情（天候，土地の豊度，等々），などによって決定される。労働者の熟練度は，労働する諸個人の主体的な条件であり，それ以外のものは生産の客体的な諸条件に属するものである。これらはすべて，具体的労働の作用度に影響を与えることによって，使用価値を生産するために必要な労働時間を増減させる（図52）。

図52　労働の生産力が変化すれば商品に対象化した労働の量は変化する

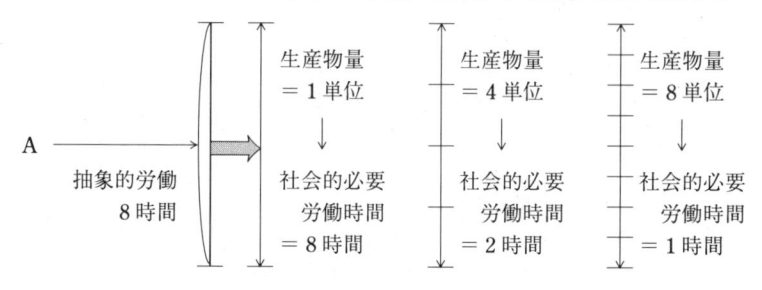

A → 抽象的労働 8時間	生産物量 = 1単位 ↓ 社会的必要 労働時間 = 8時間	生産物量 = 4単位 ↓ 社会的必要 労働時間 = 2時間	生産物量 = 8単位 ↓ 社会的必要 労働時間 = 1時間

また序章第3節§1で，どの社会でも，具体的労働の生産力が増大すれば，生産物の生産費用としての抽象的労働が減少することも見た（☞図20）。このことが，商品を生産する社会では，労働の生産力の変化が商品の価値を増減させる，というかたちで現われるのである。

［熟練度の異なる労働は生産物量によって平均度の労働に還元される］　それでは，ある商品を社会的必要労働時間で生産できる具体的労働の生産力よりも高い，あるいは低い生産力をもつ個別的な労働は，商品生産ではどのように評価されるのか。

ここでは，具体的労働の生産力を決定する諸要因のなかから，同一商品を生産する労働がもつ**熟練度**の相違をとってみよう。商品の価値は，社会的に平均的な熟練度をもって商品を生産するのに必要な労働時間によって決定される。

それでは，それよりも高いか低い熟練度をもってその商品を生産する労働は，どのように評価されるのであろうか。それは，じつはまったく簡単な仕方で行なわれる。平均的な熟練度の労働もそれよりも熟練度の高いあるいは低い労働も，ともに同じ商品を生産するのだから，同一時間内に生産される商品量の相違の程度を測ることを通じて，より高いまたは低い熟練度の労働は，正常な生産力の労働の何倍かの力能，あるいは何分の1かの力能をもつ具体的労働とみなされるのである。つまり，その労働の熟練度が平均的な熟練度よりもどの程度高いかは，同じ時間内にどれだけの使用価値を生産したか，ということによって一義的に測られることになる（図53）。

図53　熟練度の高い個別的労働は力能の高い労働として意義をもつ

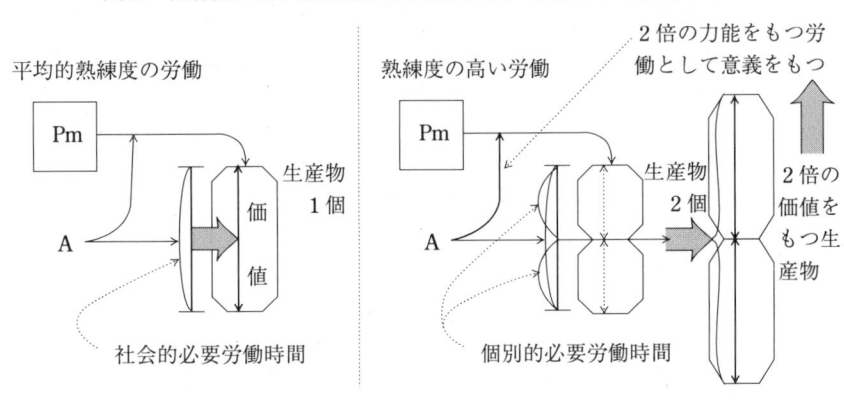

平均的熟練度の労働　　　　　　熟練度の高い労働　　　　2倍の力能をもつ労働として意義をもつ

Pm →　　　　　　　　　　　　Pm →　　　　　　　　　　　2倍の価値をもつ生産物
A →　価値　生産物1個　　　　　A →　　　　　　生産物2個

社会的必要労働時間　　　　　　個別的必要労働時間

　[**複雑労働は単純労働に還元される**]　具体的労働のなかには，普通の人間が特別の発達なしに自分の肉体のうちにもっている労働力つまり**単純労働力**が遂行できる具体的労働（**単純労働**）のほかに，特別の教育を受け，特別の修業を積んだ，したがって特別の修業費を必要とする労働力つまり**複雑労働力**のみが遂行できるもろもろの具体的労働（**複雑労働**）がある。

　労働の熟練度の相違は，具体的労働の作用度の相違であって，生産物量の多寡によって一義的に評価されるのにたいして，単純労働と複雑労働との区別は，それを遂行する労働力に特別な修業費が必要かどうかということであって，それが遂行する労働の作用度とは無関係である。しかも，複雑労働は一般に，単純労働をいくら積み重ねてもできないような具体的労働であり，したがってそ

の生産物も単純労働の生産物とは種類が違うので，生産物量で複雑さの程度を測ることはできない。

このような区別は，商品生産の社会ではどのように考慮されるのか。

商品生産の社会では，ある商品所持者が特別の修業費を必要とした労働力をもっている場合，その修業費は，彼が私的に支出したものである。しかも彼はこの修業費を，自分が提供する商品との交換によらないでは回収できない。だから，この社会で複雑労働が必要とされるかぎり，複雑労働力の所持者が，彼の商品の交換をつうじて修業費をも回収することができなければならないのである（図54）。

図54　複雑労働力の修業費は商品の価値を通じて回収されるほかはない

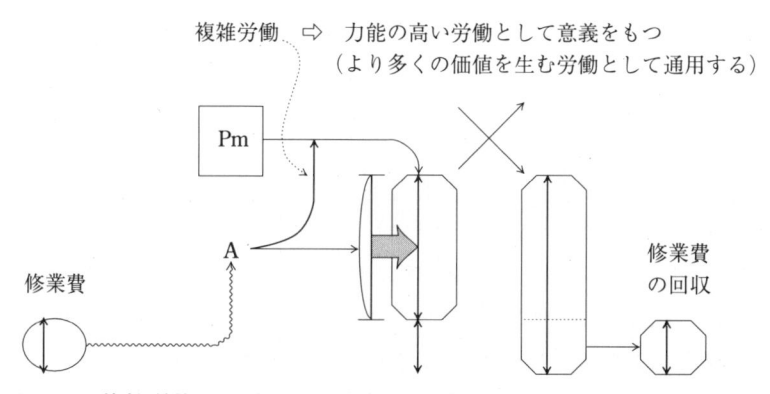

そこで，複雑労働の1時間の生産物は，単純労働の1時間の生産物の価値よりも多くの価値をもつものとして通用する。複雑労働の1時間は，単純労働に還元されれば，単純労働の何倍かの時間に相当することになる。つまり，複雑労働は，単純労働よりも高い力能をもつ労働として通用するのであり，したがって何倍かの単純労働に還元されることになるのである（図55）。

こうして，複雑労働の力能の程度は，究極的には，それを行なうのに必要な複雑労働力の修業費の量によって規定されることになる。

複雑労働の単純労働へのこのような換算がたえず行なわれていることは，日常的な経験からもすぐにわかる。しかし資本主義社会では，この換算は，たえまのない試行錯誤をともなう長期的な過程のなかで結果として実現されていくばかりでなく，のちに見る労働力の売買を通じての複雑な過程を経て行なわれ

図55　どんな種類の複雑労働も単純労働に還元される

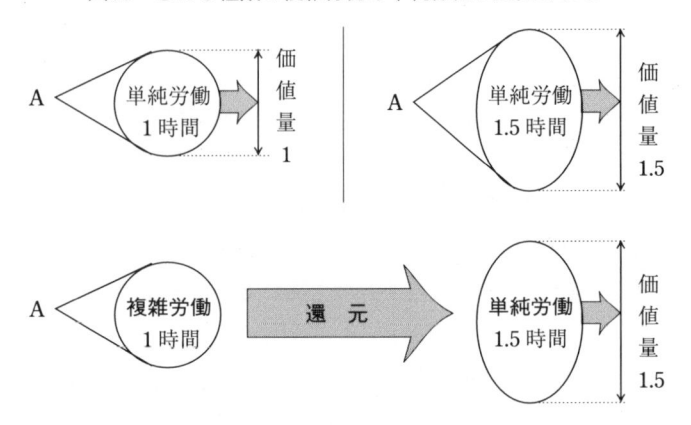

るものであり，したがって，それぞれの複雑労働が単純労働に換算される比率は，生産者たちには，彼らの背後で確定されるもの，慣習によって与えられるもののようにしか見えない。

以下では，すべての複雑労働が単純労働に還元されたものと見なし，すべての労働力を単純な労働力と見なすことにしよう。

　［**生産手段の価値の移転，新価値と旧価値**］　ある商品の価値は，その商品を生産するのに社会的に必要な労働時間によって決まる。それはなによりもまず，生産物に変形加工される生産手段（労働手段および労働対象）に付け加えられる新たな抽象的労働である（図56）。

図56　商品の価値は社会的必要労働時間によって決まる

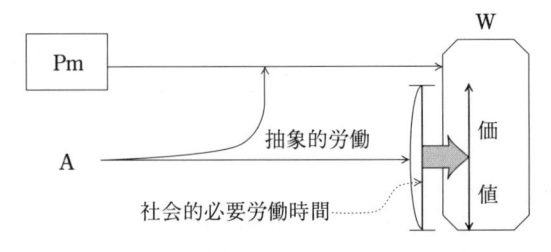

だが，もしこの生産のなかで消費され尽くす生産手段が，生産の前からすでに価値をもっていたなら，すなわちこの生産よりも前の生産のなかで対象化された抽象的労働を含んでいたなら，この価値も，この生産で生産される商品の

なかにはいり，それの価値の一部分とならなければならない。この場合，商品の価値は，生産手段に含まれていた**旧価値**と，この生産で創造され，付け加えられる**新価値**との合計である。このように，生産手段の価値が生産物のなかに**移転**され，**保存**されるのは，生産手段が生産のなかで合目的的に消費されることによってであるが，生産手段を合目的的に消費するのは，労働の二重性のうちの具体的労働の側面である。つまり，具体的労働が生産手段の価値を生産物のなかに移転＝保存するのである（図57）。

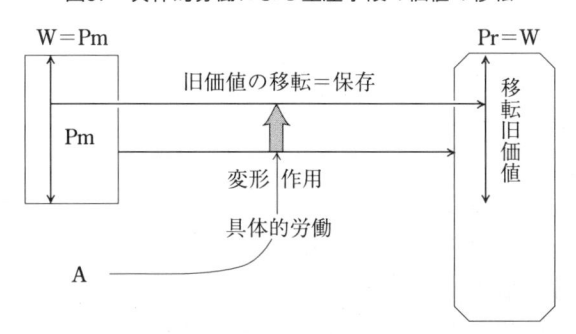

図57　具体的労働による生産手段の価値の移転

もちろん，この生産で形成される価値が社会的必要労働時間によって決定されるように，ここで移転する価値量も，社会的に平均的なものだけである[6]。商品を生産する労働は，同時に，一方で具体的労働の側面において生産手段の価値を生産物に移転＝保存するとともに，他方で抽象的労働の側面において生産物のなかに価値を形成するという二重のはたらきを行なう。だから，労働の二重性が，ここではさらに，一方での旧価値，他方での新価値，という労働の結果の二面性として現われているのである（図58）。

---

6) 厳密に言うと，この生産のなかで移転する生産手段価値は，この生産が開始される時点でそれがもっている価値，つまりこの時点でそれを生産するのに社会的に必要な労働時間によって決定される価値量である。だからその労働時間は，一方では，この生産で消費される生産手段が生産されるときに実際に費やされた個別的労働時間でもなければ，他方では，これから行なわれようとしている生産のさいに社会的平均的となっている生産諸条件のもとで必要な労働時間でもない。消費される生産手段の価値量は，この生産が始まるまえにすでに確定されているのであって，この生産での生産力の如何によって影響されることはない。

図58 労働の二重性と商品の新価値および旧価値

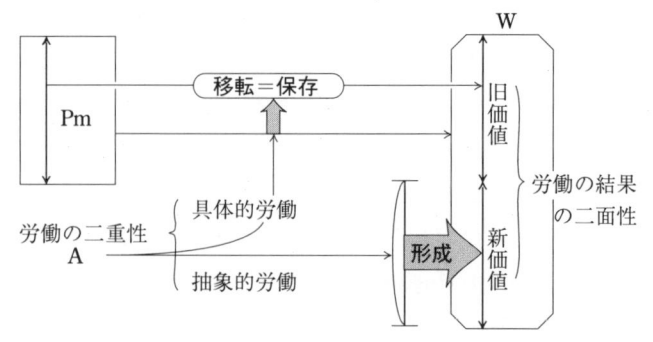

❖ Wの価値（対象化した抽象的労働） ＝ 旧価値＋新価値

　序章第3節§1で見たように（☞図18），どのような社会にあっても，生産物の生産費用は，その生産で消費される生産手段の生産費用である旧労働（抽象的労働）と，この生産手段を生産物に変形するための生産費用である新労働（抽象的労働）との合計であった。

　だから，商品の価値が生産手段から移転した旧価値とそれに付加された新価値とからなるということは，ここでも，商品の価値はあらゆる社会に共通の，生産物の生産費用を，生産物の属性という独自の形態で表現しているということにほかならない。商品生産の社会における独自性は，生産費用としての新旧の労働（抽象的労働）が，生産物に対象化して価値という形態をとる，というところにあるのである。

　これから商品の価値と言うとき，とくに言及しないかぎり，旧価値と新価値との合計を意味するものとする。

第2節　価値形態と貨幣

§1　単純な価値形態と個別的等価物

　［価値の現象形態としての価値形態］　われわれは商品の交換価値を分析して価値を析出し，価値が抽象的労働の対象化であること，価値の大きさは社会的必要労働時間によって決まることを明らかにした。そのなかで，商品の価値は人間の外部にある「物に属する」ものでありながら，しかもまったく社会的な

属性であることもわかった。そうであるなら，われわれが最初に取り上げた交換価値（☞ 図45）とは，じつは，価値の現象形態にほかならないということになる。商品の価値が現象する形態あるいは商品が自己の価値を表現する形態を**商品の価値形態**と言う。だから，われわれが最初に交換価値としてつかまえたのは，商品の価値形態だったのである。

こうしてわれわれは，分析によって交換価値という現象から価値というそれの本質をつかみだしたので，再び交換価値を，といってもこんどは価値についてすでに得られた知識を前提して，この本質がとる形態，つまり価値の現象形態として観察しよう。

［1 **商品の単純な価値形態と個別的等価物**］　生産が自家需要に向けられているかぎり，交換はごくまれに，交換者たちがちょうど余剰分をもっているようなあれこれの対象について生じるだけである。たとえば，毛皮が塩と，しかもまず最初にはまったく偶然的な大ざっぱな比率で交換される。しかし，このような取引が繰り返されていくうちに，だんだんある決まった交換比率に落ち着き，1枚の毛皮は特定の量の塩とだけ交換されるようになる（図59）。

図59　最も単純な交換関係

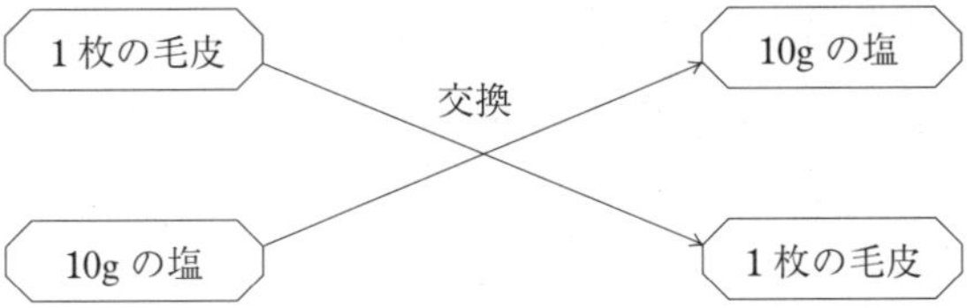

1枚の毛皮　　　　　　10gの塩
　　　　　　交換
10gの塩　　　　　　　1枚の毛皮

しかし，この交換が実際に行なわれるためには，あらかじめ，1枚の毛皮のほうは「自分の価値は10gの塩の価値と同じだ，だから10gの塩となら直ちに交換する」と言い，10gの塩のほうも「自分の価値は1枚の毛皮の価値と同じだ，だから1枚の毛布となら直ちに交換する」と言っているはずである（図60）。

つまりここでは，毛皮と塩とのどちらもが，自分の価値を他の商品で表現している。このような仕方で商品が自分の価値を他商品で表現することを**価値表現**という。毛皮の価値表現も塩の価値表現も，たった一つの商品が自分の価値

図60　交換関係は価値表現を前提する

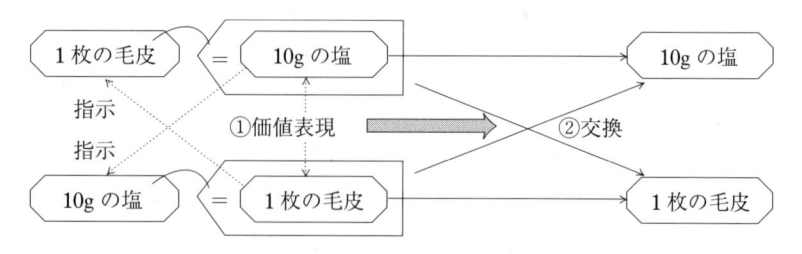

```
1枚の毛皮 = 10gの塩 ──────→ 10gの塩
   指示      ①価値表現   ②交換
   指示
10gの塩 = 1枚の毛皮 ──────→ 1枚の毛皮
```

をたった一つの他商品で表現している価値表現として，つまり価値表現の最も単純な形態として，まったく同じ形態をもっている（図61）。

図61　単純な交換関係に含まれている価値表現＝価値形態

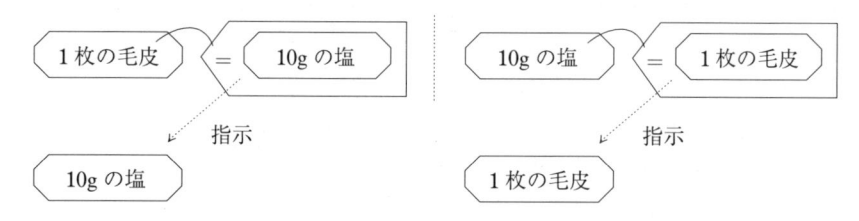

```
1枚の毛皮 = 10gの塩           10gの塩 = 1枚の毛皮
       指示                        指示
10gの塩                        1枚の毛皮
```

そこで，毛皮についても塩についても同一のこの価値表現をあらためて取り出し，左辺の商品を A，右辺の商品を B として観察してみよう（図62）。

図62　単純な価値形態と個別的等価物

商品 A の単純な価値形態

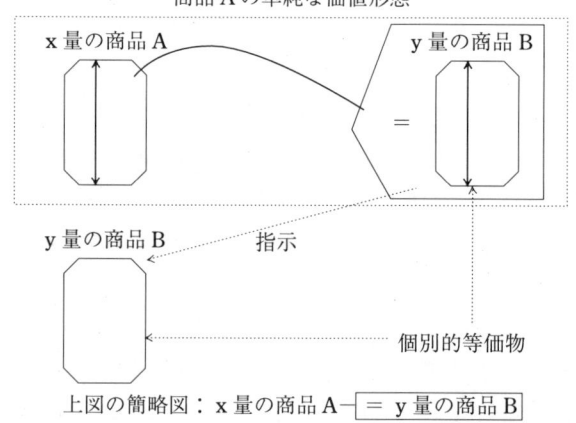

```
┌─────────────────────────────────┐
│  x量の商品A  =  y量の商品B       │
└─────────────────────────────────┘
   y量の商品B  ←──指示
              ←────────── 個別的等価物

上図の簡略図： x量の商品A = y量の商品B
```

66　第1篇　資本の生産過程

まず，忘れてはならないのは，この価値表現は商品Ａ（左辺にある商品：x量の商品Ａ）の価値表現であり，商品Ａのほうが，自分の価値を表現するために，自分につけた表現であって，商品Ｂ（右辺の商品：y量の商品Ｂ）のほうは，商品Ａのこの価値表現の材料となっているのだ，ということである。図を見ればわかるように，商品Ａは実際に現物の商品があって，これが価値表現をもつのである。これにたいして，商品Ｂのほうは，図のように「値札」（これは貨幣での「値札」の萌芽形態である）に書かれてもいいし，口で伝えられるだけでもかまわない。それどころか，むしろ，そこに書かれていたり口頭で言われたりする「y量の商品Ｂ」というのは，現物の商品Ｂではなくて，頭のなかで描かれた観念的な（表象された）商品Ｂであり，これが，相手のもっている現物の商品Ｂを指している。商品は，自分の価値を「何労働時間」というような仕方で直接に表現することができないので，商品Ａは，このように，「自分はy量の量の商品Ｂと等しい価値をもっている」という仕方で自分の価値を表現しているのである。

　他方，商品Ａがこの価値表現をもったことによって，商品Ｂのほうは，そうでなければもつことのできなかった特別な形態をもつことになる。商品Ａのほうが，「y量の商品Ｂは自分と価値が同じだ，だからy量の商品Ｂとだったら直ちに交換する」と言ってくれているかぎりは，商品Ｂは商品Ａにたいしては（そして商品Ａにたいしてのみ）「等しい価値をもつもの」（これを**等価物**と言う）として通用し，商品Ａと直ちに交換できる力をもっている。このように，商品Ｂは商品Ａによって，商品Ａの等価物であるという形態（これを**等価形態**と言う）を与えられたのである。だから，もし商品Ｂのほうが商品Ａと交換しようとするなら，直ちに交換が行なわれることになる。しかし，これは商品Ａのほうが商品Ｂとは無関係に，自分のほうから，勝手に行なっている価値表現だから，商品Ｂは等価形態という特別な形態をもっているとしても，この形態のもつ特別の力，つまり商品Ａと交換するという力を行使するかしないかは，商品Ｂの勝手である。これはちょうど，Ａ君がＢさんにたいして，「あなたは私の伴侶にふさわしい人です」と言ったとたんに，ＢさんはＡ君にたいして伴侶として振る舞うことができるようになるが，実際にＢさんがそのように振る舞うかどうかはＢさん次第であるのと同じである。

こうして，商品Aのこの価値表現によって，商品Bは商品Aの等価物となっている。商品Bは，第1に，商品Aの価値を見えるようにするという役割を果たさせられており，いわば価値を映しだす鏡（これを価値鏡と言う）となっている。そしてそれは，第2に，商品Aにたいしては直ちに価値をもつものとして通用できるものであり，その身体が直接に価値を体現しているもの（これを価値体と言う）となっている。商品Aの等価物は，商品Aにとっての価値鏡であり価値体なのである。

このように，ある一つの商品が他の一つの商品で自己の価値を表現している形態を，その商品の**単純な価値形態**と呼び，またここで等価物として役立っているのはただ一つの単独の商品なので，この等価物を**個別的等価物**と呼ぶ。

§2 全体的な価値形態と特殊的等価物

[1 商品の全体的な価値形態と多数の特殊的等価物]　交換関係は発展して，より高い段階にはいっていく。

たとえば，シベリアのある狩猟種族をとってみよう。彼らが提供するのは，交換向けのほとんどただ一つの財貨，つまり毛皮である。彼らはさまざまの土地に出かけては，他の諸種族とのあいだで，彼らの毛皮を，ナイフ，弓，ウォッカ，塩，等々と交換する。

ここで注目すべきは，狩猟種族は彼らの毛皮を他の多くの生産物と交換しているが，これにたいする他の諸種族は，自分の商品をただこの狩猟種族の毛皮とだけ交換している，ということである。つまり，これらの種族の側から見れば，この交換関係は，さきの単純な交換関係にほかならないのだということである。

この交換関係を，それが前提する価値表現を含めて図示すれば，図63のようになるであろう。

ここに見られる価値形態は，他の諸種族の商品にとっては，いずれもさきの単純な価値形態でしかないのであり，また彼らの諸商品にとって，等価物である毛皮は相変わらず個別的等価物でしかない。ところが，狩猟種族の毛皮にとっては，彼らがさまざまの土地で交換する他種族のすべての商品が，彼らの毛皮の等価物として役立っている。こうして，毛皮の側から見れば，ここには新

図63　全体的な価値形態を含む交換関係

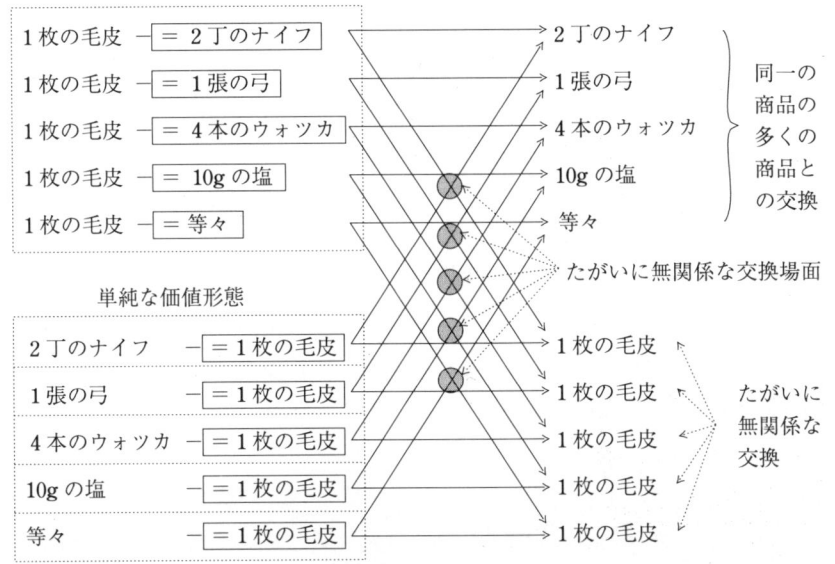

```
全体的な価値形態
┌─────────────────────────┐
│ 1枚の毛皮 ─ = 2丁のナイフ     │       2丁のナイフ ┐
│ 1枚の毛皮 ─ = 1張の弓        │       1張の弓     │ 同一の
│ 1枚の毛皮 ─ = 4本のウォツカ   │       4本のウォツカ │ 商品の
│ 1枚の毛皮 ─ = 10gの塩        │       10gの塩     │ 多くの
│ 1枚の毛皮 ─ = 等々          │       等々        │ 商品と
└─────────────────────────┘                    ┘ の交換

                                    たがいに無関係な交換場面
単純な価値形態
┌─────────────────────────┐
│ 2丁のナイフ   ─ = 1枚の毛皮  │      1枚の毛皮 ┐
│ 1張の弓      ─ = 1枚の毛皮  │      1枚の毛皮 │ たがいに
│ 4本のウォツカ ─ = 1枚の毛皮  │      1枚の毛皮 │ 無関係な
│ 10gの塩     ─ = 1枚の毛皮   │      1枚の毛皮 │ 交換
│ 等々        ─ = 1枚の毛皮   │      1枚の毛皮 ┘
└─────────────────────────┘
```

しい価値形態がある。この価値形態を**全体的な価値形態**と言う。ここで等価物として役立っている商品は，いずれも多くの等価物のうちの一つであるから，ここでの等価物は**特殊的等価物**と呼ばれる（図64）。

図64　全体的な価値形態と多数の特殊的等価物

$$
1枚の毛皮 \begin{cases} = 2丁のナイフ \\ = 1張の弓 \\ = 4本のウォツカ \\ = 10gの塩 \\ = 等々 \end{cases}
$$

　毛皮の価値は，いまでは多くの特殊的等価物によって表現されており，多様な表現を受け取っている。そして，価値がこのように多くの他商品で表現されるようになると，狩猟種族の側では，毛皮の価値をこの毛皮の使用価値とは分離して表象することが習慣になると同時に，同じ価値をたえず増大する数のさまざまの等価物で計量することが必要となるので，毛皮の価値の大きさの規定

が次第に固定されたものとなってくる。つまり，ここでは毛皮の価値は，すでに以前ばらばらに行なわれていただけの生産物交換の場合と比べて，はるかにはっきりした姿をもっているのであり，したがってまた，いまでは毛皮そのものも，すでにはるかに高い程度で商品という性格をもっているのである。

§3　一般的な価値形態と一般的等価物

［すべての商品の共通な一般的な価値形態と一般的等価物］　さて，かの狩猟種族だけが他の諸種族と接触してさまざまの他商品と交換している関係から，諸種族のあいだでの交換関係が発展してこれらの他種族のほうでもたがいに交換関係をもつようになると，これらの諸種族も，各自がもつ商品を狩猟種族の毛皮とたえず交換していることをたがいに熟知するようになる。それとともに，交換関係はより高い段階にはいっていく。どの種族も，毛皮とであれば自分の商品を直ちに交換しようとし，またその交換比率をたがいに知って，自分の商品の価値の大きさを他の種族の商品の価値の大きさと比較するようになる。

このような交換関係を，諸種族の側から見れば，彼らの商品のどれもが，シベリアの狩人たちにたいして，自分の商品の価値を毛皮で表現するのであり，しかもこのことをどちらの側もよく知っているのである。こうして，新たな価値形態，**一般的価値形態**が成立する（図65）。

図65　一般的な価値形態を含む交換関係

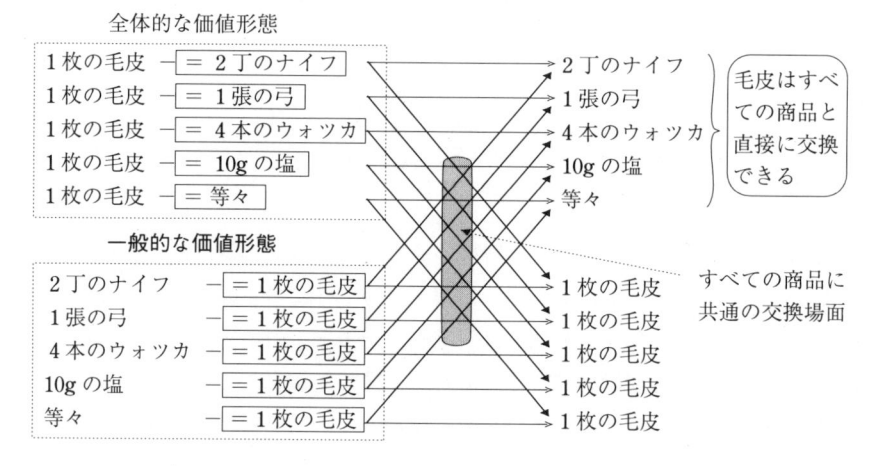

全体的な価値形態

1枚の毛皮	＝ 2丁のナイフ
1枚の毛皮	＝ 1張の弓
1枚の毛皮	＝ 4本のウォッカ
1枚の毛皮	＝ 10gの塩
1枚の毛皮	＝ 等々

→ 2丁のナイフ
→ 1張の弓
→ 4本のウォッカ
→ 10gの塩
→ 等々

｛毛皮はすべての商品と直接に交換できる｝

一般的な価値形態

2丁のナイフ	＝ 1枚の毛皮
1張の弓	＝ 1枚の毛皮
4本のウォッカ	＝ 1枚の毛皮
10gの塩	＝ 1枚の毛皮
等々	＝ 1枚の毛皮

→ 1枚の毛皮
→ 1枚の毛皮
→ 1枚の毛皮
→ 1枚の毛皮
→ 1枚の毛皮

すべての商品に共通の交換場面

一般的価値形態は，同一の商品世界に属するすべての商品が，この世界から排除されたただ一つの商品で，自分の価値を表現する形態である。この一般的価値形態のなかで等価物の位置にある商品は，他人のすべての商品と直接に交換可能であるばかりでなく，また他人のすべての商品にとって，共通の価値表現に役立ち，したがってまた価値を尺度し比較する手段としても役立っているのであって，このような等価物を**一般的等価物**と呼ぶ（図66）。

図66　一般的価値形態と一般的等価物

```
 2丁のナイフ  ⎫
 1張の弓     ⎪
 4本のウォツカ ⎬ ＝ 1枚の毛皮
 10gの塩     ⎪
 等々        ⎭
```

　ここでは，商品世界のすべての商品が自己の価値を一般的に表現し，たがいに比較できるようになるので，それらの生産物ははじめて完全に，たがいに商品としてかかわりあうことになるのである。このように，すべての商品がただ一つの商品を一般的等価物にすることは，個々の商品の力でできるものではなく，商品世界の全商品の共同事業によってはじめて成し遂げられるものである。なにがこのような共同事業が行なわれないではいないようにするのか，ということについては，のちの第4節§1で見よう。

§4　貨幣形態と貨幣

　[**商品の貨幣形態と貨幣**]　交換関係が発展し，商品世界が拡大していくなかで，あるときはあの商品が，あるときはこの商品が，広狭さまざまの範囲で一般的等価物の役割を演じた。けれども，商品交換が一般化するにつれて，この役割はどこでも金銀に，すなわち生まれながらにこの役割に最も適している商品種類に移っていく。金銀，最終的には金はこうして貨幣となるのであって，金銀は他のすべての商品と直接に交換可能であり，また，他のすべての商品がともに，これで自分たちの価値を表現し，測り，比較しあうのである。

　貨幣とは，その現物形態に一般的等価物の機能が合生・癒着した商品であり，だからまた一般的等価物の機能を社会的に独占する商品である。商品が自分の

価値を貨幣で表現している価値形態をその商品の**貨幣形態**と言う。

貨幣が生まれると，商品世界のいっさいの商品が自己の価値を貨幣で表現し，貨幣とであればつねに直ちに交換しようと身構えるようになる。そして貨幣はつねに，すべての商品と直ちに交換できる力をもち，すべての商品に価値表現の材料を提供することになるのである（図67）。

図67　貨幣形態と貨幣

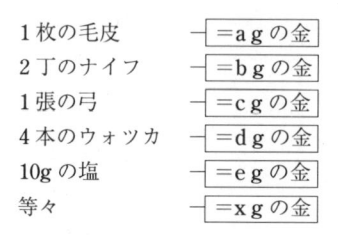

```
1枚の毛皮    ―|=a g の金|
2丁のナイフ  ―|=b g の金|
1張の弓      ―|=c g の金|
4本のウォツカ ―|=d g の金|
10g の塩     ―|=e g の金|
等々         ―|=x g の金|
```

貨幣で表現された商品の価値が**価格**である。たとえば5mの綿布の価値は―|=7.5g の金|という価格で表現される。この場合，5mの綿布は―|=7.5g の金|という価格をもつのである（図68）。

図68　商品の価格形態

```
                     価　格
5mの綿布        ―|=7.5g の金|
（x量の商品A    ―|=y g の金|）
```

もし，750mg（z mg）を貨幣量を度量する単位と決め，これに「円」という**貨幣名**をつければ，商品の価格は次のように表わされることになる（図69）。

図69　価格の貨幣名での表示

```
                     価　格
5mの綿布        ―|= 10 円|
（x量の商品A    ―|=y/z 円|）
```

第3節　商品生産関係とその独自な性格

§1　商品生産関係

［商品形態は労働生産物の独自な社会的形態である］　商品は労働生産物がと

る独自な社会的形態である。商品の使用価値は他人のための使用価値，つまり**社会的使用価値**でなければならず，価値は社会的に規定されるまったく社会的な属性である。商品はまったく社会的なものである（図70）。

図70　商品形態は労働生産物の独自な社会的な形態である

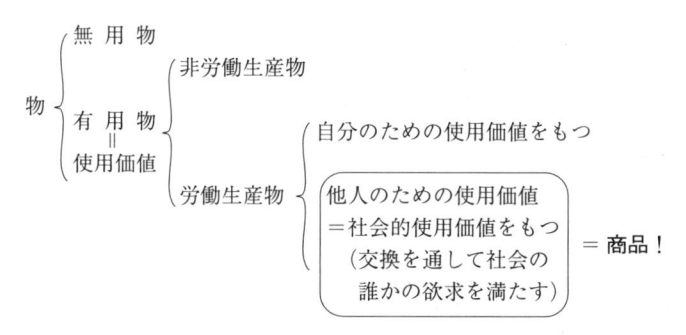

```
         ┌ 無用物
         │
  物 ─── ┤         ┌ 非労働生産物
         │ 有用物  │
         │   =     │          ┌ 自分のための使用価値をもつ
         └ 使用価値┤          │
                   └ 労働生産物┤ ┌ 他人のための使用価値
                              │ │ ＝社会的使用価値をもつ
                              └ │ （交換を通して社会の      ＝ 商品！
                                │   誰かの欲求を満たす）
                                └
```

　労働する諸個人が生産のなかで取り結ぶ特定の生産関係のもとでのみ，労働生産物は必然的に商品の形態をとり，商品のなかから貨幣が生まれる。このような生産関係を**商品生産関係**と呼ぶ。つまり，**商品**とは商品生産関係のもとで労働生産物がとる社会的形態であり，**商品生産**とは，商品生産関係が支配する社会的生産形態である。

　商品生産関係のもとでは労働生産物が商品形態をとり，そのなかから貨幣が生まれるのは，人びとの意志や意欲から独立に貫く客観的法則であり，この法則が人びとの意志や意欲を規定する（図71）。

図71　商品生産関係のもとで，労働生産物は商品となり，貨幣が生まれる

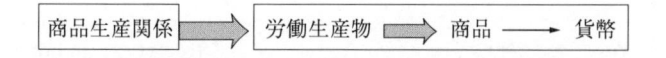

```
┌──────────┐      ┌──────────┐      ┌──────┐      ┌──────┐
│商品生産関係│ ──→ │労働生産物│ ──→ │ 商品 │ ──→ │ 貨幣 │
└──────────┘      └──────────┘      └──────┘      └──────┘
```

　［私的諸労働の社会的総労働にたいする連関は独自な形態をとる］　すでに序章第3節§2で述べたように，どんな社会でも，**総労働の社会的分割**（つまり**社会的分業**）と総生産物の分配とが行なわれなければならない（☞図28）。商品生産以外の生産関係では，社会的分業の体制や社会的分配の方法は人間の意志によって事前に意識的に決定されており，それらのあり方は一見して明白である。とりわけ，アソシエーションのもとではそれは端的に次のような姿を

第1章　商品と貨幣　　73

とる（図72）。

図72　アソシエーションにおける社会的労働・社会的取得・社会的所有

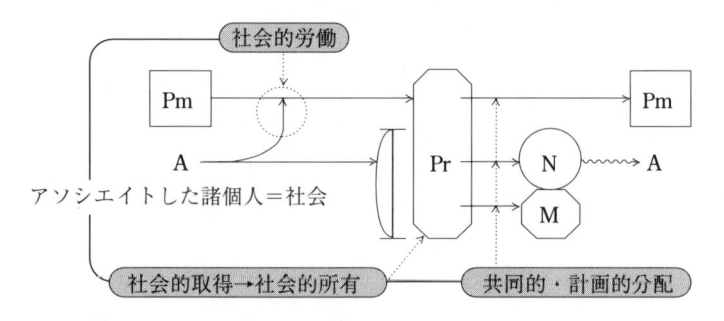

商品生産の場合にも，社会の総欲求に対応する社会的分業のシステムが形成されなければならず，総生産物が欲求に対応するように分配されなければならない。ところが商品生産の場合，労働する諸個人は，まったく自分の自由意志で，自分自身の判断に従って，自分自身の責任，計算において生産する。彼らの労働力の支出である労働は，各自の私事として行なわれる**私的労働**であり，直接には――労働そのものとしては――社会的性格をまったくもっていない。だから，その生産物もまた，彼らが各自で**私的に取得**するのであって，彼らは，それぞれのもつ生産物が各自に属するものであることをたがいに私的所有として法的に承認しあうのである（図73）。

図73　商品生産における私的労働・私的取得・私的所有

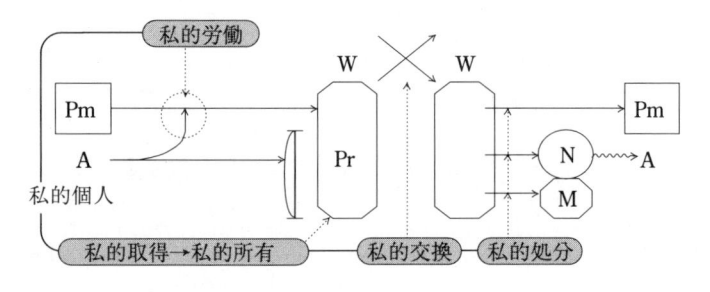

では，どのようにして商品生産は社会的生産のシステムとして成り立つのか？　商品生産者たちは，彼らのあいだの生産関係を，直接彼ら自身のあいだ

の——人間と人間とのあいだの——関係として取り結ぶのではなくて，一種の回り道をして，すなわち彼らの生産物を商品として交換するという関係をとおして取り結ぶのである．ここで特徴的なことは，私的労働によって生産された生産物が商品として市場に登場しても，もし他の商品との交換ができなければ，この私的労働は社会の欲求を満たすことができないのであり，この労働は社会的労働になることができないままに終わる，ということである（図74）．

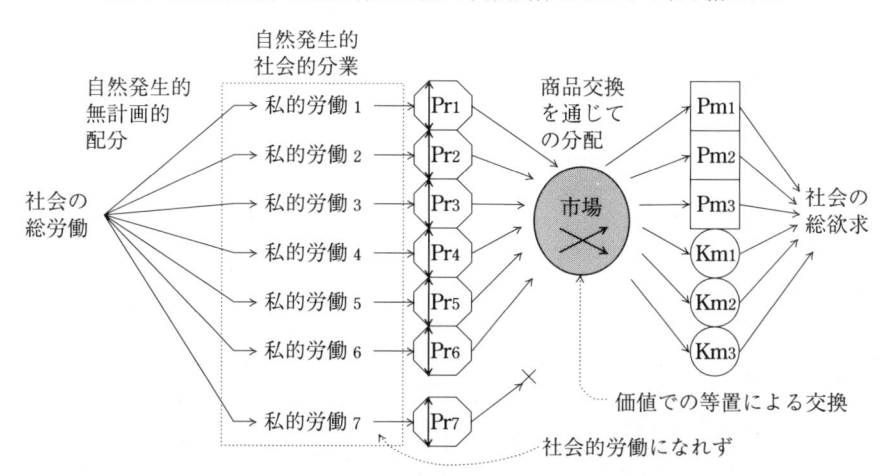

図74　商品生産者の生産関係は商品の交換関係をとおして取り結ばれる

商品生産関係とは，私的生産者たちが彼らの労働生産物の商品形態をつうじてはじめてたがいに取り結ぶ社会的関係であって，彼らの私的労働が生産物の価値をつうじてはじめて社会的労働になる，という独自な生産関係にほかならない．

商品形態が労働生産物の一般的な形態であり，したがってまた人間が商品所持者として相互にかかわりあう関係が支配的な社会的関係であるような社会を**商品生産社会**と呼ぶが，このような社会はじつは資本主義社会だけである．なぜそうなのかについては，のちに資本を研究するところで見ることになる（第5章第1節）．

§2　生産関係の物象化と物神崇拝

［私的労働の独自な社会的性格が商品生産者の頭脳に反映される］　いま見た

ような私的諸労働の独自な社会的性格が人びとの目に現われるのは交換の場においてである。つまり生産者たちの私的諸労働の社会的なかかわりは、彼らにとっては、彼らが自分たちの労働そのものにおいて取り結ぶ直接に社会的な諸関係としてではなく、人びとのあいだの物象的な諸関係あるいは諸物象のあいだの社会的諸関係として現われるのである[7]。

商品生産のもとでは、労働生産物が商品という形態をとることによって、人びとの頭脳には、彼ら自身の労働の社会的性格が労働生産物の対象的な性格として、諸物象の社会的な自然属性として反映され、したがってまた、総労働にたいする彼らの社会的関係は、彼らの外部にある、諸物象の社会的関係として反映されるのである。

このように、人と人との関係が物象と物象との関係として現われることを**生産関係の物象化**と呼ぶ（図75）。

図75　生産関係の物象化：人びとの関係が諸物象の関係として現われる

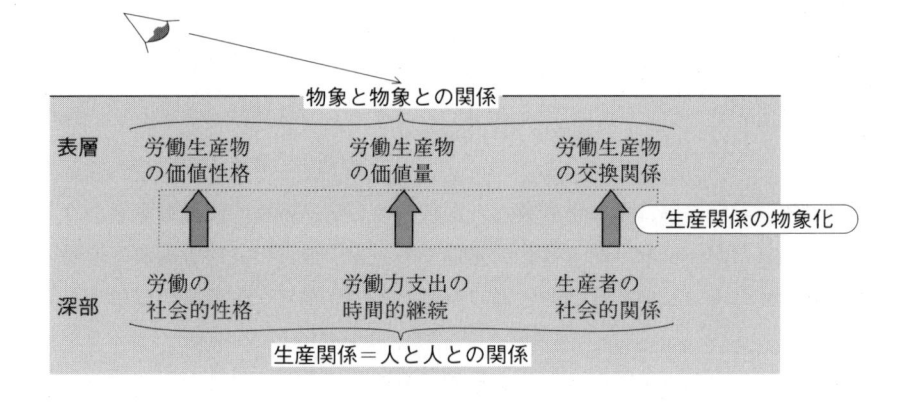

表層	労働生産物の価値性格	労働生産物の価値量	労働生産物の交換関係
	↑	↑	↑
深部	労働の社会的性格	労働力支出の時間的継続	生産者の社会的関係

物象と物象との関係／生産関係の物象化／生産関係＝人と人との関係

---

7)「**物象**（ぶっしょう）」というのはドイツ語のSacheの訳語であり、「物件」と訳されることもある。道ばたの石であろうと海辺の貝殻であろうと、人びとの外部にあるたんなる「**物**（もの）（Ding）」であるが、値札をつけて店頭に置かれているもろもろの商品は、どれもみな人間によって社会的な意味を与えられたものであって、たんなる「物」ではない。このように、人びとの社会的な関係によってなんらかの形態を与えられ、その結果、彼らにとってなんらかの社会的な意味をもち、したがって彼らにとって社会的な行為の対象となっているもののことを「物象」と言う。商品、貨幣、資本は、いずれも、資本主義的生産における最も基本的な物象である。

[物神崇拝] 人と人との関係（生産関係）が物象と物象との関係（物象関係）として現われることによって，人と人との関係はすっかり見えなくなってしまう。人びとの目には，まるで人間の手の生産物そのものが相互に関係をもち，また人間と関係をもつかのように見える。このように人びとが労働の社会的性格の対象的・物象的な外観にとらわれるのは，人間が，たとえばトーテム・ポールのような自分の手でつくった生産物を，神秘的な力をもった**物神**（fetish）として崇拝し，それに引きずり回されるのとそっくりである。そこで，このような人びとの転倒的な意識とそれにもとづいて行動することとを**物神崇拝**（fetishism）と呼ぶ（図76）。

図76　商品生産では生産関係の物象化と物神崇拝とが必然的に生じる

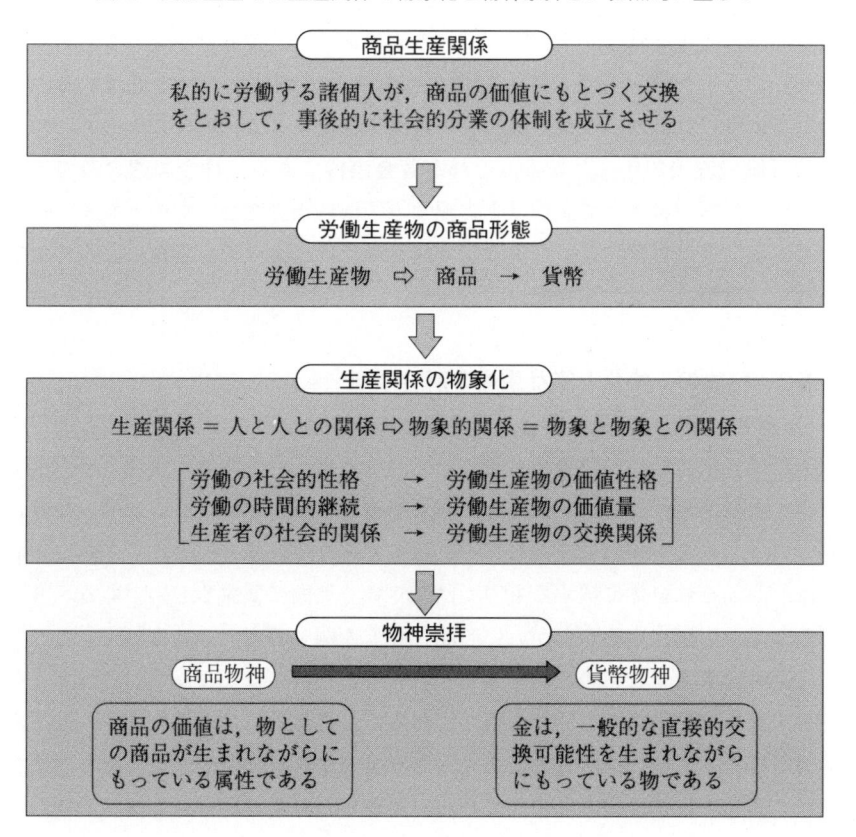

```
┌─────────────────────────────────────────────────┐
│              （商品生産関係）                     │
│  私的に労働する諸個人が，商品の価値にもとづく交換    │
│  をとおして，事後的に社会的分業の体制を成立させる    │
└─────────────────────────────────────────────────┘
                      ↓
┌─────────────────────────────────────────────────┐
│            （労働生産物の商品形態）                │
│        労働生産物 ⇨ 商品 → 貨幣                  │
└─────────────────────────────────────────────────┘
                      ↓
┌─────────────────────────────────────────────────┐
│             （生産関係の物象化）                   │
│  生産関係＝人と人との関係 ⇨ 物象的関係＝物象と物象との関係 │
│  ┌労働の社会的性格    →  労働生産物の価値性格 ┐    │
│  │労働の時間的継続    →  労働生産物の価値量   │    │
│  └生産者の社会的関係  →  労働生産物の交換関係 ┘    │
└─────────────────────────────────────────────────┘
                      ↓
┌─────────────────────────────────────────────────┐
│                （物神崇拝）                       │
│   （商品物神） ━━━━━━━━━━━▶ （貨幣物神）          │
│  ┌商品の価値は，物として┐  ┌金は，一般的な直接的交┐│
│  │の商品が生まれながらに│  │換可能性を生まれながら││
│  └もっている属性である  ┘  └にもっている物である  ┘│
└─────────────────────────────────────────────────┘
```

第1章　商品と貨幣

物神崇拝は，労働生産物が商品という形態をとるやいなや生じるものである。すなわち，商品が，他商品と交換できる力である価値を生まれながらにもっているかのような外観が生じ，人びとは，商品とはこのような不可解な特別な力をもったものなのだ，と錯覚するようになる。こうして商品は，**商品物神**として人間を支配するのである（**商品による人間支配**）。

　商品世界のなかで金という特定の商品が貨幣となり，どの商品の価値も貨幣で表現されるようになると，金という特定の自然物がそのまま価値のかたまりとして通用するようになり，物神崇拝は完成された姿で現われる。金があらゆる商品と直接に交換可能であるのは，他のすべての商品が金を商品世界から排除してそれを一般的等価物にするからであるのに，人びとの目には，金はその直接的交換可能性というその属性を，重さがあるとかきらきら輝くといった属性と同様に，生まれながらにもっているのであって，それは生まれながらに貨幣なのだから，他の諸商品が一般的に自分たちの価値をそれで表現するのだ，というように見える。金は，地の底から出てきたままで，同時にいっさいの人間的労働の直接的化身となる。これが**黄金崇拝**であり，**拝金思想**の源である。貨幣は，**貨幣物神**として人びとを支配する圧倒的な力をもつものとなる。こうして，人びとは貨幣によって引きずり回され，物によって，貨幣によって支配される（**貨幣による人間支配**）。

§3　物象の人格化と商品生産の所有法則

　[**交換者は相互に商品所有者として認めあわねばならない**]　商品生産関係のもとでは，生産関係の物象化が貫き，商品や貨幣という物象が人びとを引きずり回すのであるが，しかし商品は，自分で市場に出かけていくことも，自分たちで自分たちをたがいに交換しあうこともできない。また，それらが満たす欲求は，商品それ自体に属するものではなくて，人間に属するものである。

　そこで，労働生産物がたがいに商品として連関しあうためには，生きた人間に自己の代表者としての役柄を果たしてもらわなければならない。そのような役柄を担って登場する人間が**人格**[8]であって，具体的には，これまでのところ商品所持者および貨幣所持者であり，売り手および買い手である。彼らはたがいに，商品や貨幣の代表者としてたがいにかかわりあう。一方の商品所持者た

ちは他方の商品所持者の同意のもとでのみ，すなわちどちらも両者に共通な**意志行為**によってのみ，自分の商品を譲渡して他人の商品をわがものとすることができる。だから彼らは，たがいに，彼らの商品の**私的所有者**として承認しあわなければならない。つまり，**私的所有**が社会的に承認されなければならない。**契約**という形態をとるこの**法的関係**は彼らの**意志関係**であり，そしてこの意志関係の内容は，経済的関係そのものによって与えられているのである。商品交換ではもろもろの人格はただ商品の代表者，商品所持者として存在するだけである。このように，経済的関係をになう諸物象がもろもろの人格によって代表されざるをえないことを，**物象の人格化**という。

商品生産では，生産関係の物象化によって，人びとの社会的関係が物象と物象との関係として現われるばかりでなく，さらにそのような諸物象がもろもろの人格によって代表されることになるのである（図77）。

図77 物象の人格化：物象が人格によって代表される

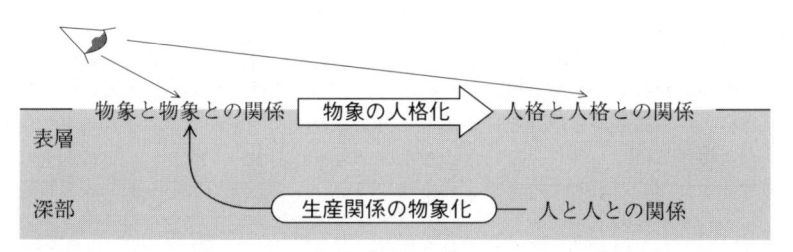

```
──  物象と物象との関係  物象の人格化 ⇒ 人格と人格との関係  ──
表層
深部
         生産関係の物象化   人と人との関係
```

［**商品生産の所有法則**］　商品の交換の部面では，商品所持者がたがいに私的所有者として認めあうが，そのさい相手がどのような経済的関係のもとで商品

8）「人格（person）」という語は，人柄とか個性という意味でも，またそれらのものをもっている個人や人物，さらに動物や物と区別される人間という意味でも使われるが，経済学ではとくに，社会的に承認された，あるいは社会的に通用する，人びとの社会的役柄・役割・資格を意味する。person の語源はラテン語の persona で，persona というのは演劇で演者がつける仮面のことだった。たとえば，売り手という人格は，この役柄を果たしている人間そのものが誰であるかにかかわりなく，市場で商品を代表している者を意味している。社会の深部で労働する諸個人として生産関係を取り結んでいる同じ人びとが，同時に他方で，物象を代表する人格としてたがいにかかわりあうのである。商品生産におけるこの人格が，法律では，権利と義務の主体である person（自然人と法人）として現われることになる。

所有者となったのかを見ないで，彼らはたがいに，相手は商品を自分の労働で正当に入手したのだ，不当に盗んだりしたものではない，と想定しあうほかはない。つまりこの世界では，私的所有者たちの所有権原は彼らの自己労働だと想定されるのであり，この想定が社会的に法則として通用することになる。これを商品生産の所有法則と言う[9]。

§4　ホモ・エコノミクス幻想

[商品世界：自己労働にもとづく私的所有，自由，平等，自利の世界]　商品生産では，人びとの目に見えるのは，経済的物象のあいだの関係と，それを代表する人格と人格との関係だけである。前者の関係だけに目を奪われると商品世界は物神崇拝の世界に見えるが，他方，後者の関係に目を奪われるとこの世界は，たがいに平等な私的所有者たちが，ホモ・エコノミクス[10]として，自分

---

9) 私的労働と社会的分業とが労働生産物を商品とし，そのなかから貨幣を生むのであるが，商品・貨幣の交換の場（市場）では，商品所持者や貨幣所持者がどのようにしてその商品や貨幣をわがものにしたのかということはまったくわからないし，そのことをいちいち問うことはしない。ここで言えるのは，いずれもそれぞれの私的労働によって生産されたものだ，ということだけである。だからこそ，ここでは相互に自己労働にもとづく商品の所有を想定するほかはないのである。ところが，のちに見るように，資本主義的生産のもとでは，労働する諸個人は生産手段から切り離されて完全に無所有となっており，所有と労働は完全に分離している。それでも，市場での売買は私的所有者相互間の契約にもとづいて行なわれており，したがって商品交換という表面では依然として商品生産の所有法則が貫いている。しかしここでは，商品や貨幣をわがものにするのは自己の労働ではなくて，労働する諸個人から自立化した他人労働の結晶である。だから，商品生産の所有法則はたんなる外観となっており，その奥に隠されている資本主義的な取得をおおい隠す役割を果しているのである。しかし，資本主義的生産を再生産として考察すると，この隠されたものが顕わになってくる。この点については第7章および第8章で述べるが，ここではとりあえず，のちにこのような転回が生じてくるということだけをあらかじめ注意しておこう。

10) エコノミクス（新古典派）はしばしば人間を，本質的に，最終的には自己の経済的利害だけを基準にして行動するものであり，最小の費用で最大の経済的効果を実現しようとしないではいないものだと考え，そのような人間しかいない社会を前提して，まったく現実離れの議論を展開する。人間をこのようなものとみなすときに，ホモ・サピエンスという語に擬した「ホモ・エコノミクス(homo oeconomicus)」（ラテン語で「経済人」を意味する）という語が使われる。

の利益だけを原理にして原子的な振る舞いをしている世界に見える。人びとは商品世界を，物神崇拝の目で見ては物象の力に驚き感嘆し，ホモ・エコノミクスの目で見ては自由の身を喜ぶ。

この世界では，誰もが自分のことだけにかかわるのであり，彼らをいっしょの関係のなかに置く力は，彼らの自利の，彼らの個別的利益の，彼らの私的利害の力だけである。そこで，〈各人がただ自分のことだけを考え，誰も他人のことは考えないからこそ，ホモ・エコノミクスとしての彼らは，彼らの行動の予定調和の結果として，あるいは，神の見えざる手による完全な摂理のおかげで，彼らの相互の利益，全体の利益，つまりは「公益」の事業をなしとげるのだ〉という観念が確立する。

[ホモ・エコノミクス幻想] このように物象の人格化としての人間の振る舞いを人間が生まれながらにもつ本性から生じる振る舞いだと錯覚することを**ホモ・エコノミクス幻想**と呼ぶ。ホモ・エコノミクス幻想は，物神崇拝と同じく，商品生産関係から必然的に生じるものである。

[物神崇拝とホモ・エコノミクス幻想をはぎ取れば人間が見えてくる] このように，労働する諸個人の社会的諸関係すなわち生産関係が諸物象相互の諸関係として人びとの目に映じるばかりでなくて，さらに後者が，諸物象の代表者としての諸人格間の関係として現われることによって，労働する諸個人のあいだの生産関係は二重におおい隠されることになる。人びとは，人間相互の関係と言えば，もっぱら**表層**に現われる人格と人格との関係しか考えることができず，日常性の世界では，**深部**にある生産者たちの社会的生産関係を見抜くことができない。資本主義社会の経済的事象についての常識とは，このような物象と物象との関係および人格と人格との関係に見えている外観についての知識なのである。その深部にあるものを知り，その知識にもとづいてこの外観を説明するには，科学としての経済学が不可欠である。

商品生産に固有である生産関係の物象化とそこから生じる物神崇拝とを知り，さらに物象の人格化とそこから生じるホモ・エコノミクス幻想とを知ることによって，われわれは，商品生産の表層に見えている物象と物象との関係の奥にある人間と人間との関係，すなわち生産関係を見抜くことができる。また，商品生産とは，人間が生産過程を支配しているのではなくて，その逆に生産過程

が人間を支配している社会状態であることを知ることができる。

しかしまた，それと同時に，この認識を通じて，資本主義社会のなかでの人間の意識やそれにもとづく無数の行動のなかから，商品生産関係によって規定され，それによって制約されている人間の意識と行動とを，これによって制約されない人間の意識と行動から分離して認識することが可能になる。

たとえば，カネのためならどんなことでもする人間の行動様式が，商品生産関係によって完全に規定されたものであることは言うをまたない。けれどもまた，資本主義社会にあっても，自己の私的利益をすべて無視して他人や社会のために働くという人間の行動様式をわれわれはさまざまの機会に見ることができる。このような行動様式は，商品生産関係によって本質的に規定されているものではない。それは，多くの場合，諸個人がもっている人間としての**類的本質**の発露である。商品生産のもとでは人間は一般的に貨幣によって支配される，ということの認識が，このような行動様式を，例外的な聖人の行動として片づけるのではなく，このような諸個人の行動のなかに**普遍的な人間的本性**を見抜く力を与えるのである。

［生産当事者の意識的行動と経済法則］　商品生産関係では，人と人との関係が物象と物象との関係として現われるのであるが，しかし経済的物象は法的な人格によって代表されるのであり，あらゆる経済現象が生産当事者たちの意志行為に媒介されて生じる。商品の需要供給の変化も，それによる価格変動も，すべて生産当事者の意志行為をつうじて生じることである。しかし，エコノミクスでもそうであるように，経済学が経済現象を取り上げるとき，そのような意志行為にいちいち言及することはない。なぜなら，彼らの意志行為は，その背景にある経済的関係によって規定されているのだからである。たとえば，「価格が上がれば供給が増加し需要が減少する」と簡単に言えるのは，価格が上がれば生産当事者たちは供給を増加させ需要を減少させる，と判断できるからである。

経済学が個々の人間の個性的な振る舞いを取り上げないのは，それが人間を無視しているからではなく，むしろ逆に，生産過程が人間を支配しているような社会的生産における人間のありようを直視するからである。人間が直接に登場しないのを見て，この経済学は人間不在の学問だなどと勘違いしてはならな

い。むしろ，ホモ・エコノミクスのようなまったく抽象的な人間像を想定し，最も純粋な経済過程とはホモ・エコノミクスが無制約的に振る舞う結果であるとする考え方においてこそ，厳然と存在する，現実の人間を制約する社会的な枠組みが無視されているのであり，そのような枠組みによって制約された現実の人間が不在なのである。

第4節　貨幣発生の必然性

　[**本節の課題**]　第3節で見たように，交換関係の発展とともに価値形態も発展していく。単純な価値形態から全体的価値形態への発展は，1商品が他商品に能動的にかかわる交換関係の拡大に対応しており，他商品の力を借りなくても生じうる発展だった。この発展には，個別的等価物から特殊的等価物への発展が対応していた。次に，全体的価値形態は，すべての商品が他のただ一つの商品を自己に等置している一般的価値形態に発展し，特殊的等価物は一般的等価物に発展する。この発展は，もはや個々の商品が自分の力でできるものではなく，商品世界の全商品の共同事業によってはじめて成し遂げられるものだった。そして，一般的等価物がある特定の商品の現物形態と癒着すると，この商品は一般的等価物の機能を独占する特別の商品，すなわち貨幣となる。歴史的に貨幣となった商品は金および銀，最終的には金だった。

　そこで，貨幣の発生について，次の三つの問題が生じる。第1に，なぜ，商品世界のすべての商品が，ある商品を排除して一般的等価物にするという共同の事業をしないではいないのか。第2に，なぜ，ある特定の商品が一般的等価物の機能を独占し，したがってそれの現物形態とこの機能とが癒着することになるのか。第3に，なぜ，その特定の商品が金銀，最終的には金であったのか。

§1　なにが一般的等価物を生み出す共同行動を引き起こすのか

　[**第1の問題**]　貨幣の成立過程で決定的な画期は一般的等価物の成立であるが，一般的等価物，したがってまた一般的価値形態は，商品世界のすべての商品が共同して，ある一つの商品をその世界から排除し，それに一般的等価物の役割を押しつけることによってはじめて成立する。いったい，このような商

品世界の共同事業はなによって必然的に生じるのであろうか。

　[商品を生産する労働に内在する矛盾]　すでに見たように，商品生産者たちの労働は直接には私的労働として行なわれるのであり，それらは労働そのものとしては社会的統一性をまったくもっていない。しかし，社会的生産が成り立つためには，彼らの労働も，社会的分業のシステムを形成するものとして，なんらかの仕方で，社会の総労働の構成部分であるという実を示さなければならない。

　しかし，直接には私的でしかない労働が社会的労働としての実をもたなければならないというのは，明らかに一つの矛盾であって，商品生産関係のもとで行なわれる労働にはこのような矛盾が内在しているのである[11]。

　[労働の矛盾は商品の矛盾という物象的形態をとる]　この矛盾の媒介[12]は，

---

11) 現実の客観的世界のなかでは，すべての事物がそれ自身のなかに相反する対立的な側面をもっているだけではなくて，むしろ，そのような内在的な対立こそが事物を存立させ，それの運動の原動力となっており，それの諸形態を生み出している。客観的世界のこのようなあり方を「**弁証法**」と言う。世界の弁証法的な見方はすでにギリシア時代からあったが，それを深化させ体系化したのはヘーゲルであった。ヘーゲルは，事物および概念の運動，発展を引き起こす内在的な対立を「**矛盾**」と呼んだ。ここで言う矛盾とは，「どんな盾でも貫く矛(ほこ)」と「どんな矛でもはねかえす盾」との対立のような両立できない命題のあいだの対立ではなくて，客観的に存在する対立のことである。マルクスは，ヘーゲル弁証法の正しい内容を受け継いで自己のものにした。事物の運動，発展の原動力は，またその諸形態を生み出すものは，事物そのものに内在する矛盾だ，というところにその核心がある。

　事物がそれ自体としては，どんな対立も含まない完全に調和的な存在であるのなら，それの運動は外部からの力で生じるほかはない。そして，すべてのものがそのような存在であるとしたら，世界は完全な静止状態にあるのでなければならない。じつは，たえざる変化，発展のなかにある世界のあらゆる事物は，それ自身のなかに運動の原動力をもっている。それが，客観的に存在する矛盾なのである。

　商品生産関係のもとにおける労働に内在する，直接には私的でしかない労働が社会的労働としての実をもたなければならないという矛盾も，こうした現実の世界に存在する客観的な矛盾である。

　本書では，このあとも繰り返して「矛盾」という語が現われるが，それらはいずれもこのような客観的な矛盾である。

12) 矛盾の「媒介」というのは，対立する両項を仲立ちするということであるが，この仲立ちは，両項を宥和させることによって行なわれるのではなくて，両項がともに存立できるような新たな形態を生み出すことによって行なわれるのである。

労働それ自体では行なわれようがなく，それが生み出す生産物の交換を通じて行なわれるほかはない。だから商品生産関係のもとでは，労働における人と人との社会的関係が労働生産物のあいだの関係という物象的な形態をとるように，商品生産のもとにおける**労働に内在する矛盾**もまた，直接に労働そのものの矛盾というかたちでではなくて，使用価値と価値との統一である**商品の矛盾**というかたちで，すなわち商品の矛盾という物象的な形態で現われることになる。

　[**商品の矛盾：使用価値と価値との矛盾**]　使用価値と価値とが統一をなしているということが「矛盾」であるというのは，どういうことか。それは，ある商品の使用価値のほうは，この商品が，自然発生的な社会的分業のたった一つの分肢でしかない有用な私的労働の生産物であることを示しているのにたいして，それの価値のほうは，この商品が価値体として認められ，抽象的人間的労働の対象化としてどんな商品とも交換できることを要求しているのだからである（図78）。

図78　商品を生産する労働の矛盾が商品の矛盾として現われる

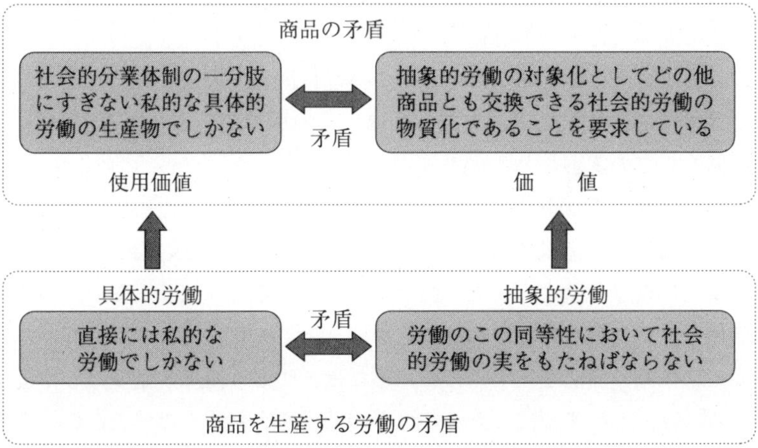

```
          商品の矛盾
 ┌─────────────────────────────────┐
 │ ┌─────────┐        ┌─────────┐ │
 │ │社会的分業│        │抽象的労働│ │
 │ │体制の一分│        │の対象化と│ │
 │ │肢にすぎな│ ←矛盾→ │してどの他│ │
 │ │い私的な具│        │商品とも交│ │
 │ │体的労働の│        │換できる社│ │
 │ │生産物でし│        │会的労働の│ │
 │ │かない   │        │物質化であ│ │
 │ └─────────┘        │ることを要│ │
 │                    │求している│ │
 │                    └─────────┘ │
 │   使用価値              価　値   │
 └─────────────────────────────────┘
        ↑                  ↑
 ┌─────────────────────────────────┐
 │   具体的労働          抽象的労働  │
 │ ┌─────────┐        ┌─────────┐ │
 │ │直接には私│ ←矛盾→ │労働のこの│ │
 │ │的な労働で│        │同等性にお│ │
 │ │しかない │        │いて社会的│ │
 │ └─────────┘        │労働の実を│ │
 │                    │もたねばな│ │
 │                    │らない   │ │
 │                    └─────────┘ │
 │      商品を生産する労働の矛盾     │
 └─────────────────────────────────┘
```

　[**交換過程の矛盾**]　商品のこの矛盾は，われわれが分析によってつかみだしたものであって，誰の目にも見えるようなかたちで現われているわけではない。ところがこの矛盾は，商品が相互に交換しあおうとすると，**交換過程の矛盾**として目に見えるようになる。

［商品は自己が使用価値であることを実証しなければならない］　交換過程は，諸商品が現実に運動して，その持ち手を取り替えあう過程である。この過程はなによりもまず，諸商品が，その人にとってはそれらが非使用価値である人の手から，その人にとってはそれらが使用価値である人の手へ移っていく過程である。だから，商品はなによりもまず，その商品の使用価値にたいする欲求をもつ他の商品所持者を見つけて，その手に移っていかなければならない。このように，商品がそれにたいする欲求をもつ他の商品所持者を見つけて，その手に移っていくことを，「**商品の使用価値としての実現**」と言う。なぜなら，このことによってはじめて，商品は他人のための使用価値であったことを実証することになるのだからである。

　［商品は自己が価値であることを実証しなければならない］　けれども，ある商品が，それを欲する他の商品所持者を見つけたとしても，この商品の所持者は，そのまま直ちにこの商品を手放すことはしない。なぜなら，彼がこの商品を交換に出すのは，それと引き換えに自分が欲する商品を手に入れるためだからである。彼が自分の商品と引き換えに任意の商品を入手できるのは，彼の商品が任意の商品にたいして価値体として通用し，どの商品も彼の商品を価値として認める場合だけである。このことを商品に即して表現すれば，この商品は，自己が価値であることを実証しなければならないのである。このことを，「**商品の価値としての実現**」と言う。

　そこで，商品がそれを欲する他の商品所持者の手に移るためには，つまり商品が使用価値として実現されるためには，そのまえに，その商品所持者がそれと引き換えに自分が欲する任意の商品を入手できなければならない，つまり商品が価値として実現されなければならない。ところが，それの所持者がそれと引き換えに任意の商品を入手できるためには，つまり商品が価値として実現されるためには，そのまえに，それが誰かの欲求を充たすものであることを実証しなければならない，つまり使用価値として実現されなければならない。

　［**使用価値としての実現と価値としての実現とは矛盾の関係にある**］　このように，交換過程は，商品の使用価値としての実現の過程であると同時に，商品の価値としての実現の過程でもなければならない。ところが，この両方の実現はたがいに前提しあい，しかも同時にたがいに排除しあうのである（図79）。

一方で，所持者Aが自分の商品を所持者Bに譲渡するためには，彼は彼の商品を価値として通用させて，所持者Xから彼の欲する商品を入手していなければならない。他方で，彼が自分の商品が価値をもつことを実証するためには，所持者Bに自分の商品を譲渡して，それが他人のための使用価値をもつものであることを実証していなければならない。これが，交換過程に現実に存在する矛盾，すなわち**交換過程の矛盾**であり，商品の矛盾が目に見えるかたちで現われてきたものである。

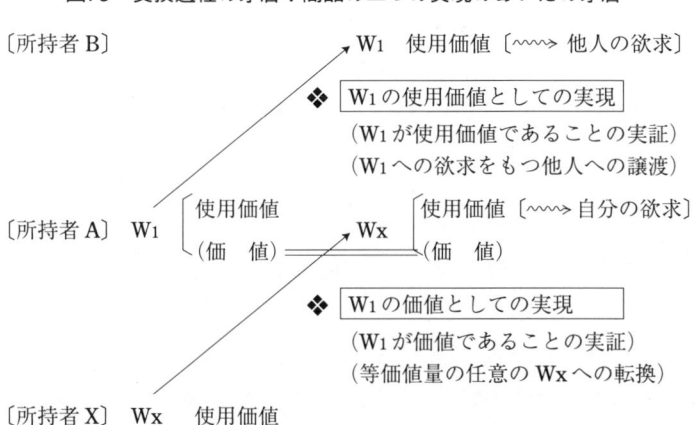

図79　交換過程の矛盾：商品の二つの実現のあいだの矛盾

〔所持者B〕　　　　　　　　　　W₁　使用価値〔～～→他人の欲求〕

　❖　W₁の使用価値としての実現
　　　（W₁が使用価値であることの実証）
　　　（W₁への欲求をもつ他人への譲渡）

〔所持者A〕　W₁　（使用価値／価値）＝＝Wx（使用価値〔～～→自分の欲求〕／価値）

　❖　W₁の価値としての実現
　　　（W₁が価値であることの実証）
　　　（等価値量の任意のWxへの転換）

〔所持者X〕　Wx　使用価値

　❖　どの商品も自己を使用価値および価値として実現しなければならない。
　❖　だがそれは，所持者Bと所持者Xとが同一でなければ行なわれえない。
　❖　それはまったくの偶然事なのだから，全面的な交換は行なわれえない。

[**商品生産の一般化のためには矛盾は媒介されなければならない**]　これは，図で言えば，たまたま所持者Bと所持者Xとが一致する場合，つまり多くの商品所持者が登場して彼らの商品を全面的に交換しようとしているときにはほとんどありえない場合にしか，彼らは商品を交換できない，ということである。商品はその現物形態では使用価値でしかない。ところが，そうした諸商品がみな，自分を価値として通用させよう，他の商品に価値として認めさせようとせざるをえないのである。ところが，どの商品も自分の商品を価値として認めさせようとするが，他の商品が価値として通用することは認めるわけにはいかな

第1章　商品と貨幣

い。というわけで，諸商品はたがいに価値としてかかわりあい，したがって商品としてかかわりあうこともできないことになる。商品の全面的な交換が行なわれるためには，つまり商品生産が一般的に行なわれるためには，この矛盾はなんとしても媒介されなければならない。この袋小路は打開されなければならない。では，どのようにしてか。

　[**一般的等価物の成立によって矛盾は媒介される**]　じつは，その媒介，打開の道は，第2節ですでに見た価値形態の発展のなかにあった。すなわち，商品所持者たちの誰もが，自分の商品を一般的等価物としてのなにかある一つの他商品に連関させるならば，自分たちの商品をたがいに価値として，したがって商品として連関させることができる。

　具体的に言えば，こうである。どの商品所持者も，いきなり，自分が欲する特定の使用価値をもつ商品と交換しようとするのではなく，まず，一般的等価物と交換しようとする。この過程では，自分のもつ商品にたいする欲求をもつ一般的等価物の所持者を見つけさえすればいい。このような所持者に自分の商品を譲渡し，それと引き換えに一般的等価物を受け取ることによって，自分の商品が他人のための使用価値をもっていたことを実証することができれば，次には，一般的な直接的交換可能性をもつこの一般的等価物と引き換えに，自分が欲する任意の商品を受け取ることができるのである。このように，商品世界のなかで一般的等価物が成立すると，どの商品も，まず，自己を使用価値として実現することによって使用価値の形態であるそれの現物形態を脱ぎ捨て，すべての商品にたいして価値のかたまりとして通用する一般的等価物になり，それから，自己の価値を実現することによって所持者の欲する任意の商品に転化するようになる。こうして，交換過程の矛盾は媒介され，商品の全面的な交換が可能となるのである。いま，一般的等価物をEとして，一般的等価物による交換過程の媒介を示せば，図80のようになる。

　[**交換過程の矛盾が商品世界の共同行動を引き起こす**]　諸商品の全面的な交換が行なわれるためには，このように，諸商品が共同して，ある商品を一般的等価物にしなければならない。このことを，商品の人格化である商品所持者たちは，商品に代わってやらないではいない。彼らは共同して，特定の商品を自分たちの仲間から排除して，それに一般的等価物の役割をになわせたのである。

図80　一般的等価物による交換過程の矛盾の媒介

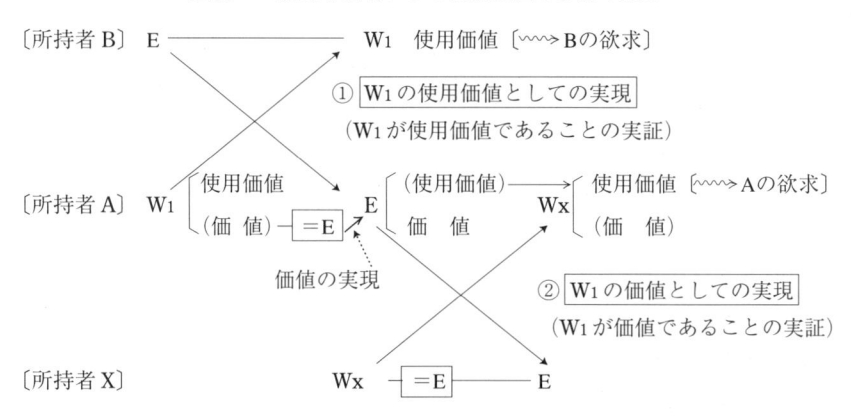

〔所持者B〕　E ─────────→ W₁　使用価値〔～～→Bの欲求〕
　　　　　　　　　　　　　　① W₁の使用価値としての実現
　　　　　　　　　　　　　　　（W₁が使用価値であることの実証）

〔所持者A〕　W₁ {使用価値 / （価値）} ─=E─ E {(使用価値) / 価値} ───→ Wx {使用価値〔～～→Aの欲求〕/ （価値）}
　　　　　　　　　　　　　　価値の実現
　　　　　　　　　　　　　　　　　② W₁の価値としての実現
　　　　　　　　　　　　　　　　　（W₁が価値であることの実証）

〔所持者X〕　　　　　　　Wx ─=E─ E

　これによって，交換過程の矛盾は媒介され，商品交換は全面的に行なわれるようになった。
　こういうわけで，商品世界のすべての商品が，共同で，ある商品を排除して一般的等価物にするのはどうしてか，という問いにたいしては，「交換過程の矛盾によってである」と答えることができる。商品に内在する矛盾は，交換過程のなかで，商品の使用価値としての実現と商品の価値としての実現との矛盾として現われ，この矛盾が一般的等価物を生まないではいないのである。

§2　特定の商品が一般的等価物の機能を独占するのはなぜか

　［第2の問題］　それでは，その一般的等価物がある特定の商品に固着するのはどうしてであろうか。なぜ，特定の商品が一般的等価物の機能を独占するようになったのであろうか。
　［商品世界の拡大は一般的等価物の固定性と安定性とを要求する］　一般的等価物は，すべての商品が共同である商品を排除することによって成立する。ここで「すべての商品」と言うのは，言うまでもなく，同じ交換場面にあってたがいに交換しあおうとしている商品のすべて，ということである。これらの商品が同じ〈商品世界〉を形成する。だから，広がりを異にするさまざまの商品世界が，それぞれの特殊性に応じて，さまざまの広さで通用する一般的等価物を生み出すことになる。一時的に成立するどのような商品世界も，一般的等価

第1章　商品と貨幣　89

物を生み出さないではいない。しかし，こうした広狭さまざまの商品世界は，歴史的に，いたるところで，さまざまの仕方で，またさまざまの期間にわたって発生，消滅し，転変を経ざるをえない。そして，それとともに一般的等価物も発生，消滅し，また一時的にあの商品に，あるいはこの商品に付着する。しかし，商品交換の発展につれて，一般的等価物は排他的に特別な商品に固着するようになる。言い換えれば，貨幣形態に結晶するのである。

つまり，商品交換の発展による商品世界の拡大と深化が，一般的等価物の固定性と社会的に安定的な通用性とを要求するのであり，これによって，商品世界からの排除が最終的に一つの特別な商品種類に限定されることになるのであり，この商品種類が一般的等価物の機能を独占し，こうして貨幣が成立することになるのである[13]。

§3 一般的等価物の機能を独占した商品が金だったのはなぜか

［第3の問題］　一般的等価物の機能を独占して貨幣となったのは，歴史的に金銀，最終的には金であった。なぜ，ほかのものではなくて金銀，そして最終的には金が貨幣となったのであろうか。

［マルクスの説明］　この点については，マルクスが次のようにわかりやすく説明している。

「商品交換の発展につれて，一般的等価形態は排他的に特殊な商品種類だけに固着する。言い換えれば，貨幣形態に結晶する。それがどんな商品種類に引

---

[13] 以上に述べた貨幣形態の成立の必然性，すなわち，第1に，交換過程の矛盾が一般的等価物を生み出さないではいないということ，第2に，商品の全面的交換が歴史的に発展するにつれて，一般的等価物は最終的にある特定の商品種類に固着せざるをえないということ，この二つのことについて，マルクスは簡潔に次のように述べている。

「貨幣結晶は，種類の異なる労働生産物が実際にたがいに等置され，したがって実際に商品に転化される交換過程の，必然的な産物である。交換の歴史的な広がりと深まりとは，商品の本性のうちに眠っている使用価値と価値との対立を展開する。この対立を交易のために外的に表わそうという欲求は，商品価値の自立的形態に向かって進み，商品と貨幣とへの商品の二重化によって最終的にこの形態に到達するまでは，少しも休もうとしない。それゆえ，労働生産物の商品への転化が行なわれるのと同じ程度で，商品の貨幣への転化が行なわれるのである。」（『資本論』第1部，MEW, Bd. 23, S. 102. 強調はマルクス。）

き続いて付着しているかは，はじめは偶然である。しかし，だいたいにおいて二つの事情が事柄を決定する。貨幣形態は，域内生産物の交換価値の実際上の自然発生的な現象形態である最も重要な外来の交換財貨に付着するか，または域内の譲渡可能な財産の主要要素をなす使用対象，たとえば家畜のようなものに付着する。遊牧民族は最初に貨幣形態を発展させるのであるが，それは，彼らの全財産が可動的な，したがって直接に譲渡可能な形態にあるからであり，また，彼らの生活様式が彼らをたえず他の共同体組織と接触させ，したがって彼らに生産物交換を促すからである。……／商品交換がその局地的な限界を打ち破り，したがって商品価値が人間的労働一般の物質化に発展していくのにつれて，貨幣形態は，生まれながらに一般的等価物という社会的機能に適している諸商品に，貴金属に，移っていく。／ところで，〈金銀は生まれながらに貨幣なのではないが，貨幣は生まれながらに金銀である〉ということは，金銀の自然属性が貨幣のもろもろの機能に適しているということを示している。……価値の妥当な現象形態，または抽象的な，したがって同等な人間的労働の物質化でありうるのは，ただ，どの一片をとってみてもみな同じ均等な質をもっている物質だけである。他方，価値量の相違は純粋に量的なものだから，貨幣商品は，純粋に量的な区別が可能なもの，つまり任意に分解することができ，その諸部分から再び合成することができるものでなければならない。ところが，金銀は生まれながらにこれらの属性をもっているのである。」(『資本論』第1部, MEW, Bd. 23, S. 104. 強調はマルクス。)

　[**一般的等価物＝貨幣は機能に適した属性をもつ商品に落ち着く**]　要するに，一般的等価物の機能，そしてさらに貨幣の諸機能——というのは，次節で見るように，貨幣は一般的等価物の機能だけでなく，そのほかにももろもろの機能を果たすのだからである——を果たすのに最も適した自然属性をもったもの，それが金銀，とりわけ金だった，ということなのである。つまり，金は生まれながらに貨幣に適した自然属性をもっているために，一般的等価物の機能を独占するようになるのである。

　[**〈金は生まれながらに貨幣である〉という貨幣物神が完成する**]　ところが，前節で見たように，金が一般的等価物の地位を独占するようになると，一般的な直接的交換可能性をもち，すべての商品にたいして価値として通用するとい

第1章　商品と貨幣　91

う一般的等価物の社会的性格が光輝く金の自然形態と癒着してしまうので，人びとの目には，金には，他のすべての商品がもっていない，人びとを引きつけて離さないなにか特別の神秘的な力があって，それがどこでも金を貨幣にしたように見えるのであり，こうして「貨幣の謎めいた性格」が生まれることになるのである。

第5節　貨幣の機能

§1　貨幣の機能

（1）価値尺度および価格の度量標準としての貨幣の機能

［**商品の価値表現と価値尺度としての貨幣の機能**］　市場に登場する商品は，まずなによりも，自己の価値を貨幣で表現しなければならない。貨幣で表現された商品の価値が商品の**価格**である。たとえば1kgの小麦の価値は，1kgの小麦―$\boxed{=7.5\text{g}の金}$という価格で，また貨幣である金の750mgに「円」という**貨幣名**が与えられているときには，1kgの小麦―$\boxed{=10\text{円}}$という価格で表現される（図81）。

図81　商品の価値表現と商品の価格

x量の商品A―$\boxed{=y\text{g}の金}$　　　1kgの小麦―$\boxed{=7.5\text{g}の金}$

もしzg（750mg）の金に「円」という貨幣名が与えられているなら，

x量の商品A―$\boxed{=y/z\text{円}}$　　　1kgの小麦―$\boxed{=10\text{円}}$

ここでは，貨幣である金が商品の**価値の尺度**として機能している。価値尺度としての貨幣の機能は，貨幣の第1の機能である（図82）。

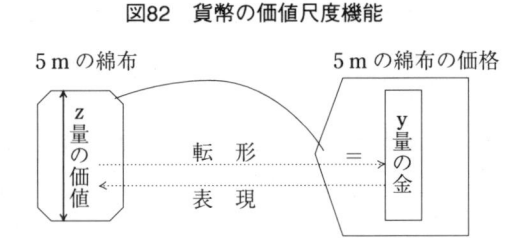

図82　貨幣の価値尺度機能

［**価値尺度の質**］　価格では，価値という，感覚で捉えることができない，したがって表象する（心のなかに思い浮かべる）ことができない，商品のまったく社会的な属性が，金という，感覚で捉えることができる，したがって表象することができる自然物のある量に転形されている。このように，価値という商品のまったく社会的な属性を自然物のある量に転形することによって商品の価値表現の材料として役立つということ，これが，貨幣が商品の価値を尺度する（測る）ということの最も肝心な質的内容，つまり**価値尺度の質**である（図83）。

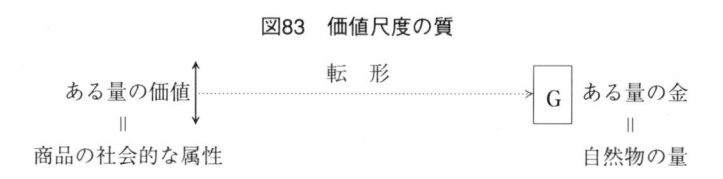

図83　価値尺度の質

ある量の価値　　　　転　形　　　　　　G　ある量の金
　　‖　　　　　　　　　　　　　　　　　　　‖
商品の社会的な属性　　　　　　　　　　　　　自然物の量

［**価格で表象されているのは実在の金である**］　価格はある量の金という自然物であるが，価格においてはこの自然物は表象されているだけで，そこにそれの現物があるわけではない。つまり，商品の値札，正札の上にある金は表象された金でしかないのであって，現物の金ではない。けれども，そこで表象されているのは実在的な金，つまり現物の金である。商品世界から排除されて貨幣となった金が実在し，諸商品に相対しているからこそ，それを表象することができるのである。要するに，価値尺度としての貨幣は表象された観念的な貨幣であるが，それが表象・指示しているのは実在の貨幣である（図84）。

図84　商品の価格とそれによって表象されている実在の貨幣

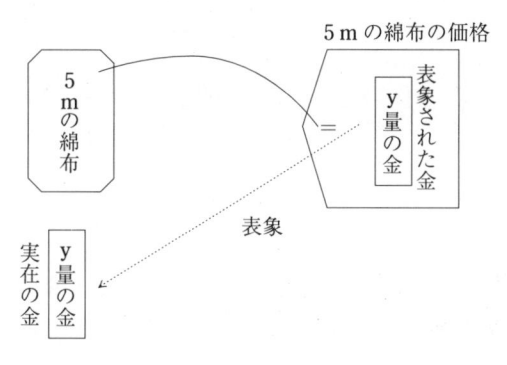

第1章　商品と貨幣

［価格表を逆に読めば**貨幣商品の価値**が読み取れる］　それでは，貨幣である金は自己の価値をどのようにして表現するのであろうか。金の生産に社会的に必要な労働時間によって規定されているそれの価値は，ほかのどの商品もそうであるように，それ自身で絶対的に言い表わすことができないのであって，自己に等置された他の商品の量で表現するほかはない。ところが，一般の商品は自己の価値を，表象された金量である価格で表現しているが，金は自分に金を等置することはできない。けれども，一般の商品がもつ価格はすべて，それらの価値と同量の価値をもつ金の量を等置したものなのだから，そこには金の価値の大きさが反映しているはずである。実際には，商品の価格の一覧リスト，つまり**価格表**を，商品の側からではなく，逆に金の側から読めば，貨幣の価値の大きさがありとあらゆる商品で表現されていることがわかる（図85）。

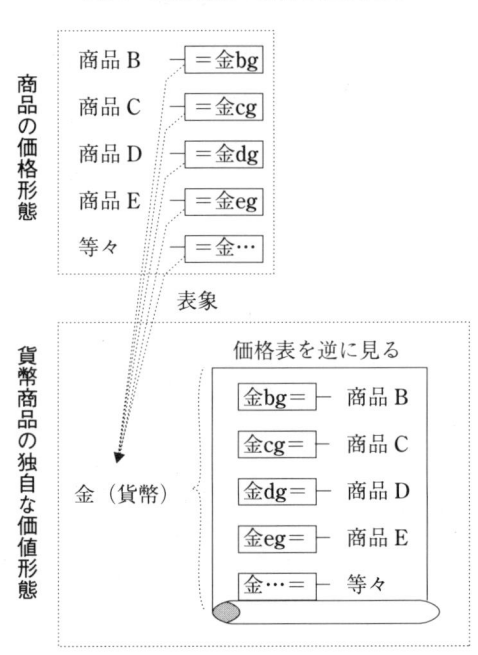

図85　貨幣商品の独自な価値表現

商品の価格形態
- 商品 B ─┤ ＝金bg
- 商品 C ─┤ ＝金cg
- 商品 D ─┤ ＝金dg
- 商品 E ─┤ ＝金eg
- 等々　─┤ ＝金…

表象

貨幣商品の独自な価値形態

金（貨幣）

価格表を逆に見る
- 金bg＝─ 商品 B
- 金cg＝─ 商品 C
- 金dg＝─ 商品 D
- 金eg＝─ 商品 E
- 金…＝─ 等々

［**価格の度量標準**］　諸商品は，自己の価値を，価格で表象された金量で表現し，たがいに比較しあう。そこで，それらのさまざまの金量を計量し，同一の

名称で言い表わすために，技術的に，ある金量を**価格の度量単位**として固定する必要が生じる。

　金は，それが貨幣になる以前から，ポンド，グラム，貫などのような重量による度量単位をもっている。これらの度量単位は，さらに下位の補助単位に分割されて，オンスやミリグラムや匁および分などとなり，これらの単位の全体が一つの度量標準，すなわち度量システムを形成する。

　価格で表象された金量を計量するための度量標準，つまり**価格の度量標準**として役立ったのは，当初は，このような重量の度量システムであった。しかし，さまざまの原因によって，貨幣商品の重量を言い表わす貨幣名は，重量の度量システムから離れて，重量名とは別のものにすることが普通のこととなってくる。もとの重量名がそのまま貨幣名になっている場合でも，貨幣名が言い表わす金の重量は，重量名が言い表わす重量とは異なるようになる。

　価格の度量標準は，価格である観念的な金量を測るためばかりでなく，貨幣である実在の金そのものを計量するのにも用いられるから，**貨幣の度量標準**でもある。それは，いわば，金量を測る物差しである。商品の価格で表象されている金であれ，貨幣である現実の金であれ，およそ金量を言い表わすために金の諸量が度量システムとなっているとき，金は**計算貨幣**として機能していると言う。

　はじめはさまざまの貨幣名が慣習的に用いられるが，貨幣名は商品世界のなかで広く認められ，通用する必要があるので，価格の度量標準ないし貨幣の度量標準は，国家の法律によって確定されるようになる。たとえば，日本では，「貨幣法」（1897年制定，1990年廃止）がその第2条で「純金の量目2分（750mg）をもって価格の単位となし，これを円と称す」とし，第4条では「貨幣の算測は10進1位の法を用い，1円以下は1円の 1/100 を銭と称し，銭の 1/10 を厘と称す」としていた。こうして，1kgの小麦―　=7.5gの金　という価格は，1kgの小麦―　=10円　というように，貨幣名の「円」で言い表されることになる（図86）。

　［価格の質と量］　このように，商品の価格とは，質的には，抽象的人間的労働の対象化である商品価値を，価値尺度としての貨幣である金の量で表現したものであり，量的には，この金の量を価格の度量標準である金量で測ったもの

図86　価格（貨幣）の度量単位としての「円」

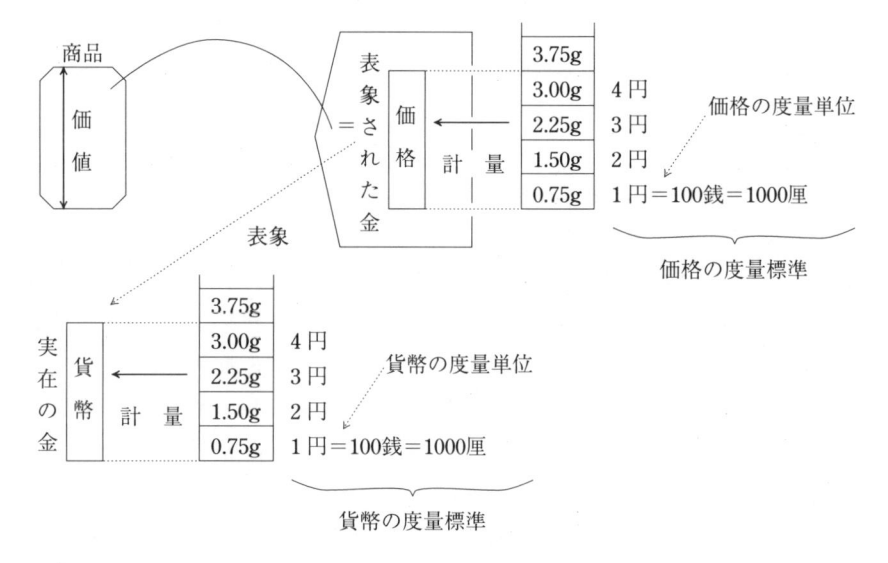

表象された金	価格 計量	3.75g	
		3.00g	4円
		2.25g	3円
		1.50g	2円
		0.75g	1円＝100銭＝1000厘

商品 価値 → 表象された金

価格の度量単位
価格の度量標準

表象 ↓

実在の金	貨幣 計量	3.75g	
		3.00g	4円
		2.25g	3円
		1.50g	2円
		0.75g	1円＝100銭＝1000厘

貨幣の度量単位
貨幣の度量標準

である。

　[**価格は価値を正確に表現するわけではない**]　価格は価値を表現するものであって，どの商品についても，価値どおりの価格，つまりその商品の価値と等しい価値量をもつ金量を表象している価格があるのはもちろんである。しかし，商品の価値を価格として表現するのは，商品の価値も金の価値も絶対的な大きさとして把握することが誰にもできないからである。だからこそ，同じ商品でもさまざまの価格をもつことができるのである。商品の売り手がそれで売りたいという「**言い値**」も，買い手がそれで買いたいという「**付け値**」も，売り手と買い手のあいだで一致した「**決まり値**」ないし「**売り値**」も，量的には異なった価格であるとしても，質的には，すべて商品の価値を貨幣である金の量で表現した価格である。また，商品の価値量が変わらないのに，たえず変動している価格は，量的にどのように変化しようとも，質的にはつねにその商品の価格である。このように，商品の価格は，その本性からして，商品の価値をつねに正確に表現するものではない（図87）。

　[**価格の価値からの乖離は商品生産にとっての不可欠の契機である**]　このように，価値と価格とが量的に一致しない可能性，つまり価格が価値から乖離す

図87　価格は価値を正確に表現するわけではない

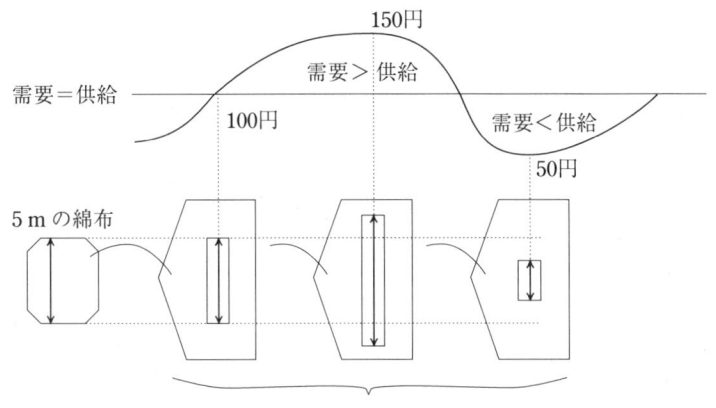

これらすべてが5mの綿布の価格

る可能性は価格形態そのもののなかにある。しかしこのような乖離の可能性は価格形態の欠陥ではなくて，むしろ，無政府的な生産でしかありえない商品生産が社会的生産として成り立つための，ひとつの重要な契機である。

　価格が価値から離れて上昇あるいは下落していけば，それは遅かれ早かれ，商品の供給と商品にたいする需要における変動を引き起こし，その結果，こんどは価格を逆の方向に変動させることになる。需要供給の変化によってたえず変動している価格は，じつは，それが価値から乖離することによって，逆に商品の需要供給を調整するのであって，そのような価格の変動そのものが，価値によって制約された変動であらざるをえない。そして，価格の価値をめぐる変動が，結果的に，社会的需要に見合った商品の供給をもたらす作用を果たすのである。これによってはじめて，労働がすべて私的労働として無政府的に行なわれる諸商品の生産規模が，変転する社会的な諸欲求になんとか適合させられることになるのである。

　[**価値をもたないものも価格をもてる**]　価値から乖離しうるという価格の本性からして，ごくわずかの価値しかもたないものがきわめて高い価格で売買されることがありうるが，そればかりか，さらに，まったく価値をもっていないもの，つまりおよそ労働の生産物ではないものが価格をもち，商品として売買されることができる。たとえば，良心，名誉，役職，貞操，金儲けのチャンス

第1章　商品と貨幣　　97

（いわゆる「金融商品」）等々のようなものである。それらの価格のなかには，現実の価値関係となんらかの関連をもっているものもある。たとえば，のちに第3篇第5章第2節で述べるように，企業の利潤の大きさを反映する配当の大きさと利子率とによって株式の価格が変動するとか，のちに第3篇第6章第5節で述べるように，未開墾の土地は価値をもっていないが，それがもたらすであろう地代の大きさと現行の利子率とによってその価格が変動するとかいうような場合である。

(2) 商品流通と流通手段としての貨幣の機能

[**商品の変態 W—G—W とそれの絡みあい**] 価格をつけて市場に現われた商品は，その価格を実現して，貨幣に転化しなければならない。つまり，W—G という**変態**（metamorphosis）を経なければならない（Wは商品，Gは貨幣を表わす）。商品の所持者について言えば，彼は売り手として，自分の商品を売らなければならない。しかし，この W—G あるいは**販売**は，商品の変態の前半であって，それは，G—W あるいは**購買**によって補われなければならない。商品の変態は，W—G—W であり，商品所持者の行為では，購買のための販売，あるいは，売ってから買う，という過程である。

　商品の販売は，それにたいする欲求をもった貨幣所持者に，それの価格で表象されている貨幣と引き換えにそれを譲渡する，ということである。それは商品にとっては「**命がけの飛躍**」（失敗すれば商品でなくなる可能性のある，なんとしてもやりとげなければならない離れわざ）であるが，しかしその成否は，個々の商品の生産とは独立に自然発生的・無政府的に編成されている社会的分業のシステムの状態に依存している。しかし，W—G あるいは販売が行なわれれば，商品は，その商品形態を脱ぎ捨てて，それの価値の姿である貨幣形態に変態することになる。貨幣は一般的等価物であるから，すべての商品と直接に交換できる能力をもっているのであって，この能力を発揮して，任意の商品に転化する過程が G—W あるいは購買である。だから，第2の変態である G—W あるいは購買は，W—G あるいは販売のような困難をともなう過程ではない。買おうとする対象が商品として市場に出ていさえすればいいのである。

　W—G あるいは販売には，つねに，G—W あるいは購買が対応する。この G—W の G は，つねに，すでに W—G を経て**脱皮**した（使用価値という皮を脱

ぎ捨てた）ある商品の価値姿態であり，したがってこの G—W は，その商品の第2の変態である。このように，一つの商品の変態は，必ず，他の商品の変態と分かちがたく絡みあっている。一つの過程が二面的な過程であって，商品所持者の極からは販売であり，貨幣所持者の極からは購買なのである（図88）。

図88　商品の変態とその絡みあい

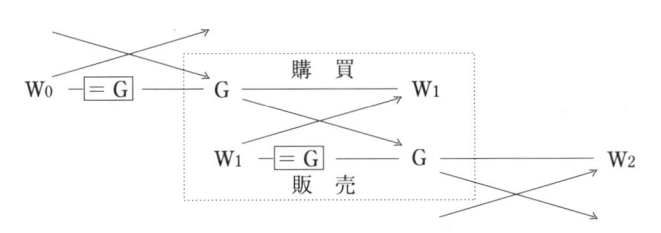

$$W_0 \boxed{=G} \longrightarrow G \xrightarrow{\text{購買}} W_1$$
$$W_1 \boxed{=G} \longrightarrow G \xrightarrow{\text{販売}} W_2$$

[**四つの極と3人の登場人物**]　1商品の変態 W—G—W には，四つの極があり，3人の人物が登場する。すなわち，まず，商品と，それの価値姿態として他人のふところのなかにある貨幣とが，相対する二つの極をなし，商品所持者と貨幣所持者とが相対する。次に，商品が貨幣に転化されれば，この貨幣と，それの使用姿態として他人のもとにある商品とが，相対する二つの極をなし，貨幣所持者と商品所持者とが相対する。第1幕の売り手は第2幕では買い手になり，第2幕では彼にたいして，第3の商品所持者が売り手として相対するのである（図89）。

図89　1商品の変態における四つの極と3人の登場人物

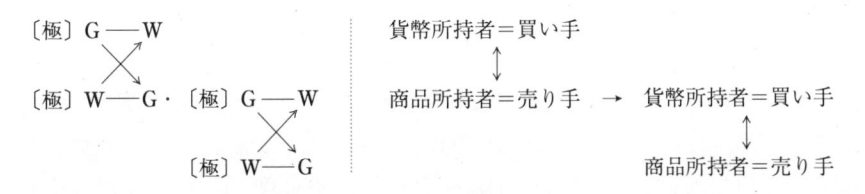

〔極〕G —— W
〔極〕W —— G・〔極〕G —— W
〔極〕W —— G

貨幣所持者＝買い手
↕
商品所持者＝売り手　→　貨幣所持者＝買い手
↕
商品所持者＝売り手

[**商品流通**]　商品の変態のこのような絡みあいの全体が**商品流通**である。物物交換では，自分の労働生産物を引き渡すことと，それと引き換えに他人の労働生産物を受け取ることとが直接に一致しているが，商品流通では，物物交換のうちにあるこの二つの契機が，時間的にも場所的にも別々の，販売と購買という二つの行為に分裂している。ここではこの二つの行為は，異なった場所で，

しかも時間を隔てて行なわれることができる。こうして商品流通は，物物交換の時間的，場所的制限を打ち破って，人間の労働の物質代謝を発展させる。

　［**流通手段としての貨幣の機能**］　商品流通の媒介者として，貨幣は**流通手段**という機能を受け取る。流通手段としての貨幣は，商品流通のなかで，たえず流通から脱落する商品のあとを埋めながら，商品所持者のあいだを転々と渡っていくことによって，商品生産社会における**社会的な物質代謝**を媒介するのである（図90）。

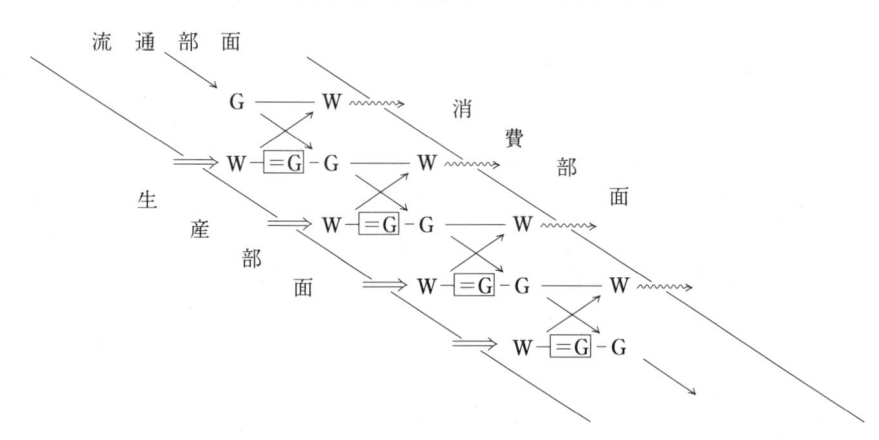

図90　商品流通と流通手段としての貨幣の流通

```
     流 通 部 面
                    G ─── W ～～～ 消
                        ╳               費
         ═══> W─=G─ G ── W ～～～         部
     生                      ╳            面
     産      ═══> W─=G─ G ── W ～～～
     部                          ╳
     面          ═══> W─=G─ G ── W ～～～
                              ╳
                  ═══> W─=G─ G
```

　［**貨幣流通**］　商品の変態 W─G─W は，貨幣を買い手の手から売り手の手へとたえず流れさせていく。誰の目にも見える貨幣のこの運動が，商品流通とは区別される**貨幣流通**である。

　［**購買手段としての貨幣の機能**］　貨幣の流通は，同じ過程の不断の繰り返しとして現われる。すなわち，買い手の手にある貨幣が，いつでも，売り手の手にある商品にたいして，この商品を購買する手段として登場し，商品の価格を実現するのである。ここでは貨幣は，商品の価格を実現することによって商品を購買する手段，つまり**購買手段**として機能するのである（図91）。

　貨幣は，購買手段としての機能を果たしながら，商品所持者の手を次々に移っていくことを不断に繰り返している。貨幣の流通は，諸商品の変態の絡みあいの表現であり，商品の運動の結果であるのに，このような流通手段としての貨幣の運動形態に目を奪われると，あたかも，もっぱら購買手段としての貨幣

図91　購買手段としての貨幣の機能

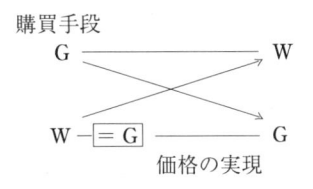

```
    購買手段
     G ─────────→ W
         ╲   ╱
          ╳
         ╱   ╲
     W ─┤= G├─────→ G
         価格の実現
```

が商品を運動させているかのように見える。

　[**鋳貨とその流通**]　流通手段としての金は，もともとは，売買のたびに，その純度が確かめられ，その重量が計量された**秤量貨幣**(しょうりょう)であった。しかし，取引のたびに試金や計量を行なうのは煩わしいので，商品流通の発展とともに，次第に，一定の極印(ごくいん)と形状とをもった鋳貨が生まれてくる。**鋳貨**とは，それがもつ一定の極印と形状とによって，円，ポンド等々という貨幣名で言い表された一定の金量を含んでいることを示す金片である。そして**金地金**(きんちがね)を鋳貨にする技術的な作業，つまり**鋳造**は，価格の度量標準の確定と同様に，国家の手によって行なわれるようになり，国家が鋳貨が含む金の**品位**(ひんい)と**量目**(りょうめ)（重量）とを保証するようになる（図92）。

図92　鋳貨の流通

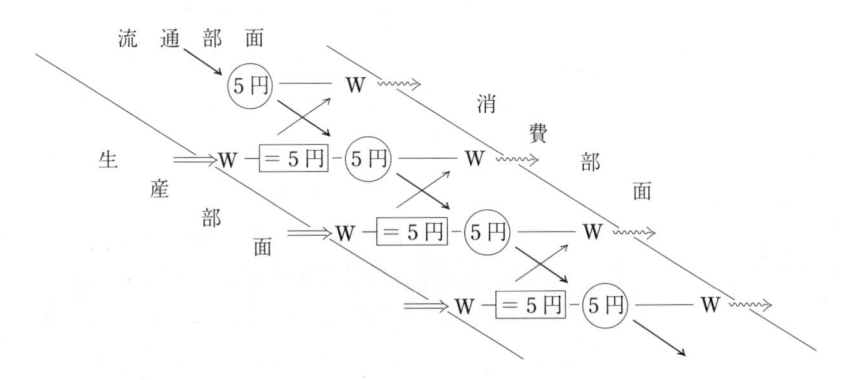

　[**鋳貨の摩滅による実質金量の減少**]　しかし，金貨は流通しているうちに次第に摩滅して，鋳貨の**実質金量**（それが実際に含んでいる金量）がそれの**名目金量**（それの額面が言い表わしている金量）よりも少なくなっていく（図93）。
　[**摩滅鋳貨も流通手段としての機能を果たすことができる**]　摩滅した鋳貨で

第1章　商品と貨幣　　101

図93 鋳貨の摩滅による実質金量の名目金量からの乖離

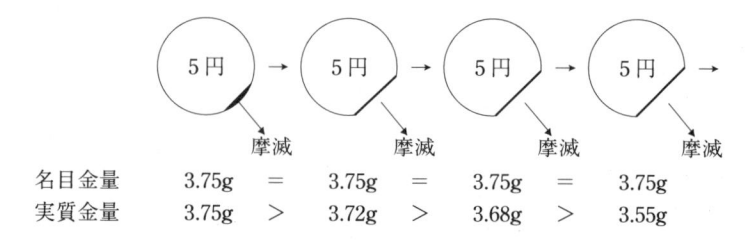

	5円 →	5円 →	5円 →	5円 →
	摩滅	摩滅	摩滅	摩滅
名目金量	3.75g ＝	3.75g ＝	3.75g ＝	3.75g
実質金量	3.75g ＞	3.72g ＞	3.68g ＞	3.55g

も，摩滅の程度がわずかであるかぎりは，流通手段としての機能を果たすことができる。なぜなら，商品の売り手の手中にある貨幣は，たしかに商品の価値の姿，価値の自立的な表示ではあるが，しかしそれは一時的なものであり，続いて行なわれる購買のなかに消えてしまうものであって，もし，この購買で，摩損したその鋳貨が額面どおりの鋳貨として通用するのであれば，彼にとっては，この摩滅はまったくなんの意味ももたないのだからである。だから，流通手段として機能するだけであれば，それは貨幣のたんに象徴的な存在でも十分に果たすことができるのである。

［**補助鋳貨**］　流通手段としての機能だけなら象徴的な存在でも果たすことができるので，金貨の摩滅が急速な，小規模な売買がたえず繰り返される流通部面で，金貨が，金よりも低い価値をもつ金属からできた鋳貨によって置き換えられる。たとえば，最小の金鋳貨のいちばん小さな分割部分が，銅などでつくられた章標によって代理される。このような鋳貨は，価値尺度である金からなる**本位貨幣**と区別して，**補助鋳貨**と呼ばれる。

［**国家紙幣**］　そしてついには，ほとんど価値のない諸物にまで貨幣の刻印が押されることになるのであって，たとえば，金の一定量を象徴的に表わしている紙券が登場する。その典型は，国家が発行する**強制通用力**（それで支払われれば受け取らなければならないという法的強制力）をもった紙券，つまり**国家紙幣**である。

(3) 貨幣蓄蔵と本来の貨幣

［**貨幣蓄蔵と蓄蔵貨幣**］　W—G あるいは販売が行なわれたのちに，商品は長かれ短かれ貨幣形態で休止したのち，再び流通にはいって任意の商品に転化するが，W—G あるいは販売ののちに，実現した価格である G を流通の外に取り

出して留め置くと，その貨幣は**蓄蔵貨幣**になる。蓄蔵貨幣を形成することを**貨幣蓄蔵**と言う（図94）。

図94　蓄蔵貨幣の形成（貨幣蓄蔵）

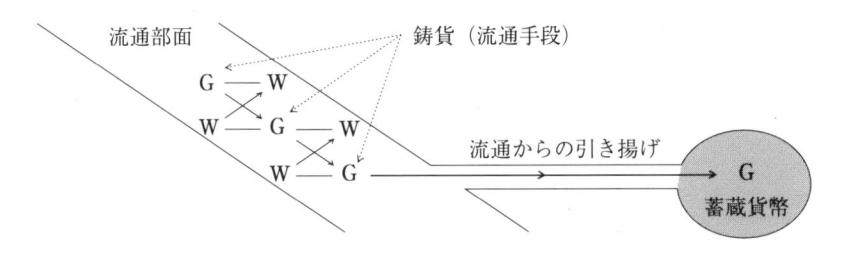

```
       流通部面        鋳貨（流通手段）
         G —— W
       W   ×   W
         W G
       W   ×              流通からの引き揚げ        G
         W   G         ——————————————→      蓄蔵貨幣
```

　［**本来の貨幣**］　蓄蔵貨幣は，商品の価値が自立化して物の形態をとったものである。それは，厳密な意味での「貨幣」であり，**本来の貨幣**である。

　われわれはこれまで，商品が流通に現われるときに，貨幣が果たす機能を，まず価値尺度機能として，次に流通手段機能として，別々に考察してきた。しかし，商品世界で選ばれて貨幣となった同じ商品である金がこの両方の機能を果たすのであって，じつはわれわれは，貨幣であるこの金が果たす機能を，商品の運動に即して，二つに分解して考察したのである。この二つの機能のうちの一方だけであれば，そのどちらも，貨幣である金が現実に登場しないでも，果たされることができた。価値尺度の場合には，貨幣はつねにただ観念的な，表象されただけの金であったし，流通手段の場合には，ほとんど無価値な紙券によって象徴的に代理されることができた。ところが，蓄蔵貨幣という形態にある貨幣は，観念的な金であってはならず，象徴的に他の物によって代理されることもできないのである。それは，地金の姿であろうと鋳貨の姿であろうと，いずれにせよ生身の，現物の金でなければならない。つまり，ここでは，価値尺度としての機能と流通手段としての機能とのどちらの機能をも果たすことができる貨幣商品が現実に登場しているのである。その意味でそれは，「価値尺度と流通手段との統一」と呼ぶことができるし，またこれこそが真に貨幣と呼ばれるのに相応しいものだという意味で，「本来の貨幣」と呼ぶことができる。

　［**一般的形態での富としての貨幣**］　一般のありふれた商品は，すべて，限られた特定の使用価値しかもっていないからこそ，その商品形態を脱ぎ捨てて貨幣というそれの価値の姿に転化しなければならないのであって，それらは価格

において貨幣を表象しているのであるが、これとはまったく対照的に、生身の、現物の貨幣商品は、その量が許すかぎり、商品世界にあるいっさいの商品に転化することができるばかりでなく、もともとは商品ではないものに商品形態をとらせたうえで、それに転化することさえもできる。それの独自な使用価値は、抽象的人間的労働の物質化である価値のかたまり、物の形態をとった価値として、ありとあらゆる使用価値に転化できるということである。だからそれは、すべての商品の使用価値を代表しており、それらを生み出すすべての具体的労働の総体であり、**抽象的人間的労働の化身**であり、「**社会の富の物質的代表者**」であり、「**一般的形態での富**」である。本来の貨幣とはそのようなものなのである。

　[**本来の貨幣蓄蔵**]　だから、W—G が終わったところで変態を中断し、流通から引き揚げられて、本来の貨幣の形態となっている蓄蔵貨幣を形成すること、すなわち貨幣蓄蔵は、一般的形態での富を形成することである。だから、われわれがまだ、貨幣を運動させることによって増殖する資本を知らないあいだは、自己の手のなかで富を増大させる唯一の方法は、貨幣蓄蔵を繰り返して蓄蔵貨幣を積み上げていくことである。実際、資本主義的生産が一般化する以前には、商品と貨幣のあるところでは、つねに貨幣蓄蔵が行なわれた。できるだけ多く売ってできるだけ買わないこと、勤勉と節倹、そして吝嗇が貨幣蓄蔵者のモットーである。そしてこれが、**本来の貨幣蓄蔵**である。

　[**資本主義的生産のもとでの貨幣蓄蔵**]　のちに見るように、資本主義的生産のもとでは、貨幣所持者は貨幣を、蓄蔵貨幣として貯め込むことによってではなく、資本として運動させることによって、そのために自分の手から手放すことによって、増大させるようになる。だから、本来の貨幣蓄蔵は例外的に見られるにすぎなくなるが、しかし、資本の価値増殖の運動そのものの必要から、新たな形態での貨幣蓄蔵が行なわれるようになる。その典型的なものは、固定資本の減価償却基金の積立と蓄積ファンドの積立である。これらについては、のちに資本のところで詳しく見る。

　[**流通貨幣の貯水池としての蓄蔵貨幣の機能**]　個々の商品所持者の手のなかで形成される蓄蔵貨幣を社会的に見ると、それらの総体が商品流通のためにきわめて重要な役割を果たしていることがわかる。それは、流通している貨幣の

量の増減を可能にする流通貨幣の貯水池としての役割である。この役割については，すぐあとの§2で，流通貨幣の量の問題を取り上げるところで触れる。

(4) 信用売買と支払手段としての貨幣の機能

[掛売買]　これまで見てきた，二つの商品の変態の絡みあいである売買は，商品の引き渡しと貨幣の支払とが同時に行なわれる現金売買であった。ところが，商品流通の発展とともに，商品の譲渡を商品価格の実現，すなわち貨幣の支払から時間的に離れさせるようなもろもろの事情が発展してくる。たとえば，ある商品を買おうとする買い手が，自分の商品の生産や販売の事情から，支払うための貨幣をまだ入手できないが，しばらくすれば入手できることが確実であるとき，その商品の売り手は，貨幣の支払をその間猶予することが行なわれる。こうして，商品の譲渡ののちに時間をおいて貨幣の支払が行なわれるという売買形態が生まれる。いわゆる掛売買である。販売は掛売りとなり，購買は掛買いとなる（図95）。

図95　現金売買と掛売買

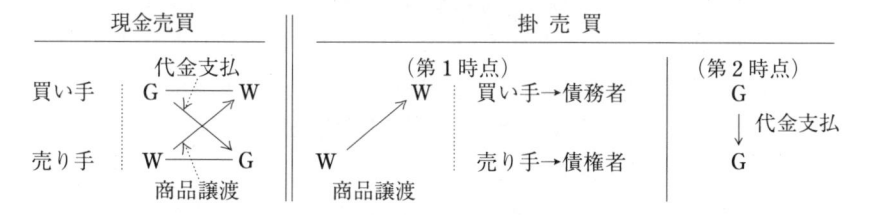

```
       現金売買              　　　　　　掛　売　買
      代金支払          （第1時点）             （第2時点）
買い手  G ⇄ W              W    買い手→債務者       G
                                                  ↓ 代金支払
売り手  W ⇄ G         W           売り手→債権者       G
      商品譲渡       商品譲渡
```

この売買では，商品が譲渡される第1の時点で，売り手は債権者となり，買い手は債務者となる。そして，第2の時点で貨幣が支払われることによって，この債権債務関係が消滅するのである。

[掛売買における貨幣の諸機能]　掛売買のさいに貨幣が果たす機能は，いささか複雑である。①まず，現金売買の場合と同様に，貨幣は商品の価値を**価格**として表現することで**価値尺度**として機能する。これが売り手と買い手とのあいだで話しあいがついた決まり値であるとしよう。買い手はこの量の貨幣を，この時点（第1時点）よりもあとのある確定された時点（第2時点）で，売り手に支払うことを約束する。この〈**貨幣支払約束**〉は観念的な貨幣量であって，価格の度量標準によって測られる。②売り手はこの時点で買い手に商品を譲渡

する。買い手はいまは貨幣をもっていないが、彼が第2時点で売り手に支払う貨幣、つまり〈将来の貨幣〉が、いま第1時点で商品を買うことに役立ったのであり、この将来の貨幣がいま**購買手段として**——だからここではただ観念的にだけ——機能したのである。それによって、その貨幣がもつはずの貨幣としての形式的な使用価値が実現されて、買い手の欲求を充たす使用価値を買い手にもたらした。売り手は商品を譲渡したが、現実の貨幣は受け取っていない。しかし、彼はいま、買い手の貨幣支払約束をもっている。これはすでに、実現できるかできないかわからない、彼の商品のたんなる価格ではなくて、第2時点で——契約が守られるかぎり——支払われる貨幣を表わしているものである。だから、彼の商品の価格はこの時点で、すでに観念的にではあるが、実現した。価格は実現して、貨幣支払約束になった。この貨幣支払約束は、買い手にとっては債務であり、売り手にとっては債権であって、この時点で売り手は債権者、買い手は債務者になった。③こうして、あと残るのは、第2時点で、債務者となった買い手が、債権者である売り手に貨幣を支払って、債務を決済することだけである。貨幣が**支払手段**として流通にはいる。債権者である売り手から見れば、この支払によって、彼の商品の価格が最終的に現実の貨幣に転化した、つまり商品の価格が現実に実現した。債務者である買い手の側では、すでに第1の時点で購買手段として機能して、その使用価値を実現してしまった貨幣を債権者に引き渡すことになる。

　[**支払手段としての貨幣の流通**]　以上が、掛売買における貨幣の機能であるが、ここではじめて現われる貨幣の機能は、第2時点で債務者が債権者に支払う貨幣が果たす機能である。このように、貨幣支払約束にもとづいて支払われる貨幣、債務を決済して債権債務関係を終わらせる貨幣を**支払手段としての貨幣**という。第2時点で貨幣は支払手段として流通にはいるのである（図96）。

　ここでは明らかに、債務者から債権者に貨幣が流通していくのであるが、しかしそれは、流通手段すなわち鋳貨としてではない。ここでの貨幣は、商品の一時的な価値の姿である流通手段とは異なり、債務者が債権者に価値そのものを引き渡すための形態であるから、もともとは、本来の貨幣のみが果たすことができる機能であるが、しかし、本来の貨幣に代わりうる銀行券等々の貨幣形態が発展すると、本来の貨幣のそれらの代理物が、支払手段として流通するこ

図96　掛売買における商品の変態の絡みあいと貨幣の機能

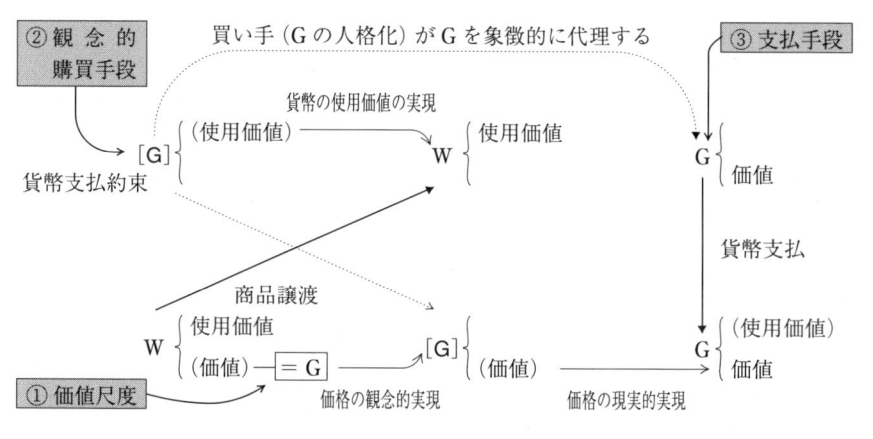

とができるようになる。

　[信用の生成]　さて，上の図96で，[G]と記したものは，貨幣支払約束であり，売り手にとっては債権，買い手にとっては債務であるが，これは売り手が買い手の支払約束を信用したしるしである。つまり，この取引で，売り手は買い手に**信用**を与えたのであり，[G]はその信用の大きさを表わしているものである。このように，掛売買では，売り手と買い手とのあいだで信用が授受されるので，掛売買は**信用売買**とも呼ばれるのである。のちに第3篇第5章第2節で見るように，発達した資本主義的生産には精緻な信用システムが発展していて，さまざまの信用取引が行なわれている。信用はそれらの取引，そして信用システムそのものを成立させる，人びとの最も基礎的な社会関係であるが，この信用は，まさにこの掛売買のなかで自然発生的に生まれてくるのである（図97）。

図97　掛売買では信用が授受される

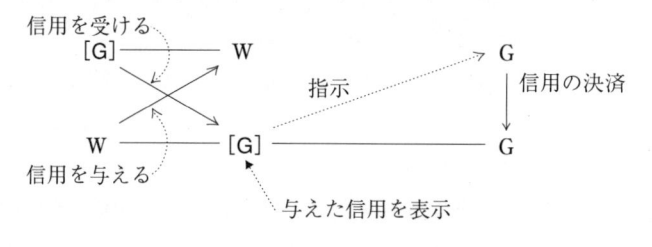

第1章　商品と貨幣　107

[**信用の連鎖の形成と支払の連鎖**]　信用売買が発展すると，信用を与えた商品所持者たちは，支払期日に受け取る貨幣をあてにして，自分たちも信用で商品を買うようになる。このようにして，商品所持者たちのあいだでの取引の連鎖が形成されていく。次の図では，BがAに信用で自分の商品を売り，支払期日にAから支払われることを予定して，Cから信用でCの商品を買い，Cもまた，等々という，商品の変態の絡みあいが，そしてまた信用の連鎖が自然発生的に形成されたことを示している。約束の期日がくれば，AからBに，BからCに，Cから，等々に支払手段としての貨幣が流通していく。だから，この支払手段の流れの連鎖は，それ以前に形成されていた売買の連鎖を，したがってまた信用の連鎖を表現しているものである（図98）。

図98　信用の連鎖と支払手段の流れの連鎖

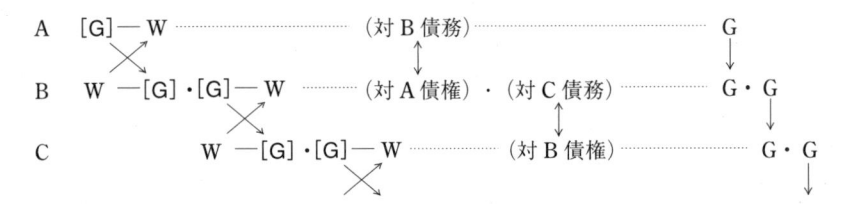

```
A    [G]―W ················(対B債務)                       G
                                   ↕                       ↓
B    W―[G]・[G]―W ········(対A債権)・(対C債務)           G・G
                                         ↕                 ↓
C          W―[G]・[G]―W ·················(対B債権)        G・G
                                                           ↓
```

　[**債権と債務との相殺**]　上の図のような，商品変態の絡みあいと信用の連鎖において，Cが，支払期日にBから債務の支払を受けることを予定して，Aから信用で商品を買うものとし，しかもこれらの取引が行なわれたことをこの3人の当事者がたがいに知っていたとするならば，CがAから商品を買う時点で，AのBにたいする，BのCにたいする，CのAにたいする，それぞれの債務は，AのCにたいする，BのAにたいする，CのBにたいする，それぞれの債権と**相殺**されて（プラスとマイナスで帳消しにされて），すべて消滅することになる。この場合には，最初の二つの取引の支払期日になされるはずであった支払は，だから支払手段の流通は生じないままに終わることになる。信用売買は，支払期日での貨幣支払への信用にもとづいて成立する取引であり，したがって支払手段としての貨幣の機能を前提して成立する取引であるのに，その支払期日での貨幣支払が，したがって支払手段としての貨幣の流通がないままに，売買が成立し，債権債務の決済が行なわれるわけである（図99）。

図99　債権と債務との相殺

```
A    [G]─W              W─[G]         対B債務←［相殺］→対C債権
         ×                  ×
B    W─[G]・[G]─W                      対C債務←［相殺］→対A債権
              ×         W─[G]・[G]─W
C                                      対A債務←［相殺］→対B債権
```

[**手形の流通**]　信用は，最も素朴なかたちでは口約束でもいいが，商取引では少なくとも紙製の証書，つまり「証文(しょうもん)」で表わされることになる。さらに，第三者からすでに受け取っていた債務証書を示すことによって，自分が債権をもっていることを証明すると同時に，その債権の決済で受け取った貨幣を支払うことを約束するために，その証書そのものを引き渡して商品を掛買いする，ということが行なわれる。さらに進めば，総じて信用が，譲渡可能な一定の書式をもつ一定期日での支払約束証書で表わされるようになる。このような譲渡可能な債務証書，書面での一定期日の支払約束を**手形(てがた)**と言う。いま，Aが手形でBから商品を買い，Bがその手形でCから商品を買い，Cがその手形でAから商品を買う，というケースを考えてみよう（図100）。

図100　手形流通による債権債務の相殺

S＝手形（securities）

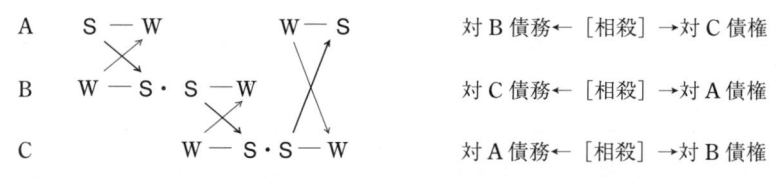

```
A    S─W                W─S           対B債務←［相殺］→対C債権
         ×                  ×
B    W─S・S─W                          対C債務←［相殺］→対A債権
              ×         W─S・S─W
C                                      対A債務←［相殺］→対B債権
```

ここでは，BがCと取引したことをAが知らなかったとしても，最後の取引と同時にすべての債権・債務が相殺されることになる。この場合には，支払手段としての貨幣は流通することなく，すべての取引が手形の「流通」だけによって完了したのである。だから，手形そのものが商品の購買手段として，したがって流通手段として機能したわけである。このような仕方で貨幣としての機能を果たす手形が，**商業貨幣**と呼ばれるのである。手形には，債務者が振り出す**約束手形**と債権者が振り出して債務者が引き受ける**為替(かわせ)手形**との二つの形

態があるが，書面での支払約束というその基本的な性質は同じである。

　[**支払の相殺のための施設の発展**]　信用取引が発展し，手形の流通が広く行なわれるようになると，手形で表わされているもろもろの債権・債務を一つの場所に集めて，それらを突きあわせて，できるかぎり相殺させるための人為的な方法とそのための施設が発達してくる。そのような施設は，たとえば古代ローマのような時代からすでに存在していた。このような施設が発展すればするほど，実際に決済される支払差額は，つまり支払手段として流通する貨幣量は，債権・債務の総額に比べて相対的に少なくなっていく。現代のこのような施設は**手形交換所**と呼ばれている。

　[**銀行券と小切手**]　資本主義的生産のもとで形成される信用システムの中心をなすのは銀行制度であるが，商業貨幣である商業手形の流通の基礎のうえに，銀行を債務者とする特別の手形が生まれ，貨幣として広範に流通するようになる。すなわち，債務者である銀行が発行する支払約束である**銀行券**（兌換銀行券）と，債権者である預金者が振り出す銀行の支払約束である**小切手**である。これらは**銀行手形**であるが，そのうちの銀行券はとくに**本来の信用貨幣**と呼ばれる。なお，広義での信用貨幣には，商業手形と銀行手形の全体が含まれる。これらについては，銀行制度のところ（第3篇第5章第2節）であらためて触れる。

(5) 世界市場と世界貨幣

　[**世界市場**]　これまで見てきた商品流通は，一つの国家の権力の及ぶ，国境によって画された国内流通であり，貨幣の機能もそこでの機能であった。しかし，実際には，商品流通は国境を越えて広がっていくばかりではなく，そもそも商品の交換は，異なった共同体のあいだで始まるのであって，商品流通は本質的に国境を越えたものであり，価値が本当の意味での無区別の人間的労働の対象化となるのは，商品流通が媒介する社会的な物質代謝が世界的に広がったときだと言えるのである。しかも，資本主義的生産は，のちに見るように，それ以前の生産形態をもつ国と地域にも商品流通を押し広げて，**世界市場**を発展させないではいない。

　[**世界貨幣**]　世界市場では，貨幣は，国家がその権力によって貨幣に着せることができるいっさいの国民的な制服を脱ぎ捨てて，世界市民に通用する姿を

とらなければならない。すなわち，それぞれの国の固有の貨幣名をもつ価格の度量標準とそれらの貨幣名を背負った各国固有のもろもろの鋳貨は，世界市場では通用しない。世界市場では，重量による度量システムがそのまま価格の度量標準として用いられるのであり，貨幣商品はその地金(ちがね)の姿で現われなければならない。このように世界市場では，貨幣もこの部面に相応しい姿をもたなければならないのであって，そのような姿をもって世界市場で機能する貨幣が**世界貨幣**である。

　[**金の二つの流れ**]　世界市場における金の流れには二つのものがある。第1には，金の生産源をもつ国々，つまり産金国から世界市場のすみずみにまで行き渡り，それぞれの国内で流通する貨幣となり，また蓄蔵貨幣として凝固したりする。この運動は，産金諸国から見れば，産金諸国がもつ商品である金と非産金諸国の諸商品との直接的な生産物交換であり，非産金諸国から見れば，自己の諸商品の価格を産金諸国の金で実現する過程，つまり販売である。世界市場での金の第2の流れは，それが各国の流通部面のあいだをたえず行ったり来たりする運動である。この第2の流れを通じて，産金諸国に諸商品を売らない非産金諸国でも，自国の商品の販売代金として金を入手することができるのである。

　[**世界貨幣としての貨幣の諸機能**]　非産金諸国のあいだで貨幣が果たす機能は，第1に，相互に行なう商品の売買，すなわち輸出入によって生じる債権・債務の差額の決済のために支払われる貨幣である。これは**国際的支払手段**としての機能であり，世界貨幣が果たす諸機能のうちで，最も基本的で，圧倒的な部分を占めるものである。第2に，なんらかの理由で，諸国のあいだで商品の輸出入を直ちに現金で決済しなければならない場合に，貨幣は，商品と引き換えに購買手段として支払われることになる。すなわち，**国際的購買手段**としての機能であって，たとえば，敵対的関係にある国のあいだで商品の売買が行なわれるさいには，このような取引が生じうる。第3には，なんらかの理由で，ある国から他の国にたいして，富が引き渡されなければならないとき，それは社会的富の代表者である本来の貨幣の形態を，つまり生身の金の形態をとることになる。金は，**富の絶対的形態**として移転するのである。たとえば，敗戦国から戦勝国に賠償金が支払われるような場合がそうである。世界市場における

金の運動と世界貨幣の諸機能とを図示すれば，次のようになる（図101）。

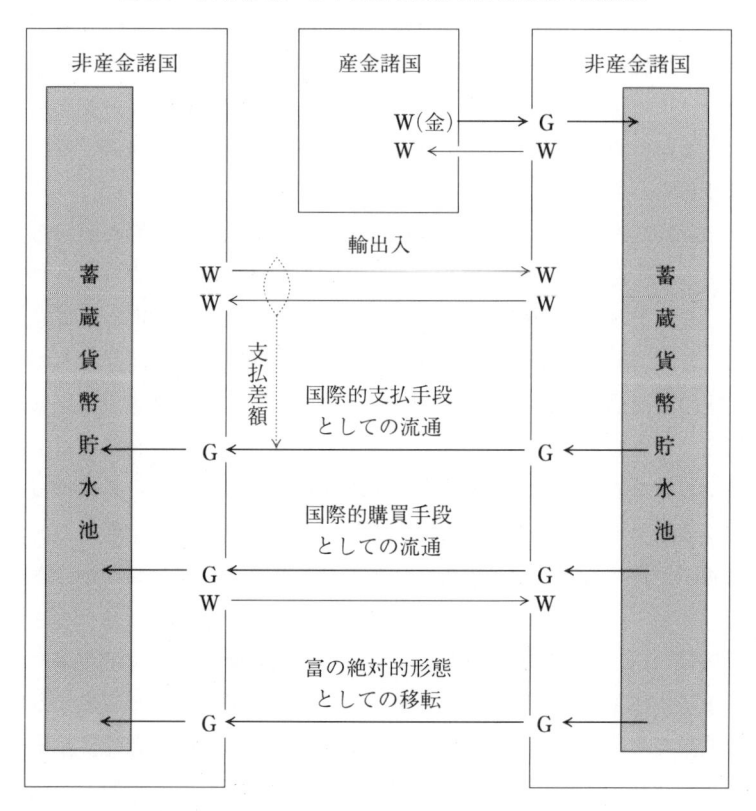

図101　世界市場における金の運動と世界貨幣の諸機能

```
    非産金諸国         産金諸国          非産金諸国
   ┌─────┐     ┌─────────┐     ┌─────┐
   │ 蓄   │     │  W(金) ─→ G ──────→│     │
   │ 蔵   │     │  W   ←── W        │ 蓄  │
   │ 貨   │     └─────────┘         │ 蔵  │
   │ 幣          輸出入               │ 貨  │
   │ 貯   │ W ──────────────→ W      │ 幣  │
   │ 水   │ W ←────────────── W      │ 貯  │
   │ 池   │     支払差額              │ 水  │
   │      │   国際的支払手段          │ 池  │
   │      │   としての流通            │     │
   │      │←─ G ←────────── G ←──────│     │
   │      │                          │     │
   │      │   国際的購買手段          │     │
   │      │   としての流通            │     │
   │      │←─ G ←────────── G ←──────│     │
   │      │ W ──────────────→ W      │     │
   │      │   富の絶対的形態          │     │
   │      │   としての移転            │     │
   │      │←─ G ←────────── G ←──────│     │
   └─────┘                          └─────┘
```

　［**現代の「国際通貨」**］　なお，現代の世界市場では，金ではなくて，ある特定の国の国民的制服を着た貨幣，たとえばドルが通用している。いわゆる**国際通貨**である。このような事態は，世界的な規模での信用システムの発展を前提するのであり，それの理解は，信用システムそのものについての知識だけでなく，国際的な交易の具体的な歴史的発展についての知識を必要とするので，経済原論の範囲を越えるものである。国際経済論や外国為替論などの専門的教科で研究することになる。

(6) 不換制のもとでの貨幣の諸形態

　［**現在のカネの理解には金属貨幣の機能の理解が不可欠である**］　これまで，

金が貨幣であるとして，貨幣の機能を見てきた。しかし，かつて金が地金としても鋳貨としても流通していたことはよく知られていても，われわれが現在，日常的に「貨幣」として意識しているさまざまの種類の「カネ」のなかには，金地金はもちろんのこと，金貨（金鋳貨）も存在しない。それなのに，そのような現にわれわれが見ている「カネ」ではなくて，とうの昔に貨幣でなくなっているように思われる金貨幣について貨幣の機能を考えてきたのはどうしてであろうか。

　それは，現在の各種の「カネ」のすべてが，金が鋳貨としても流通していた〈金属流通〉のもとでの貨幣の諸機能から生まれてきたものであって，それらが生まれて，いまもなお存在し続けている根拠を明らかにするためには，なによりもまず，金属流通のもとでの金の機能を正確に理解しておくことが不可欠だからである。すでに第2～4節で，どのようにして，なぜ，なにによって貨幣が生まれてきたのか，金が貨幣となったのか，ということを見た。本節では，そのようにして生まれてきた貨幣がどのような機能を果たすのかを見ようとしたのだから，当然にも，貨幣となった金についてそれの機能を明らかにすることが必要だったのである。

　そしてまた，これまでの考察のなかでも，すでに補助鋳貨や国家紙幣についてはその発生過程が明らかにされたし，兌換銀行券については，銀行制度を知ったうえではじめて論じることができるものであることも指摘された。小切手やクレジットカードで支払や受取が可能な当座性の預金，小切手やクレジットカードそのものなどは，銀行券と同じく，銀行制度のなかで生まれてくる信用貨幣またはそれの支払を指図するものであって，銀行制度の説明なしには取り上げることができないものである。

　[**不換銀行券の理解には銀行制度についての知識が必要である**] 「カネ」というときわれわれがすぐに思い浮かべる，表面に「日本銀行券」と書かれている千円札や1万円札は，兌換が行なわれなくなった銀行券，つまり**不換銀行券**であるが，これを理解するためには，国家紙幣と兌換銀行券とについての知識が必要である。このあと，国家紙幣の流通とそのもとでのインフレーションについて述べるところで，不換銀行券についても触れるが，不換銀行券が専一的に流通している〈不換制〉については，これもやはり銀行制度を論じたのちに

第1章　商品と貨幣　113

はじめて本格的に考察することができるのである。

　序章の第4節§2で述べたように，社会の経済的構造をその根本から把握しようとするときには，いま目に見えている具体的な諸事象のすべてを一挙に取り上げることはできず，最も本質的で簡単な事象の分析から一歩一歩上（のぼ）っていかなければならない（☞図40）。貨幣についても同様である。貨幣についてのわれわれのこれまでの研究は，すでにわれわれに貨幣に関する最も根本的な知識を与えてくれている。これを基礎にして，資本主義的生産の基本的な仕組みと銀行制度についての研究を進めるなかで，貨幣についてもさらに具体的に知っていくことになる。

§2　流通貨幣量と貨幣貯水池

　[流通貨幣の量]　これまでのところで，商品世界から金が排除されて貨幣となり，すべての商品がこの貨幣で自己の価値を表現し，またすべての商品がこの貨幣に媒介されて全般的に譲渡されて商品流通を形成し，さらに信用売買が行なわれるようになると，金が支払手段としても流通するようになる，ということがわかっている。だから，ある国の国内流通には，多くの現金売買を媒介する流通手段や信用売買の差額を決済する支払手段がたえず流通しているのであり，またそれらに必要な貨幣が存在しているわけである。ここで，これまではまったく触れないできた，国内の流通部面で流通している貨幣の量の問題について見ておくことにしよう。

　いま，ある国内流通において，W_1からW_nまでn個の商品があって，それらがそれぞれq_1からq_nまでの量だけ，$—=G_1$から$—=G_n$までのさまざまの価格で売られるものとしよう。ここで「価格」と言うのは，実際に売買されるときの価格，つまり「決まり値」であって，店先で売り手がつけている「言い値」のことではない。これらの売買がすべて同一の時点で一斉に，したがって並行的に行なわれ，そのためにそれぞれの売買ですべて異なった貨幣片（鋳貨）が支払われるのだとしよう。それぞれの売買には，$—=G_1$から$—=G_n$までのそれぞれの価格が示しているだけの貨幣が必要である。そこで，この**流通に必要な貨幣の量**は，実現されるべき商品価格の総額つまり$\Sigma(—=G\ \times q)$に等しいことになる。この簡単な例が端的に示しているのは，流通貨幣量を最

も根本的に規定するものは商品の価格総額（個々の商品の価格とそれぞれの販売数量との積の総計）だ、ということである。流通する貨幣の量の増減が商品の価格を上げたり下げたりするのではなくて、流通する商品の価格と数量とがその価格を実現するのに必要な貨幣の量を規定するのである。これが、流通する貨幣の量についての最も基本的で、最も重要な法則である（図102）。

図102　並行して行なわれる商品変態を媒介する流通手段の量

$$\text{流通する商品}\begin{cases} W_1 - \boxed{=G_1} \times q_1 \longrightarrow G_1 \times q_1 \\ W_2 - \boxed{=G_2} \times q_2 \longrightarrow G_2 \times q_2 \\ W_3 - \boxed{=G_3} \times q_3 \longrightarrow G_3 \times q_3 \\ \cdots\cdots \quad\quad\quad \cdots\cdots \\ W_n - \boxed{=G_n} \times q_n \longrightarrow G_n \times q_n \end{cases}\text{流通する貨幣}$$

$$\Sigma(-\boxed{=G}\times q) \xrightarrow{\text{規定}} \Sigma(G \times q)$$

商品価格総額　　　　　　　流通貨幣量

　同時に行なわれる並行的な売買では、それぞれの売買に別々の貨幣片が必要であるが、時間的に次々に行なわれる売買では、同じ貨幣片が次々に異なった売買を媒介しながら人手から人手へと渡っていくことが可能である。いま、10円という貨幣片が１日のあいだに３回の取引を媒介するものとしよう（図103）。

図103　継起的な絡みあった商品変態を媒介する流通手段の量

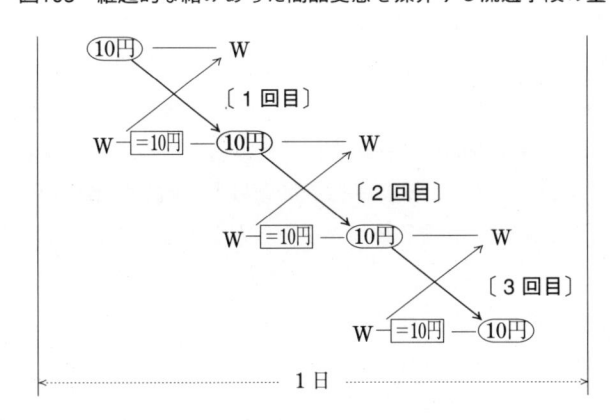

```
      ⑩円 ────→ W
              ╲
              〔１回目〕
W -=10円- ⑩円 ────→ W
                    ╲
                    〔２回目〕
        W -=10円- ⑩円 ────→ W
                            ╲
                            〔３回目〕
              W -=10円- ⑩円
←─────────── １日 ───────────→
```

　ここでは、１日のあいだに１個の10円鋳貨が10円の商品の売買を３回媒介し

ている。つまり，計30円の価格が1個の10円鋳貨によって実現されている。直観的に理解されるように，一定の期間のあいだに1個の貨幣片が実現する価格の総額は，この期間中に貨幣片が価格を実現する回数，つまり**貨幣片の流通回数**に比例する。だから，一定期間のあいだに同じ価格総額を実現するために必要な貨幣片の数は，その期間中の貨幣片の流通回数に反比例する。一定期間における貨幣片の流通回数の増加とは，貨幣片の流通の速さ，つまり**貨幣片の流通速度**が高まることにほかならない。だから，貨幣片の流通速度が高まれば，同じ価格総額を実現するために必要な貨幣の量は減少するのである。そこで，流通貨幣の量は，商品の価格総額に比例し，同一貨幣片の流通速度ないし流通回数に反比例する，ということになる。一定期間における同名の貨幣片の平均流通回数を n で表わせば，次のような規定関係があることは明らかである。ここでも肝心なことは，商品の価格総額が流通貨幣量を規定する最も基本的な要因であって，流通貨幣量が商品の価格を規定するのではない，ということであり，規定関係を示す矢印の方向である。

$$\frac{\text{流通する商品の価格総額}}{\text{貨幣片の平均流通回数}} = \frac{\Sigma(\fbox{=G} \times q)}{n} \xrightarrow{\text{規定}} \text{流通貨幣量 (G)}$$

　さて，流通貨幣の量を考えるのに，いままでは，売買はすべて現金売買であって，貨幣はすべて流通手段として流通するものと仮定してきた。しかし，すでに見たように，信用売買が行なわれるようになると，債権債務の差額を決済するために支払手段としての貨幣が流通するのであって，この支払手段として流通する貨幣も，流通する貨幣の量の一部をなすことになる。信用売買の総額（信用売買での個々の商品の価格とそれぞれの販売数量との積の総計）が同時に清算されるべき債務の総額となるが，このうちで相殺される債務は実際に支払われる必要がない。また，支払手段の場合にも，同じ貨幣片が一定の期間のあいだに繰り返して支払手段として人手から人手に渡っていくことが可能である。そこで，信用売買の決済のために流通する支払手段としての貨幣の量は，次のように決定されることになる。

$$\frac{\text{支払われるべき債務の総額 — 相殺される支払の総額}}{\text{支払手段の流通速度}} \xrightarrow{\text{規定}} \text{支払手段の流通量}$$

　ある国内流通で一定期間に流通する貨幣の量は，流通手段として流通する貨

幣の量と支払手段として流通する貨幣の量との合計であるが，一部の貨幣片は，流通手段として商品の価格を実現したあとで，こんどは債務の決済のために支払手段として流通する，という具合に，この両方の機能で流通するのだから，その部分が二重計算にならないように，上の両者の合計から差し引かなければならない。そこで，**流通手段および支払手段として流通する貨幣の総量**は，最終的に，次の式によって規定されることになる。

$$\frac{実現されるべき商品価格総額}{流通手段の流通速度} + \frac{支払われるべき債務総額 - 相殺される支払総額}{支払手段の流通速度}$$

$$- 流通手段および支払手段の両方の機能で流通する貨幣片の合計額$$

$$\xrightarrow{規定} 流通貨幣量（流通手段および支払手段として流通する貨幣の量）$$

この規定関係を**流通貨幣量の法則**と言う。なお，流通手段として流通する貨幣をも支払手段として流通する貨幣をも含む，流通する貨幣のすべてを「流通手段」と呼ぶことがある。この場合には，流通手段という言葉は広義で用いられているのであって，〈広義の流通手段＝本来の流通手段＋流通する支払手段〉ということになる。

　　［**流通貨幣の本源的形成**］　ある国内流通部面で商品流通に必要な量の貨幣が流通しているとき，それだけの量の貨幣は，いったいどのようにしてそこに存在するようになったのであろうか。貨幣商品である金は，もともとは，金の生産源で労働生産物として生産されたものであって，それが流通部面にはいってくるのである。すでに世界貨幣のところで触れたように，もし金鉱をまったくもたない非産金国であれば，その国で流通する金は，すべて産金国の金生産者が生産した金が——直接に産金国との交易によってか，あるいは間接に，すでに産金国から金を入手している非産金国との交易によってか——国境を越えてはいってきたものであるほかはない。自国のなかに金鉱があれば，そこで金生産者が生産した金が流通貨幣になる。それはどのようにしてであろうか。世界貨幣のところで簡単に示唆したように，金生産者は，自分の労働生産物を他の諸商品と交換する。この交換は，彼から見れば自分の商品である金と他の諸商品との直接的な生産物交換であるが，彼に諸商品を引き渡す商品所持者たちから見れば自分の商品の販売である。ここでは，**購買のない販売**という独自な取引が行なわれ，その結果，商品として登場した金が，実現された価格となり，

それ以降は貨幣として流通することになるのである。このように，流通部面にはいわば一つの穴ないし入口が開いていて，そこから商品として金がはいってくるのであり，しかもはいったとたんに貨幣になるのである（図104）。

図104　金の生産源から流通部面への金の流入

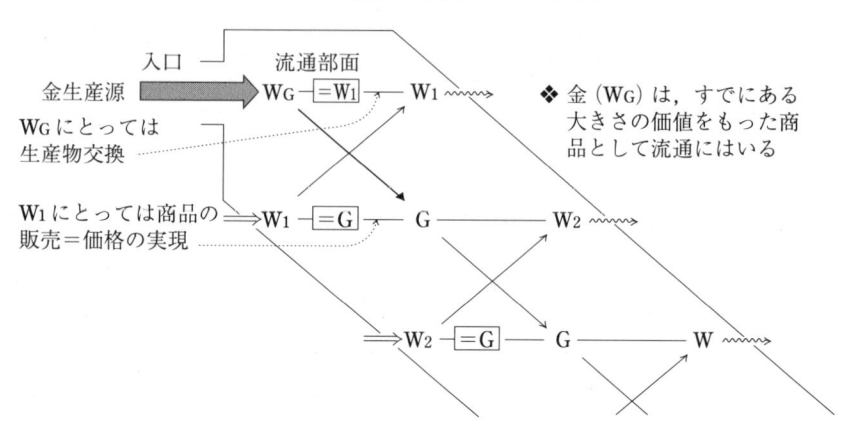

```
                入口      流通部面
  金生産源   ━━━━━▶   W_G ─=W_1─▶ W_1 ～～▶    ❖ 金 (W_G) は，すでにある
                                                  大きさの価値をもった商
  W_G にとっては                                   品として流通にはいる
  生産物交換
                       ⟹ W_1 ─=G─▶ G ──▶ W_2 ～～▶
  W_1 にとっては商品の
  販売＝価格の実現
                              ⟹ W_2 ─=G─▶ G ──▶ W ～～▶
```

[流通貨幣と鋳貨準備]　商品の変態は W—G—W であるが，商品が第1の変態である W—G あるいは販売によって貨幣に転化してから，次に貨幣形態で第2の変態である G—W あるいは購買にはいるまでのあいだ，長かれ短かれ，ある期間のあいだ休止する。売り手が自分の商品を貨幣に転化したのち，この貨幣で自分の欲求を充たすさまざまの商品を買うときには，これらの購買が同時に行なわれえないことを考えてみても，この休止期間は次に行なわれる購買のための準備をしている期間であることがわかる。このような休止状態にある貨幣を**鋳貨準備**と言う。鋳貨準備の形態にある貨幣は，一時の休息ののち，まもなく再び他商品に転化しようとしている商品がとっている瞬過的な貨幣形態である。それは，W—G あるいは販売の結果である G が，流通を中断して流通部面の外で不動化して蓄蔵貨幣となっている本来の貨幣とははっきりと区別しなければならない（図105）。

ところで，流通している貨幣はいったいどこにあるのであろうか。購買手段としての G が買い手の手から売り手の手に移行するあいだの時間は，ほとんど無視できるほどのわずかの時間である。かりにこの移行が瞬間のうちに行なわれるので，時間としてはゼロであると考えてみよう。すると，流通している

図105 鋳貨準備と蓄蔵貨幣

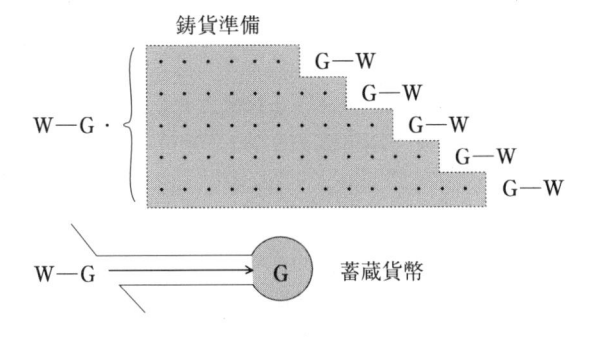

```
         鋳貨準備
       ・・・・・・  G—W
       ・・・・・・・ G—W
W—G {  ・・・・・・・・ G—W
       ・・・・・・・・・ G—W
       ・・・・・・・・・・ G—W

  W—G ──→ ( G )  蓄蔵貨幣
```

　貨幣というのは，結局のところ，つねに誰かの手のなかで鋳貨準備の形態にあり，それがある瞬間に買い手の手から売り手の手に移行しているのだということになる。つまり，鋳貨準備というのは，**流通貨幣**を，それが誰かの手のなかにとどまっているという観点から見たものであって，その実体は流通貨幣と同じものなのである（図106）。

図106　流通貨幣と鋳貨準備とは同じものを別の視点から見たものである

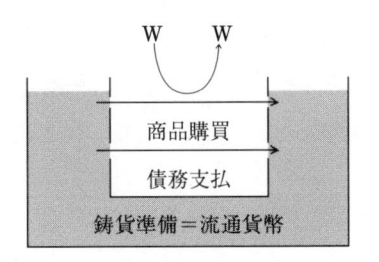

```
        W   W
         ⤻
    ┌─────────┐
    │ 商品購買 │
    │ 債務支払 │
    │鋳貨準備＝流通貨幣│
    └─────────┘
```

　要するに，流通貨幣とは，購買のために財布やレジスターや金庫などのなかに一時的にはいっている貨幣の総体なのである。さらに，鋳貨準備には，債務者が，支払手段として支払うことを予定して，それまで一時的に休止させている貨幣も同様に含まれるのである。

　[**流通貨幣量の増減と蓄蔵貨幣貯水池**]　流通貨幣量は，商品の価格水準の変動，現金あるいは信用で売買される商品量の変化，貨幣の流通速度の変化などによって，刻々変化しているものである。それでは，たえず変化しなければならない流通貨幣量は，どのようにして増減することができるのであろうか。そ

れの量の調節は、どのようにして行なわれているのであろうか。

なによりもまず、それは、貨幣蓄蔵が形成する貯水池によって行なわれる。流通貨幣が蓄蔵貨幣に転化することによって、流通貨幣が減少し、蓄蔵貨幣貯水池の水位を上げる。蓄蔵貨幣が再び流通貨幣に転化することによって、流通貨幣が増加し、**蓄蔵貨幣貯水池**の水位を下げる。このような貯水池の流出入の運動によって流通貨幣の量はたえず調節されているのである（図107）。

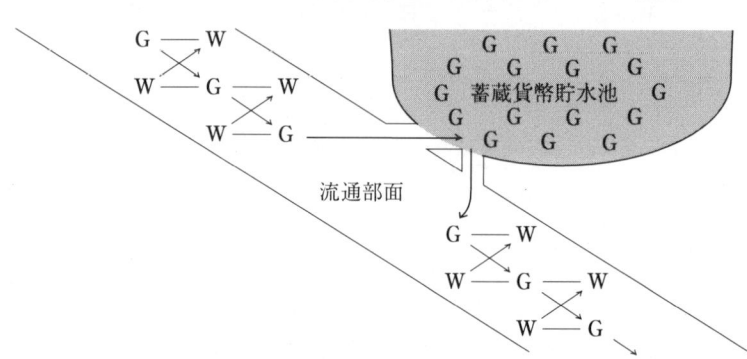

図107　流通界から蓄蔵貨幣貯水池への流出とそこからの流入

さらに、自国または外国の金の生産源から（または一般に外国から）金が流通にはいってくることによって、流通貨幣または蓄蔵貨幣が増大することができる。他方、金が外国に流出することによって、流通貨幣または蓄蔵貨幣が減少することができる。

こうして、流通貨幣量はつねに、流通の必要に適合することができるのである（図108）。

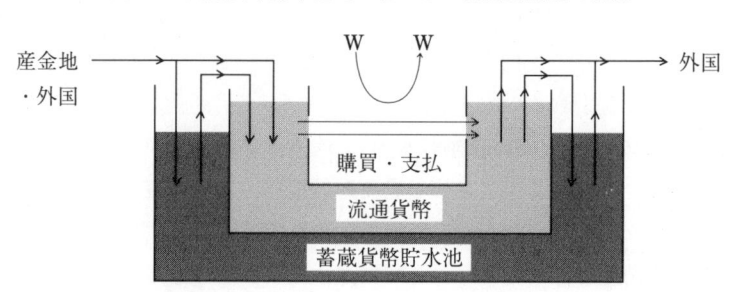

図108　蓄蔵貨幣貯水池その他による流通貨幣量の調節

なお，補助鋳貨は蓄蔵貨幣となることができないので，つねに流通貨幣の状態で存在することになる。だから，補助鋳貨はいわば流通貨幣の底に溜まっているのであるが，しかしそれには，本来の貨幣になれないように法貨としての通用限度，つまり**通用最高限度**が設けられていて，それが必要とされる流通部面で部分的に流通しているだけなので，すべての流通貨幣が補助鋳貨によって占められることはない。流通貨幣量の調節は本来の貨幣，本位貨幣の出入りによって調節されるのである。

　[**国家紙幣の流通**]　すでに見たように，流通過程は，ほとんど無価値の紙券でさえも，金の一定量を象徴的に表わすものとして流通させることを許す。そこで国家が，強制通用力をもつ**国家紙幣**を発行するようになる。

　国家紙幣が流通できるのは，それが，価値の瞬過的な自立的形態である，W—G と G—W とのあいだの G を代表するかぎりででしかない。それはけっして蓄蔵貨幣となることはできない。しかもそれは，なんらかの方法で国家が強力的に吸い上げて破棄するといった，ほとんど生じえない例外的な方法による以外に，流通界から出る出口をもっていないのである。だから，国家紙幣は，発行されていったん流通界にはいると，そこにとどまらざるをえない（図109）。

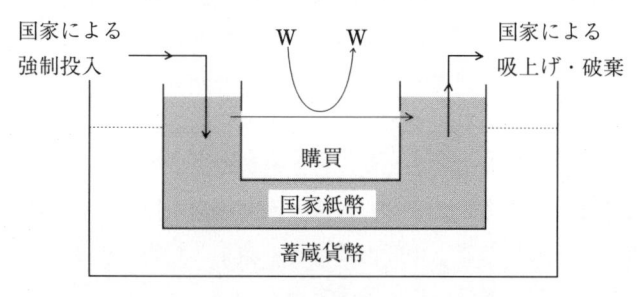

図109　国家紙幣には流通界からの出口がほとんどない

　しかし，国家紙幣の発行高が，〈**流通必要金量**〉の範囲内に，すなわち，もし金が流通していたならそれが流通貨幣として流通のなかになければならないはずの量の範囲内にあるかぎりは，国家紙幣のすべてが流通界のなかにとどまり続けても，それらは金の象徴，金の章標として，問題なく流通し続けることができる。紙幣の発行高が流通必要金量の範囲のなかになければならない，と

いうのは，紙幣が金章標としての機能を果たすことができるための，流通紙幣量の限度なのである。

ところで，どの国の流通でも，たえず増減している流通貨幣量がそれ以下にはけっして下がらないという，経験的に把握できる水準がある。これを**最低流通必要貨幣量**と言う。国家が紙幣の発行高をこの最低流通必要貨幣量の範囲内にとどめているかぎり，流通紙幣量は流通必要金量を超えることはないから，たえず流通界にとどまっている紙幣は**金章標**として流通することができ，流通貨幣量の調節は，国家紙幣と並んで流通している金鋳貨の出入りによって行なわれるのである（図110）。

図110　流通貨幣量の変動と最低流通必要貨幣量

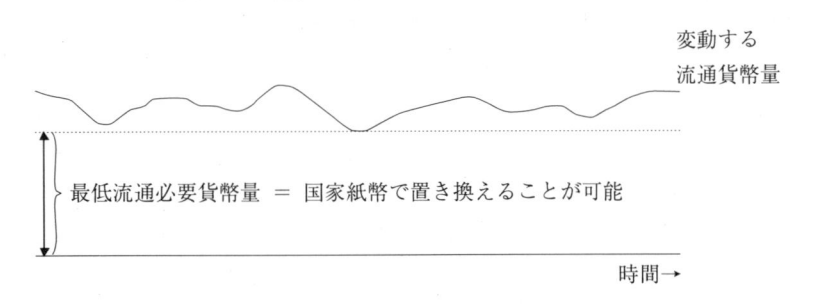

（図：変動する流通貨幣量のグラフ。最低流通必要貨幣量 ＝ 国家紙幣で置き換えることが可能。横軸は時間→）

[**インフレーション**]　ところが，国家は，輪転機で簡単に印刷した無価値な紙幣を流通界に投入して，それと引き換えに抽象的人間的労働の対象化である価値をもった諸商品を流通界から引き揚げることができるので，この紙幣流通の限度を無視して紙幣の発行を続けることがありうる。その結果として，発行された国家紙幣の表わしている貨幣総額が最低流通必要貨幣量を超えてしまう事態が生じることになる。つまり，国家が商品流通の外部から，流通紙幣量にその限度を突破させてしまうのである。その結果として生じるのが，**インフレーション**という独自な種類の物価騰貴である。

国家による紙幣の発行は，国家が紙幣で商品所持者から諸商品を買う，という形態で行なわれるが，この取引の実態は，国家から見れば，自分の無価値な紙切れと，その紙切れに書かれた金量の価格をもった商品との「交換」，正確にはその商品がもつ価値額をただで取り上げることである。しかし，諸商品の売り手から見れば，国家から受け取る紙幣は，流通界ですでに流通している，

金章標としての紙幣とまったく同じものであるから，この取引は彼の商品の価格の実現であり，商品の販売である。だから，国家から諸商品の売り手の手に渡ったとたんに，紙幣は，それまでにすでに流通しているどの紙幣ともまったく同じものとして，流通紙幣量の一部となってしまうのである。このようにして増大した流通紙幣量がそれの限度を突破し，流通紙幣の表わす金量の総額が流通必要金量を超過してしまうと，流通紙幣量の限度が反作用を引き起こさないではいない。すなわち，膨れ上がった流通紙幣の総量を流通必要金量に無理やりに等置させる過程が生じるのである。それは要するに，それぞれの紙幣が背負っている額面の貨幣名が，これまでそれが代表していた金量よりも少ない金量しか代表しないようになることによって，流通紙幣の総量が代表する金量を，流通必要金量と同じところにまで圧縮する，という過程である。それぞれの紙幣が代表する金量は，通俗的に「紙幣の価値」と呼ばれるので，この代表金量の減少は「**紙幣の減価**」と呼ばれる。そして紙幣の減価が生じると，商品の価格が一般的に上昇することになる。

　たとえば，円が金 750mg の貨幣名であるとき，流通必要金量が 75t であったとしよう。この金量は貨幣名で言えば 1 億円である。そしてこれまで，1 円の紙幣がその目一杯の 1 億枚流通しており，すでにまったく金貨は流通していないものとしよう。それでも，流通紙幣量はぎりぎり限度内にあるから，それぞれの紙幣が金 750mg を代理して流通することができている。

　さて，ここで国家が 1 円紙幣，つまり 1 円と印刷された無価値な紙切れを 1 億枚だけ投入して 1 億円の価格をもった商品を流通界から取り上げたとしよう。流通する紙幣は 2 億枚に増え，それが背負っている貨幣名は総額 2 億円になる。これまでの貨幣名で言えば 1 億円の流通必要金量と比べれば，1 億円の限度超過であり，この超過分は，国家による価値の一方的取り上げを表現している。しかしながら，流通紙幣の 2 億枚のあいだにはまったくなんの違いもない。そこで，この 2 億円の流通紙幣の全体が 75t の流通必要金量に無理やりに等置させられる過程が生じることになる。それはつまり，1 円紙幣の代表する金量がこれまでの 750mg からその半分の 375mg に減少するという過程である。この過程が完了すれば，1 円紙幣 2 億枚が背負っている貨幣名の総額 2 億円が代表する金量は 75t に圧縮されていることになる。しかし，これによって，円が表

わす金量も，かつての750mgから375mgに半減してしまった。その結果，たとえばそれ以前には ─＝1円 という価格で750mgの金を表象していた商品は，同量の金を表わすためには ─＝2円 という価格をつけなければならなくなる。すべての商品が同じ事情にあるのだから，遅かれ早かれ，物価が2倍に騰貴しないではいない。これは，円＝金750mgという度量標準の法的規定を円＝金375mgに変更したのと同じ効果をもたらすのである。だから，「事実上の価格の度量標準の切り下げ」による物価騰貴だという捉え方も生じるのである。

ただ，注意しなければならないのは，こうした物価騰貴は，第1に，国家が1億円を新たに投入することがわかってから最終的に物価が2倍になるまでには，諸商品への需要の増大をともなうきわめて複雑な波及過程を経るのであって，すべての商品価格が一斉に上がるのではないということであり，第2に，その価格の上昇率も商品によってきわめてまちまちなのであって，その意味でも法定の価格の度量標準の変更の場合と同一視することはできない，ということである。

このようにして生じる物価騰貴，すなわち一言で言えば，紙幣減価による物価騰貴がインフレーションと呼ばれるものである。

さて，われわれが今日見る物価騰貴の典型的なものはインフレーションである。そのかぎりでは，国家紙幣の流通という前提のもとで説明してきた〈紙幣減価による物価騰貴〉というインフレーションの本質は変わるものではない。しかし，現代の紙幣は，単なる国家紙幣ではなくて，多かれ少なかれ国家的な性格をもつ中央銀行が発行する不換銀行券である。紙幣減価による物価騰貴という性格は共通でも，不換銀行券は，兌換されないにしても銀行券であって，その発行は貸出という仕方をとるのであって，いずれは返済される，ということ一つをとっても，たんなる国家紙幣のもとでのインフレーションとは，多くの点で異なった特徴をもつことになる。しかし，これらのことは，資本主義的生産の仕組みと銀行制度の概要とについての知識なしには理解できないものである。

第2章　資本と剰余価値

第1節　価値増殖過程

§1　資本の謎

[**資本についての常識的イメージを，これまでの知識で整理する**]　これまでに商品と貨幣とについて基礎的な知識を得ることができたので，これからいよいよ資本の分析にはいる。ここでまずしなければならないのは，〈資本〉という事象についての常識的イメージを，商品と貨幣とについてわれわれがこれまで得た認識にもとづいて整理し，これまでのわれわれの知識だけでは理解できない謎をつかみだし，その謎を解くことである。

[**資本としての貨幣の運動形態：価値の増殖**]　資本とは，商品の流通とはまったく対照的な運動をしている貨幣である。

単純な商品流通はW—G—Wであり，この過程の目的は，特定の使用価値を入手することである（図111）。

図111　単純な商品流通：W−G−W

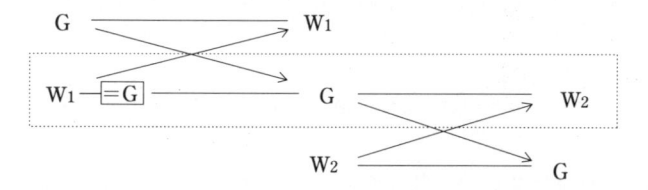

これにたいして，資本とは，次のような運動をしている貨幣である（図112）。

図112　資本としての貨幣の流通形態：G−W−G

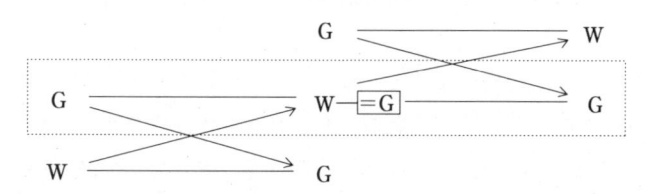

ここでは出発点と終結点とがともに貨幣である。この過程が意味をもつことができるとすれば、それはただ、最後のGが最初のGよりも大きいという場合だけである。そして実際、人びとは、出発したときよりも大きな量となって戻る、という運動をしている貨幣のことを「資本」と呼んでいるのである。ここでのGの増大は、とりもなおさず、価値が増大するということにほかならない。つまり、この過程の目的は価値の増殖なのである。**資本**とは、このような運動をするなかで、自己増殖する価値である。

増大した貨幣をG′で表わせば、資本の運動形態はG—W—G′である。G—W—G′は資本の一般的な運動形態であり、**資本の一般的定式**と呼ばれる（図113）。

図113 資本の一般的定式：G—W—G′

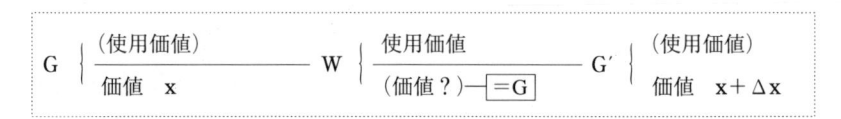

G	(使用価値)	W	使用価値	G′	(使用価値)
	価値 x		(価値？)—=G		価値 x+Δx

[**資本の謎：価値の増加分はどこから生じるのか**] 価値どおりの売買を前提すれば、購買G—Wにおいても、販売W—Gにおいても価値の増減はありえない。それでは、どのようにしてGの増加分（ΔG：デルタG）が生じるのであろうか（図114）。これが、いま解かれなければならない謎、すなわち**資本の謎**である。

図114 資本の謎：価値の増加分はどこから出てくるのか？

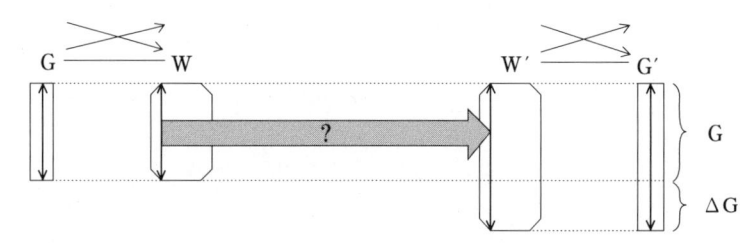

実際の売買では、価格が価値と一致していない場合がほとんどである。しかし、価値から乖離した価格で売買が行なわれるとき、売り手か買い手の一方から他方にその差額だけの価値が移転するだけで、売り手が商品形態でもってい

た価値額と買い手が貨幣形態でもっていた価値額との合計は，売買の前後でまったく変わらない。つまり一方の得は他方の損でしかない。社会全体をとってみれば，商品の売買がどんなに価値から乖離した価格で行なわれたとしても，そのことによって社会にある価値の総額が増加することはありえない。ところが，誰でも知っているように，資本主義社会では，資本はたえず増殖し，資本の形態をとっている社会の富はたえず増大している。資本のこの増殖は，商品の価格が価値から乖離しようとしまいとそれにかかわりがないはずである。だから，すべての売買が価値どおりに行なわれるとしても，なお，どこかでなんらかの過程を経て価値が増大しているのでなければならない。だから，資本はどのようにして増大しているのか，ということを明らかにするときには，つまり資本の謎を解くときには，商品はすべて価値どおりに売買されるものと前提して考えていけばいいし，またそうしなければならないのである。

§2 謎を解くカギ：商品としての労働力の使用価値と価値

[価値を生み出すという使用価値をもつ商品がなければならない] G—W—Gの過程のなかで価値量の変化が生じることができるのは，G—Wの結果としての商品Wを消費すると，この消費によって価値が生まれ，しかも新たに生まれたこの価値の量が，消費された商品のもっていた価値の量よりも大きいという，そのような特別な商品がある場合だけである（図115）。

図115　価値量の変化が生じうる唯一の可能性

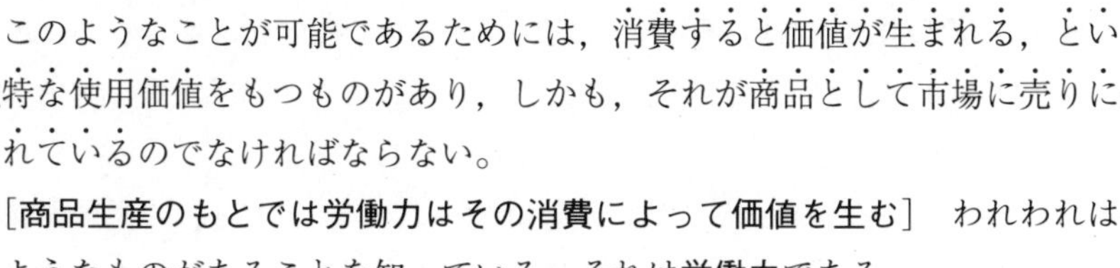

G ——— W　　　　　　　W ——— G
（使用価値）　使用価値　　　　使用価値　　　　（使用価値）
価値　x ——（価値　x）　　（価値　x+Δx）=====価値　x+Δx

価値量変化の可能性はここにしかない！　消費

このようなことが可能であるためには，消費すると価値が生まれる，という独特な使用価値をもつものがあり，しかも，それが商品として市場に売りに出されているのでなければならない。

[商品生産のもとでは労働力はその消費によって価値を生む]　われわれはそのようなものがあることを知っている。それは**労働力**である。

労働力の消費とは，労働力を発揮させること，つまり労働である。そしてその労働は，具体的労働と抽象的労働という二つの側面をもっている（☞図14）。

　具体的労働は，生産手段の価値を生産物のなかに移転させるが，ここでは価値変化はまったく生じない。これにたいして抽象的労働は，生産物のなかに対象化して新価値となる。つまり，生産物が商品になるときには，抽象的労働は新たに価値を生む（☞図58）。

　だから商品生産のもとでは，労働力は，それの消費である労働が抽象的労働の側面で新たな価値を生むという性質をもっているのであり，したがってまさに，消費すると価値が生まれる，という独特の使用価値をもっているのである（図116）。

　　　図116　労働力はそれの消費＝労働によって価値を生む

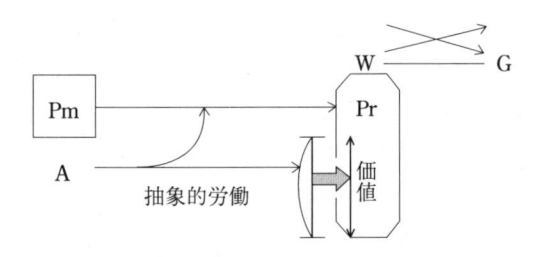

［**資本主義社会では，労働力が商品として売買されている**］　じつは，「労働市場」と呼ばれている市場では，労働力が商品として売買されている（図117）。

　労働力の販売は，奴隷のように労働力が他人によって身体ごと売り切りにされるのではなく，売り手である賃労働者が買い手である資本家に，自分の労働力を時間極めで売る，という取引である。

［**労働力が売買されるための二つの条件**］　労働力が売買されるためには，二つの条件が充たされていなければならない。

　第1に，労働力の所有者が人格的に自由（free）でなければならない。第2に，労働力の所有者が，労働諸条件を，したがってまた生活手段を，あるいはそれらを買える貨幣を，もっていないのでなければならない。つまり，生産手段から遊離している（free[1]）のでなければならない。要するに，労働力が商品として売買されるためには，**二重の意味で自由な労働者**が存在しなければな

図117 資本主義社会では，労働市場で労働力が商品として売買されている

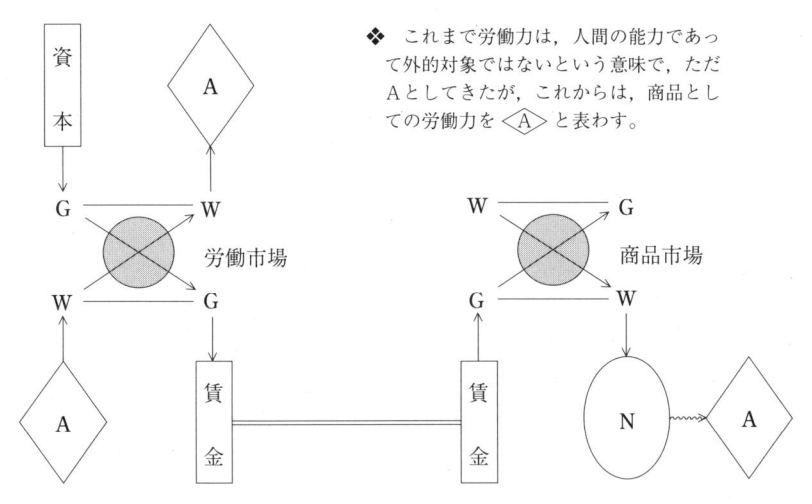

❖ これまで労働力は，人間の能力であって外的対象ではないという意味で，ただAとしてきたが，これからは，商品としての労働力を ⟨A⟩ と表わす。

❖ N = 必須生活手段（労働力を再生産するために不可欠な生活手段）

らないのである。

§3　労働力の売買

［**労働力は時間極めで売られる**］　労働力の売り手と買い手との関係は，対等な人格である労働力の所有者と貨幣の所有者との関係である。労働力の所有者が労働力を自分の所有物として売ることができるためには，彼は労働力を時間極めで売るのでなければならない。

［**時間極めの売買という形態はありふれたものである**］　時間極めでの売買というのは，ありふれたものである。それは「**賃貸借**（ちんたいしゃく）」と呼ばれている[2]。この取引の特徴は，特殊な形態での売買だということである。売り手は，一定の時間を限って，自分の商品を買い手に自由に使わせ，したがって商品をその時間のあいだ手放すが，商品そのものにたいする所有権は譲渡しない。レンタル，リース，チャーターなどはすべて時間極めでの販売に属する。

---

1) freeという語が「ない」という意味で使われることは，たとえば，「バリアフリー」という語の意味を考えてみるとよくわかる。

時間極めでの販売では，商品が委ねられていた時間について代金が支払われる。この代金である**レント**（賃貸料）はどのようにして決まるのか[3]。

　ある機械が月極めで売られるとしよう。この機械の1ヵ月のレントは，次のような計算を基準にして決められる。

　その機械の価格総額が12億円であるとしよう。そして，その機械の耐久期間が10年（すなわち120ヵ月）であり，この期間が同時に賃貸できる期間であるとしよう。この場合には，機械の1ヵ月の賃貸価格（レント）は，120ヵ月分で12億円となるような額でなければならない。すなわち，12億円÷120＝1000万円　である（図118）。ここで，賃貸される商品の「価格」が表現しているのはもちろんそれの価値である。

　この計算のなかで決定的に重要なのは，はじめに，機械の決まった総価値（総価格）と決まった耐久期間（販売期間）とがあり，それにもとづいてはじめて，単位となる期間のレント（賃貸価格）が算定されるのであって，この機械が1ヵ月のあいだに借り手（買い手）にとってどれだけの役立ちをしたのか，借り手がそれをどのように使用したのかということによって，つまりそれの

2）「賃貸借」というこの言葉だけから考えると，この取引は，貨幣の貸付・借受と同様の「貸し借り」のように思われる。じっさい，「一定の時間を限って，自分の商品を買い手に自由に使わせ，したがって商品をその時間のあいだ手放すが，商品そのものにたいする所有権は譲渡しない」という法的形式だけをとってみれば，まったく同一だと言える。しかしのちに第3篇第5章第1節§1で見るように，経済学的には，貨幣の貸し借りは賃貸借とはまったく異なった性質をもっているのであって，賃貸借が貨幣貸借の一つの形態なのではなく，逆に貨幣貸借のほうが，賃貸借と同様の仕方で商品の売買という形態をとっている。資本主義的生産では，当事者間のありとあらゆる取引が，私的所有者間の商品の売買という形態をとらないではいないのである。

3）実際の取引では，とくに長期の賃貸の場合，賃貸はふつう貨幣貸付と結合しているので，貨幣貸付にかかわる利子がレントの計算にはいってくるが，賃貸の形態を純粋に捉えるためには，貨幣貸付とそれへの利子とを度外視しなければならない。たとえば，貨幣貸付と結びついた1億円の商品の賃貸があって，レントに利子もはいっているとき，それから貨幣貸付の側面を度外視し，したがってまた利子を度外視すると，1億円の商品の時間極めでの販売とそれへのレントが残る。そうすることによってはじめて，この独自な販売の形態が純粋なかたちで浮かび上がってくる。賃貸借がどういうものであるかは，貨幣貸付との結びつきを断ち切ったときにはっきりと見えてくるのである。

図118　時間極めで販売される商品の時間当たりの価格の決まり方

月当たり賃貸価格

1000万円

総価格＝12億円

12億円 / 120ヵ月

0　　　　　　　　　　　　　　　　10年　耐久期間

「効用」によってレントが決まるのではない，ということである４）。

　労働力という商品の場合にも，まずこの商品の総価値とそれの耐久期間（販売期間）とがあり，それにもとづいて単位期間の「レント」が決まる。レントに当たるのが日賃金，週賃金，月給，年俸などである。

　[労働力の販売のさいの単位時間は，なによりもまず１日である]　生きた身体をもつ労働する諸個人は，毎日休息と睡眠を必要とするから，労働力の時間極めでの販売は，正常な場合，資本のもとで毎日一定時間に限って労働する，という形態で行なわれる。だから，労働力の時間極めでの販売のさいの単位となる時間（time）として時間（hour）や週や月をとってもいいように思われるが，それはなによりもまず日（day）なのである。このような単位としての１日の労働量が，またこの労働量を時間（hour）で表現したものが，イギリスでは「労働日（working day）」と呼ばれてきた。労働日とは，労働者が資本家のもとで行なう１日の労働，またはその労働時間（hour）のことである。契約の単位が週や月である場合にも，つねにこの日極めが計算の基礎となるのである５）。

　４）このことは，たとえば，１軒の家を賃借りしたとき，契約後になんらかの理由で１ヵ月入居が遅れて，その家をまったく使わなかったとしても，その１ヵ月についての家賃を支払わなければならないことを考えればわかる。月極めの家賃は，１ヵ月のあいだそれを使うことができることにたいする支払であって，家が借り手にもたらす「効用」にたいする支払ではないのである。

　５）実際の賃金支払にいわゆる「時給計算」が行なわれるが，この計算が行なわれる理由とその仕組みとについては，のちに第６章で労賃について述べる。ここでは，「時給」がどれだけであろうと労働者は１日の賃金で１日生きていくことができなければならないし，時給形態で１日分の賃金を受け取っている労働者も現にそれによって毎日生きているのだ，ということを押さえておけばよい。

第２章　資本と剰余価値　131

[労働力の価値は労働力の社会的な再生産費によって規定される]　労働力という商品の価値はなにによって規定されるのであろうか。

　商品である**労働力の価値**は，それを生産するための社会的必要労働時間によって規定される。しかし，労働力は諸個人の消費過程での生活手段の消費によって生産・再生産されるのだから，労働力を生産するのに社会的に必要な労働時間とは，必須生活手段つまり労働力の再生産に不可欠な生活手段を生産するのに社会的に必要な労働時間に帰着する。

　必須生活手段にはいるのは，まず，①［**生活費**］労働者を，正常な生活状態にある労働する個人として維持するのに不可欠な生活手段，および，②［**家族費**］消耗と死とによって市場から消えていく労働力を補充する新たな労働力の所有者，すなわち労働者の子供を育てるための生活手段である。これらに加えて，労働力の生産には多かれ少なかれ，③［**修業費**］一定の労働部門で技能と熟練とを体得して発達した独自な労働力にまで育成するために費やされる諸物が必要である。これらを生産するために社会的に必要な労働時間が労働力の価値を規定する。これは労働力の再生産費である。(「……費」というのは「……のための費用」の簡略化した表現である。)

　[労働力の総価値は労働者の一生の再生産費である]　それでは，労働力の場合，レントの算定基礎であった機械の総価値にあたる総価値とはなにか。それは，労働者が労働力の自立した売り手となってから死ぬまでの費用，すなわち労働者が，親の家計から独立したのち死ぬまでのあいだ，労働する個人として正常な状態で一生を送るのに必要な再生産費の総額であり，要するに**労働力の総価値**である（図119）。

　労働力の総価値は，労働者が労働力を売るようになってから，社会的に正常なライフサイクルを描いて一生涯を送るのに社会的に不可欠な生活手段の総価値である。ここで「正常な」というのは，当該の社会のなかで，労働する個人として肉体的・精神的に健全かつ安定した生涯を送ることができる，という観点から見てノーマルな，という意味である。それは，たとえば『国民生活白書』のなかにあげられている「生涯支出」の計算の仕方に反映している。

　[労働力の日価値は労働力の総価値と販売日数とによって決まる]　労働日を単位とする時間極めでの労働力の販売価格を規定するのが，労働力の1日当た

図119　労働力の総価値

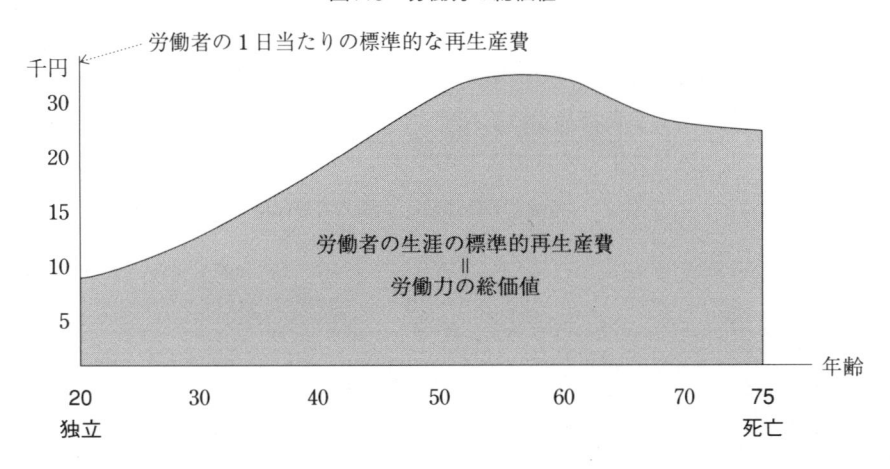

労働者の1日当たりの標準的な再生産費

労働者の生涯の標準的再生産費
＝
労働力の総価値

20 独立 ／ 75 死亡

りの価値，つまり**労働力の日価値**である。労働力の日価値は，労働力の総価値を労働力の販売日数で除したものである。労働力の販売日数とは，労働者が一生のあいだに労働力を売ることができる社会的に平均的な日数である。

$$\frac{労働力の総価値}{労働力販売年数 \times 年間労働日数} \Longrightarrow 労働力の日価値$$

資本家と労働者との契約は，労働者が1労働日を提供し，資本家が労働力の日価値だけの価値額（貨幣）を支払う，という形態をとるのである（図120）。

図120　労働力の日価値は，それの総価値と販売日数とによって決まる

労働力の日価値

労働力の総価値

就労　　　　　退役　　労働力の販売日数

労働者が労働力の販売によって生涯のあいだに実際に入手する貨幣額の総額が「生涯賃金」と呼ばれ，これが彼の「生涯収入」を形成する。ごく普通に行

第2章　資本と剰余価値

なわれている，労働者が「生涯賃金」によって得た「生涯収入」で「生涯支出」をまかなっている，という計算は，労働力の総再生産費が労働力の総価値であり，これが労働力の時間極めでの販売の価格である賃金を規定している，という本質的な事実をよく表わしている．

労働力の総価値と労働力の日価値との関係は次のように図示できる（図121）．

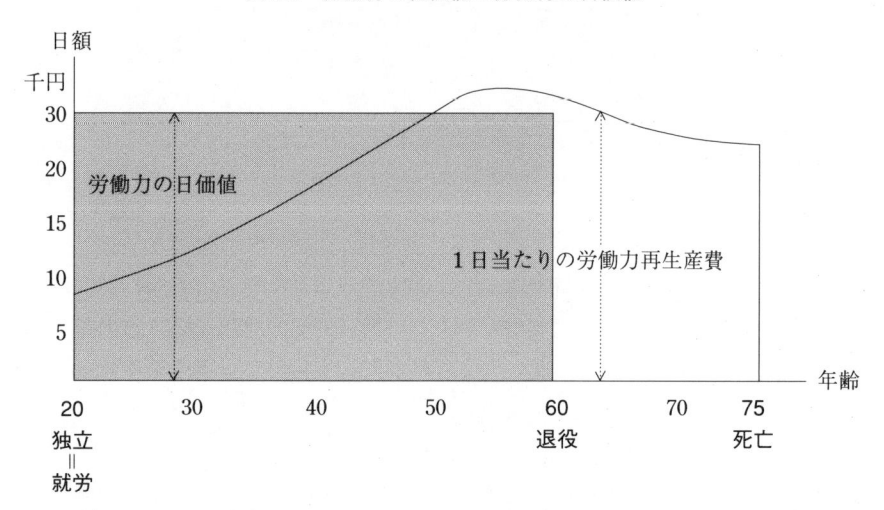

図121　労働力の総価値と労働力の日価値

簡単化して，労働者は平均的に，20歳で労働力を売り始め，60歳で現役を退くとしよう．労働者が必要とする費用は，最初独身で働き始めた頃から，結婚し，子供が次々に生まれ，その子供たちが学歴を重ねていくに従って増えていく．そしてたとえば50歳前半ごろに最大になり，子供たちが独立していくに従って次第に減少していくが，労働力を売るのをやめた定年後も，夫婦がともに亡くなる，たとえば75歳までは二人の生活費が必要である．このように55年間にわたる社会的に標準的な「ライフ・サイクル」を描き，それに必要な社会的に平均的な費用の総計（いわゆる「生涯支出」はこれの通俗的な表現である）を計算すれば，労働力の総価値を概算したことになる（20歳未満の子供時代の費用は，親の家族費に含まれる）．労働者はこの総価値を，この設例では，20歳から60歳までの40年間，毎日労働力を売り，その対価の総計（これが「生涯賃金」＝「生涯収入」である）によってまかなわなければならない．だから，

総価値を，この40年間に労働力を売ることができる日数で除したものが労働力の日価値となるのである。

　[労働力の再生産費とは必須労働時間にほかならない]　序章第3節§2で見たように，どのような社会でも労働力の再生産にはある量と範囲の生活手段が不可欠であって，この必須生活手段（労働ファンド）を生産するための労働（抽象的労働）は必須労働（時間）である（☞図24）。だから，労働力の価値を規定する労働力の再生産費とは，じつは，あらゆる社会に共通な，労働力の再生産のための必須労働（時間）のことなのである。労働力の価値とは，あらゆる社会に共通な労働力の再生産のために不可欠の必須労働（時間）が，人間の能力である労働力が商品として売買されるときだけにとる，まったく独自の物象的な形態である（図122）。

　　　　図122　労働力の再生産費が労働力の価値を規定する

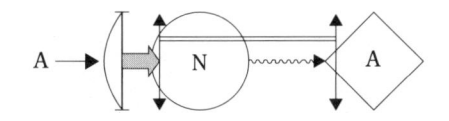

§4　価値増殖過程の秘密

　[労働力の日価値と1労働日が生み出す価値量とは異なる]　労働力の日価値は必須労働時間によって規定されるが，労働力が1日に生み出す価値は労働者の1日の労働時間によって規定される。両者のあいだには必然的な関係はまったくない。労働力の毎日の維持費と毎日の労働力支出とは，二つのまったく違う量である（図123）。

　[剰余価値＝1日の労働が生む価値−労働力の日価値]　序章第3節§2で見たように，労働（時間）のうち必須労働（時間）を超えて行なわれる労働（時間）部分が**剰余労働**（時間）であり，この剰余労働によって生産された生産物が**剰余生産物**である。剰余生産物は，どんな社会でも多かれ少なかれ生産されなければならない（☞図25，図29〜33）。

　資本主義的生産はもともと封建的生産のもとでの生産諸力をはるかに上回る生産諸力をもって出発したばかりでなく，それは，それ以前のどの時代にもなかった急速なテンポで生産諸力を発展させてきた。このような生産諸力をもつ

図123　労働力の日価値と1労働日が生み出す価値

労働力の日価値
必須労働時間
A → N 〜 A

❖ 労働力の日価値は，労働力の再生産に不可欠な労働時間（必須労働時間）によって決まる。

1労働日が生み出す価値量
1労働日
A → W

❖ 労働力が1日に生産する価値量は，1日の労働時間によって決まる。

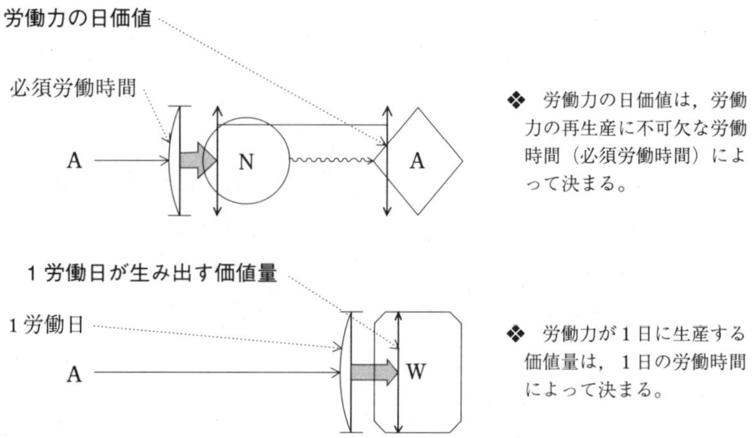

資本主義的生産のもとでは，労働者の1日の労働時間のなかで必須労働の占める比率は，封建的生産のもとでのそれよりもはるかに小さいことは明らかである。

　現代の社会についても，次のように考えてみるといい。まず社会の労働者全員がある年に生産する総生産物をイメージし，そのうちから，消費し尽くされたので補塡に充てられる再現生産手段を取り除く。残ったものがその年の新生産物である。そしてこのなかから，それらを生産した労働者全員が買い戻して消費する生産物が必須生産物である。労働者が年間に自分の賃金で買い戻している生産物の総体をイメージしてみよう。新生産物からこの必須生産物を取り除いたものが，剰余生産物である。

　たとえば1998年の日本の製造業について，労働者がその労働によって年間に生産した価値の指標として1年間の「付加価値」の総額をとり，労働力の年価値の指標として労働者が労働力の対価として1年間に受け取った賃金総額をとって，前者にたいする後者の比率を見よう（表2）。

　この表の数字は，労働によって生産される価値と労働力の価値とを直接にかつ正確に表現するものではまったくないが，しかし，労働者の労働によって生産された価値額が，労働者に支払われる価値額よりもはるかに大きいことを見るのには十分である。

表2　付加価値・賃金・労働分配率（1998年）

	付加価値 （百万円）	賃金 （百万円）	労働分配率 （％）
1000人以上	24,067	8,573	35.6
500～999人	13,780	4,663	33.9
300～499人	11,108	3,702	33.3
200～299人	8,508	3,002	35.3
100～199人	13,974	5,327	38.1
50～99人	12,781	5,248	41.0
30～49人	6,863	3,146	45.8
20～29人	7,379	3,541	48.0
10～19人	7,452	3,785	50.7

通産省『1998年工業統計表』（産業編）により作成。付加価値は「付加価値額」。
賃金は「現金給与総額」。労働分配率は付加価値にたいする賃金の割合。

　労働者の1日の労働時間は生産物に対象化して価値となるが，そのうちの必須労働時間は労働力の価値の等価を生産する。そしてこれを超える剰余労働時間に**剰余価値**（m）を生産するのである（図124）。

図124　1労働日が生み出す価値と労働力の日価値との差額は剰余価値である

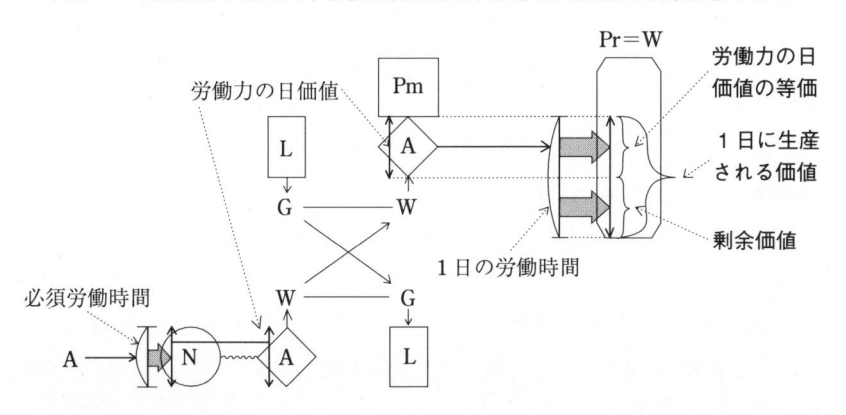

[**労働力価値と剰余価値とは対象化した必須労働と剰余労働である**]　労働者が行なう1日の労働のうち，労働力の日価値を再生産する労働（時間）の部分は必須労働（時間）であり，これを超える労働は剰余労働（時間）である。この必須労働と剰余労働とは，序章第3節§2で見た，あらゆる社会に見られる必須労働および剰余労働の特殊資本主義的な形態にほかならない（☞図26）。

§5 不変資本と可変資本

[**不変資本**] 第1章第1節§2の末尾で見たように，生産手段がすでに価値を含んでいる場合には，生産手段の価値は，生産手段を変形・加工する具体的労働によって，生産物のなかに移転・保存される（☞図57・58）。生産手段の含む価値は，生産過程を経ても量的にまったく変化しない。したがって，生産手段に投下される資本部分は，最初の貨幣形態から最後の貨幣形態にいたるまでの運動のなかで，量的にまったく不変である。そこで，資本のうちのこの部分は**不変資本**（c）と呼ばれる（図125）。

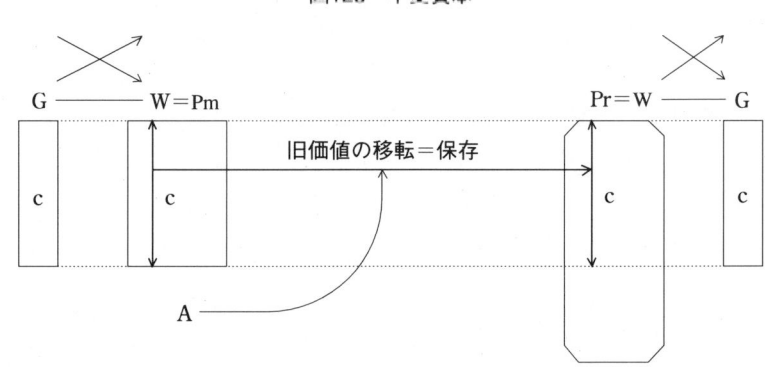

図125 不変資本

❖ c＝不変資本（konstantes（旧正書法ではconstantes）Kapital）

[**機械類の価値の部分的移転**] 工場施設や機械装置のように，使用できなくなるまでに大量の生産物を生産することができる生産手段の場合，それの総価値は，それによって生産される総生産物のなかに移転する。それらの生産手段は，生産のなかで少しずつ摩損していくのに応じて，生産物のなかに少しずつその価値を移転していく。そこで，たとえば1日の生産物のなかには，次の量の価値が移転・保存されることになる。

$$1日の移転価値＝生産手段の総価値\times\frac{1日の生産物量}{生産手段を使い切るまでに生産される総生産物量}$$

この場合にも，もちろん，生産手段から生産物への移転によって価値の量の変化が生じるわけではない。なお，このような生産手段に投下されている資本は，摩損し切るまでは生産過程に固定されているので**固定資本**と呼ばれる。固

定資本とそのほかの資本部分（**流動資本**）との区別については，のちに第2篇第2章第2節で研究する。

　［**可変資本**］　資本が剰余価値を生み出すのは，労働力が1日のうちに自分自身の日価値よりも大きい価値を生み出すからである。これによって，労働力に投下される資本部分は剰余価値の価値額だけ大きくなる。価値増殖をもたらすこの資本部分は，生産過程のなかで価値量が変化しうるので，**可変資本**（v）と呼ばれる。可変資本は生産過程のなかで可変資本プラス剰余価値の大きさに増大するのである（図126）。

図126　可変資本

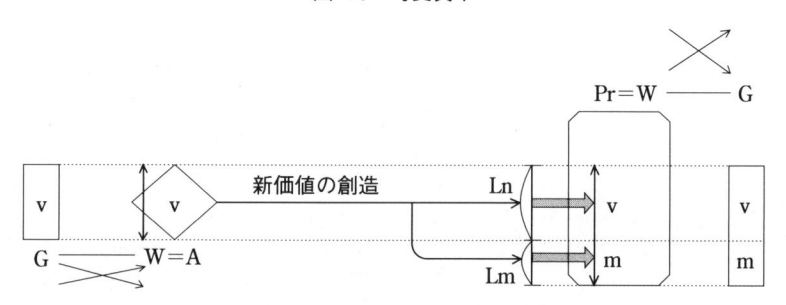

- v ＝ 可変資本（variables Kapital）
- m ＝ 剰余価値（Mehrwert）

　［**価値増殖過程：労働力の売買にもとづく剰余価値の生産**］　以上見てきたように，資本主義的生産では，資本が商品としての労働力を時間極めで買い，それを消費することによって，それの価値よりも多くの価値を取得している。投下した資本を超えるこの価値が剰余価値であり，価値増殖の秘密は，労働力の商品化にもとづく資本による剰余価値の取得にある（図127）。

図127　価値増殖過程（剰余価値の生産）（⇒ 巻末折込み3）

　［**生産物価値と価値生産物**］　1日の労働による生産物の価値は，1日のうちに生産手段から生産物に移転した**旧価値**（＝不変資本）と1日のうちに新たに形成された**新価値**（可変資本＋剰余価値）との合計である。これが**生産物価値**である。このうち，この過程で生産された新価値（可変資本＋剰余価値）は，**価値生産物**と呼ばれる。生産物価値と価値生産物とは，はっきりと区別しなけ

第2章　資本と剰余価値　139

ればならない二つの異なった概念である（図128）。

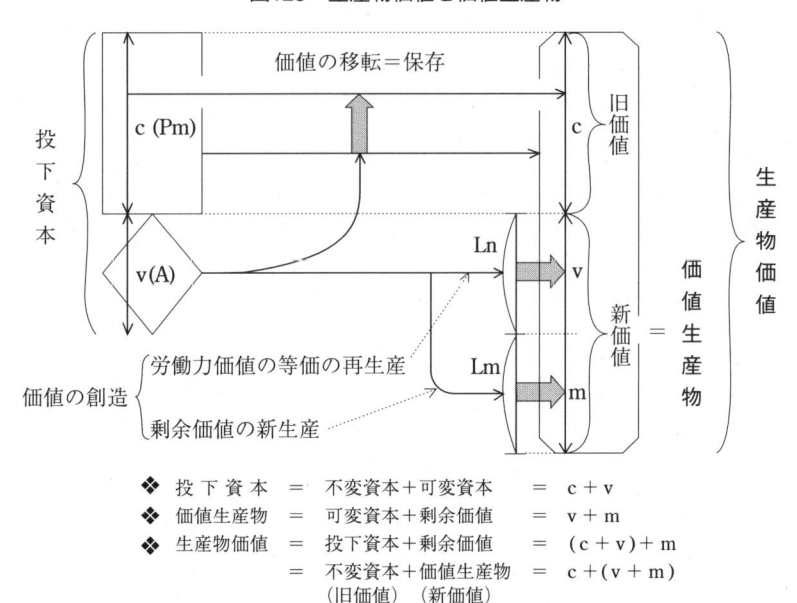

図128　生産物価値と価値生産物

```
                価値の移転＝保存
         ┌─────────────────────┐     旧
   c (Pm)│                     │→ c  価
         └─────────────────────┘     値
投                    ↑
下          ┌───┐     │                        生
資          │v(A)│                              産
本          └───┘           Ln                  物
                            ↓        v   新    価   価
                                         価    値   値
                                         値    ＝   生
   価値の創造   労働力価値の等価の再生産  Lm       産   生
                剰余価値の新生産          ↓        物   産
                                         m              物
```

❖ 投下資本　　　＝　不変資本＋可変資本　　　＝　c＋v
❖ 価値生産物　　＝　可変資本＋剰余価値　　　＝　v＋m
❖ 生産物価値　　＝　投下資本＋剰余価値　　　＝　（c＋v）＋m
　　　　　　　　＝　不変資本＋価値生産物　　＝　c＋（v＋m）
　　　　　　　　　（旧価値）　（新価値）

　資本の生産過程では，一方では，具体的労働によって，生産手段の価値が生産物のなかに移転・保存されて生産物の旧価値となり，他方では，抽象的労働が対象化して新価値となるが，この新価値は，**労働力の日価値の等価**とそれを超える**剰余価値**を含んでいるのである。

第2節　剰余価値率

§1　剰余価値率＝労働力の搾取率

　［**価値増殖の度合を表わす二つの比率：利潤率と剰余価値率**］　投下された資本がどの程度増殖したかは，投下資本と増殖分すなわち剰余価値との比率で表現される。投下資本は不変資本と可変資本とからなっているが，投下資本全体にたいする剰余価値の比率を**利潤率**と言い，可変資本にたいする剰余価値の比率を**剰余価値率**と言う。

- ❖ 剰余価値率 $m' = \dfrac{m}{v}$
- ❖ 利　潤　率 $p' = \dfrac{m}{c+v}$

［搾取度を正確に表現するのは剰余価値率である］　奴隷制や封建制のもとでは，直接生産者の剰余労働，あるいはその成果である剰余生産物は，彼らにとって他人である非労働者によって取得される。この非労働者は，直接生産者の意志にかかわりなく，剰余労働ないし剰余生産物を取得している（☞図30〜32）。このように，直接的生産者になんらかの人格的または物象的（経済的）強制によって必須労働時間を超えて労働させ，彼らの剰余労働をわがものにすることを，**搾取**（exploitation）と言う。

　資本主義的生産関係は，人びとの物象的な関係である商品生産関係におおわれており，人びとの関係は，自利をめざすホモ・エコノミクスの自由，平等，対等な自発的相互関係として現われているが，ここでも，資本家は賃労働者から，賃労働者の意志にかかわりなく，剰余価値を，したがって剰余労働をわがものにしている。あるいは，資本は労働力から可能なかぎり多くの剰余価値を取得しようとする。しかも，労働する諸個人は，他人のもとでこのような性格をもつ剰余労働をしないでは，生きていくことができない。客観的には，労働する諸個人にこのような剰余労働が強制されている。ここでも明らかに搾取が行なわれているのである。

　搾取の度合は，労働者が自分の労働力の再生産のために行なわなければならない必須労働にたいして，それを超えて行なわなければならない剰余労働がどれだけの大きさとなっているか，という仕方で，最もよく表わすことができる。すなわち，〈剰余労働／必須労働〉である。

　資本主義的生産では，〈剰余労働／必須労働〉は〈剰余価値／労働力の価値〉すなわち〈剰余価値／可変資本〉という形態をとる。このような，労働力の価値または可変資本にたいする剰余価値の絶対量（m）の比率を**剰余価値率**と呼ぶ。剰余価値率は，資本主義的生産における，資本による労働者の搾取の度合すなわち**搾取率**を正確に表現するものである。

　労働者は，彼の必須労働が生み出す価値額と等しい価値額を労働力の対価として受け取る。これにたいして，彼の剰余労働が生み出す剰余価値はすべて資

本家のものとなるのであって，剰余労働のなかからは彼にたいしてなにひとつ支払われない。この点から見て，必須労働は「**支払労働**」，剰余労働は「**不払労働**」と呼ばれる。だから剰余価値率は，「支払労働」にたいする「不払労働」の比率を表わすものでもある。

$$剰余価値率\,(m') = \frac{剰余価値\,(m)}{可変資本\,(v)} = \frac{剰余価値}{労働力の価値} = \frac{剰余労働}{必須労働} = \frac{「不払労働」}{「支払労働」}$$

これにたいして，利潤率（$p' = \frac{m}{c+v}$）は，資本家が投下した資本の全体にたいしてどれだけの増殖分が得られたか，を示す比率であって，資本家が直接に関心をもつ重要な比率であるが，この比率は搾取の度合を正確に表現しないばかりか，むしろ搾取の度合をおおい隠し，あるいはそれを低く見せるものである。利潤率についてはのちに第3篇第1章で研究する。

§2 生産物価値を表示するさまざまの仕方

[**総生産物の価値の構成部分はさまざまの仕方で表示できる**] 1日の総生産物の価値の諸成分である，不変資本（c），可変資本（v）および剰余価値（m）は，この総生産物の諸部分について，さまざまの仕方で表わすことができる。

いま，パンを生産するある資本をとってみよう（図129）。

[**総生産物の価値はどのようにして形成されるか**] まず，1時間の抽象的労働つまり1労働時間が10円の価値を形成するものとしよう。労働力の日価値が30円で，労働日が6時間だとする。だから，労働者は，3時間で30円という労働力の日価値を再生産し，残りの3時間で30円の剰余価値を生産することになる。

使われる機械類が5000円で，この機械を使い切るまでに1000個のパンを生産できるとすると，この機械から一つのパンには5円（$\frac{5000}{1000}$）の価値が移転することになる。この資本が1日に，90円の小麦粉その他の原料と30円の日価値の労働力とを使って6個のパンを生産するものとしよう。つまり，1個のパンを生産するのに1労働時間が使われるのである。

この資本が1個のパンを生産するたびに，このパンには1時間の労働時間が対象化して10円の新価値となる。どのパン1個も，この新価値10円と，機械類からの移転価値5円および原料からの移転価値15円，合わせて20円の旧価値と

図129 総生産物の価値の構成部分を表示するさまざまの仕方

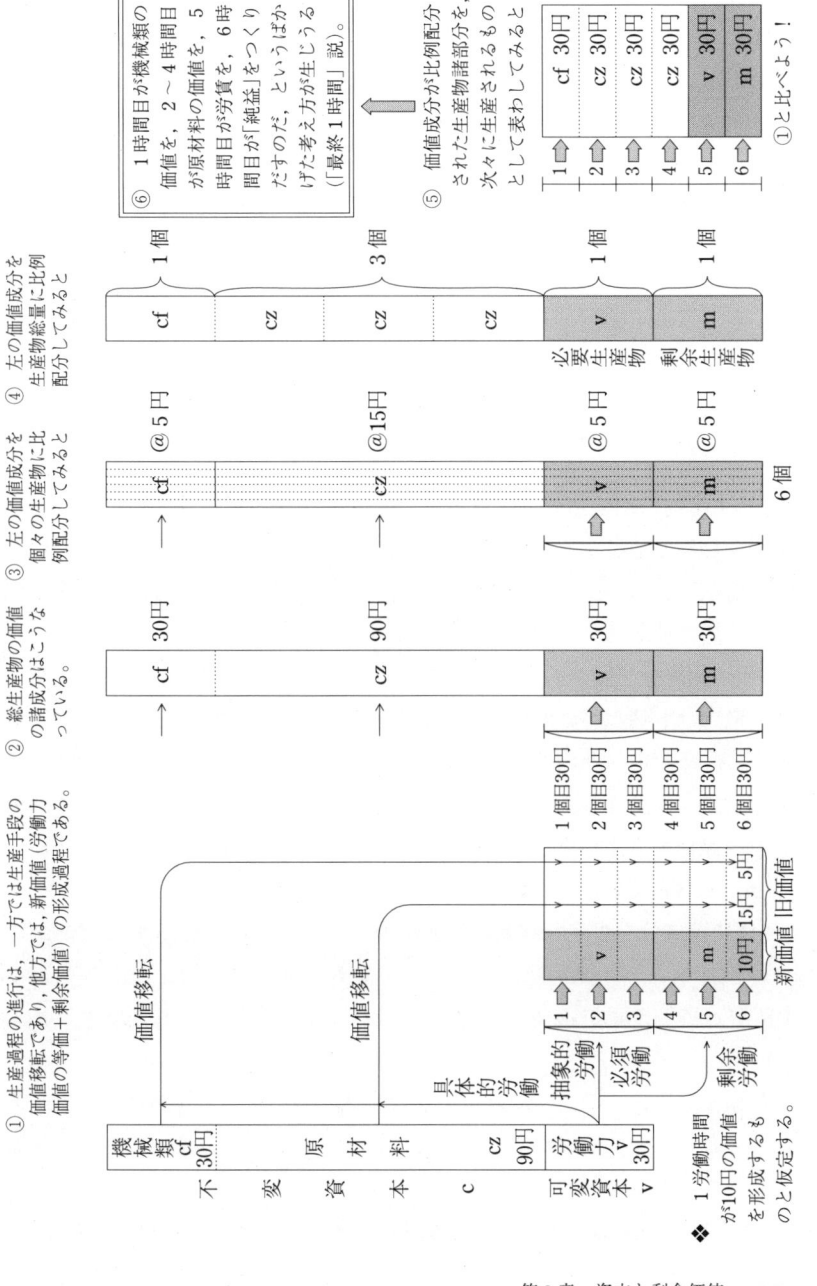

① 生産過程の進行は、一方では生産手段の価値移転であり、他方では、新価値(労働力価値の等価+剰余価値)の形成過程である。
② 総生産物の価値の諸成分はこうなっている。
③ 左の価値成分を個々の生産物に比例配分してみると
④ 左の価値成分を生産物総量に比例配分してみると
⑤ 価値成分が比例配分された生産物諸部分を、次々に生産されるものとして表わしてみると
⑥ 1時間目が機械類の価値、2〜4時間目が原材料の価値を、5時間目が労賃を、6時間目が「純利益」をつくりだすのだ、という(ほかけて考える方が多いだろう説)(「最終1時間」説)。

①と比べよう！

第2章 資本と剰余価値　143

で，合計30円の価値をもつことになる。

　1日6時間のうち，労働者は最初の3時間で3個のパンをつくるが，この3個のパンに含まれている新価値30円は労働力の価値の等価でしかなく，資本はこれによっては，投下した可変資本価値を回収するだけである。ここで生産過程が中断されるならば，資本は投下資本を回収できるだけで，剰余価値を取得することができない。これにたいして，このあとに行なわれる労働はすべて剰余労働であり，1時間ごとに10円ずつ生産される新価値はすべて剰余価値である。だから，後半の3時間に生産される3個のパンに含まれる，それぞれ10円の新価値は，資本にとって，すべて剰余価値である。資本は合計30円の剰余価値を取得することになる。

　以上は，これまで見た価値増殖過程であって，図の①のように示すことができる。

　[総生産物の価値諸成分を見る]　さて，1労働日の総生産物である6個のパンが含む総価値は，次の四つの価値成分からなっている。──(1)機械類からの移転価値（cf）30円，(2)原料からの移転価値（cz）90円，(3)労働力価値の等価にあたる新価値30円，(4)剰余価値30円（図の②）。

　[価値諸成分を個々の生産物に比例配分できる]　この1労働日に生産された総生産物は6個のパンからなっており，どの1個のパンもまったく同じ生産物である。そこで，それぞれ1個のパンが6個のパンという全体の均等な部分と見なして，6個のパンが含む四つの価値成分をこの6個のパンに均等に配分すれば（比例配分すれば），個々のパンが，5円のcf，15円のcz，5円のv，5円のm，を含んでいることになる（図の③）。

　[価値諸成分を生産物総量に比例配分できる]　さらに，6個のパンが含む四つの価値成分を，比例配分してパンの個数で表現すれば，6個のパンのうち，1個がcfを，3個がczを，1個がvを，1個がmを，をそれぞれ表わすことになる（図の④）。

　価値成分の以上の二つの表示方法は，個々のパンを1労働日の総生産物の可除部分として取り扱うかぎり，理論的に正しく，また日常的にもごく普通に行なわれているものである。

　[比例配分的諸部分が次々に生産されるという誤った理解が生まれる]　とこ

ろが，最後の方法（図の④）で四つの価値成分を表示しているそれぞれのパンが，1労働日の6時間の総生産物を前提し，それを生産物総量に比例配分したものであったことを忘れて，1個目に生産される1個のパンはcfの価値だけを含み，2～4個目に生産される3個のパンはczの価値だけを含み，5個目に生産される1個のパンはvの価値だけを含み，最後の6個目に生産される1個のパンはmの価値だけを含む，と考えることによって，まったく誤った理解が生まれることになる。

その考え方によれば，〈それぞれのパンが含んでいる価値の全体，つまりそれぞれの30円が，それぞれのパンを生産するさいの労働が生み出したものであって，1個目のパンを生産する1時間の労働はcfの価値を生み出し，2～4個目のパンを生産する3時間の労働はczの価値を生み出し，5個目のパンを生産する1時間の労働はvの価値を生み出し，最後の6個目のパンを生産する1時間の労働はmの価値を生み出すのだ〉と言うのである（図の⑤）。

　[**最後の1時間が剰余価値を生産する!?**]　この考え方では，最後の1時間だけが剰余価値を生産するのであり，したがって，労働日つまり労働者の労働時間が1時間短縮されて5時間になれば，資本家の剰余価値はなくなってしまうことになる。実際，1836年にシーニア（Nassau William Senior, 1790-1864）という俗流経済学者が，このような主張をすることで，労働時間の制限を要求する運動に反対したのである（図の⑥）。

　この考え方の誤りは，次のことを忘れるか，あるいは知らないふりをするところにある。すなわち，cfおよびczはもともと機械類と原料とに含まれていた価値であって，それが生産物のなかに移転してくるのだということ，したがって最初の1～4個目のパンの価値をcfおよびczだけだと見ることができるのは，総生産物である6個のパンのそれぞれに含まれているcfおよびczという旧価値を1～4個目のパンに代表させる（いわばそれらをすべてこの4個のなかに移して考える）かぎりにおいてであって，そのように見るときには，1～4個目のパンを生産するときの4時間の労働（抽象的労働）はこれらの4個のパンには含まれておらず，それらはすべて残りの2個のパンに含まれているものと考えなければならない，ということである。

　生産物価値の諸成分は，生産物の諸部分によって比例配分的に表わすことが

できるし，またそのような計算方法に慣れる必要があるが，しかしけっして忘れてならないのは，そのさいにそれぞれの部分は，前提された総生産物量の分割部分であるかぎりでそのような役割を果たすことができるのだ，ということである。

第3章　労働日の延長と短縮

第1節　労働日とその限界

　[**労働日**]　さきにも触れたように，労働者の1日の労働時間を欧米では「**労働日（working day）**」と言う。たとえば「8時間労働日」は「8時間の労働が行なわれる1日」あるいは「1日に8時間の労働が行なわれること」を意味し，したがってまた日本で言う8時間労働制をも意味する[1]。

　[**労働日の最小限と最大限**]　労働日は可変量である。しかし労働日には，それ以上は短縮できないという最小限と，それ以上は延長できないという最大限とがある。資本主義的生産のもとでは，最小限はゼロではなくて必須労働時間である。最大限は，労働者の肉体的な制限および社会的な制限によって画されている。このどちらの制限もきわめて弾力的なものであって，大きな変動を許すものである。労働日は，この最小限と最大限とのあいだでさまざまでありうる（図130）。

図130　労働日の諸制限

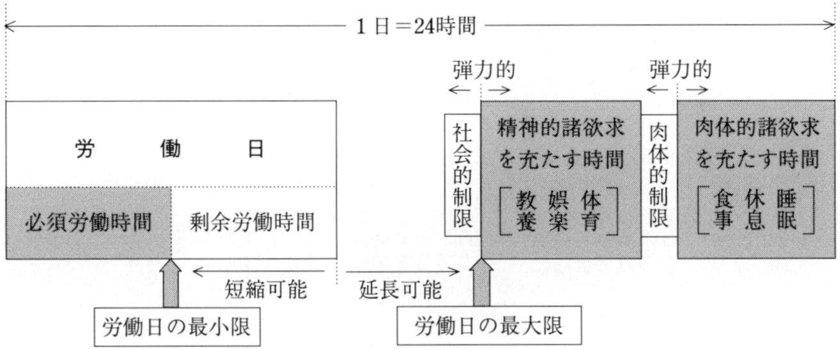

1）day（ドイツ語では Tag，フランス語では jour）という語には，1日（つまり24時間）の意味のほかに日中（日の出から日の入りまで）の意味がある。working day という語の day ももともとは後者の意味で使われたものであろう。

[**資本家の買い手としての権利の主張**]　資本家は，1日という時間極めで労働力を買うことによって，労働力を1日使うことができる。資本家が労働力を買うのは，これによって生きた労働を手に入れるためであるから，労働者の労働を労働日の最大限にまで延ばそうとする。また，この最大限を画する労働者の肉体的・精神的諸制限を，それが弾力的であることを利用して，できるかぎり少なく見積ろうとする。資本家は，労働力の買い手として，労働日を最大限にまで延長しようとしないではいない。これは，資本家による買い手としての権利の主張である。

[**法外な労働日は労働力の日価値を激増させる**]　そこで，労働日が社会で一般的に，法外に延長されたらどうなるだろうか。その場合には，労働力は異常に消耗され，労働者の早死や早期の労働不能がもたらされることになる。一方では，労働者のもとで，著しく消耗した労働力を回復するために追加的な再生産費用が必要となり，したがって労働力の再生産に必要な費用が激増するとともに，他方では，労働者が正常な一生を送るのに不可欠の再生産費を回収するために労働力を売ることができる期間，つまり労働力の総価値を回収するための期間が短くなる。この二つの面から，労働力の日価値は激増せざるをえない（図131）。

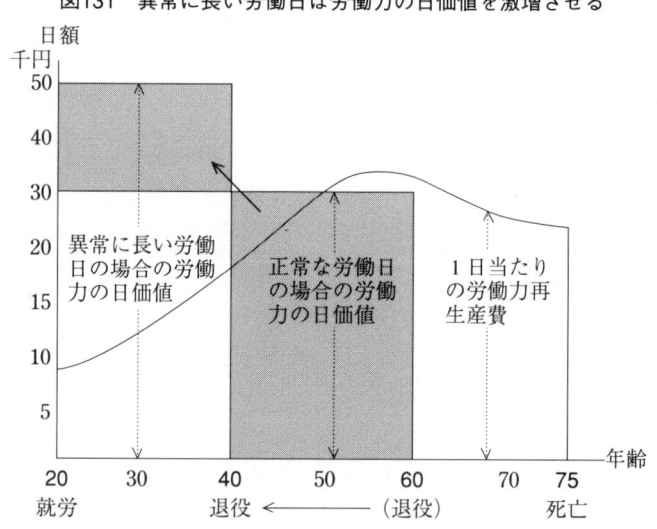

図131　異常に長い労働日は労働力の日価値を激増させる

資本家がこの増加分の価値を支払わないなら，労働者は自分の商品の価値を回収することができない。つまり不等価の交換が行なわれることになる。それでは，資本家がそれだけの価値を支払えば問題ないのであろうか。

　[時間極めの売買では正常な使用が前提される]　ここで決定的に重要なのは，労働力の売買は時間極めでの売買だということである。一般に，時間極めでの売買つまり賃貸借にあっては，買い手が対象を正常な（ノーマルな）仕方で使用することが前提されるのであって，かりに異常な使用によって対象そのものを異常に損傷させるなら，それについて当然に損金ないし違約金を要求されることになる。労働力は，その異常な使用がその所有者自身を損傷させるという特別な対象である。身体を壊しても損金をもらえばいい（価値どおり支払われればいい），というわけにはいかない。だから，労働力の時間極めでの売買では，正常な（ノーマルな）使用という契約条件は厳格に守られるべきものであり，労働者がそのような要求をするときには，商品の売り手としての当然の要求をしているのである。

　[労働者の売り手としての権利の主張]　つまり，労働者は労働力を1日という時間極めで売ったのであって，自分の人格を売ったのではない。この取引の契約は，資本家による労働力の消費が彼自身の肉体や精神を破壊し萎縮させることを認めてはいない。だから労働者には，生命力を更新できる健康な睡眠を，労働力を正常に維持できるような休息時間を，人間的教養のための，精神的発達のための，社会的諸活動のための，社交のための，要するに肉体的・精神的生命力の発揮のための時間を確保できる範囲内に労働時間を制限するよう求める権利がある。労働者は，労働力の売り手として，それらの時間を保証するようなノーマルな（正常な，標準的な）労働日すなわち〈**標準労働日**〉を要求する。これは，商品の売り手としての権利の主張である。

　[労働日の制限をめぐる労働者・資本家間の闘争が労働日を決める]　このようにここでは，商品交換の法則にもとづく，商品の売り手・買い手としての権利の主張，権利と権利との対立が生じるのであって，同等な権利と権利とのあいだの争いでは強力（ゲヴァルト）がことを決するほかはない。こういうわけで，資本主義的生産の歴史では，総資本家すなわち資本家階級と総労働者すなわち労働者階級とのあいだの**労働日をめぐる闘争**の結果，労働日に制限が加え

られ，標準労働日が確立され，それが短縮されてきたのである。

なお，労働日をめぐる資本家と労働者との対立が，労働力という商品の買い手の権利と売り手の権利との対立であるというかぎりでは，労働の強度をめぐる資本家と労働者の対立についてもまったく同様のことが言える。ただし，労働の強度については，標準の強度を確定することは不可能であり，強度をめぐる闘争は，労働日をめぐる闘争のような仕方では行なわれえない。

第2節　絶対的剰余価値の生産

［**絶対的剰余価値**］　労働力の価値の大きさが，したがって可変資本の大きさが変わらなければ，労働日の延長によって剰余価値を増大させることができる。労働日から，労働力の価値の大きさに限界づけられた必須労働時間を差し引いた残りが剰余労働時間であり，この時間の対象化が剰余価値だから，労働力の価値が変化しないままで労働日が延長されれば，剰余価値はそれだけ増大するのである。このように労働日の延長によって生産される剰余価値を**絶対的剰余価値**と言う（図132）。

図132　絶対的剰余価値の生産（労働日の延長による剰余価値の増大）

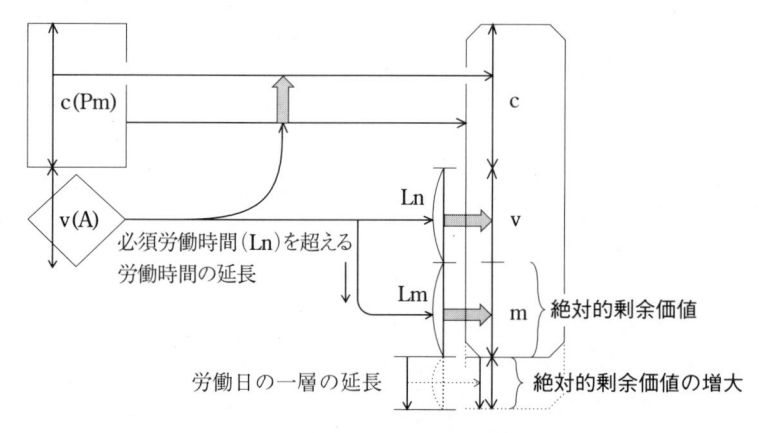

［**剰余価値の生産はなによりもまず絶対的剰余価値の生産である**］　すでに剰余労働時間を含んでいた，したがってすでに剰余価値を生産していた労働日がさらに延長されることによってさらに多くの絶対的剰余価値が生産されるが，

そもそも剰余価値は，労働日が必須労働時間を超えて延長されることによって生産されるものであるから，この意味では，もともと剰余価値の生産それ自体が絶対的剰余価値の生産なのである。

これとは区別される，労働日の延長によらずに剰余価値を増大させる方法あるいは剰余価値の生産があるのであって，それについては次章で見る。

第3節　労働日をめぐる労資間の闘争

　[**剰余価値の増大は資本の衝動である**]　資本主義的生産は資本による剰余価値の生産であり，剰余価値の増大は**資本の本性**であり，**資本の本質的衝動**である。

　[**個別資本による労働日の無際限の延長**]　社会的強制がないかぎり，個別資本（個々の資本）は，それが雇用した労働者の労働時間をできうるかぎりどこまでも延長しようとしないではいない。個別資本によるこうした労働時間の法外な延長は，労働者の健康を蝕み，労働者の寿命を縮める。しかしそれは，労働市場で新たな搾取材料が自由に入手できるかぎり，個別資本にとってはどうでもよいことである。だからそれは，ついには国民の生命力の根源を侵すまでにいたる。これは社会的総資本すなわち資本全体から見れば，それの搾取材料である正常な質の労働力が枯渇することを意味する。

　[**わが亡きあとに洪水よ来たれ！**]　しかし，「どんな株式投機の場合でも，いつかは雷が落ちずにはいないことを誰でも知っているが，しかし誰もが望んでいるのは，自分が黄金の雨を受けとめて安全な所に運んだあとで雷が隣人の頭に落ちることである。〈わが亡きあとに洪水よ来たれ〔あとは野となれ山となれ〕！〉これがすべての資本家，すべての資本家国の標語である。だから資本は，社会によって強制されないかぎり，労働者の健康や寿命には顧慮を払わないのである。肉体的・精神的な萎縮や早死や過度労働の責め苦についての苦情にたいしては，資本は次のように答える。この苦しみはわれわれの楽しみ（利潤）をふやすのに，どうしてそれがわれわれを苦しめるというのか？　と。しかし一般的に言って，これもまた個々の資本家の意志の善悪によることではない。自由競争が資本主義的生産の内在的な諸法則〔剰余価値増大の法則〕を

個々の資本家にたいしては外的な強制法則として作用させる[2]のである。」
(『資本論』第1部，MEW, Bd. 23, S. 285-286. 強調はマルクス。)

　［労働運動の圧力による標準労働日の確立］　総資本としては，労働力の無際限な搾取による労働力の萎縮に歯止めをかけることが必要となる。しかし，総資本の利益を代表する資本家の国家が標準労働日を設定したのは，自発的にではなく，労働者階級の闘い，すなわち労働運動の圧力によって（すなわち「社会によって強制される」ことによって）であった。

　まずイギリスの場合を見よう。14世紀から17世紀の終わりまでは，法律によって労働日が延長された。資本主義的生産が生まれつつある時期には，労働者たちに，労働力を売った以上は1日中労働しなければならないのだということを教え込まなければならなかった。これを国家の力によって行なったのであった。資本主義の発展とともに，とりわけ産業革命を経て大工業が確立していくのにつれて，法外な労働時間が一般化した。

　労働者による労働時間の短縮のための闘争は，1802年以来，粘り強く行なわれるようになった。ほぼ30年間は，彼らの闘争は徒労に等しかった。彼らは議会に五つの工場法を通過させたが，それらには，強制的施行を確保する条文はなかった。やっと1833年から，標準労働日が次第に広まり始めた。1838年以来，10時間労働日の要求が大きく広がっていった。1844年には，19歳以上のすべての女性の労働時間も12時間に制限された。1847年の工場法は，13〜18歳の少年とすべての女性労働者との労働日がとりあえず11時間，翌年から10時間とされ

---

[2] 労賃すなわち労働者にたいする支払は同じままで労働日を延長すれば剰余価値は増大する。そして，資本主義的生産は剰余価値の生産であり，資本はたえず最大限に増殖しようとしている。これらは**資本主義的生産の内在的な諸法則**である。しかし，だからといって，すべての個々の資本家がこのような法則を知っていて労働日をたえず延長しようとするとはかぎらない。ところが，資本家の一部ないし多数が労働日を延長すれば，これらの資本家は剰余価値を増大させることができ，自分たちの商品を従来よりも安く売って，市場のシェアを増大させることができる。そうなると，他の資本家たちも安閑としてはいられない。同じように労働日の延長に努めなければ資本家間の競争に負けてしまうからである。このように，資本主義的生産では多くのこうした〈内在的な法則〉が，資本家たちがおたがいに加えあう圧力である**競争**によって，個々の資本家にとって否応なしに従わなければならない法則つまり〈外的な強制法則〉として押しつけられるのであり，彼らの行動によって社会的に貫徹するのである。

るべきことを確定した。

　これにたいして資本家の「反逆」が爆発し，この法律は公然と破られた。ついに労働者の堪忍袋の緒が切れた。資本家たちは1850年の工場法で妥協をしなければならなかった。かなりの労働者が例外として残されてはいたが，このときから法律は次第に労働日を制限した。

　フランスでは，1848年の2月革命が一挙に，すべての労働者に12時間の標準労働日をもたらした。

　1866年に，国際労働者協会が8時間労働日の要求を宣言した。

　それに先立って，1866年のアメリカの全国労働者大会が8時間標準労働日を要求していた。1886年5月1日，8時間労働日を要求してゼネラル・ストライキが敢行された（1890年以降，5月1日に国際的なデモンストレーションとしてメーデーが行なわれるようになった）。

　それ以降，いわゆる先進資本主義国では，傾向的には労働運動の圧力のもとで標準労働日は次第に短縮されてきた。

　日本でも第二次大戦後，労働日は次第に短縮されてきたが，依然として他の先進資本主義国と比較してはるかに長い状態にとどまっている。

　[アソシエーションにおける労働時間]　剰余価値の生産の法則がはたらくことのない社会では，労働時間は資本主義的社会とはまったく違った仕方で決定される。

　アソシエーションをとってみよう。ここでは，労働する諸個人はもろもろの高度な生活欲求をもっているから，もちろん労働日も，労働力を再生産する必須労働時間に限るわけにはいかない。しかしここでは，労働者たちは自分たち自身のために労働するのであって，彼らとは区別される，労働しない諸個人のために労働するのではない。さらに，全面的に発展した労働者だけが実現しうるような高度に発展した生産力によって，またあらゆる労働可能者が生産的労働に従事することによって，労働日そのものが，現在の社会のそれよりもはるかに短くなって，諸個人の自由時間が長くなり，彼らはその時間を自己発展のために自由に使うようになるのである。

第4章　生産力発展のための諸方法

第1節　相対的剰余価値の生産

　[**相対的剰余価値の生産**]　労働日の長さが与えられているときに——あるいは労働日の延長ができないときに——，剰余労働したがってまた剰余価値を増大させることができるのは，ただ，労働力の価値を再生産する労働時間，つまり必須労働時間が短縮される場合だけである。労働の強度が同一であれば，必須労働時間の減少は，ただ労働力の価値の減少によってのみ生じることができる。労働力の価値の減少による剰余価値の増大は，1労働日に生産される新価値のうちの可変資本（労働力価値の等価）の部分が相対的に減少することによる剰余価値の部分の相対的な増加だから，このようにして生産される剰余価値を**相対的剰余価値**と言う。

　[**労働生産力の増大による労働力の価値の減少**]　労働力の価値は，ただ，労働力の再生産費が，すなわち労働力が消費しなければならない必須生活手段の価値が減少することによってのみ，減少することができる。この必須生活手段の価値の減少とは，必須生活手段の社会的必要労働時間の減少である。

　必須生活手段の社会的必要労働時間は，第1には，必須生活手段そのものの生産において労働の生産力が増大することによって，減少する。

　必須生活手段の社会的必要労働時間は，さらに第2に，必須生活手段の生産に充用され，必須生活手段のなかに自己の価値を移転する生産手段の生産において労働の生産力が増大して，それらの生産手段の社会的必要労働時間が減少し，その結果それらの生産手段の価値が減少することによって，減少する。

　このように，必須生活手段の生産で，あるいは，それらの生産に充用される生産手段の生産で労働の生産力が増大すれば，労働力の価値が減少するので，この価値を再生産するための労働つまり必須労働が減少し，その減少分だけ剰余労働が増大して，その対象化である剰余価値が増大する。

　だから，相対的剰余価値とは，必須労働時間の剰余労働時間への転化によっ

て生産される剰余価値なのである（図133）。

図133 相対的剰余価値の生産（必須労働時間の短縮による剰余価値の増大）

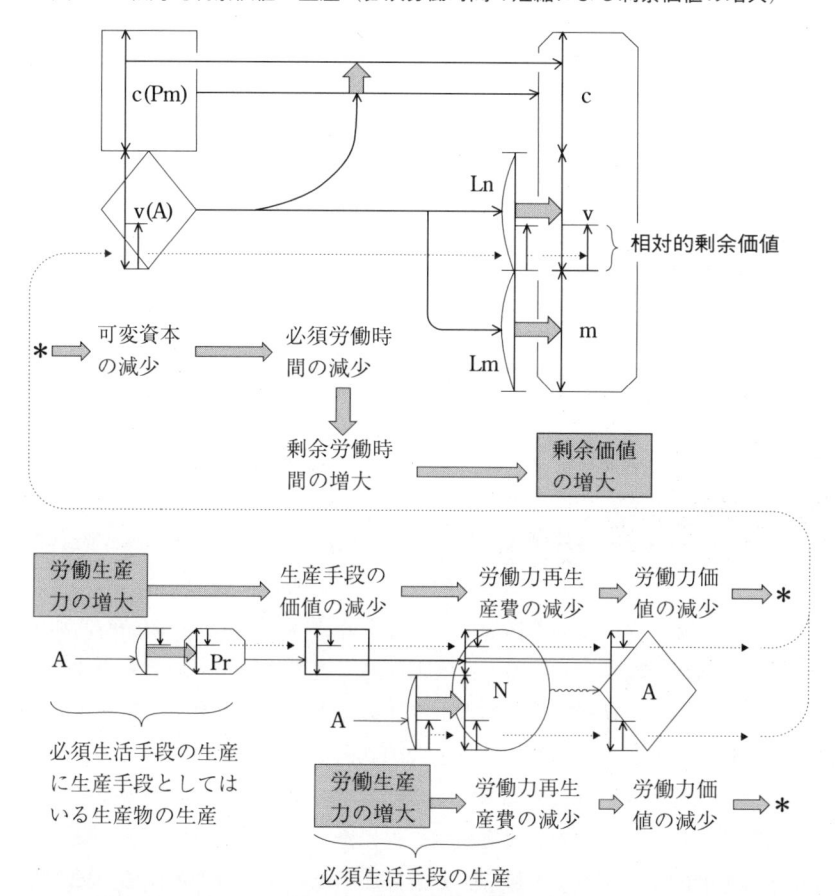

[**労働生産力の上昇は生産様式の変革を必要とする**] すでに見たように，労働の生産力の上昇とは具体的労働の作用度の増大であり（☞ 図20，図27），同一量の抽象的労働で生産される使用価値量を増大させることによって商品の社会的必要労働時間を短縮するような，労働過程の技術的・社会的諸条件の変化である（☞ 図52）。社会の生産のなかでこのような変化が一般的に生じるには，技術的・社会的な意味での生産の仕方つまり**生産方法の変革**が起こらなければならない。

第4章 生産力発展のための諸方法

[特別剰余価値をめぐる個別資本間の競争] 必須生活手段の生産で，あるいは，それらの生産に充用される生産手段の生産で，労働の生産力が増大することは，労働力の価値を引き下げるので，あらゆる資本に相対的剰余価値をもたらし，あらゆる資本にとって利益となるが，しかし，それらの生産で労働の生産力が高まるのは，それらの生産に資本を投下するそれぞれの個別資本が生産諸条件を改善するからである。それでは，それらの個別資本はどのような動因に突き動かされて生産諸条件を改善するのであろうか。

それは，個別諸資本のあいだの競争がそれらに生産諸条件を改善しないではいられないように圧力をかけ続けるからである。

商品の価値は，社会的必要労働時間，つまりその商品を生産する生産部門での標準的平均的な生産諸条件のもとで必要な労働時間によって規定される。それよりも優れた生産諸条件をもつ優位の諸資本は，その商品を生産するのに，社会的必要労働時間よりも少ない労働時間しか必要としない。このような違いを明確に捉えるために，社会的必要労働時間によって規定される商品の価値，つまり現実の価値を**社会的価値**と呼び，同じ商品を生産するのに個々の資本が実際にそれぞれ必要とする労働時間の対象化を**個別的価値**と呼ぶ。

標準的・平均的な生産諸条件をもつ中位の諸資本が生産する商品の個別的価値は社会的価値とほぼ一致するが，優位の諸資本の商品の個別的価値は社会的価値よりも小さく，標準的平均的な生産諸条件よりも劣った生産諸条件をもつ劣位の諸資本の商品の個別的価値は社会的価値よりも大きい。

そこで，もし商品が社会的価値で売られるならば，中位の諸資本がそれの商品の個別的価値をほぼそのまま実現するのにたいして，優位の諸資本は，それの商品の個別的価値が社会的価値よりも低いので，その個別的価値だけでなく，さらに社会的価値と個別価値との差額をも獲得できる。この追加的な価値額は**特別剰余価値**と呼ばれる。これにたいして劣位の諸資本は，商品を社会的価値で販売できたとしても，それの個別的価値のすべてを実現できない。実現できなかったこの失われる価値部分を**欠損価値**と呼ぼう。

このように，商品の価値が社会的必要労働時間によって決定されるという価値規定（この通俗的な形態がいわゆる「一物一価の法則」である）が貫徹する結果，優位の諸資本は特別剰余価値を獲得し，劣位の資本は欠損価値だけ剰余

価値を失うのである（図134）。

図134　生産諸条件の相違による特別剰余価値の発生

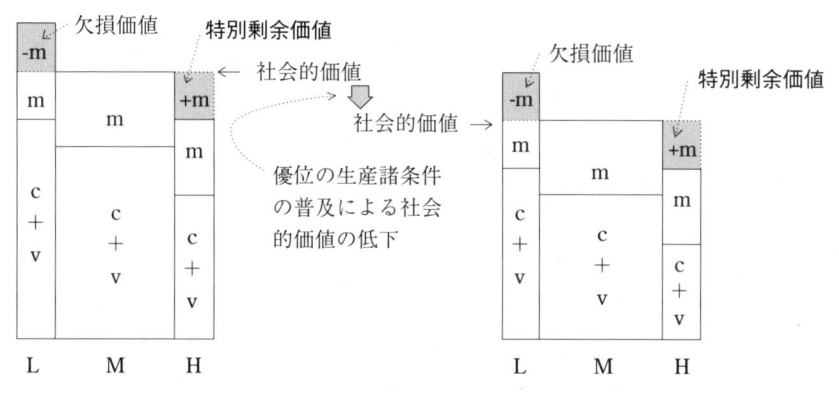

```
欠損価値          特別剰余価値
-m                +m
m      m          m        ← 社会的価値
                  m          ↓
c      c          c        社会的価値 →
+      +          +        優位の生産諸条件
v      v          v        の普及による社会
                           的価値の低下
L      M          H
```

```
欠損価値          特別剰余価値
-m                +m
m      m          m
       m          c
c      c          +
+      +          v
v      v
L      M          H
```

❖　横幅はそれぞれの資本が生産する商品量を表わす。
　　H ＝ 優位の生産諸条件をもつ諸資本の商品
　　M ＝ 中位の生産諸条件をもつ諸資本の商品
　　L ＝ 劣位の生産諸条件をもつ諸資本の商品

　しかし，新たな優位の生産諸条件を導入した優位の諸資本は，それ以前の資本量と同一の資本量で，それ以前よりも多くの商品を生産するので，その増大した商品量を市場で販売しなければならない。そこで，そのような優位の諸資本は，それらの商品をそれの個別的価値よりも高く，しかし社会的価値よりも安く売って，市場でのシェアを拡大しようとする。それでもなお，特別剰余価値の全部ではないが，それの一部を実現することができる。つまり，労働の生産力の増大による個別的価値の引き下げが，市場でのシェア拡大の武器となるのである。この意味でも，個別資本にとって，労働の生産力を高めることによって個別的価値を引き下げる（「コストを減らす」）ことが重要な意味をもつのである。

　このように，同一生産部門に属する諸資本のあいだには，より優れた生産条件を利用することによって，自己の商品の個別的必要労働時間を引き下げようとする相互間の圧力が作用しないわけにはいかない。このような諸資本相互間の圧力が**競争**である。個別資本を代表する個々の資本家の念頭に，労働の生産力の増大によって労働者の必須生活手段の価値を引き下げて労働力の価値を減

少させ，それによって必須労働時間を短縮して剰余労働時間を増大させよう，という目的が意識されているわけではない。しかし彼らはそのように行動しないではいない。なぜなら，この競争に取り残されていけば，最後には赤字の累積で没落する危機が待っているのだからである。資本主義的生産のもとでは，彼らのこのような行動を通じて，必然的に，労働の生産力が発展していくのである。

このように，剰余価値を増大させるために，必須労働時間の短縮によって相対的剰余価値を生産しようとする**資本の傾向**は，競争の圧力のもとで自己の商品の個別的価値を低下させることによって特別剰余価値を獲得しようとする**個別資本の行動**として現われるのであって，特別剰余価値は，相対的剰余価値が個別資本のもとでとる独自の形態なのである。

[**資本は社会の生産力を発展させないではいない**]　資本主義的生産関係のもとでは，社会の生産はすべて資本による生産である。競争の圧力のもとで個別資本が労働の生産力を高めようとするのだから，その結果として，社会全体の生産力が否応なしに高まっていかざるをえない。資本主義的生産は，社会の生産力をどこまでも発展させていこうとする内在的な傾向をもっているのである。

そこで次に，相対的剰余価値の諸々の特殊的な生産方法を見ることにしよう。

第2節　協　業

[**協業**]　相対的剰余価値の生産のための第1の方法，すなわち資本が生産力を高めるために採用しないではいない第1の生産方法は協業である。同じ生産過程で，あるいは，同じではないが関連のあるいくつかの生産過程で，多くの人びとが計画的にいっしょに協力して労働するという労働の形態を**協業**と呼ぶ。

[**協業の効果**]　協業は，次のような効果をもつことによって，労働の生産力を高める。①個々人の労働に社会的平均労働の性格を与える。（たとえば，多数のなかからどの5人をとっても，その労働の成果はほぼ等しい。）②生産手段が共同の使用によって節約される。（たとえば，建物，容器，用具，装置，等が少なくてすむ。）③もともと集団力でなければできない仕事をやりとげる。（個々人ではけっして動かせないような重量物を動かせる。）④個々人の競争心

を刺激して，活力を緊張させる。⑤多くの人びとの同種の作業に，連続性と多面性とをもたせる。（バケツリレー，建築作業での多方面からの着手などが効率を高める。）⑥異種の作業を同時に進行させることができる。（漁船での漁撈では，同時に多種の作業を行なうことが必要である。）⑦決定的な瞬間に，多くの労働を集中的に流動させることができる。（期間制限のある作業で一定量の成果をあげるのに，協業が不可欠。）⑧労働の空間的な作用の範囲を拡大する。（干拓，築堤，潅漑，運河・道路・鉄道の建設では協業が不可欠。）⑨生産規模に比べて，空間的生産場面を狭めることを可能にする。（相対的に狭い土地に多くの資本や労働を集中的に投下できる。）

　[**労働の社会的生産力**]　このような，協業から生じる独自な生産力は，**労働の社会的生産力**または**社会的労働の生産力**である。他人との計画的な協働のなかで，労働する諸個人は，自己の肉体的な限界を超え出て，人間の類的能力を発揮する。ただし，協業が，労働する諸個人の自覚的・自発的結合によるものか，それとも彼らの意志とは無関係に外的にもたらされた結合によるものかで，そのあり方および程度は大きく異ならざるをえない。

　[**労働の社会的生産力は資本の生産力として現われる**]　資本が，労働の生産力を高めて相対的剰余価値を生産するためにまずもって採用したのが，協業だった。ここでは，労働する諸個人の協働を実現するのは，労働者たち自身ではなくて，彼らの労働力を購買して，同一の作業場で結合させる資本である。だから，労働の社会的生産力は**資本の社会的生産力**として現われ，協業そのものが，資本主義的生産過程の独自な形態として現われる。

　[**指揮および監督の機能は資本に属する**]　多くの労働者による社会的な労働は**指揮**を必要とし，それを行なう**指揮者**を必要とする。資本によって実現される協業では，指揮の機能は資本に属する資本の機能であり，その人格的担い手は，まずもって資本家である。

　資本のもとでの労働は労働者にとって，自分の立てた目的を実現する自分の労働ではなく，資本の目的を実現するための他人の労働だから，彼らの労働には**資本による監督**が必要である。これはもちろん資本の機能であり，まずもって，資本の人格化である資本家が彼らの**監督者**となる。

　指揮は多数人による社会的労働が社会形態にかかわりなく必要とするもので

あり，監督は賃労働という労働の社会的形態が要求するものであって，両者はほんらい区別されるべきものであるが，実際には，どちらも資本の機能として渾然一体となって**資本家**によって遂行され，〈**指揮・監督**〉という一つの機能として現われる。

まずもって資本家自身によって果たされるこの指揮・監督の機能は，やがて，資本家から特別な種類の賃労働者，すなわち**マネジャー**（産業士官）やもろもろの**職制**（産業下士官）に譲り渡されるようになる。

一方では，資本のもとでの協業に必要な指揮および監督が資本家によって行なわれるところから，およそ協業には資本が必要であるかのような転倒した観念が生まれるとともに，他方では，これらの機能が特別な種類の労働者によって遂行されるところから，指揮ばかりでなく監督までも，社会形態にかかわりのない社会的労働一般が必要とするものであるかのような転倒した観念が生まれる。

　[**単純協業**]　分業にもとづく協業であるマニュファクチュアはもちろんのこと，大工業も協業である。分業も機械の利用もともなわない協業を**単純協業**と言うが，資本主義的生産が相対的剰余価値を生産するためにまずもって採用したのがこの単純協業であった。

第3節　分業とマニュファクチュア

　[**分業**]　相対的剰余価値の生産のための第2の方法は**作業場内の分業**である。単純協業から作業場内の分業が発生するのであって，これは**マニュファクチュア**（工場制手工業）時代を特徴づけるものである。分業は，英語の division of labor の訳語であり，「労働の分割」のことである。（フランス語の division du travail，ドイツ語の Arbeitsteilung も同じ意味の語である。）

　[**本来のマニュファクチュア時代**]　16世紀半ばから18世紀最後の3分の1期にかけて，イギリスでは，マニュファクチュアが資本主義的生産様式の支配的な形態となっている時代があった。これを「**本来のマニュファクチュア時代**」と呼んでいる。経済学はこの時代にはじめて独自の科学として現われた。「マニュファクチュア時代の包括的な経済学者」とも呼ばれるアダム・スミスは，

分業に力点をおいて資本主義的生産様式を考察した。

　[**社会的分業と作業場内分業**]　分業には，社会的分業と作業場内分業とがある。どちらも，労働の分割である点では同じであって，多くの共通点をもち，また関連をもっているが，しかし両者は明確に区別されなければならない。**社会的分業**が，社会の総労働者の総労働が，さまざまの具体的労働に分割されていることを意味する（☞図28）のにたいして，**作業場内分業**は，同種の生産物ないし生産物群を生産する一つの労働過程のなかでの労働者たちの労働の分割である。資本主義的生産のもとでは，前者は，自然発生的で無政府的であるところに決定的な特徴があるのにたいして，後者は，徹底的に意識的・計画的なものである点で，この両者は本質的に異なっている。

　労働の生産力を増大させるものとしてここで問題になる分業は，作業場内分業である。作業場内分業は，まず**マニュファクチュア的分業**として現われ，のちに機械の利用が一般化すると，**工場内分業**となる。

　[**マニュファクチュア的分業とその効果**]　マニュファクチュア的分業は，人間を自己の器官とする一つの全体機構であって，手工業的熟練が生産の基礎となっている。労働する諸個人は，特定の部分機能だけを遂行するのであり，生涯，この機構の一器官でしかない。この分業は，次のような効果をもつことによって，労働の生産力を高め，相対的剰余価値の生産を可能にする。すなわち，①生産の場所や道具を変えるための時間が節約され，②熟練や技能が著しく高まり，③道具が単純化し，改良され，多種多様となる。

　[**マニュファクチュアの二つの起源**]　マニュファクチュア（工場制手工業）は二つの起源から発生する（図135）。

　[**マニュファクチュアの二つの種類**]　マニュファクチュアには，製品の性質によって生じてくる，区別される二つの種類がある（図136）。

　[**マニュファクチュア内分業における資本による労働の支配**]　マニュファクチュア内分業によって，労働する諸個人は特定の部分労働に押しこめられて，肉体的にも精神的にも不具化・奇形化され，資本によって買われないかぎり，用をなさないようになる。多くの労働者がたんなる肉体労働者として，精神労働を行なう者に支配されるようになる。精神労働は資本によってわがものとされるので，**資本による労働の支配**が確立される。

図135　マニュファクチュアの二つの起源

I　別々の手工業の結合による発生（馬車製造マニュファクチュアの起源）

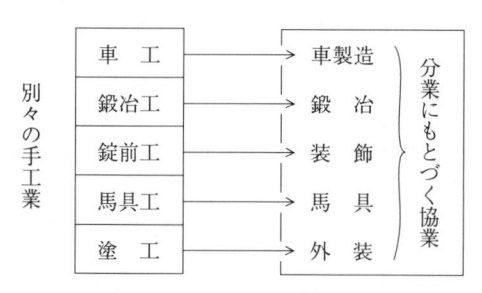

```
                ┌ 車　　工  ┐→  車 製 造  ┐
                │ 鍛 冶 工  │→  鍛　　冶  │ 分業に
別々の手工業 ─┤ 錠 前 工  │→  装　　飾  ├ もとづく
                │ 馬 具 工  │→  馬　　具  │ 協業
                └ 塗　　工  ┘→  外　　装  ┘
```

II　同一の手工業の分化による発生（製針マニュファクチュアの起源）

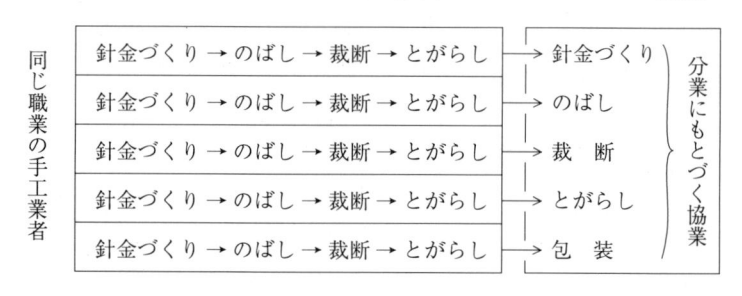

```
            ┌ 針金づくり→のばし→裁断→とがらし ┐→ 針金づくり ┐
            │ 針金づくり→のばし→裁断→とがらし │→ のばし     │ 分業に
同じ職業の ─┤ 針金づくり→のばし→裁断→とがらし ├→ 裁　断     ├ もとづく
手工業者   │ 針金づくり→のばし→裁断→とがらし │→ とがらし   │ 協業
            └ 針金づくり→のばし→裁断→とがらし ┘→ 包　装     ┘
```

図136　異種的マニュファクチュアと有機的マニュファクチュア

異種的マニュファクチュア	有機的マニュファクチュア
部品製造 ┤ 文字盤製造 ○ ＼ 　　　　　 指針製造　 ○ → 組立 　　　　　 ガラス製造 ○ → 仕上　●時計 　　　　　 側　製造　 ○ → 検査　（完成品） 　　　　　 ぜんまい製造 ○ ／ 　　　　　 歯車製造　 ○ ／	●原料 針金づくり　　↓ 　　　　　　　○ のばし　　　　↓　加工 　　　　　　　○　諸 裁　断　　　　↓　段 　　　　　　　○　階 とがらし　　　↓ 　　　　　　　○ 包　装　　　　↓ 　　　　　　　●針 　　　　　　　（完成品）

［**マニュファクチュアは自分がつくりだした諸要求と矛盾する**］　マニュファクチュアは，一つの社会の生産全体を捉えることもできなかったし，生産のあり方を根底から変革することもできなかった。マニュファクチュアは，広範な

都市の手工業と農村の家内工業を土台にしてあちこちでそびえ立っている経済的な作り物でしかなかった。マニュファクチュアがある程度まで発展すると，それ自身がつくりだした生産上のもろもろの要求は，それの狭い技術的基礎と矛盾するようにならないではいなかった。

第４節　機械と大工業

§1　機械と大工業

[**機械と大工業**]　相対的剰余価値の生産のための第３の方法は，**機械の利用**である。資本主義的生産様式は，労働手段の革命を通じて機械という技術的基礎を獲得することによって，分業にもとづく協業を基礎とするマニュファクチュアから，**大工業**に発展する。

[**機械の三つの構成部分**]　発達した機械は，三つの構成部分からなっている。

- ❖ **動力機**──全機構の原動力として作用する
- ❖ **伝動機構**──動力の運動を調節し，形態を変化させ，それを道具機に配分・伝動する
- ❖ **道具機（作業機）**──労働対象を捉え，それを合目的的に形態変化させる

道具が，人間によって直接に使用される労働手段であるのにたいして，**機械**は，道具を備えた道具機を運動させることによって対象を加工する労働手段である（図137）。

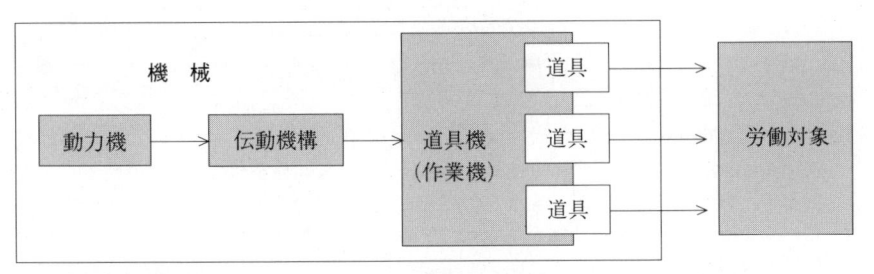

図137　発達した機械

[**道具機の出現→動力機の革命→伝動機構の改良**]　18世紀後半からイギリスで始まった**産業革命**の出発点となったのは，同一または類似の多数の道具を同

時に操作する道具機の出現であった。道具機の使用の拡大が動力機の発明を呼び起こし（人力・馬力・風力・水力からワット（James Watt, 1736-1819）の蒸気機関へ），動力機の革命が伝動機構の改良・発明や運輸・交通機関の発展をもたらした。

［道具機の単純協業→機械体系→自動機械体系］　機械経営にもとづく工場の最初の姿は，いろいろな道具の組み合わせをもち，一つの製品全体をつくりあげる**道具機の単純な協業**である。

次に，それぞれ異なった作業段階を分担する別々の道具機の組み合わせからなる**機械体系**が現われる。これはいわば，機械における，分業による協業である。

作業機が，原料の加工に必要なすべての運動を人間の助力なしで行なうようになり，人間はそれにただ付き添うだけになったとき，自動機械体系が現われる。**自動機械体系**は，伝動機構の媒介によって一つの中央自動装置から運動を受け取るもろもろの作業機の編成された体系である[1]（図138）。

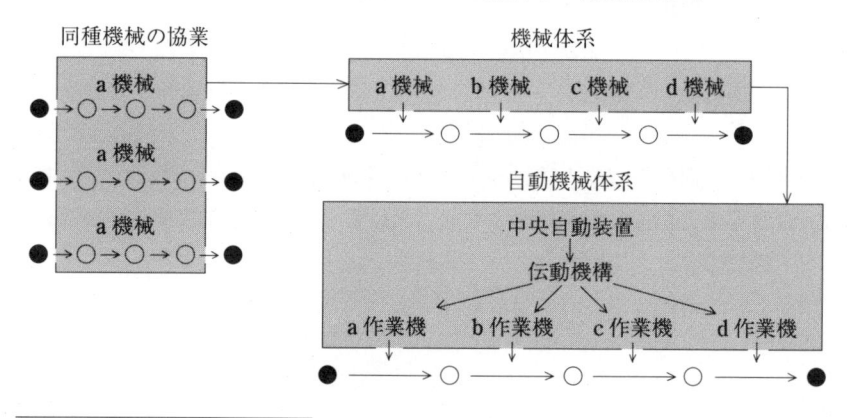

図138　多数の同種機械の協業→機械体系→自動機械体系

1）マルクスは次のように書いている。「ただ伝動機の媒介によって一つの中央自動装置（Automat）からそれぞれの運動を受け取るだけの諸作業機の編成されたシステムとして，機械経営はその最も発展した姿をもつことになる。ここでは，個々の機械に代わって一つの機械的な怪物が現われ，その身体は工場の建物いっぱいになり，その悪魔的な力は，はじめはその巨大な手足の，荘重ともいえるほど落ち着いた動きで隠されているが，やがてそれの無数の固有の労働器官の熱狂的な旋回舞踏となって爆発する。」（『資本論』第1部，MEW, Bd. 23, S. 402. 強調はマルクス。）

[生産物への機械価値の移転と機械採用の資本主義的限界]　個々の資本が機械を採用するのは，これによって労働の生産力を高め，自己の商品の個別的価値を社会的価値よりも低くさせ，これによって特別剰余価値を獲得するとともに，販売価格を引き下げて市場でのシェアを拡大するためである。しかし，機械の採用が一般化すれば，それによって生産された生産物の社会的価値そのものが低下する。つまり，機械の採用は，生産物の価値を減少させるのである。

　では，機械の採用はどのようにして生産物の価値の減少をもたらすのか？

　まず，明らかなことは，生産物に移転する価値部分を除けば，機械は，天然の大地とまったく同様に，また自然力や科学と同様に，無償で作用するということである。

　機械によって生産される生産物の量は，道具によるそれよりもはるかに大量であり，しかも耐久期間が長いので，1台の機械の総価値が配分される総生産物量は膨大である。そのために，機械の価値は道具に比べてはるかに大きいのに，個々の生産物に移転するその価値額は比較的わずかである。しかし，機械の価値が高いために，労働手段から移転するこの価値量が，道具を使用した場合よりも多くなることがありうる。

　しかし，機械を使用することによって，同一量の生きた労働で道具よりもはるかに多量の生産物を生産することができる。したがって，個々の生産物が含む新労働の量は確実に減少する。

　他方，道具によってであれ機械によってであれ，形態変化によって個々の生産物となる原料が変化しないかぎり，個々の生産物に移転する原料の価値の絶対額は変化しない。

　だから，機械生産になると，個々の生産物の価値のうち，それに移転する原料の価値はあまり変化しないが，それに対象化される生きた労働は激減するので，かりにそれに移転する機械の価値がそれまでの道具の価値よりも増大したとしても，その増大が，対象化する生きた労働の量よりも少ないかぎりは，機械の採用によって個々の生産物の価値は減少するのであり，資本にとって機械を採用することが有利となる（図139）。

　生産物が含む抽象的労働の量を減少させることによって生産物を安くする手段としてだけ見れば，機械自身の生産に必要な労働が，機械の充用にとって代

図139 生産物形成要素としての機械と価値形成要素としての機械

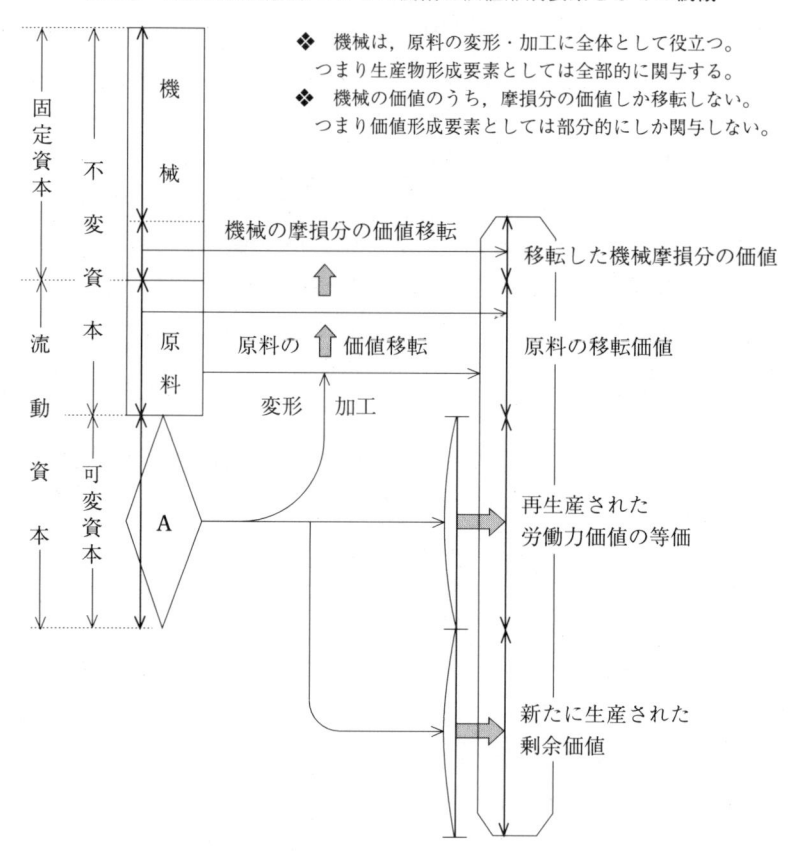

❖ 機械は，原料の変形・加工に全体として役立つ。
  つまり生産物形成要素としては全部的に関与する。
❖ 機械の価値のうち，摩損分の価値しか移転しない。
  つまり価値形成要素としては部分的にしか関与しない。

われる労働よりも少ないかぎり，機械の使用にはメリットがある。

　ところが，資本にとっては，この限界はもっと狭いものとして現われる。

　資本は，充用される労働に支払うのではなく，充用される労働力の価値を支払うのだから，資本にとっては，機械の使用は，機械の価値と機械によって代わられる労働力の価値との差によって限界を与えられる。

　機械使用の資本主義的制限がなくなっているアソシエーションでは，機械は資本主義社会でとはまったく違った活動範囲をもつことになる。

　[**機械使用の人類史的意義**]　大工業のもとで生産に機械が一般的に使用されるようになったことには巨大な人類史的意義がある。

第1に，大工業は，生産過程への自然科学の意識的な技術的応用を不可欠の契機としている。それは，それの具体的な形態がどのように変化していこうと，科学とそれの技術的応用によってのみ発展することができるものである。生産過程は，これによってはじめて，自然を科学的に制御する過程に転化し始めた[2]。

　第2に，大工業のもとでの巨大な生産手段を用いる労働過程は，多数の労働者の協働によって，すなわち社会的労働によってはじめてなされうる，まったく社会的な過程である。労働過程は，かつての分散した個別的な過程から社会的な過程に転化した[3]。

　[資本主義的生産における機械使用の転倒的形態]　しかしながら，資本主義

---

2) マルクスは次のように書いている。「人間にたいして彼ら自身の社会的生産過程をおおい隠し，もろもろの自然発生的に分化した生産部門をたがいに他にたいして謎にし，またそれぞれの部門の精通者にたいしてさえも謎にしていたヴェールは，大工業によって引き裂かれた。大工業の原理，すなわち，それぞれの生産過程を，それ自体として，さしあたり人間の手のことは少しも顧慮しないで，その構成要素に分解するという原理は，技術学というまったく近代的な科学をつくりだした。社会的生産過程の種々雑多な外観上は無関連な骨化した諸姿態は，自然科学の意識的に計画的な，それぞれの所期の有用効果に応じて体系的に特殊化された応用に分解された。また，技術学は，使用される用具はどんなに多様でも人体の生産的行動はすべて必ずそれによって行なわれるという少数の大きな基本的な運動形態を発見したのであるが，それは，ちょうど，機械がどんなに複雑でも，機械学がそれにだまされて簡単な機械的な力の不断の反復を見誤ったりしないのと同じことである。近代工業は，一つの生産過程の現在の形態をけっして最終的なものと見ないし，またそのようなものとしては取り扱わない。それだからこそ，近代工業の技術的基礎は革命的なのであるが，以前のすべての生産様式の技術的基礎は本質的に保守的だったのである。」(『資本論』第1部，MEW, Bd. 23, S. 510-511. 強調はマルクス。)

3) マルクスは次のように書いている。「機械としては労働手段は，人力の代わりに自然力を利用し，経験的熟練の代わりに自然科学の意識的応用に頼ることを必然的にするような物質的存在様式を受け取る。マニュファクチュアでは，社会的労働過程の編制は純粋に主体的であり，部分労働者の組み合わせである。機械体系では，大工業は一つのまったく客体的な生産有機体をもつのであって，これを労働者は既存の物質的生産条件として自分の前に見いだす。……機械は，……直接に社会化された労働すなわち共同的な労働によってのみ機能する。だから，労働過程の協業的性格は，いまでは，労働手段そのものの性質によって命ぜられた技術的必然となる。」(『資本論』第1部，MEW, Bd. 23, S. 407. 強調はマルクス。)

的生産のもとでは生産手段が資本の形態をとり，機械はそれが剰余価値の生産に役立つかぎりにおいてのみ充用されるのであって，機械使用の人類史的意義も，機械が労働する諸個人を支配する，という**転倒的な形態**のもとで現われるほかはない。

§2 資本による機械の使用は機械による労働者の支配をもたらす

[**資本による労働の支配の完成**] 資本主義的生産を特徴づける大工業は，機械の使用の拡大と機械による機械の生産とを土台として勃興し，手工業経営やマニュファクチュア経営を圧倒して，19世紀以降，巨大な発展をとげた。それまでは労働者が労働手段（道具）を支配していたが，ここでは**労働手段（機械）が人間を支配し**，労働者は機械のたんなる付き添いに転化する。

資本主義的生産では労働手段も労働対象も，資本がとる形態となっているから，自動機械体系をもつ工場では，労働過程そのものにおける資本による労働の支配が完成する。

また，資本による労働の支配を制限していた，肉体労働における熟練労働者の広範な存在も，機械の出現によって完全に除去され，この面でも，資本による労働の支配が完成する。

[**女性労働と児童労働とによる男性労働の置き換え**] 機械が出現すると，それはまず，筋力のない労働者，あるいは身体の発達はまだ未熟だが手足の柔軟性に富んだ労働者を充用するための手段となった。すなわち，**女性労働と児童労働の広範な採用**である。これによって，労働者家族全員が資本の支配のもとに編入され，**賃労働者の数が増大**した。それまで成年男性の労働力のなかに含まれていた家族費が家族全員に配分されることによって，彼の**労働力の価値を減少**させた。機械は，圧倒的な数の女性や児童を労働人口に加えることによって，男性労働者がマニュファクチュア時代に資本の専制にたいしてまだ行なっていた反抗をついに打ち破る。労働者はますます資本のもとに従属するようになる。

[**機械の資本主義的充用による労働日の延長**] 機械は，充用されていようといまいと，物理的に腐朽するし，また無形の摩損による減価をこうむる。だから資本家は，機械をできるだけ短期間に使い尽くそうと努める。そのために，

資本家は労働者の労働日をできるかぎり延長しようとする。実際，イギリスで労働時間の法外な延長が行なわれたのは，大工業の確立過程であった。労働者がより少ない時間でより多くを生産することを可能にする機械が，資本の手中では，労働日を無制限に延長する手段となるのである。

［機械の資本主義的充用による労働の強化］　労働日の無制限な延長によって労働者の生命の根源を脅かされた社会が標準労働日を確定すると，資本は労働力をできるかぎり集約的に搾取しようと努力する。短縮された労働日では，機械の速度が加速されたり，労働者への見張りが強化されたりして，労働の強度が高められる。イギリスでは，労働日の短縮が実現してから数年後に，就業労働者数が著しく減少した。それは，個々の労働者から搾り出される労働が以前よりも増大したからである。このような労働の強化は，これはまたこれで，労働者たちの側からの，労働日のいっそうの短縮の要求を強めることになる。

［煉獄としての工場］　機械経営のもとにある工場では，マニュファクチュアのもとでのさまざまの熟練度の労働者からなる等級制は消滅する。ここでは，労働者は，生涯にわたって機械に使われるように運命づけられる。自動機械体系となった労働手段は，つねに資本として，つまり生きている労働力を支配し吸い尽くす死んだ労働として，労働者に相対する。工場では，資本が労働監督者を使って行なう，労働者にたいする兵営的な規律，専制的な統治が支配する。労働者は，高温，騒音，塵埃に満ちた工場のなかで事故の危険にさらされる。

［機械にたいする労働者の反逆］　だから，労働者たちが長期にわたって，機械と狂信的に闘い，しばしば機械を打ち壊すことに夢中になったのも無理からぬことであった（ラッダイト運動）。彼らの誤りは，機械が労働者たちにもたらした苦難が，機械それ自体によるものではなくて，それの資本主義的充用によるものであることを彼らが見抜くことができなかったことにあった。

［機械経営にともなう労働者の吸引と排出］　工場制度の膨大な突発的な拡大能力とそれの世界市場への依存とは熱狂的な生産の時期をもたらすが，その結果として過剰生産と恐慌が生じ，そしてその後に不況がやってくる。このような産業循環の諸局面でのさまざまの産業部門での労働者の吸引と排出によって，労働者の就業と生活状態とはきわめて不安定なものとなる。

§3 大工業は資本主義的生産の変革と新社会の形成要素を発展させる

　[諸矛盾の発展が資本主義的生産の変革の酵素を発酵させる]　大工業は，生産の技術的基礎をたえず変革するとともに，労働者の機能や労働過程の社会的結合をもたえず変革する。それはまた，社会的分業をもたえず変革して，大量の資本と労働者の大群とを一つの生産部門から他の生産部門へとたえまなく投げ出したり投げ入れたりする。このように大工業は，労働の転換，機能の流動，労働者の全面的可動性を必然的なものにする。ところが，資本主義のもとでの大工業は，他面で，多くの労働者を，特定の労働種類に特化・固定化させる古くからの分業をたえず再生産しており，個々の労働者は容易には他の労働部門に移動することができない。これは資本主義的大工業におけるはなはだしい矛盾であって，この矛盾のために労働者は，失業によって生産手段から切り離されると同時に生活手段をも取り上げられてしまい，働き口を見いだすことができないで余計な人口にされてしまう。これによって，労働者の生活状態は固定性と確実性を失い，労働者階級は不断の犠牲と労働力の無際限な濫費とを余儀なくされる。資本主義的大工業はこのような消極面をもっている。

　しかしそれは，不況や恐慌の時期をつうじて，労働者の労働の転換が必要であること，したがって労働者が多面的な労働可能性をもつことが必要であることを認めないわけにいかない。こうして大工業は，必要となればどんな労働種類でも遂行できるような労働者を要求し，もろもろの社会的機能を自分のもろもろの活動様式としてかわるがわる行なうような全体的に発達した個人を要求しないではいない。資本主義的な生産形態は，一方では，古くからの分業を廃棄しようとし，そのために自分自身を変革するような酵素を生み出さないではいないが，他方では，この生産形態に対応する労働者の経済的諸関係は，このような傾向とは真正面から矛盾する。

　資本主義的な生産形態に内在するこうした諸矛盾の発展はこの生産形態の解体と新たな生産形態の形成とを準備しないではいない。大工業は資本主義的生産の変革の酵素を発酵させるのである。

　[大工業のもとでの男女の結合労働は人間的発展の源泉に一変する]　資本主義的生産は，労働する諸個人のあいだに存在するありとあらゆる差別を資本の増殖のために利用する。古い社会諸形態から受け継いだ男女差別もそうである。

だから，資本主義的生産は，一方では，男女差別を温存し利用しようとする。ところが，他方では，資本主義的な大工業の発展は，家事の領域のかなたにある社会的に組織された生産過程で女性や少年少女に決定的な役割を割り当てることによって，家族や両性関係のより高い形態のための新しい経済的基礎をつくりださないではいない。資本によって協業に組み込まれている労働人員が男女両性の非常にさまざまな年齢層の諸個人から構成されているということは，資本主義的な生産形態のもとでこそしばしば頽廃や奴隷状態という害毒の源泉になっているけれども，生産過程が労働者のためのものになっているような諸関係のもとでは，逆に人間的発展の源泉に一変するにちがいない。このように，資本主義的大工業は，男女差別の最終的な解消のための酵素をも生み出しているのである。

　［工場制度から未来の教育の萌芽が出てきた］　大工業の発展は，労働過程における労働力の破壊と疲弊とをもたらすことによって，労働者の保護条項を含む工場法を必然的に生み出した。工場法は，社会がその生産過程の自然発生的な姿態に加えた最初の意識的計画的な反作用であった。イギリスの工場法は注目すべき条項を含んでいた。その一つは，資本からもぎ取った最初の譲歩であった教育条項である。工場法は労働者の子弟にたいする初等教育を，労働のために必要な条件として強制した。これによって，知育および体育を筋肉労働と結びつけることが可能であることがはじめて実証された。こうして工場制度から，未来の教育の萌芽が出てきた。すなわち，一定の年齢から上のすべての子供のために生産的労働を学業および体育と結びつけるような教育である。マルクスはこのような教育こそが「全面的に発達した人間を生み出すための唯一の方法」だと見ていた。いま，発展した資本主義諸国では初等義務教育が一般化しているが，そこでの教育はいまだに生産的労働と結合されていない。

　［工場法一般化は社会の変革契機と新社会の形成要素を成熟させる］　労働者階級の肉体的精神的保護手段としての工場法の適用範囲は次第にあらゆる労働部面に拡げられていく。工場法のこの一般化は，一方で，資本の生産過程の発展に大きな刺激を与えるとともに，他方で，それに含まれている諸矛盾を発展させる。それは，個々の工場の内部では，斉一性や秩序や節約を強要し，社会的には，小規模の分散的な労働過程を大規模な結合された労働過程に転化させ，

工場制度の支配を一般化し，資本の集積を促進する。それは，労働日を制限し規制することによって，新技術の採用や労働強化に大きな刺激を与え，全体としての資本主義的生産の無政府性を強め，こうして過剰生産の要因を増大していく。それは，労働者保護条項の遵守を強制することによって小経営や家内労働の諸部面を押しつぶし，古風な形態や過渡形態を破壊し，それに代えて資本の直接のむきだしの支配をもってくる。

しかし，それは同時に，これまでは過剰な労働者たちを吸収してきた古い諸部面・諸形態をなくしていくことによって，社会機構のこうした安全弁を破壊し，機械と労働者との競争と敵対とを増大させ，資本の支配にたいする労働者の闘争を一般化していく。

こうして，資本主義的大工業が必然的に生み出した工場法の一般化は，一方では，生産過程の資本主義的形態に内在する諸矛盾と敵対関係とを発展させるとともに，他方では，新社会の形成に必要な生産過程の物質的諸条件を準備し，生産過程における労働する諸個人の社会的結合を成熟させる。つまり，資本主義的生産のもとでの大工業の発展は，それ自身が，新たな社会を形成するために必要なもろもろの要素を生み出すとともに，古い社会の変革を不可避にするもろもろの契機を成熟させていかないではいないのである。

[環境破壊は社会的に制御可能な生産過程の必要を示している]　大工業は生産過程を，科学的に自然を制御する過程に転化し始めたが，このことは，生産過程を，人間が自然とのあいだの物質代謝をエコロジカルにコントロールする過程，したがって同時に環境をも保護する過程に転化させることを意味しなかった。なぜなら，個々の生産過程が個々の資本によって剰余価値の取得を目的として遂行されるかぎり，環境保全をも目的とするような社会的生産過程の制御は，社会全体による——たとえば法的規制などの形態での——強制によるほかはないからである。けれども，資本主義的な大工業は，科学的に制御された過程が環境を破壊するというそれが生み出したパラドキシカルな結果をつうじて，生産過程を，それの資本主義的形態から，社会的に制御できるような形態に転換させる必要を，そしてとりあえずは社会による個別資本への強制を実現する必要を，労働する諸個人に指し示している。

すでにマルクスは，資本主義的生産のもとでの生産力の発展は自然環境を破

壊し，人間と自然との物質代謝，両者のエコロジカルな関係を破壊しないではいないこと，そしてまた，まさにこのことによって人間に，「人間と自然とのあいだの物質代謝を，人間の十分な発展に適合する形態で，体系的に確立すること」を強制しないではいない，と述べていた[4]。マルクスは，現代の公害や環境破壊の深刻化と，人びとのそれへの社会的・国際的な取り組みの立ち上がりとを先見的に見抜いていたのである。

---

4) マルクスは1867年に，農業における大規模機械経営の発展が，人間と自然とのあいだの物質代謝を破壊することをつうじて，人間にそれの再建を強制しないではいないことを，次のように書いた。

「農業の部面で，機械を使用する大規模な資本主義的経営が発展すると，ここでも，旧習になずみきった遅れた経営に代わって，科学の意識的な技術的応用が現われる。資本主義的生産様式は，工業をも農業をも科学の意識的応用に転化することによって，旧来の工業と農業との対立をなくしてそれらを結合するための物質的諸前提をつくりだすのである。

しかし他方で，資本主義的生産は，人間と土地とのあいだの物質代謝を攪乱しないではいない。人間が食料や衣料として消費する土壌成分が土地に帰ることは，どんな時代でも土地の豊穣性を持続させるための自然的条件であるが，資本主義的生産はこの条件を攪乱するのである。資本主義的農業における進歩は，労働者から略奪するための技術の進歩であるばかりでなく，同時に土地から略奪するための技術の進歩でもある。借地農業資本家による目先の一期間における土地の豊度の増進のための進歩は，同時に土地の豊度の不断の源泉を破壊することの進歩である。

都市工業の場合と同様に，現代の農業では，労働の生産力の上昇と労働力の流動化の増進とは，労働力そのものの荒廃と病弱化とをともなう。同時に，それは都市でも農村でも労働者の肉体的健康や精神生活を破壊しないではいない。

このように，資本主義的生産が社会的生産過程の技術と結合とを発展させるのは，同時にいっさいの富の源泉を，すなわち土地をも労働者をも，破壊することによってでしかない。

しかしそれは同時に，人間と自然とのあいだの物質代謝の自然発生的な状態を破壊することによって，再びそれを，しかしこんどは社会的生産の規制的法則として，また人間の十分な発展に適合する形態で，体系的に確立することを人間に強制するのである。」(『資本論』第1部，MEW, Bd. 23, S. 527-530. 引用者が組み替えて要約。強調は引用者。)

第5章　資本主義的生産関係と労働の疎外

第1節　資本主義的生産関係

[**資本主義的生産を規定する基本的生産関係は資本関係である**]　これまで見てきたように，資本主義的生産とは，資本が，労働市場で買い入れた労働力と商品市場で買い入れた生産手段とを消費することによって，労働力の価値よりも大きい新たな価値を，したがって両者の差額である剰余価値を取得し，こうして自己を増殖するという独自な生産である。このような生産の全性格と全運動とを規定しているのは，資本・賃労働関係と呼ばれる生産関係である。

[**資本・賃労働関係に含まれる主要な契機**]　ここでは，一方で，労働する諸個人は，生産手段から完全に切り離されて，労働力を商品として売らなければ生活できない賃労働者となっており，他方で，生産された生産手段が，総じて労働生産物一般が，自立化して資本となっており，非労働者である資本家によって人格的に代表されている。資本家が労働力を買ったのちにこれを消費する過程である生産過程は，賃労働者にたいする資本家の指揮および支配のもとで行なわれる過程である。この過程の生産物のうち，労働者が買い戻すことによって自分のものにできるのは必須生活手段の部分だけであって，生産手段を補塡する生産物部分ばかりでなく剰余生産物がそっくり資本家のものとなる。労働は賃労働の形態にあり，生産手段は資本の形態にある。この生産関係が**資本・賃労働関係**（簡略化して**資本関係**）である。資本・賃労働関係に含まれる主要な契機を列挙してみよう。

- 生産手段（労働諸条件）が労働する諸個人から分離し，自立化している
- 生産手段（労働諸条件）が資本となり，労働力が商品化する
- 資本家が資本を，賃労働者が労働力を，それぞれ人格的に代表する
- 資本家が資本を投下して，賃労働者から労働力を買う
- 資本家が賃労働者を指揮・支配して，生産を行なう
- 資本家が剰余生産物を取得し，賃労働者が必須生活手段を買い戻す

❖ 生産手段（労働諸条件）をもつ資本家と労働力しかもたない賃労働者とが再生産される

[**資本関係：労働条件にたいする労働する諸個人の疎遠なかかわり**] すでに序章第3節§3で見たように，生産関係のかなめは，労働する諸個人がどのような仕方で生産手段にかかわるのか，彼らはどのような仕方で生産手段と結びついて労働するのか，というところにある。資本・賃労働関係では，労働諸条件から完全に切り離されている労働する諸個人は，生産過程のなかで，労働諸条件である生産手段にたいして，他人に属するものにたいする仕方でかかわるのであって，その結果，生産された生産物は他人によって，すなわち生産手段を代表する資本家によって取得されることになる。生産物を取得する資本家は，そのことによって生産手段の所有者として振る舞うことができ，他方，労働する諸個人は，再び，労働力の売り手として市場に登場しなければならない状態にあることになるのである。

約言すれば，第1章第3節§1で見た商品生産関係とは，社会の総労働が自然発生的に分割され，労働する諸個人の労働（生産）が私的労働（生産）となっている，人間相互の社会的関係であったのにたいして，いまここで見ている**資本主義的生産関係**とは，労働する諸個人から生産手段が分離して，彼らが無所有となっており，生産手段が資本の形態をとって労働する諸個人を支配している，人間相互の社会的関係なのである。

資本・賃労働関係は，資本主義的生産のもとでの生産関係，つまり資本主義的生産関係の全体を規定する基本的な生産関係である。

[**生産関係の物象化：資本と労働力との物象的な関係**] こうして，資本・賃労働関係という労働における人びとの社会的関係は，資本と商品としての労働力という物象と物象の関係として現われるのであって，これは，第1章第3節§2で見た，商品生産関係における生産関係の物象化——労働する諸個人の私的諸労働相互間の社会的な関係が商品・貨幣関係という物象的形態をとること（☞図75）——の発展したものにほかならない。

[**物象の人格化：資本家と賃労働者との関係**] さらに，資本・賃労働関係の物象化したものである資本と商品としての労働力とは，それらが市場でたがいにかかわりあい，そしてさらに生産過程でかかわりあうためには，それらを代

表する，意志をもった人格を必要とする。資本の人格化が**資本家**であり，労働力の人格化が**賃労働者**である。彼らは，市場では，労働力の買い手および売り手という契約当事者としてたがいにかかわりあい，生産過程では，指揮者かつ管理者およびその指揮に従って労働する結合された労働者という異なった役柄にある人格としてたがいにかかわりあう。資本と労働力という物象が資本家および賃労働者という人格によって代表されるのであって，これは，第1章第3節§3で見た，商品生産関係における物象の人格化――商品および貨幣が商品所持者＝売り手および貨幣所持者＝買い手という人格によって代表されること（☞図77）――の発展したものである。

　[**資本主義的生産関係：資本関係によって規定された商品生産関係**]　資本・賃労働関係が支配するところではじめて，労働生産物が一般に商品という形態をとることになるのであり，言い換えれば，商品生産が一般的に行なわれるようになる。

　資本主義社会では，労働する諸個人は労働諸条件をもたないので，自分の労働として私的労働を行なうことはできないが，彼らの労働力を買い入れてそれを消費する資本家はそれぞれ相互に私的な生産者であり，そのもとで行なわれる労働する諸個人の労働総体は，他の資本家のもとでの諸個人の労働総体にたいしては相互に私的な労働である。だから，それぞれの資本家のもとでの彼らの労働の生産物は，相互に商品として対しあうことになるのである。資本主義的生産関係のもとでも，労働は，総体として社会的分業を形成する私的諸労働なのであり，価値にもとづく商品の交換を通じて社会的労働にならなければならない。

　さらに，賃労働者である労働する諸個人は，生活手段もそれを生産するために必要な生産手段ももっておらず，ただ，自分の労働力を売った対価である賃金で必須生活手段を市場で買わなければならない。こうして，労働者が生活に必要とするありとあらゆる生活手段が商品の形態をとらないではいないのである。生産手段が資本となり，商品として売買されるだけでなく，あらゆる生活手段が商品となるのであり，このようにして，資本主義的生産のもとでは商品生産が一般化しないではいないのである。

　だから，資本主義的生産関係は，資本・賃労働関係によって規定された商品

生産関係である。他方，資本・賃労働関係は商品流通および貨幣流通を前提し，ただそれらのうえでのみ存在し発展することができるものであるから，この意味では，商品生産関係は資本主義的生産関係の基礎をなすものである。だから，資本主義的生産関係は基礎的関係としての商品生産関係および規定的関係としての資本・賃労働関係からなっている，と表現することができる。

　[**商品流通は深部の資本関係をおおう表層である**]　われわれは，資本主義社会の最も一般的な事象である商品交換を取り上げ，商品の分析から始めて，資本・賃労働関係に到達した。そして，この資本・賃労働関係こそが商品生産関係を規定していることを知った。ここでわかるのは，われわれが最初に見た商品流通および貨幣流通は，資本主義的生産の表層であって，それの深部には資本・賃労働関係が潜んでいるのだ，ということである。

　商品生産関係のもとでの生産関係の物象化と物象の人格化とによって，商品流通の部面では，相互に私的所有，自由，平等，自利の関係にあるホモ・エコノミクスたちの相互の関係だけが見えていた。しかし，この表層の奥には，労働諸条件をもたない労働する諸個人と労働諸条件をもち労働しない資本家との関係，だからまた，生産過程における，労働を指揮・支配し不払労働を取得する資本家と，他人の指揮・支配のもとで労働し剰余労働を剰余価値の形態で他人に引き渡さなければならない労働する諸個人との関係が潜んでいたのである。

　商品流通は，深部にある資本・賃労働関係のうえに表層としてかぶさっており，資本・賃労働関係の真の姿をおおい隠しているのである。

第2節　資本のもとへの労働の包摂

　[**資本のもとへの労働の包摂**]　労働と労働過程は，人間諸個人が生存し，彼らからなる社会が存続するために，労働する諸個人があらゆる人間社会を通じて行なわなければならない，彼らの労働力の消費であり，人間の自然との物質代謝の過程である。しかし，労働する諸個人が労働諸条件（生産手段などの労働を行なうために必要な諸条件）にたいしてどのような様態でかかわるかによって，労働と労働過程は歴史的にさまざまの形態をとってきた。

　第2章以降これまで見てきたように，資本主義的生産様式のもとでは，労働

過程は，剰余価値の生産を目的とした資本による労働力の消費の過程であり，この過程の主体は労働する諸個人ではなくて資本である。労働過程は資本の過程となっており，労働は資本の指揮・監督のもとでの労働，資本の労働となっている。つまりここでは，人間諸個人と人間社会にとっての必然である，労働とそれによる自然との物質代謝の過程とが，資本によってすっかり捉えられ，資本に従属させられているのである。

　資本主義的生産は，それとはまったく異なる先資本主義的な生産諸形態ののちに成立してくる歴史的形態である。だから，それの成立とは，先行する諸形態のもとで行なわれていた労働過程が資本の過程に転化していくことにほかならない。資本（資本・賃労働関係の物象化としての自己増殖する価値）は，労働と労働過程とを自己に組み込み，包み込んで，自己のものとするのである。マルクスは，この組み込み，包み込みを「**資本のもとへの労働の包摂**（ほうせつ）（subsumption）」あるいは「**資本のもとへの労働の従属**」と呼んだ。資本による剰余価値の生産は，資本のなかに包摂された労働による生産である。

　資本のもとへの労働の包摂には，形態的包摂と実体的包摂との二つの形態がある。

　　［**資本のもとへの労働の形態的包摂**］　第2章では，価値増殖過程で資本がどのようにして剰余価値を生産するかという，剰余価値の生産の形態そのものを研究した。そこでは，資本に包摂された生産過程である価値増殖過程をただ形態的に見ただけであって，そのような形態のもとで行なわれる実体的な労働様式ないし生産方法はまったく問題にならなかった。このように，労働過程がどのような労働様式のもとで行なわれ，どれだけの生産力をもっているかにかかわりなく，それがすでに資本による剰余価値の生産の過程すなわち価値増殖過程となっており，指揮者かつ監督者としての資本家による労働者の労働の搾取過程となっているとき，これを**資本のもとへの労働の形態的包摂**と呼ぶ。

　資本が労働を包摂していると言えるのは，人格化された資本である資本家が労働過程で労働者たちを指揮・監督し，彼らの剰余労働の搾取に従事しているときである。だから，資本のもとへの労働の包摂が成立するためには，資本家が人格化された資本として機能するすべての時間を，他人の労働の取得とこの労働の生産物の販売等々のために使用できるということ，したがって，彼の取

得する剰余価値が、彼に労働者と同等ないしそれ以上の生活ができるだけの水準にまで達していなければならない。中世の同職組合制度は、一人の手工業親方が使用してもよい労働者数の最大限を非常に小さく制限することによって、親方が資本家になることを強圧的に阻止しようとした。貨幣所持者は、生産のために投下される最小限がこうした中世的最大限をはるかに超えるときに、はじめて資本家になる。「ここでも、自然科学におけるのと同様に、ヘーゲルが彼の『論理学』のなかで明らかにしている法則、すなわち、たんに量的にすぎない諸変化がある点で質的な諸区別に一変する、という法則の正しいことが証明される。」(『資本論』第1部, MEW, Bd. 23, S. 327. 強調はマルクス。) 資本のもとへの労働の形態的包摂が成立するために必要であるのはこのことだけである。

　[**資本のもとへの労働の実体的包摂**]　第4章では、資本は、相対的剰余価値の生産のために、労働の生産力を発展させないではいないこと、そのために、協業、分業、機械の充用、という労働過程における労働様式ないし生産方法における変革を引き起こさないではいないこと、その結果として、資本主義的生産様式は、単純協業、マニュファクチュア、大工業、という発展段階を経てきたのだということを見た。つまり、この章では、資本のもとへの労働の形態的包摂のもとで必然的に生じる、労働様式ないし生産方法における実体的な変革・発展を見たのである。このように、労働および労働過程を形態的に包摂した資本が、相対的剰余価値の生産のために労働過程の実体的な性質や実体的な諸条件を一変させて、技術的にもその他の点でも独自の生産様式を確立するとき、これを**資本のもとへの労働の実体的包摂**と呼ぶ。

　資本のもとへの労働の実体的包摂では、労働の技術的諸過程と社会的諸編成とが徹底的に変革され、それ以前のいかなる労働過程にも存在しなかった**独自に資本主義的な生産様式**が発展する。それの特徴が、協業における大規模な労働、工場内分業をもつ整然とした労働組織、直接的労働への科学や機械の応用であった。

　こうした独自に資本主義的な生産様式を基礎として、またそれと同時に、はじめて、資本主義的生産過程に対応する生産当事者たちのあいだの、そしてとくに資本家と賃労働者とのあいだの生産関係が発展する。

　資本のもとへの労働の実体的包摂とともに、生産様式そのものが、つまり労

働の生産力も資本家と労働者との関係も完全に変革されるのである。

　［たんに形態的な包摂から形態的かつ実体的な包摂へ］　歴史的には，まず，資本のもとへの労働のたんに形態的なものにとどまる包摂があり，この基礎のうえにはじめて独自に資本主義的な生産様式が自然発生的に発生・発展し，資本のもとへの形態的かつ実体的な包摂が現われるのである。だから，資本のもとへの労働の形態的包摂は資本主義的生産過程の一般的形態ではあるが，資本主義的生産の発展の過程では，それは独自に資本主義的な生産様式が生じる以前の資本主義的生産過程の形態としては資本のもとへの労働の実体的包摂と並ぶ一つの特殊的形態でもある。このことは，協業が，分業や機械を充用する労働過程が依然として一種の協業であるかぎりでは，独自に資本主義的な生産様式の一般的形態でありながら，それは単純協業としては，分業にもとづくマニュファクチュアや大工業と並ぶ，独自に資本主義的な生産様式の一つの特殊的な形態であるのと同様である。

　資本のもとへの労働の包摂は，資本主義的生産のもとで，人間的必然としての労働および労働過程が主体としての資本のもとに取り込まれていることを明示している。

第3節　資本の生産力への労働の社会的生産力の転化

　［独自に資本主義的な生産様式における労働の社会的生産力］　協業，作業場内分業，機械の充用による，また総じて，自然諸科学の意識的な技術的応用への生産過程の転化とこれらすべてに対応する大規模な労働とによる，高度に発展した労働の生産力は，労働する諸個人の多かれ少なかれ孤立した労働のもとでの労働の生産力に対比される，労働の社会的生産力，直接に社会的な労働の生産力，共同的な労働の，社会化された労働の生産力である。このような社会化された労働だけが，人間の社会的発展の一般的な所産である科学を直接的生産過程に応用することができるのであるが，他方ではまた，これらの科学の発展は，これはまたこれで物質的生産過程の一定の高さを前提するのである。

　［労働の社会的生産力は資本の生産力として現われる］　ところが，これらの労働の社会的生産力または社会的労働の生産力は，個々の労働者の生産力とし

ても生産過程で結合された労働者の生産力としても現われない。すなわち、労働のもつ生産力としては現われない。それらはもっぱら資本の生産力として、あるいはせいぜい、資本がとっている形態としての労働の生産力として現われるだけである。

このように、労働に属する社会的生産力が資本に属する生産力として現われる結果、この生産力のもつ「社会的なもの」も、労働者に属するものとしてではなくて、資本自身が自ら獲得した力として現われ、労働者の労働の「社会的なもの」が、資本の人格化である資本家として、労働者に相対することになる。

こうして、すでに資本のもとへの労働のたんなる形態的包摂において見られた、資本関係一般に内在している神秘化は、さらに著しく発展する。

 [資本主義的生産の歴史的意義が明確に現われる]　他方、資本のもとへの労働の実体的包摂では、直接的生産過程そのものの変化と労働の社会的生産力の発展とによって、資本主義的生産の歴史的意義もまたはじめて明確に、独自のかたちで現われる。

資本主義的生産は、独自に資本主義的な生産様式を展開することによって、労働による自然の制御を、一方では多数の労働する諸個人の協働による社会的な過程に転化させ、他方ではこの過程を科学の意識的な技術的応用の過程に転化させる。しかも、資本は、この過程をたえず推し進めて、社会の生産力をどこまでも高めていこうと努めないではいない。こうして、資本主義的生産は、人類に高度の生産力をもたらし、そうすることによって、生産過程が労働する諸個人を支配するのではなくて、彼ら自身が生産過程を制御するような新たな社会的生産有機体を、すなわちアソシエーションを物質的に準備するのである。

第4節　資本主義的生産における労働の疎外

 [疎外された労働]　マルクスは、経済学研究に着手してまもなく書いた1844年の『経済学・哲学手稿』で、資本主義社会の経済的な諸事実の最深の根拠をこの社会における労働する諸個人の労働のあり方のなかに見て、これを「**疎外された労働**」という概念で捉え、大要、次のように述べた。

〈この社会では、労働者の生産物が彼の外にある自立的な力として労働者に

対立するが，それは，彼の労働そのものが他人の労働，強制された労働，彼を苦しめる労働となるからである。また，労働のこのようなあり方によって，人間は自分の生命活動，類的存在から疎外され，その結果，人間は他の人間からも疎外され，私的所有から，所有者にたいする労働者の隷属が生じる。それゆえ，私的所有や隷属状態からの社会の解放は，労働者の解放によるほかはないと同時に，この解放のなかにこそ一般的人間的な解放が含まれている。〉（マルクス『経済学・哲学手稿』，MEW, Bd. 40, S. 510-522.）

マルクスのこの把握は，ヘーゲルの「疎外」概念の観念論的性格を批判する点ではフォイエルバハ（Ludwig Feuerbach, 1804-1872）を受け継ぐものであったが，しかし同時に，労働を人間の主体的本質的な活動として，疎外と疎外の止揚との過程として捉えるヘーゲルの労働観を継承する[1]とともに，古典派経済学の分析の諸成果をより根本的な概念によって捉えなおそうとするものであった。

［労働疎外の把握の深化］　この試みは，科学的な歴史観・社会観としての唯物論的歴史観（唯物史観）の形成に引き継がれ，アソシエーションの実現による人間の全面的解放をめざす社会変革の学説に発展・結実し，資本主義社会の経済的構造の科学的分析すなわち経済学批判のなかで深められた。

［『資本論』における労働疎外の体系的展開］　マルクスはとりわけ『資本論』で，資本主義的生産の分析を通じて，労働の疎外をその根源とその諸現象とにわたって詳細かつ体系的に展開した。ここでは労働疎外は，①商品生産関係およびこれを基礎とする資本主義的生産関係の明確な把握のうえに，②商品生産関係のもとで必然的に生じ，資本主義的生産のもとで発展・完成される，生産諸関係の物象化と諸物象の人格化が追跡され，③資本主義的生産関係のもとで

---

1) マルクスは，彼の初期の労作『1844年の経済学・哲学手稿』のなかで，「ヘーゲルの『現象学』とそれの最終成果における偉大なもの——動かし産み出す原理としての否定性である弁証法における偉大なもの——の一つは，ヘーゲルが，人間が自分を産出することを一つの過程としてつかんでいること，対象化を脱対象化として，外在化として，そしてこの外在化の廃棄としてつかんでいること，だから，彼が労働の本質をつかんでいること，対象的な人間を，現実的であるがゆえに真なる人間を，人間自身の労働の成果として概念的に把握していることである」（MEW, Bd.40, S.574），と言っている。

生産手段が労働者にたいして資本として自立化し，労働過程が同時に価値増殖過程となることによって生じる，〈資本のもとへの労働の包摂〉が体系的に展開され，④そのさい，まさに疎外と呼ばれるにふさわしい労働する諸個人の状態が豊富な例証をもって示され，⑤しかも疎外の過程である資本主義的生産の発展が同時に，この疎外の最終的な止揚を準備する，生産諸力の巨大な発展と訓練され組織された労働者階級の発達との過程であることが明らかにされている。

ここでは，かつて「疎外された労働」として特徴づけられた，賃労働という労働の独自な社会的形態のもとでの労働の転倒的な姿が，資本主義的生産の理論的分析にもとづいて具体的かつ体系的に展開され，疎外とその止揚とが深い内容を与えられているのである。

　[労働が苦痛の源泉であることの根源は労働の疎外にある]　序章第2節§3で，労働は人間実践の本源的な形態であり，実践のなかで目的を達成することで自己の欲求を満足させる人間にとって，労働は喜びの源泉であるはずであるのに，現代社会の労働はむしろ苦痛の源泉として現われているが，これはなぜだろうか，という問題を立てた。いまではこの問題に完全に答えることができる。資本に包摂された労働，疎外された労働は，労働する諸個人自身の設定した目的を実現する活動ではなくて，資本が設定した目的を実現する活動であり，主体である労働する諸個人が自然をも自己をも意識的に制御する活動ではなくて，他者である資本によって命令・指揮される活動である。このような労働の疎外こそが，現代社会の労働の苦痛の源泉であり，〈しなくてよければしたくない活動〉として現われることの根源なのである。

　[商品・貨幣による人間支配は資本による人間支配に発展した]　本章では，資本主義的生産関係のもとで〈資本による労働の包摂〉が発展し，〈労働の自己疎外〉が完成することを見てきた。ここでは，労働する諸個人の生産物である生産手段が，資本の形態をとって自立化し，労働する諸個人を支配する。こうして，第1章第3節§2で見た商品による人間支配および貨幣による人間支配は，いまや**資本による人間支配**にまで発展した。

第6章 労　賃

第1節　賃金の本質と現象形態

[**賃金の本質**]　資本家が賃労働者に支払う賃金は，賃労働者が販売する商品すなわち労働力の価格であり，この価格はこの商品すなわち労働力の価値を貨幣で表現したものである。つまり，**賃金の本質**は，**労働力の価値**およびその貨幣表現である**労働力の価格**である（図140）。

図140　賃金の本質：労働力の価値および価格

❖　1労働時間が $\boxed{1}$（貨幣表現で2000円）の価値を生むものとする。

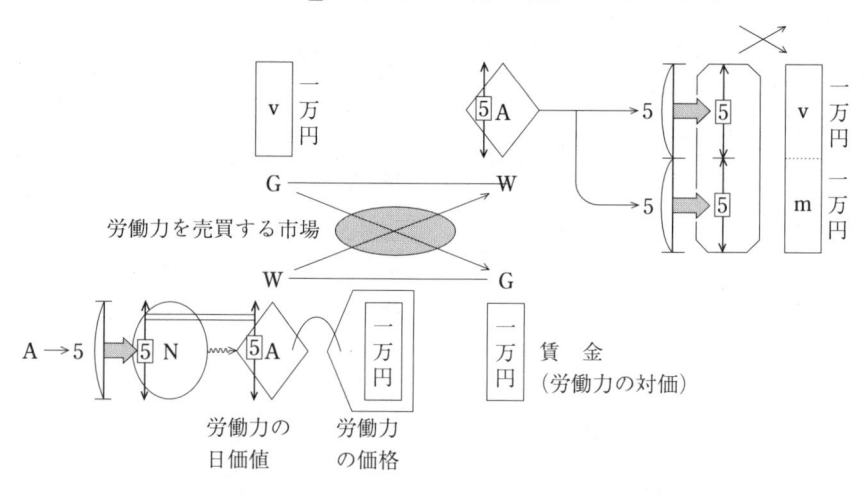

[**賃金の現象形態**]　ところが，この売買の当事者たち（資本家と賃労働者）の目に直接に触れる流通の表面では，ここで売買される商品が労働力であることがまったく現われていないので，彼らは，ここで売買されているのは労働だと錯覚しないではいない。彼らがそれを労働だと考えるのは，賃労働者が売買契約に従って実際に行なわなければならないのは資本家のもとでの労働であり，資本家がこの売買で実際に手に入れようとするのは，剰余労働を含む賃労働者

の1日の労働だからである。そこで，労働力の価値ないし価格という本質は，**労働の価値ないし価格**という**現象形態**をとることになる。ここから，労働力の対価である賃金は「労働力賃金」ではなくて「**労働賃金**」，略して「**労賃**」と呼ばれ，労働力を売買する市場は「労働力市場」ではなくて「**労働市場**」と呼ばれることになる（図141）。

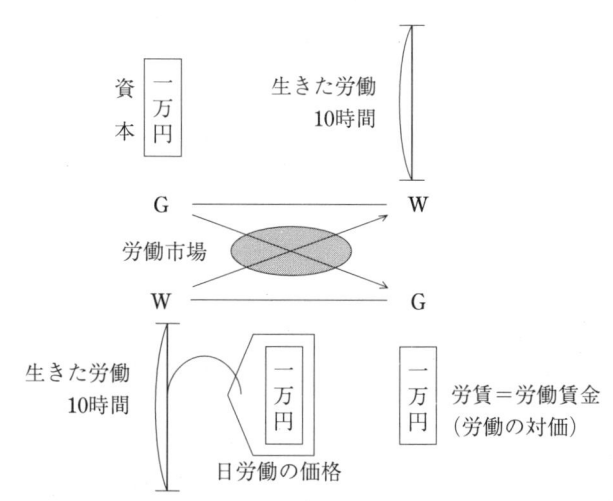

図141　賃金の現象形態：労賃（労働賃金）＝ 労働の価値および価格

労働力の価値および価格という本質の現象形態である労賃では，労働力の日価値が**日労働の価値**として現われている。労賃は，労働力の価値の転化形態である。

第2節　労賃の二つの基本形態：時間賃金と出来高賃金

［**時間賃金と時間賃金率**］　労賃の第1の基本形態は時間賃金である。**時間賃金**は，労働の量が労働時間によって測られる賃金形態であって，〈労働1時間当たり~円〉という形態で支払われる賃金である。労働1時間当たりの賃金の高さを**時間賃金率**（略して賃率）——日本では一般に「時給」という語が使われている——と言う。時間賃金では，まず時間賃金率が決定されていて，それに個々の労働者の1日の労働時間を乗じることによって，個々の労働者の1日

第6章　労　賃

の賃金が算出される。

　[賃率の客観的根拠]　この賃率は，資本家と賃労働者とのあいだの力関係によって変動するが，その客観的な根拠は，その賃率によれば賃労働者が1日の労働によって労働力の日価値を回収できる，というところにある。個々の資本の賃率がどのようなものであろうとも，社会的平均的には，それができなければ賃労働者たちは自己の労働力を正常に再生産することができないのだからである。

　[賃率決定の外観]　ところが，労働力の日価値というこの根拠は直接には見えないので，〈1時間の労働がそれ自体としてある量の価値をもっており，賃率はそれを貨幣で表わしたものだ〉と観念され，賃率の決定は，それまでの水準や社会的水準を考慮して自由に決定されるもののように見え，それを社会的に規定している労働力の価値は意識されない（図142）。

図142　時間賃金

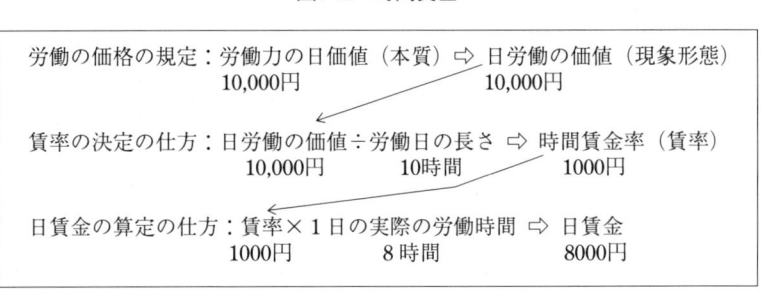

```
労働の価格の規定：労働力の日価値（本質） ⇨ 日労働の価値（現象形態）
                    10,000円                10,000円
賃率の決定の仕方：日労働の価値÷労働日の長さ ⇨ 時間賃金率（賃率）
                    10,000円      10時間          1000円
日賃金の算定の仕方：賃率×1日の実際の労働時間 ⇨ 日賃金
                    1000円        8時間           8000円
```

　[時間賃金の具体的形態]　時間賃金は，日給，週給，月給，年俸，さらに基本給，職務給，年齢給，等々のきわめて多様な具体的形態をとる。

　[出来高賃金と出来高賃金率]　労賃の第2の基本形態は**出来高賃金**である。出来高賃金は，労働者が行なう労働の量をそれが生産する生産物量で測り，この量に応じて賃金を支払うものであって，〈生産物1単位当たり〜円〉という形態で支払われる賃金である。それは，時間賃金の転化形態にほかならない。生産物1単位当たりの賃金の高さを**出来高賃金率**（略して賃率）と言う。出来高賃金では，まず出来高賃金率が決定されていて，それに個々の労働者の1日の生産物量を乗じることによって，個々の労働者の1日の賃金が算出される。

［賃率の客観的根拠］　この賃率も，その客観的な根拠は，その賃率によれば賃労働者が1日の労働によって労働力の日価値を回収できる，というところにある。すなわち，ここでも，日労働の価値への労働力の日価値の転化がその基礎にあるのである。

［賃率決定の外観］　出来高賃金率も，本質的には，労働日の日価値と，労働日の長さ（時間数）に比例する1労働日の生産物量とによって規定されているにもかかわらず，〈生産物1単位を生産する労働量がそれ自体としてある価値をもっており，賃率はそれを貨幣で表わしたものだ〉と観念され，これを規定する本質との関連は意識されない（図143）。

図143　出来高賃金

```
労働の価格の規定：労働力の日価値（本質）⇨ 日労働の価値（現象形態）
                 10,000円              10,000円
賃率の決定の仕方：日労働の価値÷日労働の生産物量 ⇨ 出来高賃金率（賃率）
                 10,000円    50個                  200円
日賃金の算定の仕方：賃率×1日の実際の生産物量 ⇨ 日賃金
                  200円    40個              8000円
```

［労働強化や熟練の向上による賃率の切り下げ］　1労働日の生産物量は労働の強度および熟練度に比例して増大するので，出来高賃金率は，労働日の長さに反比例し，労働の強度および熟練度に反比例する。つまり出来高賃金率は，時間賃金率とは違って，労働日の長さだけでなく労働の強度および熟練度をも反映する。そこで，労働の強化や熟練の向上によって1労働日の生産物量が増大すれば，賃率が切り下げられることになる。

［出来高賃金は賃金の一般的水準を低下させる］　出来高賃金は，労働者の個性に大きな活動の余地を残すので，つまり個々の労働者が自分で自分の労働の熟練度および強度を高める余地があるので，一部の労働者たちの賃金を一般的水準よりも高くするが，また他の一部の労働者たちの賃金をこの水準よりも低くする。こうしてそれは労働者間の競争を刺激し，労働を極度に緊張させることによって，この水準そのものを低下させていく傾向がある。

［出来高賃金の具体的形態］　出来高賃金も，単純出来高給，割増給，経験賞

与給，生産奨励給，成績加給，等々のきわめて多様な具体的形態をとる。

　[賃金体系]　時間賃金および出来高賃金の多様な具体的形態を組み合わせて，労働者一人ひとりの賃金額を決定するためのシステムを**賃金体系**という。賃金体系とは，じつは，労働者の具体的労働のさまざまの違いや，労働者のさまざまの個人的事情の違いを口実にして，労働力を買いたたくシステムである。賃金体系によって，賃金の本質が労働力の価値であることはますます見えなくなる。

　[職務給]　職務給とは，「職務分析」を行ない，さまざまの「職務」（具体的労働）の相対的な「価値」を「評価」して，それらに従事する各労働者の賃金を決定する，という賃金体系である。この評価の基準は，本質的には，資本の剰余価値獲得への貢献度であって，資本にとって望ましい賃金体系の一つの典型である。

第3節　労賃形態

　[労賃（労働にたいする賃金）の観念を必然的に生み出す事情]　資本主義的生産のもとでは，〈賃金とは労働の価格だ〉という転倒的な観念が必然的に生み出されないではいない。それを生み出す事情は次のとおりである。

　(1)　時間極めの販売（賃貸）におけるレント（賃料）は，ただ時間極めで売られる商品の総価値と販売可能期間とによってのみ客観的に決定されるのであって，それの使用の質や量によっては決めようがないものであるにもかかわらず，買い手が実際に入手したいのはそれの価値ではなくて，それの使用である。そこで一般に，〈賃貸におけるレントは時間当たりの使用の価格（対価）だ〉と観念されている。労働力の時間極めの売買でも，買い手である資本家が入手しようとするのは，労働力の価値ではなくて，労働力の使用価値である労働，しかもそのうちの剰余労働である。買い手である資本家が，〈労働を買ったのだ〉と観念するのは必定である。

　(2)　売られる商品が物的な対象ではなくて売り手の体内にある力であり，それの消費は，売り手による自分自身の力の支出を必要とする，という点で，労働力の時間極めの販売は，物的な対象を売る一般の賃貸とは異なっている。こ

の売買では，売り手すなわち労働者は，買い手すなわち資本家のもとで自己の力を支出しなければならず，労働者が賃金と引き換えに資本家に実際に引き渡すものはこの力の支出，すなわち労働である。しかも，たとえば家屋の時間極めの売買の場合には家賃はそれの使用が始まる前に支払われるのにたいして，労働力の売買では，その対価である賃金は原則的に労働が終わってから支払われる。だから労働力の売買では，売り手である労働者も，「労働を売っているのだ」と観念しないではいない。

(3) 賃金は，単位労働量にたいする賃率を基準にして支払う時間賃金および出来高賃金という形態をとるので，それは労働者が実際に行なった労働の量に応じて増減するばかりでなく，さらに，〈労働にたいする対価〉という観念を基礎に組み上げられたあらゆる賃金体系で，労働力の質とはかかわりのない，労働の「質」の「高低」によって賃金に格差が設けられている。だから，労働者が受け取る賃金の大きさは実際に「労働の質と量」に応じて異なるのであって，資本家にとっても労働者にとっても，賃金とは労働の対価だと見えないではいない。

[労賃形態（賃金＝労働の価格）の不合理] だが，このような「労働の価値または価格」という形態が，経済学的に見て不合理きわまりない転倒した観念を基礎としていることは，次のことから明らかである。

(1) 商品の価値の大きさが労働の量によって規定されるものであるかぎり，〈労働そのものの価値は労働によって規定される〉と言うのは，「10時間の労働の価値は10時間の労働によって規定される」というナンセンスな同義反復にすぎず，どんなことも説明しない。

(2) かりに，同じ10時間の労働でも生きた労働の10時間と死んだ労働（対象化された労働）の10時間とを交換することになにかの意味を見いだそうとしても，その場合には，資本家はこの「交換」によってビタ一文利得することができない。利潤が得られないのだから資本主義的生産は消滅するほかはなくなる。

(3) そもそも，労働は，それが始まるときにはすでに労働力を買った資本家のものとなっており，資本家がその指揮と監督のもとで労働力を消費するのであって，労働者が，資本家のもとで行なう彼の労働の一つひとつを資本家に売るなどということはまったく不可能である。

[三位一体的定式の支柱としての労賃形態]　このように，〈賃金＝労働の価値〉という観念は，経済学的にはナンセンスであり，労働価値説とは両立することができないものである。しかも，いわゆる「付加価値」が「労賃」すなわち「労働の価値」よりも大きいことはまぎれもない事実である（☞第2章第1節§4の表2）。そこで，労働価値説を否定したうえでこの不合理を説明するために登場するのが，次のような観念である。〈付加価値のうちの一部分だけが労働によって生み出された価値，つまり労働の価値に見合う分であって，それ以外の部分は労働以外のもの，つまり資本（生産手段または貨幣）と土地とによって生み出された価値なのだ。〉

　これは，〈資本→利子（利潤），土地→地代，労働→労賃〉という**三位一体的定式**と呼ばれる転倒した観念にほかならない。この定式によれば，労働者のすべての労働が支払労働だということになり，資本主義社会ではおよそ剰余労働は行なわれていないということになる。（図41での「常識的イメージ」（⇒巻末折込み2）はこの観念を基礎にしているのである。三位一体的定式については，本書の終章である第3篇第7章で総括的に述べる。)

　このように，本質をまったく正反対の形態で現象させる，労働賃金（労賃）という転倒的形態は，資本主義社会で労働力を売買するすべての人間を——だから資本家をも労働者をも——捉え，さまざまの法律的観念の基礎となり，いっさいの資本主義弁護論の支柱となっているのである。

第7章　資本の再生産

[**本章の課題**]　われわれは第2〜5章で資本の価値増殖過程すなわち剰余価値の生産の過程を研究した。そこでは，基本的には，いつでもこの過程の正常な経過のための諸条件が用意されているものと前提してきた。つまり，増殖すべき資本もそれが必要とする労働力もともにあらかじめ存在しているものと仮定してきた。

しかし，資本が存在するのも，市場で労働力が商品として売りに出されるのも，それ以前の過程の結果である。そこでこんどは，資本と労働力商品を，これまでのようにすでに存在するものとして前提するのではなくて，それらをもたらす過程を研究しよう。

それは，じつは，これまでに知った資本の生産過程を，いま述べたような前提をもって出発したのち一定の経過を経て一定の結果をもって完了する1回の過程としてではなくて，繰り返しの過程として，つまり過程の結果が次の過程の前提となり，次の過程を準備するものとして，要するに**再生産の過程**として取り扱うということである。

資本は，生産過程を始めるためには，生産手段と労働力とを市場で買うことができなければならないし，生産過程を終えたのちには，生産物を市場で売ることができなければならない。資本の再生産過程は，このように資本価値が市場すなわち流通部面を通っていく過程，すなわち流通過程を含んでいるのだから，再生産過程の具体的な諸条件を明らかにするためには，資本の流通過程を立ち入って分析しなければならない。しかし，まだ資本の生産過程を研究の対象としているここでは，資本の再生産過程を，まずもって，その核心である資本の生産過程の反復過程として観察することにし，資本の流通過程とそれを含む資本の再生産過程の全体は次篇で研究しよう。そこでここでは，再生産過程を媒介する流通の運動はすべて正常に（つまり支障なく）進行するものと仮定し，資本はつねに市場で生産手段と労働力とを買うことができ，生産物を売ることができるものと考えておこう。

第1節　資本と資本関係の再生産

§1　資本の再生産

[**資本主義的生産での再生産は資本の再生産である**]　すでに序章第3節§2で見たように，社会形態の如何にかかわらず，生産は同時に再生産でなければならない。

　もし生産が資本主義的形態のものであれば，再生産もそうである。資本主義的生産様式では労働過程は価値増殖過程の手段として現われるだけであるが，同様に再生産も，ただ投下資本を資本すなわち自己増殖する価値として再生産する手段として現われるだけである。つまり，資本主義的生産のもとでは，再生産も**資本の再生産**という形態をとるのである。

§2　単純再生産

[**剰余価値は資本家の収入という形態をとる**]　資本の存在は，資本を代表する人格の存在を必要とする。こうした**資本の人格化**が**資本家**である。ある個人が資本家であり続けるのは，彼の貨幣がたえず資本として機能しているということによるのであって，彼はそのように資本として機能している貨幣の人格的代表者にすぎない。たとえば1000円の貨幣が今年資本に転化されて200円の剰余価値を生むとすれば，それは来年も，それから先も同じはたらきを繰り返さなければならない。さらに資本家は，資本家という役柄を果たしている人間なのだから，彼が資本家として存在し続けるためには，消費手段を消費しなければならない。だから剰余価値は，資本価値の周期的な増加分，資本がもたらす周期的な果実として，資本家にとっての**収入**という形態をもつことになる。

[**全剰余価値が収入として消費されれば単純再生産が行なわれる**]　もし資本家が取得する剰余価値の全部が資本家によって収入として消費されるならば，**単純再生産**が行なわれる。単純再生産は，同じ規模での生産過程の反復ではあるが，過程のこのたんなる繰り返しまたは連続が，この過程に新しい性格を与えることになる。またそれによって，これまで過程をたんなる個別的な過程のように見せていた外観上の性格が消えて，その奥にある本質的な内容が姿を現

わしてくる。

§3　資本の再生産は同時に資本関係の再生産である

［**資本の再生産**］　資本主義的生産における社会的再生産は，資本の再生産という形態をとる。そこで，資本の再生産をまず単純再生産として考察しよう（図144）。

図144　資本主義的生産関係のもとでの社会的再生産

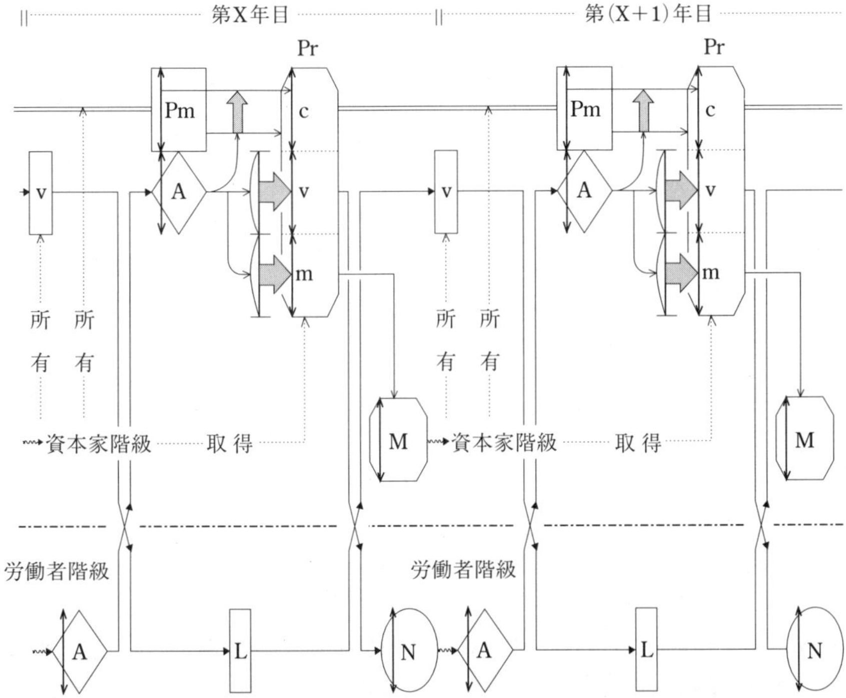

まず，この再生産のなかで生産物が再生産され，それによって生産手段・必須生産物が再生産されるだけでなく，新たな剰余生産物が繰り返して生産される。それは同時に，資本が，すなわち不変資本および可変資本が，剰余価値をともなって再生産される過程である。

［**労働者階級は自分の生産物のうちの必須生産物だけを受け取る**］　生産過程は，時間極めでの労働力の買い入れによって準備される。そしてこの準備は，

労働力販売の契約時間が終わるごとにたえず更新される。しかし，労働者は，彼の労働力が働いてそれ自身の価値をも剰余価値をも商品に実現してから，はじめて支払を受ける。つまり彼は，自分自身への支払のファンドである可変資本を，それが労賃の形態で彼の手に還流してくるまえに生産しているのであり，しかも彼はたえずこのファンドを再生産するかぎりでのみ使用される。先週とか先月とかの彼の労働によって彼の今日の労働力の使用とか今月の労働力の使用とかが支払われるのである。

　このように，個別資本家や個別労働者に代わって資本家階級と労働者階級が考察されるなら，貨幣形態が生み出す幻想はたちまち消えてしまう。資本家階級は労働者階級に，労働者階級によって生産されて資本家階級によって取得される生産物の一部分を指示する証文をたえず貨幣形態で与える。この証文を労働者は同様にたえず資本家階級に返し，これによって彼自身の生産物のうちの彼自身のものになる部分を資本家階級から引き取る。

　こうして，資本の単純再生産によって，生産手段および資本として投下できるだけの額の貨幣を所有する資本家階級と，市場で売れるものとして労働力しかもたない労働者階級とが再生産され，こうして両者のあいだの関係，すなわち資本・賃労働関係が再生産されるのである。

第２節　労働ファンドの資本主義的形態としての可変資本

　[**労働ファンド**]　すでに序章第３節§２で触れたように，社会的生産のどんな体制のもとでも，労働する諸個人が自らを維持し再生産するために，つねに自分自身で再生産しなければならない必須生産物は，「**労働ファンド**」と呼ばれてきた（☞図24）。

　[**可変資本は労働ファンドの資本主義的形態である**]　賃労働者は自己の労働力を商品として販売し，それの対価として資本家から賃金の形態でそれの価値を受け取る。労働者はこの賃金で資本家から必須生産物を買う。資本家は買い入れた労働力を消費することによって，労働者の必須労働だけでなく剰余労働をも対象化した形態，つまり価値の形態で取得する。資本家はこれによって投下した可変資本を回収するのであるが，この回収した労働力の等価は，まさに

労働者の生産物であり，労働者の労働ファンドの独自な形態である。要するに，可変資本は，労働ファンドが資本主義的生産様式のもとでとる特殊的な歴史的現象形態なのである。

　［労働者と資本家との取引は等価交換である］　ここでは労働者と資本家とのあいだで価値での商品の売買が行なわれるのであり，資本家による労働力の購買は資本家による可変資本の投下であって，ここで投下された貨幣額がのちに彼の手に還流してくる（図145）。

図145　資本家階級と労働者階級との取引の外的形態
（対等な当事者間の価値での商品の売買，資本家による可変資本の投下と還流）

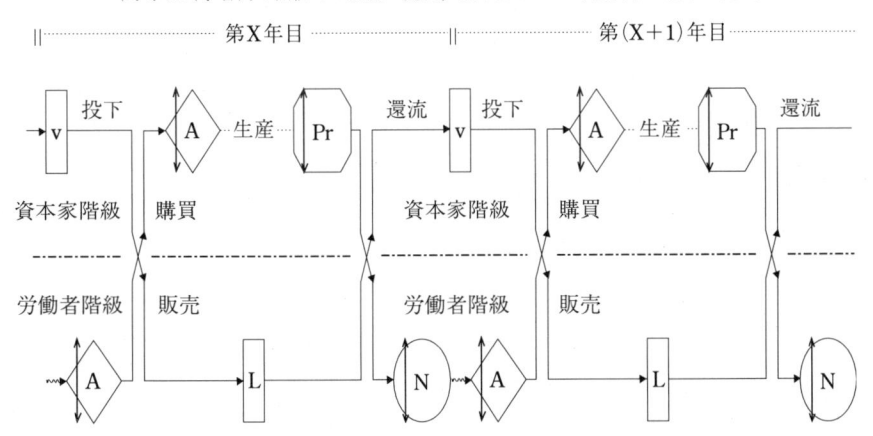

　［取引の実質は必須労働と必須労働プラス剰余労働との交換である］　資本家と労働者とのあいだでのこの取引を，社会的再生産のなかで資本家階級と労働者階級とのあいだで行なわれる取引として観察すると，個別の資本家と労働者との取引として観察していたあいだには見えていなかったこの取引の実際の内容が姿を現わしてくる。

　労働者が資本家に実際に引き渡すものは生きた労働であるが，その量は，必須労働プラス剰余労働であり，それは可変資本価値プラス剰余価値に対象化するのであって，これを資本家は取得する。それにたいして，資本家が労働者に引き渡すものは対象化した労働（貨幣したがって商品）であるが，その量は可変資本の価値量，つまり必須労働でしかない。

第7章　資本の再生産　　195

つまり，資本家と労働者とのあいだでは，実質的には，対象化した労働の形態での労働者の必須労働と，生きた労働の形態での労働者の必須労働プラス剰余労働との交換が行なわれるのである。この交換は，労働量の交換として見れば，明らかに不等な量の交換であり，実際には，労働者は資本家につねに自分の剰余労働を一方的に引き渡すのである（図146）。

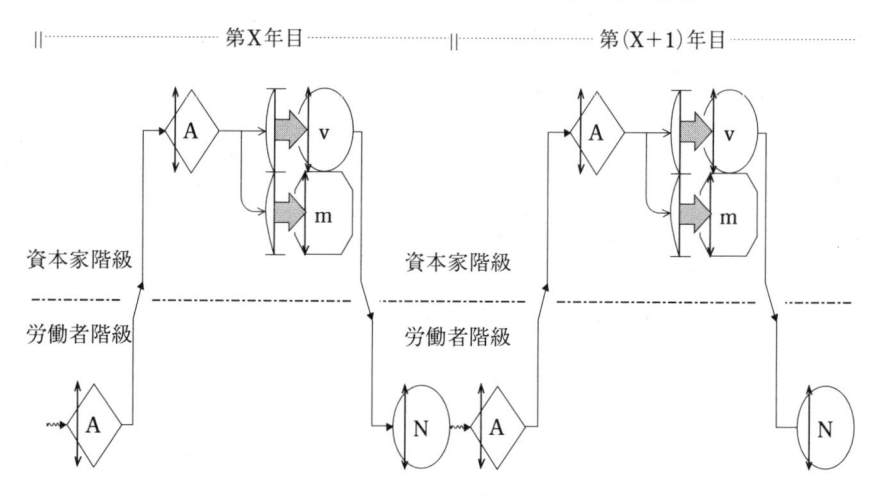

図146　資本家階級と労働者階級との取引の実質的内容

第3節　他人労働の物質化としての資本

［**資本家は〈自分の資本は自分の労働によるものだ〉と主張する**］　単純再生産のもとでは，資本家が労働者から年々取得する剰余価値を全部消費するものと想定される。いま，5年のあいだ，年々，1000の資本価値が資本家に200の剰余価値をもたらし，資本家がこれをすべて消費したとしよう。5年目の終わりには，資本家は，1年目の初めと同様に1000の資本価値をもっているが，彼はこの5年間に，労働者から1000の剰余価値を取得し，この1000の価値を消費したわけである（図147）。

資本家は言うであろう。「自分は最初に，自分の労働でつくりだした1000の価値を所有していたからこそ，それで年々200の価値を入手し，消費できるのだ。自分が年々投下する1000の価値は，どこまでいっても，自分の労働でつく

図147 資本家は自分の資本価値によって取得した剰余価値を消費する

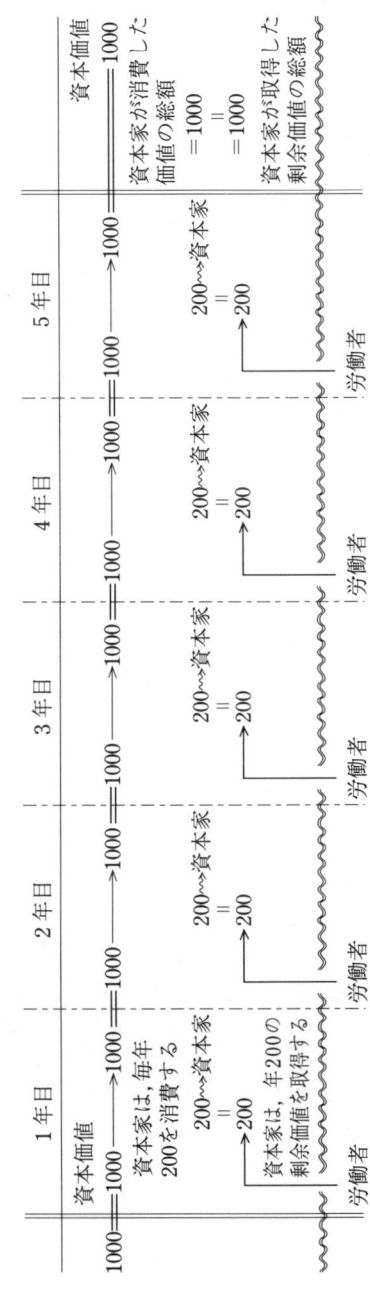

図148 単純再生産の反復によって資本化された剰余価値に転化する

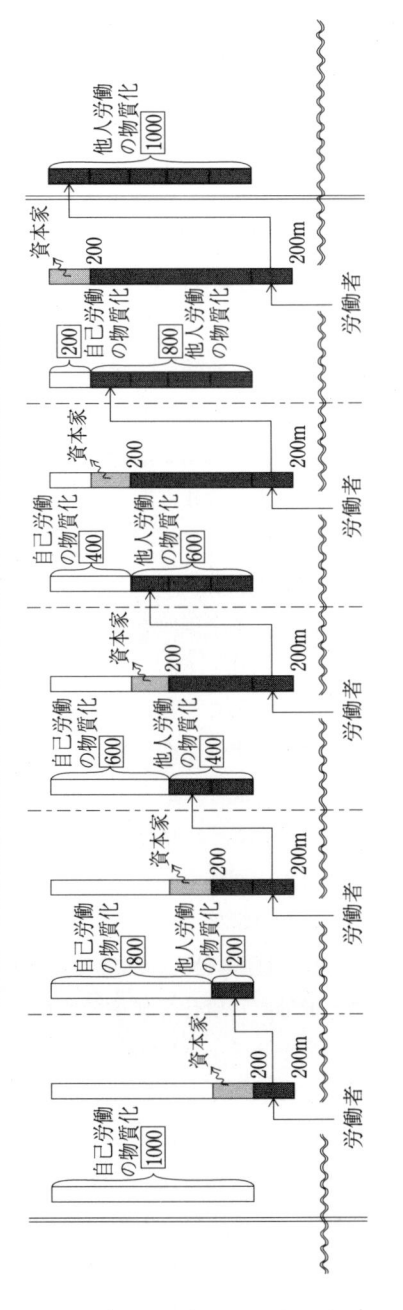

第7章 資本の再生産　197

りだしたあの最初の価値なのだ」と。

　[**過程を再生産として見ると事態は異なって見えてくる**]　しかし，過程を反復される再生産としてじっくり観察すると，事態は異なって見えてくる。

　いま，資本家の言い分を認めて，資本家が最初にもっていた1000の価値は，資本家が自分の労働で取得したもの，つまり自己労働の物質化であると仮定しよう。

　[**資本家の手中にある資本は剰余価値の取得の賜物である**]　資本家は5年間に，彼が最初にもっていた価値額と等しい価値額を消費したが，それにもかかわらず彼は5年後に，それと等しい価値額を所有している。なぜか。はっきりしているのは，彼が5年間に労働者から1000の剰余価値を無償で取得したからこそ，1000の価値を消費しながら，なお1000の価値をもっているのだ，という事実である。つまり，5年後に彼の手中にある1000の資本価値は，5年間にわたる1000の剰余価値の取得の賜物なのであり，彼が無償で取得した剰余価値の総額1000を代表しているだけである。このことは，年々200を消費する資本家が，毎年，剰余価値をまったく取得しなかったとしたらどうなっていたか，と考えてみればよくわかる。その場合には，彼が最初の年に1000をもっていたとしても，このなかから毎年200ずつを消費していくほかはないのだから，資本として投下できる貨幣額は，最初の年の1000から毎年200ずつ減少して5年後にはゼロとなり，こうして彼は資本家でさえなくなってしまうはずである。だから，5年後にも彼が依然として1000の資本をもつ資本家にとどまっているという状態は，明らかに，彼が5年間，毎年，200の剰余価値を取得してきたということの結果でしかないのである。

　[**資本価値は他人の労働の物質化に転化する**]　5年間のあいだに彼は1000の他人労働の物質化を無償で取得した。年々200を消費して生きている彼が5年目の終わりになお1000をもっているとしたら，その1000は他人労働の物質化以外のなにものでもない。かりに，最初に彼がもっていた資本価値が彼の自己労働の物質化であったとしても，5年後に彼が所有している資本価値は，**労働者の剰余価値の物質化**，つまり**他人労働の物質化**でしかない。6年目以降は，資本家は，純粋に他人労働の物質化でしかない資本価値によってさらに剰余価値を，つまり他人労働の物質化を無償で取得するのである（図148）。

こうして，単純再生産のもとでも，再生産の進行はいっさいの資本価値を他人労働の物質化に転化しないではいないのである。

第4節　他人労働の取得による資本所有の再生産

　[**資本家であり続けるには剰余価値を取得しなければならない**]　物象である資本は，まずもって，意識と意志をもった生きた個人によって人格的に代表されなければならない。資本の人格化である資本家が生きた人間であるかぎり，彼が資本家であり続けるためには消費ファンドを，さらに彼の享楽欲を満たすための奢侈のファンドを必要とする。彼の個人的消費や奢侈のためのファンドは，彼が生産過程で取得する剰余価値である。彼が5年間，1000の資本の人格化であり続けるのは，この1000が年々資本として機能するかぎりにおいてであるが，生きた個人である彼の資本家としてのこの存続は，彼が年々生産過程で200の他人労働を取得し続けたことの結果である。まさに，「資本家という経済的扮装がある人に固着しているのは，ただ彼の貨幣がたえず資本として機能しているということだけによるのである。」(『資本論』第1部, MEW, Bd. 23, S. 592, 強調はマルクス。)

　[**資本関係そのものが，再生産されることによって存続する**]　資本・賃労働関係という生産関係は，一見すると，年々歳々同じものとしてそのまま存続し続けているように見え，とりわけこの存続のかなめは，最初からあった資本家による資本の所有の存続であるかのように見える。ところが，じつは，前節で見たように，資本・賃労働関係そのものが，盤石の岩のようにいったん生まれたら外部から力が加わらないかぎり崩壊しない無機的な存在ではなく，生産過程における労働する諸個人の労働によってたえず再生産され，たえず形成されることによって，維持されているのである。これは，人間の身体が，それを構成する無数の細胞が日々新たに発生する細胞によってとって代わられることによって，たえず維持されているのと同様である。

　[**資本所有は資本家による剰余価値の取得の結果である**]　しかも，資本家による資本の所有とは，資本関係の物象化である資本という物象とこの物象の人格化である資本家とのあいだの社会的に承認された関係である。だから資本所

有は，資本が資本として再生産されるだけでなく，さらにその人格化である資本家が存続するかぎりにおいて存続する。そして，この資本家が人間であるかぎりは，その存続は生産過程での他人労働のたえざる取得によるのであるから，この取得によってはじめて資本の所有は維持される。つまり，資本家による資本所有は，生産過程における剰余価値の取得の結果としてたえず再生産されることによって，たえず新たに生み出されているものなのである。

　[借りた**資本価値**を機能させるなら，**事柄**はもっと明らかになる]　いま，無一文のある人が誰かから——さしあたり無利子で——1000を借り，それを5年間資本として機能させて，毎年200の剰余価値を取得し，5年目の終わりにこれを返済したとしよう。この返済で彼はもとの無一文に戻り，資本家ではなくなる。この場合，彼が5年間資本家として生存できたのは，彼が5年間1000の価値を自分の手許にもっていたからではない。もし，この1000を資本として機能させなかったならば，彼は5年間に1000を食い尽くして，5年後に残るのは1000の借金だけだったはずである。彼が5年後になお1000をもっていたのは，彼が毎年200を消費できたからであり，彼がこれだけの価値を消費できたのは，彼がこの5年間，1000の価値を資本として機能させ，労働者から毎年200の剰余価値を取得したからである。不払労働の取得こそが彼を5年間資本家として存続させたのである。

　かりに，彼が5年間，この200の剰余価値を食わず生きていられたか，あるいはなんらかの方法で5年間もちこたえるだけの消費ファンドを別途調達できたかして，5年後に借りた1000を返済してもなおその手に，労働者から取得した合計1000をもっているなら，この価値が労働者の剰余価値のかたまりであることは手に取るように明らかである 。

　[**再生産の進行中に資本所有は他人労働の取得の結果に転化する**]　要するに，資本家が所有する資本価値は，再生産が進行するなかで，遅かれ早かれ，取得した他人労働の物質化に転化しないではいないのであり，彼による資本価値の所有は——かりに最初は彼の自己労働の結果であったとしても——，生産過程における他人労働の取得，すなわち搾取の結果に転化するのである。

第8章　資本の蓄積

　[**本章の課題**]　前章では，単純再生産を前提して，資本の再生産を考察した。本章では，拡大された規模での再生産，つまり**拡大再生産**を考察する。資本主義的生産のもとでの拡大再生産は，剰余価値を資本として充用することによって，つまり剰余価値を資本に再転化することによって行なわれる。資本が生み出した剰余価値を再び資本に転化することは**資本の蓄積**と呼ばれる。資本の蓄積の研究によって，どのようにして資本が剰余価値から生じるのか，ということが最終的に明らかにされる。また，資本主義的生産の現実の進展は，資本の蓄積によるたえざる拡大再生産として行なわれるのだから，本章の研究は，これからさきの研究の重要な前提となるものである。

第1節　資本の蓄積と資本関係の拡大再生産

　[**剰余価値→追加不変資本＋追加可変資本＋資本家の収入**]　資本の蓄積とは，資本が生み出した剰余価値を再び資本に転化することである。つまり剰余価値を，元の資本すなわち**原資本**に追加される資本すなわち**追加資本**とすることによって，投下される資本を増大させることである。

　資本は，生産手段に投下される不変資本と労働力に投下される可変資本とからなるのだから，追加資本も，特別の事情がないかぎり，生産手段に転化される追加不変資本と労働力に転化される追加可変資本とからなることになる。

　いま，剰余価値のうちの一部が蓄積され，他の一部が資本家によって消費されるものと仮定しよう。この場合には，剰余価値は二つの部分に分けられなければならない。一つは蓄積に充てられる部分であって，この価値額は**蓄積ファンド**と呼ばれる。もう一つは資本家の消費に充てられる部分であって，この価値額は**資本家の消費ファンド**と呼ばれる。蓄積ファンドは，資本として投下されるときに追加資本となる[1]。

　追加資本は，さらに，**追加不変資本**と**追加可変資本**とに分けられる。資本家

の消費ファンドをmk，蓄積ファンド＝追加資本をma，追加不変資本をmc，そして追加可変資本をmvと表わせば，剰余価値（m）は次の図のように分解する（図149）。

図149　蓄積のさいに剰余価値が分解していく諸部分

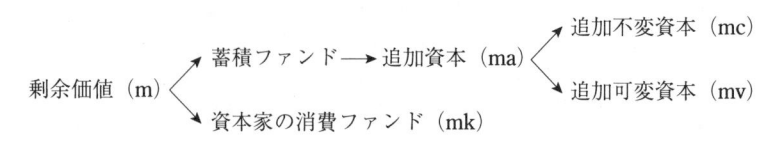

$$\text{剰余価値（m）} \begin{cases} \text{蓄積ファンド} \longrightarrow \text{追加資本（ma）} \begin{cases} \text{追加不変資本（mc）} \\ \text{追加可変資本（mv）} \end{cases} \\ \text{資本家の消費ファンド（mk）} \end{cases}$$

　［**追加生産手段が市場にあるものと仮定する**］　追加不変資本は，市場で，必要な生産手段，つまり追加生産手段に変わらなければならない。個別資本の立場から見れば，他の個別資本がそのような生産手段を生産し，それを商品として市場に出してさえいればいいのであり，社会的総資本の見地から見れば，年間総生産物のうちにそのような生産手段が存在していなければならない，ということになる。いまここでは，そのような生産手段が生産されているものと仮定しよう。

　［**労働力も労働市場にあるものと仮定する**］　追加可変資本は，労働市場で，新たな追加の労働力を見いださなければならない。個別資本の立場から見れば，労働市場にある労働力を買いさえすればいいのであるが，社会的総資本の見地から見れば，原資本が充用した労働者にさらに追加の労働者が市場に現われていなければならない。しかし，このことにも資本主義的生産の機構は間にあうようになっている。というのも，この機構は，労働者階級を労賃によって生活する階級として再生産するのであって，この階級の普通の賃金は，この階級の維持だけではなくその増殖をも保証するに足りるものだからである。労働力の価値を規定するそれの再生産費に，社会的に平均的な家族を養うに足りるだけの家族費がはいることは，すでに第2章第1節§3で見たとおりである。だか

---

1) 本章では，蓄積ファンドはすぐに資本として投下されるものと考えるが，実際には，資本家は剰余価値の一部を積み立てていって，あるまとまった価値額になったときにはじめて資本として生産過程に投下する。この場合には，積み立てられている剰余価値は蓄積ファンドではあってもまだ追加資本ではない。投下されるときに追加資本に転化されるのである。蓄積ファンドと追加資本とのあいだにはこのような区別がある。

ら，追加可変資本は，このように市場に追加的に登場してくる労働力を買いさえすればよい。もちろん，この追加労働者たちも生活手段を必要とするから，年間総生産物のうちにそのような追加生活手段がなければならないが，年間総生産物のうちには総剰余価値を含む生産物，つまり剰余生産物が含まれているのであって，このうちの一部が追加労働者のための生活手段の形態にありさえすればよいのである。

[**資本の蓄積＝資本の拡大再生産**]　こうして，蓄積は，次第に増大していく規模での資本の再生産ということに帰着する。単純再生産の循環は，一変して，一つの螺旋に転化する。

[**資本の拡大再生産は資本・賃労働関係の拡大再生産である**]　前章で見たように，資本の単純再生産は，同時に，資本と労働力との再生産であり，したがってまた両者の関係の再生産つまり資本・賃労働関係の再生産であった。資本の拡大再生産は，まったく同様に，**資本と労働力との拡大再生産**であり，したがってまた両者の関係の再生産つまり**資本・賃労働関係の拡大再生産**である（図150）。

第2節　商品生産の所有法則が資本主義的取得の法則に転回する

[**資本は自己労働によるものという資本家の言い分を認めておこう**]　いま資本家が1000を投下して，200の剰余価値を取得し，それをすべて再び生産過程に追加資本として投下する，と仮定しよう。

この資本1000を資本家はどこから手に入れたのだろうか。資本家も資本家を弁護する経済学者たちも，異口同音に〈自分自身の労働や自分の先祖の労働によってだ！〉と答えてくれる。この点については，すでに前章で，単純再生産の見地から見るだけでも，それが繰り返されていくなかで資本はすべて不払労働のかたまりに転化するということ，資本所有も不払労働の取得によって再生産されているのだということを見たが，しかしここでは，彼らの言い分をいったん認めておくことにしよう。

[**商品生産の所有法則**]　われわれは，第1章第3節§3で見たように，商品交換の部面では，商品所持者たちはたがいに私的所有者として認めあうが，彼

図150　資本の蓄積＝剰余価値の資本への転化＝資本関係の拡大再生産

- ❖ 商品市場で追加生産手段を必要なだけ，価値どおりに購買できるものとする。
- ❖ 労働市場で追加労働力を必要なだけ，価値どおりに購買できるものとする。
- ❖ 資本家は，剰余価値の一部を蓄積し，一部を収入として消費するものとする。

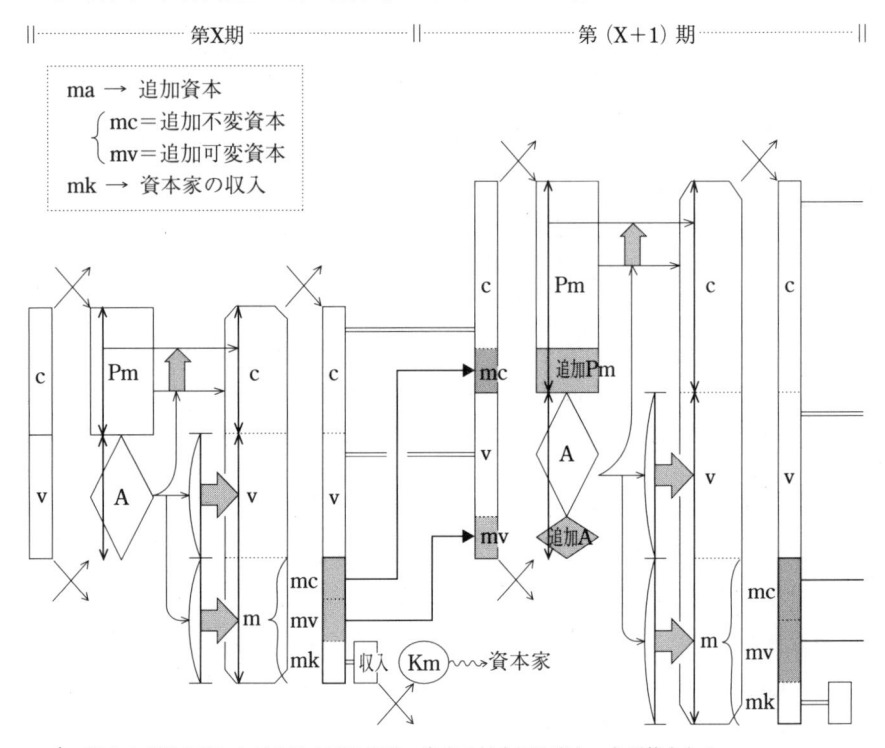

ma → 追加資本
　　{ mc＝追加不変資本
　　　mv＝追加可変資本
mk → 資本家の収入

- ❖ 資本主義的生産における拡大再生産は，資本の拡大再生産という形態をとる。
- ❖ 社会的には，資本の拡大再生産によって，生産物が，したがってまた資本が拡大再生産されるばかりでなく，資本・賃労働関係が拡大再生産される。

らはそのさい，相手が商品を所持するにいたった事情には触れないで，相手は商品を自分の労働で入手したものとたがいに想定しあうほかはない。こうして，私的所有者たちの所有権原は彼らの自己労働なのだ，という想定が社会的に通用する。これが**商品生産の所有法則**だった。

　資本家が最初に1000をもって市場に登場して，生産手段と労働力をそれらの価値で買うとき，彼がどこからその1000を入手したかは，商品市場と労働市場の当事者たちの誰も追及しない。ただ彼がそれの正当な所持者でありさえすれ

ばよかった。そこでの当事者たちは，みなたがいに，そこにもってくる商品も貨幣も自分の労働によって手に入れたものだ，と想定しあうことができた。だから彼は安んじて，「この1000は自分の労働で稼いだものだ」とか，「これは親父が汗水たらして手に入れたものだ」と公言することができた。商品生産の所有法則に従えば，このような想定をするほかはないように見える。

［剰余価値から形成された追加資本は不払労働の対象化である］　ところが，いま資本家が追加資本として投下しようとする200については，事情はまったく別である。われわれは，その発生過程をまったく正確に知っている。それはもともと剰余価値であり，そのすべてが他人の不払労働の対象化である。それで買った追加生産手段も追加労働力も，すべて他人の不払労働の対象化である価値がとっている新たな形態にすぎない。

これを，資本家階級と労働者階級との取引として見れば，労働者階級は，自分の今年の剰余労働によって，翌年に追加生産手段および追加労働力となる新たな資本をつくりだしたのである。

［他人労働の対象化による他人労働の取得］　いま，この200が２年目に追加資本として投下されて40の剰余価値を生むとしよう。２年目にも元の資本は200の剰余価値をもたらすので，３年目には1000のほかに440を資本として投下できることになる。このうちの400は不払労働の対象化以外のなにものでもないうえに，40は不払労働の対象化である追加資本によって入手した他人の不払労働の対象化である。同じようにして，すべての剰余価値を次々と蓄積していくこの過程を４年間繰り返せば，資本家は４年目の終わりには，元の資本（親）の1000のほかに，この４年間にそれによって取得した剰余価値（第１〜４子）とこれによってさらに取得した剰余価値（第１〜６孫，第１〜４曾孫，第１玄孫）の合計1074をもっている。資本家が５年目にこれらの価値額のすべてを資本として投下するとすれば，５年目に運動する資本額は2074である（図151）。

この2074のうち1000は資本家が最初からもっていたものと認めるとしても，それ以外の1074については，資本家はもはや，「この価値額は自分の労働でつくりだしたものだ」と言うことは絶対にできない。1000の資本が年々取得する剰余価値200が剰余労働の対象化であることを認めるかぎり，この1074の資本は，頭のてっぺんから爪のさきまで，資本に再転化された剰余価値であり，他

図151 蓄積の進行によって取得法則が転回する

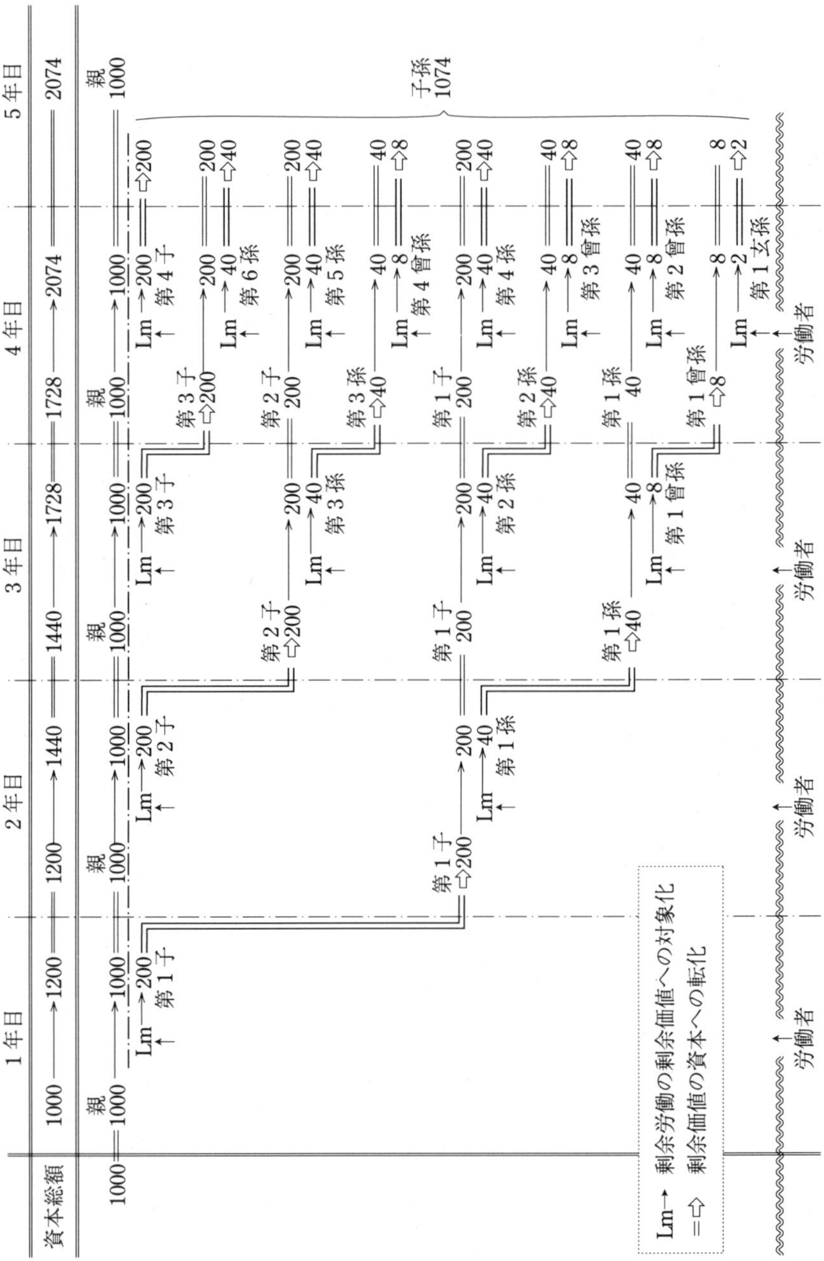

	1年目	2年目	3年目	4年目	5年目
資本総額	1000 → 1200	1200 → 1440	1440 → 1728	1728 → 2074	2074

親 1000 → 1000 → 1000 → 1000 → 1000 → 1000
（子孫 1074）

- 第1子 Lm→200 ⇒200
- 第2子 Lm→200 ⇒200
- 第3子 Lm→200 ⇒200
- 第4子 Lm→200 ⇒200
- 第1孫 Lm→40 ⇒40
- 第2孫 Lm→40 ⇒40
- 第3孫 Lm→40 ⇒40
- 第4孫 Lm→40
- 第5孫 Lm→40
- 第6孫 Lm→40
- 第1曾孫 Lm→8 ⇒8
- 第2曾孫 Lm→8
- 第3曾孫 Lm→8
- 第4曾孫 Lm→8
- 第1玄孫 Lm→2

労働者 労働者 労働者 労働者 労働者

Lm→ 剰余労働の剰余価値への対象化
⇒ 剰余価値の資本への転化

206 第1篇 資本の生産過程

人の労働の対象化でしかない。4人の子供たちを産んだのは親の1000であるが，11人の孫・曾孫・玄孫は，すでにこの親が自分で産んだものではない。それは，剰余労働のかたまりである4人の子供たちが産んだものであり，その子孫である。つまり，剰余労働のかたまりによって取得された剰余労働のかたまりなのである。

　　[**資本家が最初にもっていた資本価値はときとともに無限小となる**]　資本の再生産が繰り返されればされるほど，資本総額のうちで，最初に資本として投下された元の資本はますます小さくなっていき，無限小になっていく。資本に再転化された剰余価値は，それが蓄積した人の手中で資本として機能しようと，他の人の手中で機能しようと，現に存在する資本のうちの圧倒的な部分になっていく。

　　[**資本主義的取得の法則**]　資本家は，毎年，商品市場と労働市場で商品生産の所有法則に従って生産手段と労働力とを買い，生産を繰り返してきた。ところが，その結果として，いまや資本家は，他人の剰余労働＝不払労働を資本として機能させることによって，生きた不払労働をますます大きな規模で取得している。資本家がこのような仕方で不払労働を取得していることを，マルクスは，**資本主義的取得の法則**と呼んだ。

　　[**商品生産の所有法則の資本主義的取得の法則への転回**]　資本主義的生産の表層である市場では商品生産の所有法則が貫徹しているが，その奥に潜んでいる資本の生産を社会的再生産として考察すれば，資本主義的取得の法則が貫徹していることが明らかとなる。資本・賃労働関係が存在するところでは，商品生産の所有法則は資本主義的取得の法則に帰結しないではいないのである。マルクスはこの事実を，**商品生産の所有法則の資本主義的取得の法則への転回**と表現した[2]。

　　[**生産における諸個人の振る舞いが資本主義的所有を生み出す**]　資本家が生産過程で取得した，他人の剰余労働の対象化としての剰余価値が資本に転化されるのだから，この資本価値の所有は生産過程での剰余価値の取得の結果である。すなわち，生産過程での資本家による剰余価値の取得が資本家のこの資本所有に先行するのであり，資本所有をもたらしているのである。ここでは，生産過程における労働する諸個人による剰余価値の生産こそ，資本所有を生み出

すものである。

　一見すると，資本家による生産手段の資本主義的所有と資本家による剰余価値の取得とは，前者があってはじめて後者があり，後者がたえず前者を生むのであって，どちらが先かを言うことのできない悪循環の関係に見える。しかし，この循環のなかで，資本主義的生産を資本主義的生産にする決定的な能動的契機は，労働する諸個人による生産過程での生産物のたえざる再生産であり，たえざる剰余価値の生産である。たえざる生産の能動的主体はどんな社会でも労働する諸個人であるが，資本主義的生産では，この主体でありながら労働諸条件から完全に切り離されている労働する諸個人が，生産過程のなかで生産手段にたいして他人に属するものにたいする仕方でかかわり，それによって剰余労働をたえず他人のものとしていることによって，資本と賃労働とが，また両者の関係がたえず再生産されるのである。だから，生産手段の資本主義的所有と剰余価値の資本主義的取得とでは，前者が不動の前提でないだけでなく，両者がどちらが先とも言えない悪循環の関係にあるのでさえなくて，生産過程における労働する諸個人の振る舞いこそが，資本家による生産手段の所有をたえず生み出しているのである。

　このことは，労働する諸個人が生産過程で剰余価値を生産することをやめた

2）マルクスは次のように書いている。「資本家と労働者とのあいだの交換という関係は，流通過程だけに属する外観になり，内容そのものとは無関係で，内容を神秘化するだけのたんなる形式になる。形式とは，労働力の不断の売買である。内容とは，資本家が，たえず等価なしで取得する，すでに対象化されている他人労働の一部分を，たえず繰り返し，それよりも多量の生きている他人労働と取り替える，ということである。最初は，所有権は自分の労働にもとづくものとしてわれわれの前に現われた。少なくとも，この仮定が認められなければならなかった。というのも，たがいに対しあっているのは同権の商品所持者だけであり，他人の商品を取得するための手段は自分の商品を手放すことだけであり，そして自分の商品をつくりだすことができるのは労働だけだからである。いまや所有は，資本家の側では，他人の不払労働またはその生産物を取得する権利として現われ，労働者の側では，自分自身の生産物を取得することの不可能として現われている。所有と労働との分離は，外観上両者の同一性から出発した一法則の必然的な帰結になる。……商品生産がそれ自身の内在的諸法則に従って資本主義的生産に成長していくのにつれて，それと同じ度合で商品生産の所有法則は資本主義的取得の諸法則に転回するのである。」(『資本論』第1部，MEW, Bd. 23, S. 609-613. 強調はマルクス。)

らどうなるか，ということを考えてみるとよくわかる。たとえば，労働者階級が十分な準備ののちに全国的なストライキ（ゼネスト）にはいり，全国の生産が長期間にわたってストップしたら，資本家は剰余価値の取得ができないだけでなく，生産手段の使用価値も次第に失われて，生産手段の所有も危殆に瀕せざるをえない。だからこそ，ストライキは労働者のきわめて有力な闘争手段なのである。さらに，労働する諸個人が生産過程で生産手段にたいして，これは他人に属するものではなくて労働する自分たちに属するものだ，という仕方でかかわり始めたなら，もちろん資本主義的取得も資本主義的所有もそれで終わりとなり，そのあとにくるのは，資本主義的生産とは別種の生産である。

のちに第10章で見るように，資本主義的生産の出発点を形成するのは労働する諸個人と労働諸条件との分離であって，この分離が一方に資本家，他方に賃労働者を生み出すのであるが，この分離過程そのものは，けっして生産関係でも所有関係でもない。しかも，マルクスが言うように，「一方の極に労働条件が資本として現われ，他方の極に自分の労働力のほかには売るものがないという人間が現われることだけでは，まだ十分ではない」のであって，後者が生産過程で労働諸条件にたいして資本にたいする仕方でかかわるようになって，はじめて資本主義的生産関係が，つまり生産における人間と人間との関係が成立するのである。そしてこうして開始された資本主義的生産とその繰り返しである再生産過程こそが，資本家による他人の剰余労働の取得とその結果としての資本家による生産手段の所有をたえず再生産することになるのである[3]。

---

3) 以上に述べたところから，「資本主義的生産関係とは資本家による生産手段の所有関係だ」とする，広く受け入れられている俗説の誤りは明らかであろう。生産関係のかなめを，生産過程の外部における経済的諸人格の相互承認の関係である所有関係に求めるのはまったくの転倒である。労働する諸個人が生産過程で，彼らから分離・自立化した生産手段にたいして他人に属するものとしてかかわるところにこそ，資本主義的生産関係の核心を見なければならない。資本主義的所有はその結果として生じる法的関係である。

なんらかの共同体にもとづく先資本主義的諸形態，支配・隷属諸形態，小経営的生産様式では，いずれも，生産手段の所有が労働の前提であった。だから，資本主義的生産様式になって，こうした所有と労働との関係が完全に逆転するのである。生産手段から切り離され，それを失っている労働する諸個人の生産手段にたいするかかわりのあり方こそが，生産手段の資本主義的所有を生み出し，再生産しているのである。

第9章　資本蓄積と相対的過剰人口

第1節　資本構成とその高度化

§1　資本の構成

［**資本の構成**］　投下資本が不変資本および可変資本からなり，不変資本が，充用される生産手段となり，可変資本が，充用される労働力，したがって充用される労働となることはすでに見た。資本の蓄積が労働者階級に及ぼす影響を考察するさいには，はっきりと区別される投下資本のこの二つの部分の大きさの割合に注目することが最も重要である。この割合を**資本の構成**または簡単に**資本構成**と呼ぶ。

［**資本の価値構成**］　資本は，投下される資本の価値またはその貨幣表現である価格の面から見れば，不変資本と可変資本とから構成されるが，不変資本の大きさは充用される生産手段の価値または価格によって，可変資本の大きさは充用される労働力の価値または価格すなわち労賃総額によって規定される。この面から見た構成を**資本の価値構成**と呼ぶ。

［**資本の技術的構成**］　生産過程で機能する素材の面から見れば，資本は，充用される生産手段と生きている労働力から構成されるが，両者の割合は，充用される生産手段の量と，それの充用のために必要な労働の量との割合によって技術的に規定される。この面から見た構成を**資本の技術的構成**と呼ぶ（図152）。

図152　資本の技術的構成と資本の価値構成

資本の技術的構成	資本の価値構成
生産過程で機能する素材の面から見た資本の構成	価値の面から見た資本の構成
［充用される生産手段の分量］ ［充用される労働の量］	［不変資本（c）＝生産手段の価値］ ［可変資本（v）＝労働力の価値］

［**資本の有機的構成**］　前者の構成は，後者の構成が不変でも，生産手段およ

び労働力のそれぞれの価値または価格の変動によって変化する。しかし，生産手段および労働力の価値を不変とすれば，前者の構成の変化は後者の構成の変化を反映したものである。そして，資本主義的生産の発展のなかで生じる資本の価値構成の変化のうち，決定的に重要であるのは，資本の技術的構成の変化を反映した変化である。資本の技術的構成によって規定されその変化を反映するものとしての資本の価値構成を**資本の有機的構成**と呼ぶ（図153）。これからさき，本書で「資本構成」と言うのは，とくに断らないかぎり，資本の有機的構成のことである。

図153　資本の有機的構成

```
資本の有機的構成
資本の技術的構成によって規定され，
その変化を反映するかぎりでの資本の価値構成
［不変資本（ c ）＝生産手段の価値］
［可変資本（ v ）＝労働力の価値］
```

§2　資本構成の高度化

［**資本構成の高度化**］　生産手段の分量あるいは価値が労働量あるいは労働力の価値にたいして増大していくことを**資本構成の高度化**という。したがって，技術的構成について言えば，同じ量の労働によって充用される生産手段の分量が増大していくことであり，価値構成および有機的構成について言えば，投下資本価値のうちの c 部分が v 部分にたいして増大していくことである。

［**資本構成の表わし方**］　資本の構成は，投下資本価値を100として c と v とがそれぞれそのうちのどれだけの比率を占めるか，という仕方で表わされる。たとえば，次のとおり（図154）。

図154　資本の構成の高度化

```
　　（構成高度化）　　（構成高度化）　　（構成高度化）
60c + 40v  ⇨  70c + 30v  ⇨  80c + 20v  ⇨  90c + 10v
```

第2節　資本蓄積と賃金変動

§1　資本構成不変のままで蓄積が進めば労働力需要が増加する

［**資本構成不変のもとでの蓄積の進行は労働需要を増大させる**］　資本蓄積すなわち剰余価値の資本への転化（m → mc＋mv）が，資本構成不変のままで進行すれば，社会的総資本の増加と同じテンポでvが増加し，それだけ労働需要が増加する。（ただし，現実にはこの「中休み期間」は産業循環のうちの一時期にのみ現われる。）

［**労働需要の増大による賃金上昇には限界がある**］　この場合，他の条件が変わらなければ，蓄積の進行とともに賃金が上昇することになるが，資本の蓄積がそのままどこまでも続いて，賃金の上昇もどこまでも続いていくということはありえない。なぜなら，賃金が上昇すればそれだけ剰余価値（利潤）は減少するから，価格の上昇が続くのでないかぎり，どこかの時点で**資本の増殖欲求**は減退し，その結果，蓄積も停滞せざるをえないからである。

§2　資本蓄積が賃金変動を規定する

［**ラサールの「賃金鉄則」**］　賃金の変動についてはいろいろな浅薄な理解があるが，19世紀に，ラサール（Ferdinand Lassalle, 1825-1864）が主張した「**賃金鉄則**」という典型的な誤った考え方が労働運動などにかなりの影響を与えた一時期があった。ラサールは，賃金が上昇すれば，労働者の生活が改善され，労働人口の増加率が高まるので，労働力の供給が増加し，その結果賃金が低落する。賃金が下がれば，労働者の生活が悪化して，労働人口の増加率が下がるので，労働力の供給が減少し，その結果賃金が上昇する。このような循環が不可避なのだから，賃金の引き上げの努力は，うまくいっても結局は元の木阿弥になるので，無駄なことだ，と主張した（図155）。

［**「賃金鉄則」の誤り**］　この説は，労働者のもとでの出生率の増減が労働力の供給を増減させるまでには十数年かかるということや，労働者の生活状態の改善・悪化は労働者の家族数の増加・減少をもたらすとは言えない，ということを考えただけでも，成立しないことは明らかであるが，決定的な誤りは，賃

図155 ラサール流の賃金鉄則の考え方

```
賃金上昇→労働者の生活改善→労働人口の増加率の増大→労働力供給の増加
  ↑                                              ↓
賃金低落→労働者の生活悪化→労働人口の増加率の減少→労働力供給の減少
```

❖ 注意：出発点が**賃金**であり，労働力の**供給**の変化が問題になっている。

金を独立変数とし，労働力の需給については供給だけを問題にしている点である。しかし，実際には賃金は従属変数であり，労働力の需給については，資本の側からのそれへの需要こそが決定的に重要なのである。

　［**資本蓄積が賃金変動を規定する**］　賃金の変動を規定するのは，資本の蓄積である。資本蓄積こそが独立変数であり，これを出発点にとらなければならない。そして，資本蓄積の状態によって労働力の需要が変動する結果として，賃金の変動が生じるのである。しかし，資本主義的生産は剰余価値の生産だから，賃金の増加ないし減少によって剰余価値が減少ないし増加すれば，資本蓄積の衝動が変化せざるをえない。賃金の変動は，剰余価値の生産によって，具体的には，資本の増殖欲求にもとづく資本蓄積の状況によって規定されているのである（図156）。

図156 資本蓄積が賃金変動を規定するのであって，その逆ではない

```
資本蓄積の進行→労働力需要の増大→賃金上昇→剰余価値減少→増殖欲求の減退
  ↑                                                      ↓
資本蓄積の停滞→労働力需要の減少→賃金低下→剰余価値増大→増殖欲求の増大
```

❖ 注意：出発点が**資本蓄積**であり，労働力の**需要**の変化が問題になっている。

第3節　構成高度化をともなう資本蓄積と労働力需給の変動

§1　資本構成の高度化をともなう資本蓄積と可変資本の増減

　［**高度化が進めば可変資本の増大率は資本全体の増大率よりも低い**］　資本の蓄積が進行していくなかで，労働の生産力の発展が蓄積のテコとなる点が現わ

れないではいない。こうして資本蓄積と労働の生産力の発展とは相互に促進しあって進んでいく。その結果，必ず，資本構成の高度化が生じないではいない。新たに投下される資本は一般に可変資本を含んでいるから，蓄積はそれだけ労働力への需要を絶対的に増加させるが，それが資本構成の高度化をともなう場合には，可変資本部分は不変資本部分に比べて相対的に減少するから，可変資本部分の増大率，したがってまたこれによる労働需要の増大率は，資本全体の増大率よりも低くなる（図157）。ただし，生産力の発展にともなって生産手段の価値が減少するので，価値構成の高度化は技術的構成の高度化と同じテンポで進むわけではない。

図157　資本構成の高度化による可変資本の相対的減少

労働生産力の発展⇨資本の技術的構成の高度化⇨資本の価値構成の高度化
⇨不変資本部分に比べての可変資本部分の相対的減少

---

§2　資本の集中と可変資本の増減

[集中による既存資本の構成高度化が労働需要を減少させる]　蓄積の進行中に，一方では，社会的総資本の一部が多くの個別資本に分裂・枝分れして個別資本の数を増大させるが，他方では，既存資本の合併・併合，倒産資本の併呑による**資本の集中**が進み，一部の個別資本の巨大化と個別資本の数の減少とが生じる。この過程を強力に推し進めるテコが，諸資本の競争と銀行制度，そして銀行制度と結びついた**株式会社**の設立である。この過程で，資本の生産力が急速に増大すると同時に，資本の技術的構成が高度化し，労働需要を絶対的・相対的に減少させる。

[**資本の集中にともなう構成高度化は労働者の解き離しをもたらす**]　資本の集中による資本規模の増大は，社会的総資本の大きさを変化させない。したがって，集中の過程での資本構成の高度化は，可変資本の絶対的減少による，労働者の解き離しをもたらす。

[**構成高度化をともなう固定資本の更新も労働者を解き離す**]　さらに，固定資本の更新期がきた資本が**固定資本の更新**を行なうさいには，つねに最新の機械設備などを設置しようとする。この場合には，それらを動かすのには旧来の

ものよりも少ない労働で足りるから、こうした新しい固定設備の充用は、それまで使用していた労働者の一部を確実にはじき出す。ここでも可変資本の絶対的減少による、労働者の解き離しが生じる。

§3 高度化をともなう蓄積の進行がもたらす労働力の需給の変化

［蓄積の進行は労働需要を増加させるが、労働力供給を増加させる］　このように資本蓄積は、①資本構成の高度化を、②資本の集中を、③固定資本の更新を、ともないながら進行するので、それは、一方で労働需要を増加させるが、他方でそれを減少させるだけでなく、労働力供給を増加させる（図158）。

図158　一方での労働需要の増加，他方での現役労働者の遊離

```
蓄積される追加資本の構成の高度化→蓄積による資本の増加率よりも低い率での
　　　　　　　　　　　　　　　　労働需要の絶対的増加
集中による既存資本の構成の高度化→可変資本の絶対的減少→現役労働者の遊離
　　　　　　　　　　　　　　　　＝労働力供給の増加
更新過程での原資本の構成の高度化→可変資本の絶対的減少→現役労働者の遊離
　　　　　　　　　　　　　　　　＝労働力供給の増加
```

§4 労働市場での労働力の需要供給を規定する諸要因

［蓄積の進行は賃金を押し上げる方向に一方的に作用しない］　賃金の変動は、直接には、労働力の需給の変動によって規定される。そこで、労働力の需要と供給とを変動させる諸要因を分析すれば、その決定的な要因が、資本の増殖欲求にもとづく資本の蓄積の進行であること、しかも、その資本の蓄積の進行が、労働力の需要面でも供給面でも、けっして賃金を一方的に押し上げる方向に作用するのではないことが明らかとなる。

［労働力需要の増大の基本的要因とその限界］　資本主義的生産のもとで労働力需要を一般的に増加させる基本的要因は、資本蓄積の進行にともなう労働需要の増大である。そしてその資本蓄積の限界は、利潤（剰余価値）による資本の増殖欲求の制限である。

［労働力需要の増大を緩和させる諸要因］　なによりもまず、有機的構成の高

度化は，追加資本中の可変資本部分の相対的減少をもたらす。

さらに，労働への需要と労働力への需要は同じではないのであって，労働力需要の増大は，労働日の延長ないし労働強化によって緩和される[1]。

[**労働力供給を増加させる要因（労働力需要の増大への対抗要因）**] 資本主義的生産のもとでは，労働力の供給を増加させる諸要因がつねに作用している。これは労働力への需要が増大する場合でさえも，これへの対抗要因として作用し，賃金の一方的な上昇を妨げる。それらの要因のうちで最も重要なものは次のとおりである。

① 資本の集中による既存資本の構成高度化による労働力の遊離
② 更新固定資本の構成高度化による労働力の遊離
③ 労働者階級の増大（労働力の再生産費はそれの拡大再生産の費用を含む）
④ 没落した小資本家・小生産者の賃労働者への転化
⑤ 女性および児童の賃労働者への転化

第4節　相対的過剰人口の生産とその存在形態

§1　相対的過剰人口または産業予備軍の生産

[**資本蓄積の進行は相対的過剰人口を生み出す**] 総資本の増大につれて，その可変成分，すなわち総資本に合体される労働力も増大するが，その増大の割合はたえず小さくなっていく。その結果，資本の蓄積による労働需要の絶対的増加は，労働者階級の増大とともに生じる追加労働者群と，資本集中および資本更新によって遊離された労働者群とを吸収しつくすことができず，ここに**相対的過剰人口**または**産業予備軍**，すなわち資本の平均的な増殖欲求にとって余

---

1) 労働需要とは，充用する労働そのものへの需要である。これにたいして，労働力需要とは，労働市場で労働力を買おうとする需要である。資本が資本蓄積のためにより多くの労働を必要とするとき，労働需要は確実に増大する。しかし，資本が新たに必要となった労働を，労働日の延長や労働の強化などによって，すでに充用している労働力から入手できるかぎり，資本は新たな労働力を必要としない。つまり労働力需要の増大にはならないのである。じっさい，労働力市場が緊張状態にあって労賃が上昇気味のときには，資本はなによりもまず，労働日の延長と労働強化によるより多くの労働の入手に努めるのである。

計な労働者人口が生み出される。

　［資本主義的生産のもとでは相対的過剰人口の生産は不可避である］　相対的過剰人口の生産こそ，資本主義的生産様式に特有の人口法則である[2]。

　資本主義的生産のもとで労働力の需要の顕著な増大をもたらすような資本蓄積が進行するのは，利潤率も予想利潤率も平均よりも高く，資本の増殖欲求が平均を超えて高まりつつある，産業循環の一時期，すなわち好況から繁栄に向かう時期だけでしかない。たしかにこの時期には，労働力への需要が高まり，労働力不足が感じられ，労賃が労働力の価値を超えて上昇することがありうる。しかし，これ以外の時期には，労働力供給の増加を上回るような労働力需要の増大は見られないのであり，したがって，資本の増殖欲求にとって余計な労働力人口，すなわち相対的過剰人口の存在が不可避である。

　先進資本主義諸国に見られる恒常的な失業人口の存在が，相対的過剰人口の理論の正しさを実証している。

§2　相対的過剰人口の存在は資本主義的生産様式の生活条件である

　［産業循環］　資本主義的生産は，それ以前のあらゆる生産形態をはるかに凌

---

2) 過剰人口論として広く信じられているのは，マルサスの人口論である。ロバート・マルサス（Thomas Robert Malthus, 1766-1834）は著書『人口の原理』（1798年）などで，「人口は幾何級数的に（つまり，2，4，8，16……と）増大するが，それに必要な食料は算術級数的に（つまり，2，3，4，5……と）増加するだけなので，遅かれ早かれ過剰人口が生じる」と述べた。この過剰人口はまさに絶対的な過剰であって，過剰な人口が減らされないかぎり，根本的には解決のしようがない。ところが，現在の先進資本主義国での恒常的な失業人口は，たしかに過剰なものではあるが，人口を養うための消費手段にたいする過剰ではない。むしろ，限られた有効需要にたいして生産や在庫が，したがってまた生産設備が過剰なのであって，遊休している生産設備を失業している労働者が使用して生産を行なえば，生産そのものはいくらでも拡大できるのだからである。だからこの「過剰」は絶対的なものではなく，なにかと比較しての相対的な過剰である。それでは，なにと比較して過剰なのか。それは，「資本の増殖欲求」，それもそれが最も少なくなっているときのそれではなくて，平均的な状況にある資本がもっている増殖欲求，あるいは産業循環の中位の活況のときの増殖欲求にとって過剰なのである。繁栄のときだけは失業者数がかなり減少するが，それ以外の時期には恒常的に大量の失業者が存在するという，先進資本主義諸国でいたるところに見られる過剰人口はまさにこの相対的過剰人口なのである。

駕する速度で社会の生産力を高め，社会の生産規模を拡大する。しかし，この生産規模の拡大は一直線に進むのではない。資本主義的生産は，ある時期での生産の急速な拡大とある時期における生産の急激な縮小とを反復しながら，長期的傾向的に拡大していくのである。中位の活況，繁栄，過剰生産，恐慌，停滞，という局面を通って拡大と縮小とを繰り返すこのような循環を**産業循環**という（図159）。

図159　近代産業の運動形態＝産業循環

［中位の活況→繁栄→過剰生産→恐慌→停滞］→［中位の活況→……

[**資本主義的生産の生活条件を資本自身が生産している**]　市場がなんらかの理由でが急速に拓けたり，新製品にたいする需要が急激に増大したりしたとき，資本はこうした機会を逃さずに，急速な生産増強によって商品を市場に送り込もうとする。このとき，生産拡大に必要な生産手段の調達は，それが価格が上昇すれば，生産の増強によって市場に間もなく製品が供給されるが，生産拡大に必要な労働力のほうは，もしも労働市場に供給される労働力数に弾力性がなければ，調達のしようがない。なぜなら，労働力は工場で急速に大量生産できるというものではまったくないからである。しかし，これまで，実際の資本主義的生産はそのような機会を逃したことはなかった。それが資本主義的生産の——繁栄の時期における——急速な拡大を可能にしてきたのである。なぜ，それができたのか。それが，資本の中位の増殖欲求にとって余計な相対的過剰人口の存在だったのである。つまり，相対的過剰人口の存在は，資本主義的生産様式にとっての生活条件なのであり，この生活条件を資本は自分自身でたえず生み出しているのである。

[**資本蓄積の変動が現役軍と予備軍との比率を調整する**]　だいたいにおいて，労働賃金の一般的な運動はもっぱら産業予備軍の膨張・収縮によって規制されている。すなわち，労働賃金の騰落は，労働人口の総数によって規定されるのではなく，労働者階級が**現役軍**と**予備軍**とに分かれる比率の変動によって，過剰人口が雇用される規模の増減によって，規定されている。そしてこの比率の変動は，資本のそのときどきの価値増殖欲求にもとづく資本蓄積の大きさによ

って調整される（図160）。

図160　現役労働者軍と産業予備軍

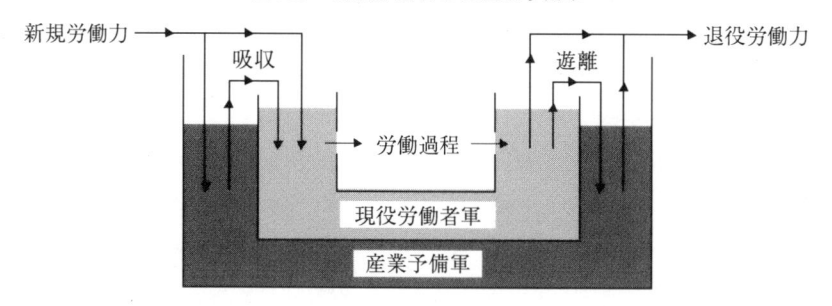

§3　相対的過剰人口の存在形態

［過剰人口の三つの存在形態］　産業循環の局面転換のなかで周期的に現われる過剰人口の諸形態のほかに，多かれ少なかれ，つねに三つの形態の過剰人口があり，さらにその下に被救済民状態にある人口がいる。

(1) **流動的過剰人口**。工場などの近代産業の中心では，就業者数は──資本構成の高度化によって──生産規模にたいする相対的な割合ではたえず減っていくが，だいたいにおいて絶対的には増加する。しかし，そのような増加はつねにジグザグに，また不均衡に進んでいくので，そこでの労働者の一部は，ときには解き離され，ときには大量に引き寄せられる。そこには，つねにこうした予備軍が存在している。現代日本では，たとえば臨時工，社外工，女性パート労働者などがこれに当たる。

(2) **潜在的過剰人口**。農業における資本の蓄積は，農村の労働者人口を絶対的に過剰にする。なぜなら，農業における生産力の上昇は，一般的には，同じ面積の土地で必要な労働の量，したがって労働力の数を減少させるのだからである。彼らの一部は，都市で工業労働者になるが，それができない労働者たちは，自然的生産の弾力性に寄食しながら農村に滞留する予備軍を形成し，都市に働き口があれば一時的に農村を出て行き──出稼ぎ──，なくなればまた農村に舞い戻る。この予備軍は，しばしば，労働力供給を増大させることによって都市の労働者の低賃金の原因となる。

(3) **停滞的過剰人口**。現役軍の一部でありながら，就業がまったく不規則で，

資本の労働者数の調整のための貯水池となっている部分。生活状態は労働者階級の平均水準よりも低く，いつでも，最大限の労働時間と最小限の賃金に甘んじる用意をしている。ここでは一般に，出生数も死亡数も家族数も多い。東京の山谷地区や大阪の西成地区で仕事につこうと身構えている労働者たちはこのような過剰人口の一部である。

　［被救済民状態］　資本主義的生産様式のもとでの過剰人口の最下層部分は，労働力の販売によって収入を得ることができず，「救貧法」——日本では「生活保護法」など——による救済に頼るか，さもなければ労働意欲を失って物乞いなどによって生活する。第1に，労働能力があっても，しばしば**被救済民状態**（pauperism）に落ち込む人びと，第2に，孤児や貧児，第3に，零落者，労働不能者。いわゆるホームレスの人びとの多くは，ここに属する。

　［ルンペン・プロレタリアート］　さらにその下には，つねに，浮浪者や犯罪者や売春婦などからなる**ルンペン・プロレタリアート**が滞留している。

§4　資本主義的蓄積の一般的法則

　［資本蓄積の進行とともに相対的過剰人口は増大する］　資本蓄積が進行し，社会的総資本の量が増大するのに対応して，労働者人口も増大していく。労働者人口のなかで相対的過剰人口または産業予備軍が占める比率，すなわち失業率が変わらなければ，相対的過剰人口または産業予備軍の絶対量は増大する。先進資本主義国では10％程度の失業率が珍しくないが，産業循環の不況局面では，失業率がしばしばきわめて高くなり，相対的過剰人口は激増する。

　［資本主義的蓄積の一般的法則］　このように大量の相対的過剰人口がたえず存在するときには，その底辺には，ほとんど恒常的に職を得ることのできない大量の固定的な失業者層がつねに沈殿していることになる。ここでは，生産過程での労働苦が少ないのに反比例してその貧困の程度は大きい。そして，このような失業者層が増大すれば，それとともに，社会的に救済されなければ生きていくことのできない極貧層もそれだけ増大する。沈殿失業者層や極貧層のこのような増大の傾向は，資本蓄積すなわち資本主義的生産関係の拡大再生産は同時に資本のもとへの労働の包摂および労働の疎外の拡大再生産にほかならない，という「**資本主義的蓄積の一般的法則**」（『資本論』第1部，MEW, Bd. 23, S.

674）が，さまざまの事情によってさまざまの変容を受けながらも絶対的に貫徹していることを表わしている。

　［沈殿失業者層や極貧層の状態の傾向的な悪化］　さきに第4章で資本主義的生産のもとでの生産力発展の諸方法を研究したときに，われわれは，資本主義システムのもとでは，次のことが生じないではいないことを知った。すなわち，労働の社会的生産力すなわち社会的に結合した労働者の生産力を高くするための方法が，個々の労働者の犠牲において展開されること，生産を発展させるための諸手段が，労働者を支配し搾取するための手段とならないではいないこと，そのような手段は，労働者を固定的な分業に縛りつけて部分労働しかできない人間にまで奇形化し，さらに機械の付属物にし，こうして労働を無内容で苦痛なものにしてしまうこと，労働過程が科学的な過程に転化していくにもかかわらず，それらは労働過程の精神的諸能力を労働者から取り上げて特定の労働者層だけのものにすること，それらは労働者の労働諸条件をたえず変則的なものにし，労働過程では労働者を資本の専制に服従させるとともに，彼の生活時間までも労働時間に転化してしまうこと，こうしたことを知った。

　しかし，剰余価値を生産するためのこれらの方法はすべて同時に蓄積の方法でもある。そして，蓄積の進行はまた逆に，これらの方法をさらに発展させるための手段になる。だから，「資本主義的蓄積の絶対的な一般的法則」の貫徹の結果として，労働者人口全体の状態を見れば，資本蓄積が進行するにつれて，現役労働者軍の賃金水準がどのように変化しようと，沈殿失業者層と極貧層の状態は傾向的に悪化していかざるをえないのである³⁾。現在の先進資本主義諸国の底辺に置かれている被救済民層やルンペン・プロレタリアートの悲惨な状態はこのことをはっきりと示している。

3）マルクスはこのことを次のように表現した。「相対的過剰人口または産業予備軍をいつでも蓄積の規模およびエネルギーと均衡を保たせておくという法則は，ヘファイストスのくさびがプロメテウスを岩に釘づけにしたよりももっと固く労働者を資本に釘づけにする。それは，資本の蓄積に対応する貧困の蓄積を必然的にする。だから，一方の極での富の蓄積は，同時に反対の極での，すなわち自分自身の生産物を資本として生産する階級の側での，貧困，労働苦，奴隷状態，無知，粗暴，道徳的堕落の蓄積なのである。」（『資本論』第1部，MEW, Bd. 23, S. 675. 強調はマルクス。）

第10章　資本の本源的蓄積

第1節　資本の本源的蓄積とその諸方法

　[**本節の課題**]　第2章から第5章にかけて，資本による価値増殖すなわち剰余価値の生産の過程を，言い換えれば，資本がどのように剰余価値を生産するかを研究した。そこでは，ひとまず，一方に資本が，したがって資本家による資本価値の所有が，他方に商品としての労働力が，したがって生産手段から切り離されて無所有の賃労働者が，存在しているものと前提されていた。

　ところが，第7章と第8章で，資本のこの価値増殖過程を繰り返される過程として，すなわち再生産として研究したところ，第2〜5章では前提であった，一方での資本も資本家による資本価値の所有も，他方での労働力商品も無所有の賃労働者も，じつは，資本主義的生産そのものによってたえず再生産されていることがわかった。こうして，いったん資本主義的生産が開始されたのちは，両極は生産そのものの結果としてつねに存在することが明らかとなった。

　しかし，資本主義的生産もどこかで始まったのであって，その開始のさいに存在していたはずの，一方での，労働する諸個人から分離し自立化した生産手段と資本として投下できるだけの貨幣も，他方での，二重の意味で自由な労働する諸個人も，そこではともに資本主義的生産の結果ではありえなかった。それでは，資本に転化しうる貨幣は，また，その貨幣で買うことのできる，労働者から切り離された生産手段と労働者の唯一の商品としての労働力とは，どのようにして生まれたのであろうか。この問題はこれまで**資本主義的生産の前史**として考察の外に置いてきた。

　われわれは，資本主義的生産の基本的な仕組みを知ったいま，これまで考察の外に置いてきたこの問題を論じることができるし，また論じなければならない。

　かつてアダム・スミスは，最初の資本の形成を「資本の先行的蓄積（previous accumulation）」と呼び，多くの自立した生産者のなかから，勤勉で有能な

生産者が抜け出して資本家になり，怠け者で無能な生産者が没落して賃労働者になったと説明した。資本の生成とは，はたしてアダム・スミスの言うような牧歌的な過程であり，諸個人の能力や勤勉さに違いがあることによって生じた過程だったのであろうか。

ここでは，マルクスが「**資本の本源的蓄積**」と呼んだ，資本主義的生産に先行する過程，すなわち，資本主義的生産が出発するさいの前提となる，一方での資本と他方での労働力商品とが形成される歴史的過程を，大づかみに見ることにしよう（図161）。

図161 資本主義的生産の出発点としての資本蓄積＝資本の本源的蓄積

```
                      前提                     前提
資本と労働力商品の存在 ←──── 資本主義的生産過程 ←──── 資本の蓄積過程

資     ┌ 生産手段 ┐
本  資本│ 生活手段 │──→  資  本           資  本
の     └ 貨  幣  ┘      剰余価値の        剰余価値の
本                        生産             資本への転化
源
的  労働力商品 ──→ 剰余労働 ──→ 剰余価値 ══════ 剰余価値
蓄
積
```

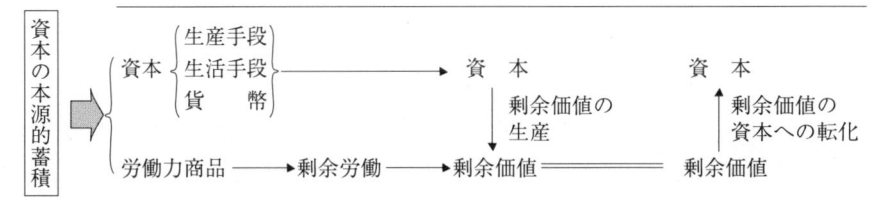

§1 経済的基礎過程：商品生産のもとでの小生産者の両極分解

［**封建制から資本主義への移行の二つの契機**］　資本主義の社会は，それに先行する封建制の社会から生まれてきた。資本主義的生産では，労働する諸個人は生産手段から完全に分離されている。この分離は，彼らが生産手段に属している農奴制が解体する過程，すなわち**農民解放**と，生産手段が彼らに属している独立自営農民の小経営が解体する過程，すなわち**農民層分解**という，二つの歴史的過程を経て成立した。封建制から資本主義への移行で決定的なのはこの二つの契機の実現である。

この二つの契機のうちの前者，すなわち農民解放は，封建社会の内部での生産力の発展の結果生じてくるこの社会の解体過程であり，その結果，この社会の胎内に，封建的な看板を背負いながらもそれを次第に掘り崩していく小農民すなわち独立自営農民が生まれてくる。

資本主義的生産の成立は，理論的には，この独立自営農民と彼らの生産手段

との分離，言い換えれば小経営の解体によって資本・賃労働関係が生まれてくる過程である（図162）。

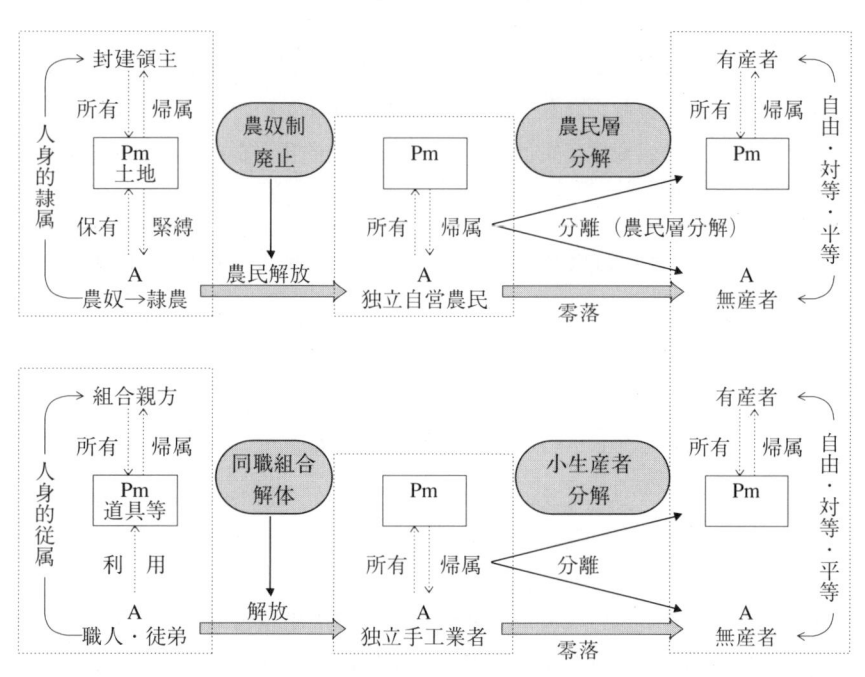

図162　労働者と生産手段との分離過程の二つの契機

封建社会の末期に，領主に貨幣地代の形態で剰余生産物を搾取されていた小農民は，彼らの生産物を商品として市場で販売しなければならなかった。彼らのもとで，また，領主への人格的隷属から解放された独立自営農民のもとではさらにいっそう，商品生産は発展していかざるをえない。商品生産の発展は新しい事態をもたらすようになる。

　[**商品生産のもとでの小生産者の両極分解**]　彼らのもとでの商品生産の発展は，彼らの**両極分解**を引き起こさないではいない。すなわち，自分の労働の諸条件（生産手段）をもつ独立・自営の商品生産者（小商品生産者）のうちの一方は，遅かれ早かれ，富（生産手段および消費手段ないしそれらを購入できる貨幣）を蓄積した有産者に成り上がり，他方は自分の所有を喪失して無産者に零落するのである（図163）。

図163　小商品生産者の両極分解

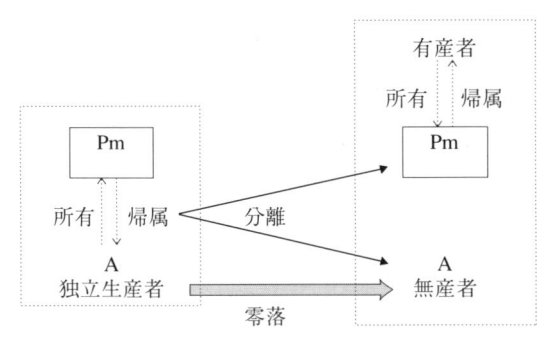

[[「一物一価」]]　商品の価値は社会的必要労働時間によって決まる。だから，同じ種類の商品の価値は同じである。そこで，商品の価値を表現する商品の価格も，一つの市場では同じである。これがいわゆる「一物一価」である。

[[「胚芽的利潤」の蓄積による民富の形成]]　いま商品の価格が価値に等しいとしよう。すると，社会的に平均的な生産条件のもとで生産する生産者が投下する労働時間は，社会的必要労働時間に等しいから，投下した労働時間をそっくり貨幣として回収することができる，したがってまた彼の剰余労働時間をそっくり貨幣として回収することができる。これは，資本家の場合の利潤に相当するものだから，**胚芽的利潤**と言う。これを蓄積すれば，余剰の富を形成することができる。いわゆる「**民富（民衆の富）の形成**」である。（図164）

図164　小商品生産者のもとでの胚芽的利潤と民富の形成

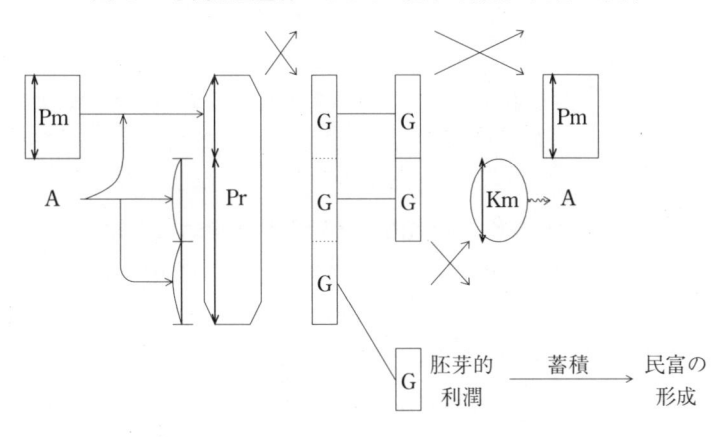

第10章　資本の本源的蓄積　　225

［超過利潤の蓄積による富裕化］　しかも，社会的平均より有利な生産条件のもとで生産する生産者は，同じ商品をより少ない労働時間で生産できるから，価値どおりの価格で売れれば，彼の剰余労働時間を超えてさらに追加の貨幣を取得することができる（「胚芽的超過利潤」）。これを蓄積する生産者は，より早くより大きな民富を形成して，富裕になることができる。個々の生産者にとって生産条件を高めるための手段は，その生産における生産力の発展である。こうして，生産者間の競争が，生産力の発展をもたらさないではいない。

［生産手段の喪失による無産のプロレタリアへの零落］　他方，平均よりも不利な生産条件のもとで生産する生産者は，同じ商品により多くの労働時間量をかけなければならないから，価値どおりの価格で売れても，彼が投下した労働量よりも少ない貨幣しか回収することができない（欠損価値の発生）。このような生産者は，その欠損の程度が大きければ，単純再生産さえもできず，生産手段（土地など）を手放して，無産のプロレタリアに零落する。

［農村での農民層分解］　この過程は，農村では，富農と土地をもたない元農民とへの分解，すなわち農民層分解という形態をとる。

［資本・賃労働関係の発生］　生産力を高めることによって民富を形成した生産者は，土地を失った無産者の労働力を買って，剰余価値を生産し，取得するようになる。こうして，一方は資本家になり，他方は賃労働者になる。このように，小商品生産が広範に行なわれているところでは，商品生産の経済法則の作用によって，遅かれ早かれ，資本・賃労働関係が発生しないではいない。農村では，富農は借地農業者となり，土地をもたない元農民は農業労働者に転化する。都市では，同業組合（ギルド，ツンフト）から解放された独立手工業者のうちの一部が工業資本家となり，他の大多数が工業労働者に転化する（図165）。

§2　資本の本源的蓄積：強力的方法による基礎過程の促進

［資本の本源的蓄積とその諸方法］　しかし，現実の歴史では，なんらかの仕方で富を形成して資本家になりつつある人びとは，このような経済法則（「農業革命の純粋に経済的な原動力」）の作用の結果をじっと待ってはいなかった。彼らは，そのときどきに可能なありとあらゆる方法で，急速に自己の資本を増

図165　資本・賃労働関係の発生

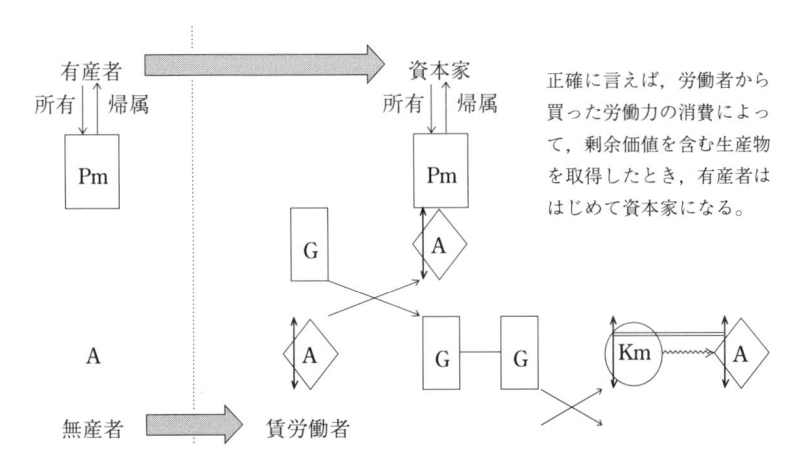

正確に言えば，労働者から買った労働力の消費によって，剰余価値を含む生産物を取得したとき，有産者ははじめて資本家になる。

大させるとともに，安価な労働力が大量に労働市場に売りに出される条件をつくりだそうとした。これが，基礎過程の進行を強力的に促進した歴史的な**資本の本源的蓄積**（略して**原蓄**と言う）の過程であり，そのためにとられたさまざまの強力的な方法が**本源的蓄積の諸方法**である。資本の本源的蓄積とは，力のある者たちが，あらゆる方法を駆使して，労働する諸個人から労働諸条件を収奪し，労働する諸個人を無産のプロレタリアートに転化する過程である。

　［**本源的蓄積の全過程の基礎＝農村住民からの土地収奪**］　資本の本源的蓄積の全過程の基礎は，農村住民からの土地収奪である。

　イギリスでは，14世紀末には，農奴制は事実上消滅していた。かつての農奴たちは，隷農制のもとで隷農の地位に置かれてはいたが，彼らの大多数は事実上自由な自営の農民であり，自分の労働によって民富を形成し，自分を富ませる可能性をもっていた。**小経営**を営むこれらの**独立自営農民（ヨーマンリ）**は15～17世紀を通じて人口の最大の部分を占めていた。しかしこの間にもたえず，彼らの一部が土地を失って零落し，賃労働者の位置に落ち込んでいき，賃労働者が次第に増大していく過程が進行していた。そして17世紀から18世紀にかけてこの過程は急激に加速し，18世紀の中葉にはヨーマンリはすでにほとんど消滅してしまっていた。

　一時は人口の圧倒的な部分を占めていたこれらの独立自営農民たちが没落し，

第10章　資本の本源的蓄積

ついには無産のプロレタリアートに転化していった過程は、どのようにして進んだのか。それは、一言で言えば、さまざまの権力層による**人民大衆の強力的な収奪過程**である。

隷農という封建的な看板を背負っていた自営の農民たちも、また早くも15世紀にはわずかながらもすでに発生していた本来の賃労働者階級も、ともに共同地の用益権をもち、小耕地と住む小屋とをもっていた。彼らは、**共同地**という**共同体**の最後の残り物に依拠して、はじめて生活することができていた。この状態はその後もしぶとく残っていたが、17世紀末から自営農民層が最終的に消滅するのと手を携えて完全に消え去る。19世紀にはいると、農耕民と共同地との関連の記憶さえも失われてしまう。

この共同地の収奪が、かの収奪過程の基礎過程である。それは15世紀末から始まり、16世紀と17世紀にさまざまの形態のもとに進行し、18世紀には「共同地囲い込み法案（Bills for Inclosures of Commons）」という法律による盗奪によって頂点に達し、ヨーマンリを最終的に消滅させた。

16世紀には、基礎を築きつつあった絶対王政は、イギリス国教会を創立してイギリスの「宗教改革」を開始し、王権強化のために修道院を解散して、**修道院領や教会領を没収**した。これらの教会領や修道院領で農耕していた農民たちはそこから駆り立てられ、浮浪民になっていった。1688年の名誉革命とともに、**国有地の盗奪**が公然と行なわれるようになった。

16世紀前半の**第1次エンクロージャ**では、大封建領主や新封建貴族たちがフランドル羊毛工業の繁栄による羊毛の価格騰貴を当て込んで、耕地から農民を追放して牧羊場に転化したのにたいして、18世紀後半の**第2次エンクロージャ**では、大土地所有者や農業資本家たちが議会の承認のもとに、農産物の増産を目的に耕地の大規模な囲い込みを進めた。どちらも、**農民からの土地収奪の過程、農民の土地からの大規模な追い立ての過程**であった。

18世紀後半から19世紀にかけてスコットランドで進行したいわゆる「**地所の清掃**（Clearing of Estates）」は土地から農耕民を掃き捨てて牧羊場に転化し、それをさらに狩猟場に転化した。

こうした農村住民からの土地収奪の過程は、資本主義的農業のための耕地を創出して近代的土地所有者を誕生させ、土地と資本とを合体して少数の大借地

農業者と多数の小借地農業者を創出し，資本のために無保護なプロレタリアートを大量に創出した。

　［プロレタリアートの賃労働者への転化の強制］　しかし，無保護なプロレタリアートはすぐには賃労働者になれなかった。無保護なプロレタリアートは物乞いや盗賊や浮浪人として各地をさまよった。プロレタリアートは増加したにもかかわらず，それに比例して賃労働者は増加しなかったから，それへの需要の増加にたいする供給の立ち遅れから賃金は上昇の傾向を示した。

　そこで，一方では，浮浪を罰する血の立法によって無保護なプロレタリアートに賃労働者としての訓練を強制し，他方では，法律によって賃金を強制的に引き下げ，また労働日を強制的に延長した。

　労働力を商品として売り，その買い手のもとで労働しなければならない立場にあることを宿命として受け入れたときに，労働者階級ははじめて，生産過程で労働諸条件にたいして他人に属するものにたいする仕方でかかわるようになり，資本主義的生産は自分の足で立つことができるようになるのである。

　［農業資本家の生成］　農業資本家すなわち資本家的借地農業者は，幾世紀にもわたる緩慢な過程を通じて生成した。

　最初の形態は，ベイリフ，すなわち領主の土地管理人を務めた農奴だった。14世紀の後半，ベイリフに代わって，地主から農具や家畜や種子を供給される借地農業者が出現したが，彼らの状態は農民とあまり変わらなかった。彼はまもなくメティエ，すなわち地主と資本を出しあう半借地農業者になった。このメティエは急速に消滅して，本来の**借地農業者**が登場した。彼は，自分自身の資本を賃労働者の使用によって増殖し，剰余生産物の一部分を貨幣か現物かで地主に地代として支払った。15世紀最後の1/3期～16世紀の農業革命は，借地農業者を富ませた。16世紀の貨幣価値の低落は労賃を下げ，地代負担を減少させて，富裕な**資本家的借地農業者**の階級を生み出した。

　［農業革命による生産性の上昇，産業資本のための国内市場の形成］　小農民の賃労働者への転化は，一方では，彼らを農産物の買い手とすることによって資本主義的農業のための市場をつくりだすと同時に，他方では，農村副業・農村家内工業を破壊して，彼らを工業生産物の買い手とすることによって，工業資本のためにその国内市場をつくりだした。本来のマニュファクチュア時代に

は，マニュファクチュアと農業との分離過程が進行するが，まだ広範な都市の手工業と家内的・農村的副業とを残し，これに支えられていた。

大工業がはじめて，機械による資本主義的農業の恒常的な基礎を与え，膨大な数の農村民を徹底的に収奪し，家内的・農村的工業——紡績と織物——の根を引き抜いてそれと農業との分離を完成した。だから，大工業がはじめて産業資本のために国内市場の全体を征服したのである。

[産業資本家の生成] もちろん，多くの同職組合親方，独立の小工業者，賃労働者が，小資本家になり，搾取と蓄積を繰り返したのち，文句なしの資本家になった。しかし，この方法は「蝸牛の歩み」であって，15世紀のもろもろの大発見がつくりだした世界市場の商業的要求に応じるものではなかった。

資本主義的生産様式の時代以前からあった資本，**高利資本**と**商人資本**は，高利と商業とによってすでに貨幣資本を形成していた。これらの資本は，封建制度と同職組合制度との弛緩を縫って，輸出港や田舎の諸地点にマニュファクチュアを設け，急速な産業資本家の創出のために，あらゆる方法を用いた。

アメリカの金銀産地の発見，原住民の掃滅と奴隷化と鉱山での使い殺し，東インドの征服と略奪との開始，アフリカの商業的黒人狩猟場への転化などの事実は，資本主義的生産の時代の曙を特徴づけるものであり，これらが資本の本源的蓄積の主要な要素となった。

続いて，全地球を舞台とするヨーロッパ諸国の商業戦が起こった。それは，スペインからのネーデルラントの離脱によって開始され，イギリスの反ジャコバン戦争で巨大な範囲に広がり，中国にたいする阿片戦争によって継続された。

資本の本源的蓄積のさまざまな契機が，時間的な順を追って，スペイン，ポルトガル，オランダ，フランス，イギリスに見られるが，イギリスでは，これらの契機は17世紀末には，**植民制度**，**国債制度**，**租税制度**，**保護貿易制度**として体系的に総括される。どの方法も，国家権力，すなわち社会の集中された組織された強力（ゲヴァルト）を利用して，封建的生産様式から資本主義的生産様式への転化過程を温室的に促進して，過渡期を短縮しようとする。

強力は，旧来の社会が新たな社会を自己の胎内に孕んだときには，いつでもその助産婦になる。強力は，それ自体が一つの経済的な潜勢力である。資本の本源的蓄積の歴史的意義はここにある。

第2節　資本主義的生産の歴史的位置

§1　資本主義的生産の運動法則

［**資本主義的生産の生成・発展・消滅の傾向**］　前節では，資本主義的生産様式が自分の足で立つようになるまでの資本の蓄積，すなわち資本の本源的蓄積が，自分の労働諸条件をもつ労働する諸個人から，自分の労働にもとづいている労働諸条件の私的所有から，その労働諸条件を収奪することによって，一方に資本を，すなわち他人の労働の搾取にもとづく資本主義的私的所有を，他方に資本の搾取材料を，すなわち無所有の賃労働者を蓄積する過程であることを見た。

こうして資本の前史における資本の生成過程を知ったので，ここでは，こうした資本の本源的蓄積と，さらに，すでに第4～9章で見た資本主義的生産の発展の諸傾向との全体から，**資本主義的生産様式の運動法則を**，すなわち人類史のなかでの**資本主義的生産の生成・発展・消滅の傾向を**，とくに生産手段の所有形態の転換に注目しながらまとめておこう。

［**自己労働にもとづく個人的所有から資本主義的私的所有へ**］　資本の本源的蓄積とは，直接生産者からの労働諸条件の収奪，すなわち自分の労働にもとづく私的所有の解消にほかならなかった。

労働者が自分に属する労働諸条件を用いて営む小規模な生産を**小経営**と言う。このような生産様式，すなわち**小経営的生産様式**は，奴隷制や農奴制の成立の過程に見られただけでなく，それらの内部にも存在した。しかし，それが繁栄し，典型的な形態をもつのは，労働する個人が自分の充用する労働諸条件の自由な私的所有者である場合，すなわち農民は自分が耕す耕地の，手工業者は自分が使いこなす用具の，自由な私的所有者である場合（たとえば独立自営農民および都市の自立した手工業者）だけである。このような小経営は，のちに社会的生産に発展していく苗を育てる苗床であると同時に，労働者の手の熟練や彼の自由な個性が練り上げられる学校であった。なぜなら，ここでは**労働する諸個人が，自由な諸個人として，労働諸条件にたいして自分のものにたいする仕方でかかわっていた**からである。労働諸条件へのこのような仕方でのかかわ

りを**個人的所有**と言う。個人的所有のもとでは，労働する諸個人は，主体として自然にかかわることによって，自らの自由な個性を発展させる可能性をもっていたのである。

けれども，小経営的生産様式は，土地やその他の生産手段の分散を前提する。それは，生産手段の集積を排除するとともに，同一生産過程での協業や分業を排除し，自然を社会的に支配し制御することを排除し，こうして社会的生産諸力の自由な発展を排除するのであって，生産および社会の狭隘な自然発生的な限界としか調和しない。

小経営的生産様式は，ある程度の高さにまで発展すれば，自己自身を破壊する物質的手段を生み出す。すなわち，商品生産のもとでの生産者の両極分解が進行し，新たな生産力の発展を生み出さないではいない。このときから，社会の胎内では，小経営的生産様式を桎梏と感じる力と熱情とが動き出す。この生産様式は滅ぼされなければならないし，実際に滅ぼされる。個人的で分散的な生産手段が社会的に集積された生産手段に転化し，したがって多数者の矮小な所有が少数者の大量所有に転化し，民衆の大群から土地や生活手段や労働用具が収奪される。自分の労働によって得た，自立した労働する諸個人とその労働諸条件との癒合にもとづく私的所有は，他人労働の搾取にもとづく**資本主義的私的所有**によって駆逐されるのである。これが，資本の本源的蓄積の過程にほかならなかった。

[**少数の資本家による多数の資本家の収奪**] そのような転化の過程が旧来の社会を十分に分解して，労働する諸個人が無所有の賃労働者に転化され，彼らの労働諸条件が資本に転化され，資本主義的生産様式が自分の足で立つようになれば，その後に進んでいく労働の社会化も，土地やその他の生産手段の，社会的に充用される生産手段，すなわち共同的生産手段への転化も，したがってその後の私的所有者の収奪も，新しい形態をとるようになる。こんど収奪されるのは，自営の労働する諸個人ではなくて，多くの労働する諸個人を搾取する資本家である。

この収奪は，資本主義的生産そのものの内在的諸法則の作用によって，前章で見た諸資本の集中によって行なわれる。**少数の資本家による多数の資本家の収奪**が進行し，その行き着く先は，すべての個々人からの生産手段の収奪である。

[生産の社会化の進展と資本主義体制の国際的性格の発展]　少数の資本家による多数の資本家の収奪と手を携えて，大規模になっていく労働過程での協業，科学の意識的な技術的応用，土地の計画的利用，労働手段の大規模化，生産手段の共同的利用によるその節約が発展する。これらは，**労働の社会的生産諸力の発展と労働の社会化**または簡単に**生産の社会化**と呼ぶことができる。他方では，同時に，世界市場の網のなかへの世界各国民の組み込みが，したがってまた，資本主義制度の国際的性格が発展する。

　[生産諸力の桎梏に転化した**資本主義的外皮の爆破**]　そのような転化過程のいっさいの利益を横領し独占する大資本家の数がたえず減っていくのにつれて，資本のもとへの労働の包摂と労働の疎外がますます進行していくが，しかしまた，たえず膨張しながら資本主義的生産過程そのもののメカニズムによって訓練され，結合され，組織される労働者階級の反抗もまた増大していく。

　ごく少数の資本家による資本の独占は，それのもとで発展してきた社会的生産諸力の桎梏となる。生産手段の集中も労働の社会化も，それがそれの資本主義的外皮とは調和できなくなる一点に到達する。そこでこの外皮は爆破される。資本主義的私的所有の最期を告げる鐘が鳴る。収奪者が収奪される。

　[個人的所有の再建とそれによる社会的所有の顕在化]　資本主義的生産様式から生まれる資本主義的取得様式は，それゆえに資本主義的私的所有も，自分の労働にもとづく，労働する個人の私的所有の否定である。しかし，資本主義的生産そのものが，動かしがたい必然性をもって，自己自身の否定を生み出す。これは，否定の否定である。この否定の否定は，労働者の私的所有を再建するのではなくて，資本主義時代に獲得されたものにもとづく，すなわち協業と土地を含めたあらゆる生産手段の共同占有とにもとづく，**労働する諸個人の個人的所有**を再建する。ここでは，自立した個々の個人ではなくて，アソシエイトした（自発的に結合した）社会的な個人が，自由な諸個人として労働諸条件にたいして自分のものにたいする仕方でかかわるのであり，こうして諸個人は，彼らの自由な個性を練り上げるための条件を獲得するのである。個人的所有が再建されることによってはじめて，資本主義的私的所有は止揚され，資本主義的生産のもとで労働する諸個人による生産手段の事実上の社会的占有という形態ですでに潜在的に発生していた社会的所有が顕在化する（図166）。このよう

にして成立する新たな生産様式が，序章の第3節§3で触れたアソシエーションである（☞図33）。

図166 資本の本源的蓄積と個人的所有の再建

（生産様式）	（所有形態）	（生産の性格）
小 経 営	自己労働にもとづく個人的所有 ＝個人的・分散的な私的所有 （多数者による小規模所有）	個人的生産 かつ 無政府的生産

資本の本源的蓄積
＝少数の横奪者による民衆の収奪

資 本 主 義	資本主義的私的所有 ＝他人労働の搾取にもとづく私的所有 （少数者による大規模所有）	社会的生産 しかしなお 無政府的生産

個人的所有の再建
＝民衆による少数の横奪者の収奪

アソシエーション	アソシエイトした諸個人の所有 （顕在化した社会的所有）	社会的生産 かつ 計画的生産

［**資本主義的所有から社会的所有への転化**］　諸個人の自己労働にもとづく分散的な私的所有から資本主義的な私的所有への転化は，何世紀にもわたる長くて困難な過程であったが，事実上すでに社会的な生産経営にもとづいている資本主義的所有からアソシエイトした諸個人の所有への転化は，それに比べればはるかに容易な過程でありうる。なぜなら，まえに行われたのは，少数の横奪者による民衆の収奪だったが，こんど行なわれるのは，民衆による少数の横奪者の収奪だからである。

§2　資本主義的生産からアソシエーション的生産へ

［**課題**］　マルクスは，資本主義的生産を生産の一つの歴史的形態として捉え，

この生産形態の生成・発展の内的法則，必然性を解明した。そして，この分析を通じて，資本主義的な生産形態がどのようにしてそれ自身の内部の矛盾によって新たな生産形態に道を譲らざるをえないのか，ということをも明らかにした。彼は，資本主義社会を診断して，それの胎内にすでに次の社会が孕まれていること，そして，その社会がどのようなものであるかということを発見したのである。だから，資本主義的生産様式の分析は，この生産様式そのものを超えて，さらにこの生産様式の胎内に孕まれているものを明らかにする。

　この新たな社会は一般に「社会主義（社会）」と呼ばれてきた。マルクス以後，そのような社会をめざす思想が「社会主義の思想」であり，そのような社会をめざす運動が「社会主義の運動」であった。そして，この「社会主義運動」の成果であり一応の到達点であると一般に考えられてきたのが，旧ソ連や旧東ドイツなどの社会，そしていまも「社会主義」の看板を掲げている中国，キューバ等々の社会，要するにいわゆる**現存社会主義**の社会である。

　しかし，いわゆる「現存社会主義」の社会は，その「社会主義」の看板にもかかわらず，じつは，一瞬でも本当の意味での社会主義の社会であったことはなかった。ただ，それらの国々が「社会主義」の看板を掲げているだけでなく，その社会が，**国家資本主義**という，先進資本主義諸国での資本主義とは多くの点で著しく異なった特徴をもった独自の資本主義であったために，その看板が信じ込まれてきたのである。

　このような事情がある以上，いわゆる「現存社会主義」の社会がどのような社会であったのかについて触れなければ，資本主義的生産様式の分析が明らかにしている「新たな社会」がどのようなものであるかを十分に理解するのはむずかしいであろう。けれども，「現存社会主義」について具体的に述べることは，資本主義的生産様式の仕組みを本来の対象としている本書の限界を越えることになる。そこで，この問題については別の文献[1]を参照していただくことにし，本書では，これまで折に触れて言及したアソシエーションという社会がどのような社会か，そして資本主義社会はなぜこの新たな社会を生まないではいないのか，ということをいま少し立ち入って見ておくにとどめよう。

（1）　自由な人間社会としてのアソシエーション

　[マルクスは新社会を「アソシエーション」と呼んだ]　意外に思われるであ

ろうが，マルクス自身が資本主義社会のあとにくる社会を「社会主義」ないし「共産主義」と呼んだのはそう多いことではない。むしろ彼は新社会を，あらゆる時期を通して圧倒的に「アソシエーション (association)」と呼んだ。彼によれば，そこでの労働は「アソシエイトした[2]労働」であり，そこでの生産様式は「アソシエイトした労働の生産様式」あるいは「アソシエイトした生産様式」である。そこでの主体が「アソシエイトした諸個人」あるいは「アソシエイトした生産者たち」であって，彼らは「社会的生産を自分たちの共同の能力として取り扱う諸個人」，「協働する諸個人」であり，また「自由な人間たち」，「社会化された人間」，「自由で平等な生産者たち」である。

　［アソシエーションこそ自由な人間社会である］　このように，新たな社会システムは「各人の自由な発展が万人の自由な発展にとっての条件であるようなアソシエーション」(『共産党宣言』, MEW, Bd. 4, S. 482) であり，「各個人の完全

---

1) さしあたり，次の二つの文献を参照されたい。
　　大谷禎之介・大西広・山口正之編『ソ連の「社会主義」とは何だったのか』大月書店，1996年。
　　チャトパディヤイ著，大谷禎之介・谷江幸雄・叶秋男・前畑憲子共訳『ソ連国家資本主義論』大月書店，1999年。
　　両書の対象は直接には旧ソ連の「社会主義」であるが，そのなかで明らかにされているソ連の「国家資本主義」という社会システムの基本的な仕組みは，すでに崩壊した他の「社会主義」諸国の社会システムにも，現在も「社会主義」と称している諸国の社会システムにも共通のものである。
　　なお，マルクスのアソシエーション論については，次の文献が典拠をあげて詳しく論じている。
　　大谷禎之介「社会主義とはどのような社会か」，『経済志林』第63巻第3号，1995年12月。
2)「アソシエイトした」はドイツ語の assoziiert，英語の accociated の訳語だが，受動的な形態にもかかわらず，どちらも能動的な意味をもつ言葉である。「アソシエイトする」というのは，同一の目的のために能動的・自覚的・自発的に相互にかかわりあい，つながりあい，連携することであって，「アソシエーション (association)」とは諸個人のこうしたかかわりあいによって生まれる彼らの結合体，連合体，共同的組織である。学生のサークルも労働者の組織もアソシエーションでありうる。たとえば「国際労働者協会」の「協会」もアソシエーションの訳語である。マルクスは，未来社会を呼ぶときに，19世紀に多くの人びとによってしばしば使われていたこの語を，それにふさわしいものと感じていたのであろう。

な自由な発展を根本原理とするより高い社会形態」(『資本論』第1部, MEW, Bd. 23, S. 618) であって，マルクスによれば，これこそが「自由な人間社会」(『直接的生産過程の諸結果』, 国民文庫版, 32ページ) なのである。

　[**のちには「協同組合的な社会」とも言う**]　後期になると，マルクスは，「自由で協同組合的な労働の一つの巨大で調和あるシステム」，「生産手段の共有にもとづいた協同組合的な社会」，「労働者たちの協同組合的な所有」，「協同組合的な生産」，「協同組合的な生産様式」などのように，「協同組合的 (genossenschaftlich, co-operative)」という特徴づけをもつ表現をたびたび使っている。

(2) アソシエーションとはどのような社会か

　それでは，マルクスが「アソシエーション」と呼んだ新社会は，マルクスにあってはどのような社会だったのであろうか。それは，いま人びとが「社会主義」という言葉で一般にイメージしているものとは大きく異なっている。

　[**自由な諸個人のアソシエーション**]　それは，なによりもまず，自由な諸個人が自覚的・自発的にアソシエイトして形成している社会である。この社会の「根本原理」は各個人の自由な発展であり，これがあってはじめて万人が発展できるような社会であって，それはアソシエイトした諸個人そのものとほとんど同義である。商品・貨幣・資本という物象が主体であって諸個人はそれらの人格化としてかかわりあっている資本主義的生産とは異なり，ここでは，諸個人こそが社会を自覚的・自発的に形成する真の主体となっている。

　商品生産における物象の支配から解放された「自由な，社会化された諸個人」，「社会的生産を自分たちの共同の能力として取り扱う諸個人」，「協働する諸個人」，「社会化された人間」，「自由で平等な生産者たち」によるアソシエーション，——これこそが新社会の最も肝心な内容であり，質である。

　[**自由な諸個人の直接に社会的な労働**]　このようにアソシエイトした自由な諸個人の労働は，彼らの生産物によって相互に社会成員の欲求を充たす，直接に社会的な労働である。労働が直接には私的労働である商品生産では「交換者たち自身の社会的運動が彼らにとっては諸物象の運動の形態をもつのであって，彼らはこの運動を制御するのではなくこれによって制御される」のにたいして，アソシエーションでは，諸個人は労働の諸条件にたいして，したがってまた労働の生産物にたいして，社会形成の本源的な主体としてかかわるのである。

［自由な諸個人による全生産の共同的で意識的・計画的な制御］　こうして，全生産（社会的生産諸力および社会的諸関係）が，アソシエイトした自由な諸個人によって，共同的かつ意識的計画的に制御される。「社会化された人間，アソシエイトした生産者たちが，自分たちと自然との物質代謝を，盲目的な力としてのそれによって支配されることをやめて，合理的に規制し自分たちの共同的制御のもとに置く」（『資本論』第3部，MEW, Bd. 25, S. 828）。この制御の主体はあくまでもアソシエイトした諸個人であって，諸個人とは区別される国家機関，「社会」等々ではない。

［生産力的前提としての発展した社会的生産］　アソシエーションのもとで，資本主義時代に確立された社会的生産（すなわち，多数の諸個人の協働による大規模生産）はさらに発展する。大工業は多数の諸個人の協働と科学の意識的応用とを本質的な特徴とするが，資本主義的生産のもとでは，この社会的性格も科学的性格も資本のもとに包摂されているのにたいして，アソシエーションのもとでの社会的生産では，主体としての自由な諸個人が自然を，自らの普遍的な対象とするとともに，自らの協働によって全面的に制御する。

［社会的所有（社会的生産に対応する所有）の顕在化］　資本主義社会においても，そこですでに生み出されている社会的生産は，事実上，「生産手段にたいする労働者の社会的占有」を生み出しているが，しかしそれは「少数者の大量所有」によっておおい隠されている。アソシエーションでは，少数者による資本主義的私的所有の廃棄によって，それが「社会的所有」として顕在化する。マルクスにあっては，社会的所有とは，アソシエイトした多数の諸個人が大規模な生産手段にたいして，したがってまたそれを充用して生産された社会的生産物にたいして，主体として，現実に自己のものにたいする仕方でかかわる，ということ，そしてこのことが諸個人相互のあいだで，すなわち社会的に承認されているということである。それは，生産手段の所有者が私的個人ではなくて国家や「社会」である，ということではない。

［アソシエイトした諸個人による所有としての個人的所有］　資本主義的生産様式のもとでの潜在的な「社会的占有」を社会的所有として顕在化させるのは，アソシエイトした，したがって社会的な諸個人の所有である。すでに§1で述べたように，資本主義的生産に先行する小経営では，労働する諸個人は，自己

の労働条件をもつ主体として自然にかかわることによって自らの個性を自由に発展させる可能性をもっていたが,この自己労働にもとづく個人的私的所有は,資本主義的私的所有によって否定された。しかし資本主義的生産は,一つの自然過程の必然性をもって自己自身を否定する。すなわち否定の否定である。資本主義的生産の,したがって資本主義的私的所有の否定は個人的所有を再建するのである。再建される個人的所有とは,アソシエイトした自由な諸個人が,労働諸条件にたいして自己実現の条件にたいする仕方で,「自由な個性を練り上げる」ための条件にたいする仕方でかかわることである。自由な諸個人のアソシエーションに対応する所有は,なによりもまず,**個人的所有**すなわち**アソシエイトした自由な諸個人の所有**である。

　[**「能力に応じて労働し,欲求に応じて受け取る」**]　自由な諸個人が社会全体の生産物から消費手段を取得するのは,彼のもっている物象(商品または貨幣)の大きさによらないばかりでなく,彼の社会的な労働の量にもよらないで,もっぱら,全面的な発展を希求する彼の人間的な欲求に応じて行なわれる。この**分配原則**は,アソシエーションのより低い段階における,「能力に応じて労働し,労働に応じて受け取る」という分配原則に対比して,「能力に応じて労働し,欲求に応じて受け取る」と表現されている。

　[**協同組合的な社会**]　マルクスは,資本主義社会の内部で「自然的に形成」された「新たな生産様式」である「協同組合工場」ないし「協同組合的生産」は,資本主義社会そのものが「自由で平等な生産者のアソシエーション」の実現可能性を示している実例と見て,この実例に即してアソシエーションを「協同組合的な社会」と呼んだのであった。

　[**もろもろのアソシエーションからなる高度に有機的な組織**]　なお,アソシエーションは,それ自体が,諸個人のもろもろのアソシエーションによって編成された高度に有機的な組織であって,諸個人が単一の中央機関からの一方的な指令によって労働するという,「一国一工場」的な一元的システムではありえない。

　[**アソシエーションで消滅するもの**]　このようなアソシエーションでは,労働の疎外が止揚され,労働する諸個人を苦しめてきたさまざまの歴史的な社会的形態が消滅している。その主なものは次のとおりである。

① 商品生産が消滅し，したがって商品・貨幣・市場が消滅している。
② 価値，貨幣，資本による人間支配が消滅し，したがって物神崇拝も消滅している。
③ 労働力の商品化が消滅し，したがって労働市場も労賃も消滅している。
④ 労働の疎外が消滅し，したがって労働過程における諸個人の疎外された意識も消滅している。
⑤ 固定的な分業が消滅し，労働の具体的形態についての差別意識，とりわけ肉体労働と精神労働との対立の意識も消滅している。
⑥ 生産諸力の高度な発展によって労働時間が大幅に短縮され，公害や環境破壊をもたらすような人間と自然との対立が根底から廃棄されている。
⑦ どのような階級的区別も民族的対立も，社会的差別・抑圧も消滅している。
⑧ 諸個人にたいする外的な強制の機構としての国家は死滅している。

(3) 資本主義はなぜアソシエーション社会を生まないではいないのか

[資本主義社会の産みの苦しみを短くし和らげる]　マルクスは，資本主義社会を分析して，この社会そのものがすでに新社会を孕んでおり，これの誕生を準備していることを明らかにした。彼によれば，アソシエーションをめざす諸個人の行動とは，資本主義社会が孕んでいるものを産み落とすさいの，この社会の「産みの苦しみを短くし和らげる」役割――すなわち助産婦または助産士の役割――を果たすことにほかならない。

それではマルクスは，資本主義社会のなかで新社会がどのように準備されつつあると見たのであろうか。すでに第4章第4節§3では，資本主義的生産は大工業を発展させることによって，自己自身の矛盾を深めて，新社会の形成の諸要素を発展させないではいないことを見た。また本節の§1では，資本主義的生産そのものが新たな生産に移行していく動因を生み出すことを見た。あらためてその最重要のポイントをまとめれば，次の3点である。

[資本主義的生産関係が生産諸力の発展の桎梏となる]　第1。資本主義的生産は，高度な生産諸力を打ち立てるというその歴史的役割を果たすことによって，それ自身が生産諸力の発展にとっての制限となり，新たな生産形態によってとって代わられざるをえなくなる。

高度な生産力の具体的な形態は，自然科学の意識的な技術的応用と労働の社

会化とを本質的な契機とする大工業である。発展した資本主義諸国においては，情報化，エレクトロニゼーションなどを指標とする生産力のきわめて高度な発展が進行して，総体としての生産力はきわめて巨大なものとなっている。いま予想を超えるスピードで進行しつつあるいわゆる「IT革命」は，大工業と質を異にする新たな段階なのではなく，自然科学の意識的な技術的応用と労働の社会化との新たな段階，つまり大工業の新たな段階への発展である。

　資本主義的生産は，それ自身のなかに株式資本，金融資本，コングロマリット，などのような，資本主義的生産そのものの内部での私的所有の止揚の諸形態を生み出し，巨大な生産力を自己の制御のもとでさらに発展させようとしているが，この巨大な生産力にとって資本主義的生産関係がすでにその発展形態でなくなっていることは，どの発展した資本主義国も，いまや国家機構を動員しての経済の計画化と統制なしには存在しえなくなっているところに端的に表現されている。およそ，発展した高度な生産力なしには資本主義的生産の止揚はありえないが，アソシエーションが成立するための物質的前提である高度な生産力は，資本主義的生産の成果としてすでに地球上に生み出され，さらに発展し続けているのであって，新社会の成立の物質的条件は成熟しつつある。

　[「**資本の文明化傾向**」の諸結果が資本の偏狭な支配の排除を求める]　第2。資本は，世界市場の創造と拡大・深化とを通じて，諸国民の全世界的交通と全面的な相互依存関係とを発展させ，人間の歴史を世界史に転化させていく。マルクスは資本のこの傾向を「**資本の文明化傾向**」と呼び，資本主義的生産が果たす歴史的役割だと考えた。資本はこうして，労働する諸個人を普遍的な世界人に発展させることによって，それ自身の偏狭な支配を耐えられないものに転化しないではいないのである。この資本の文明化傾向は，いま，いわゆる国際化，グローバリゼーションの進展として，さまざまの転倒的な形態をとりながら，あらゆる側面で急速に進行している。諸国民は，あらゆる側面において，全世界的な交通の網の目にますます深く組み込まれており，相互依存の関係はますます発展しつつある。「現存社会主義」が資本主義としてのその本性を顕わにして，世界市場を通じて先進資本主義国と緊密に結合されていく過程は，その一部をなすものとなっている。先進資本主義諸国が地球的規模での「環境保護」を真剣に共同の課題として取り上げざるをえなくなっているのは，生産

力の資本主義的発展による環境破壊のすさまじさを示すものであるだけでなく，資本の文明化傾向の貫徹を象徴的に表わすものでもある。こうして，労働によって人類社会を支えている全世界の諸個人が，国境を越えて共同の事業のために協力して前進するための条件がますます整えられつつある。

　［**資本は資本の制限性を自覚した諸個人を生み出す**］　第3。社会の変革は，労働する諸個人の意識における旧来の社会システムの制限の自覚とそれによる意識的行動とによってはじめて実現される。だから，新社会の必然性とは，労働する諸個人のこのような自覚と行動とが生まれ発展することの必然性を含む。資本は一方では，科学的・社会的過程としての大工業のにない手としての労働する諸個人に，自然を普遍的に対象とし類的な能力を発揮することができる全面的に発達した個人となっていくことを要求せざるをえず，また資本がますます発展させつつある世界的交通のなかで，彼らに，普遍的な世界人としての自己の自覚を迫る。にもかかわらず，資本は他方では，労働する諸個人のそのような全面的発展を許さず，国際的な連帯を妨げて，彼らをばらばらな相互に対立する諸個人，諸国民のままに置こうとし，こうして諸個人を旧来の狭隘な限界のなかにとどめおこうとしないではいない。資本のこの矛盾した振る舞いは，諸個人の意識のうちに，この生産の制限性とその突破の必要との自覚を生み出し，発展させないではいない。

　［**資本主義は人類史におけるその役割を果たし終えつつある**］　以上の3点は，いずれも，資本主義的生産の発展自身が明らかにしてきたものを資本主義的生産の科学的分析が捉えたものである。これらの諸点もその帰結としてのアソシエーションそのものの展望も，「構想」とか「ヴィジョン」などという言葉で表現されるべきものではまったくない。現代社会の根幹をなす資本主義的システムを知るということは，一方では，歴史的に必然的に誕生したこの社会システムが人類史において果たしてきた偉大な役割を正当に評価することであるとともに，他方では，それがその発展のなかで，自己を否定するような諸形態を生み，自己が歴史的に存在することを弁明する理由を失いつつあること，言い換えれば，人類の前史の最終段階で人類の本史を準備するというその人類史的役割を果たし終えつつあることを見抜くことでもある。

第2篇
資本の流通過程

本篇の課題と研究の進め方

［前篇では，資本の流通は円滑に行なわれるものと想定していた］　第1篇第1章で，商品および貨幣を分析して，資本主義的生産の基礎である商品生産関係をつかんだうえで，第2～9章で，資本主義的生産そのものの基本をなす資本の生産過程を研究した。

資本の運動にとって，資本の流通 G—W（G—Pm, G—A）および W′—G′ は不可欠であるが，これまでの研究では，資本の生産過程そのものの分析に集中するために，こうした資本の流通はすべて正常に進行するもの，支障なく行なわれるものと想定して，分析の対象にはしなかった。ただ，資本主義的生産の根本条件である労働力の売買については，労働力の価値がとる労賃という形態を明らかにし，さらに，資本の蓄積の進行が労働力の売買（労働力の需給と賃金水準）に及ぼす影響の運動に触れなければならなかった。

だから，これまでは資本が流通部面のなかで行なう形態変換（G—W と W—G）はただ前提されていただけだった。つまり，資本家は一方で必要な生産手段をいつでもその価値で買うことができ，他方で生産物をその価値で売ることができる，ということが前提されていた。

［生産過程についての知識を前提して流通過程を研究する］　これまでのところで資本の生産過程についての理解が得られたので，こんどは，これまで対象外に置いてきた資本の流通過程の分析に移ろう。

［流通過程の研究の進め方］　第1章（資本の循環）では，まず個別的資本について，資本がその循環のなかでとるさまざまの形態と，この循環そのもののさまざまの形態とを考察し，さらに，流通に必要な時間と費用，すなわち流通時間と流通費とを研究する。

第2章（資本の回転）では，資本の循環が，一定の周期でたえず新たに繰り返される周期的な過程として，すなわち回転として考察される。ここでは資本

が流通形態の違いによって固定資本と流動資本とに区別され，そのうえで，循環のなかの生産時間と流通時間との割合や資本の諸成分の割合が価値増殖過程に及ぼす影響が分析される．

　個別的資本の循環はたがいに絡みあい，たがいに前提しあい，たがいに条件をなしあっており，こうした絡みあいの全体が社会的総資本の運動を形成している．そこで第3章（社会的総資本の再生産と流通）で，社会的総資本の流通過程を考察する．これは同時に，資本主義的生産様式のもとでの社会的再生産の，したがってまた生産・流通・消費の関連の分析でもある．社会的総資本の流通過程の分析は資本の流通過程の研究の最終部分であるが，すでに把握されていた資本の生産過程を前提にして行なわれるこの分析は，同時に，資本の生産過程と流通過程との両過程を含む資本の総過程の解明という意味をもつ．

　［**総過程の具体的諸形態へ**］　以上の研究で，個別的資本についても社会的資本についても，生産過程と流通過程とを経て運動する資本の総過程がわかったので，次の第3篇では，資本と剰余価値とが資本の総過程でとる具体的な諸形態を研究しよう．

第1章　資本の循環

第1節　資本の循環とその3形態

§1　資本の循環の概念

［**循環の概念**］　ここで**循環**と言うのは，ある点から出発して，一連の過程を経たのちに，最初の出発点に戻ることである。すなわち，**出発点**が**復帰点**となるのである（図167）。

図167　循環

［**資本の循環**］　資本は，貨幣，生産要素，商品という形態を次々に着脱しながら運動する。この運動は，貨幣，生産要素，商品のいずれから出発するものと見ても，つねにその出発点に復帰するという循環の運動である。これを**資本の循環**と言う。

§2　循環のなかで資本がとる三つの形態

［**資本の3形態：貨幣資本（G）→生産資本（P）→商品資本（W）**］　資本の循環のなかで資本が，貨幣，生産要素，商品というそれぞれの形態をとっているとき，資本はそれぞれ，**貨幣資本**，**生産資本**，**商品資本**と呼ばれる（図168）。

図168　資本の循環

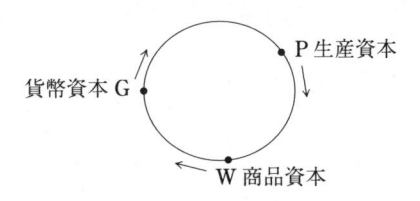

貨幣資本，生産資本，商品資本は，資本が循環のなかでとる三つの形態である。G，P，Wはそれぞれ貨幣，生産要素，商品を表わす記号だが，これらが資本のとっている形態を示すときには，それぞれ，貨幣資本，生産資本，商品資本を表わすことになる。

［**産業資本**］　これまで見てきた資本は，その循環のうちに生産過程を含み，ここで剰余価値を吸収して増殖する資本であった（☞図127 ⇒巻末折込み3）。この資本は，記号で書けば次のような循環のなかで増殖する[1]。

$$G—W \Big\langle\begin{matrix}Pm\\A\end{matrix} ... P ... W'—G'$$

ところが，資本には，のちに見るように，流通過程のなかで，貨幣―商品―貨幣，という変態（G—W—G'）を行なうだけで増殖する資本である**商業資本**と，単純に，貨幣として出ていって貨幣として帰ってくる（G—G'）という運動をするだけで増殖する**利子生み資本**という，二つの異なる種類の資本がある。これらの資本と区別されるとき，生産過程で剰余価値を吸収することによって増殖する資本を**産業資本**と言う。ここでの**産業**という言葉は，資本主義的に経営されるすべての生産部門を包括している。産業資本は，貨幣資本，生産資本，商品資本という三つの形態を着脱しながら運動する資本である。

われわれの研究の対象となる資本は，まだしばらくは，産業資本だけである。（商業資本および利子生み資本は第3篇の第4章および第5章で見る。）

1）この図のなかの $G—W\big\langle\begin{matrix}Pm\\A\end{matrix}$ の部分は，貨幣（G）で買い入れた商品（W）が生産要素である生産手段（Pm）および労働力（A）からなっていることを示している。ちなみに，マルクスは，この図式とは逆に，新たな価値を生む主体的・能動的な要因である労働力（A）を上に置き，生産手段（Pm）をその下に置く図式を書いている。すでに序章でも第1篇でも見てこられたように，本書では，労働力の発揮である労働（時間）が上方から下方に向かって進行するように図示するために，一貫して生産手段を上部に，労働力を下部に置いている。これに対応させるというまったく技術的な理由から，資本の循環を記号で示すさいにも，マルクスの図式とは逆にPm（生産手段）を上に，A（労働力）を下に置いている。

§3 循環の三つの形態

(1) 三つの循環形態を研究することの意義

[資本循環の三つの形態]　資本の循環が繰り返されるとき，そのなかに資本の三つの形態のそれぞれを出発点＝復帰点とする三つの循環を見ることができる。すなわち，貨幣資本の循環，生産資本の循環，商品資本の循環の三つである。

$$貨幣資本の循環：G—W...P...W'—G'$$
$$生産資本の循環：P...W'—G'—W...P$$
$$商品資本の循環：W'—G'—W...P...W'$$

なお，資本の循環運動を $G—W...P...W'—G'$ と書き表わしたときには，商品（W）が2度，WおよびW'として現われているが，この資本にとっては前者のWは，実現されるべき（貨幣に転化するべき）商品ではなくて，生産過程にはいるべき生産要素であり，循環の観点から見れば，生産過程で生産要素として機能する生産資本Pと一致する。だから，G—WのWは資本の循環における独自の形態ではない。このように，G—WのWは，循環の観点から見れば，生産資本Pと一致するので，このWを出発点＝復帰点とする循環形態は意味をもたない。だから，$G—W...P...W'—G'$ は循環形態としては $G—(W=)P...W'—G'$ であり，$P...W'—G'—W...P$ は循環形態としては $P...W'—G'—(W=)P$ にほかならない。

[循環の3形態のすべてをそれぞれ別個に分析することの**重要性**]　現実の資本の運動は三つの循環の統一なので，この三つを区別するのは形式的なことのように見えるかもしれない。しかし，三つの循環のうちの一つの循環の観点に立って資本の運動を観察したときに，はじめて鮮明に浮かび上がってくるもろもろの事柄があり，特定の循環の視点に立たなければ明らかにできない問題もある。だから，資本の流通過程の研究では，この三つの循環をそれぞれ独自に分析したのちに，その結果を総括することが必要である。

じつは，重商主義の経済学者，古典派の経済学者，重農学派の経済学者の三者が，資本の運動を観察するとき，それぞれの分析の主要な視点を3循環のうちの一つに置いていた。そしてそのことが，一方では，それぞれに特有の業績をもたらすことになったが，他方では，それぞれの分析を局限されたものにし

たのであった。

(2) 貨幣資本の循環（G...G′循環：G—W...P...W′—G′）

[**貨幣資本の循環**]　貨幣資本が出発点かつ復帰点である循環が**貨幣資本の循環**である。貨幣資本の循環の内容を図示すれば，次のとおり。

$$G—W...P...W′ \begin{cases} W— \\ —G′ \\ w— \end{cases} \begin{cases} G \\ \\ g \end{cases}$$

[**貨幣資本の循環は資本の本質を端的に表現する**]　G...G′循環は，価値増殖という資本の本質を最も一般的に，また端的に表現する。ここでは生産過程は，価値増殖のための手段・中間項として現われている。この中間項を無視しても，総流通は G—W—G′，つまり資本の流通を表わしている。

[**資本の流通としての G—W の特質**]　第1に，資本はA（労働力）を買わなければならない。それは，賃労働者階級の存在，したがって資本関係の存在（PmとAとの分離）を前提する。第2に，資本は剰余労働を含むすべての労働を吸収するのに十分なだけの Pm を買わなければならない。だからまた，それが買えるだけの十分な大きさの G でなければならない。

[**資本の流通としての W—G の特質**]　第1に，Wは剰余価値を含んでいる。このことが W—G を資本の W′—G′ にする。第2に，したがって，資本家は投下した貨幣額よりもより多くの貨幣額をこの W—G によって流通から取り出す。第3に，資本家は，剰余価値をも含めたすべてのWをGに変えなければならない。

[**資本が特殊な循環形態をとる産業**]　運輸業では資本の生産物が独立の商品形態（W′）をとらないので，循環は G—W...P—G′ の形態をとる。**産金業**では，生産物は直接に貨幣として通用する金であるので，循環は，同じく G—W...P—G′ の形態をとる。

[**貨幣資本循環の特色**]　貨幣資本の循環は次のような特色をもっている。

① 　循環は流通過程で始まり，生産過程を経たのち，流通過程で終わる。
② 　産業資本の運動の目的・動機が資本の増殖であることを鮮明に示す。
③ 　生産過程は資本の増殖のための不可避の中間環，必要悪として現われる。

貨幣資本の循環は，重商主義者たちが資本を把握し分析するさいの循環形態

であった。

[資本の三つの循環形式] 資本はたえず循環を繰り返して自己増殖していく価値である。貨幣資本の循環を繰り返される過程として観察すれば，そこにはさらに，生産資本の循環と商品資本の循環とが認められる（図169）。

図169 貨幣資本の循環の反復は生産資本の循環と商品資本の循環とを含む

$$\underbrace{G-W\ldots P\ldots W'-G'}\cdot\underbrace{G-W\ldots P\ldots W'-G'}\cdot\underbrace{G-W\ldots P\ldots W'-G'}$$

（上部括弧：生産資本の循環、生産資本の循環／下部括弧：商品資本の循環、商品資本の循環）

(3) 生産資本の循環（P…P 循環：P…W′—G′—W…P）

[生産資本の循環] 生産資本が出発点かつ復帰点である循環が**生産資本の循環**である。循環の出発点となる生産資本とは，生産過程で価値増殖すべき資本である。したがってその復帰点の生産資本も，同じく，生産過程で価値増殖すべき資本である。だから，出発点への復帰は生産過程への復帰であり，生産過程の更新である。この循環は，生産資本の周期的に繰り返される機能，つまり再生産を表わしている。

生産資本の循環は再生産を表わすのだから，この循環は，**単純再生産**の場合と**拡大再生産**の場合との二つについて観察しなければならない。

[単純再生産] 剰余価値の全部が資本家によって消費されて生産にはいらなければ，生産資本の単純再生産が行なわれる。単純再生産の場合，生産資本の循環を図示すれば，次のとおり。

$$P\ldots W' \begin{cases} W- \\ -G' \\ w- \end{cases} \begin{cases} G-W\ldots P \\ \\ g-w \end{cases}$$

[拡大再生産] 剰余価値の全部またはその一部が追加資本（mc ＋ mv ＝ ΔPm ＋ ΔA）として投下されれば，生産資本は拡大された規模で再生産される。拡大再生産の場合，生産資本の循環を図示すれば，次のとおり。

$$P\ldots W' \begin{cases} W- \\ -G' \\ w- \end{cases} \begin{cases} G = G-W \\ \quad \searrow \Delta G - \Delta W \\ g \rightarrow g-w \end{cases} \ldots P'$$

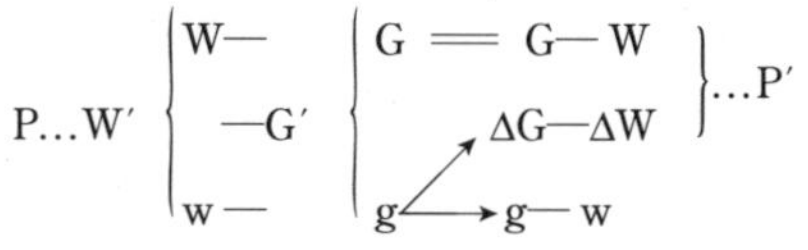

[生産資本の循環は生産過程の反復を表現する]　P…P循環は，生産過程が流通過程を媒介にして反復されることを表現する。生産過程での価値増殖を無視すれば，総流通はW—G—W，つまり単純な商品流通の形態である。この形式は，資本の再生産が行なわれるための流通の諸条件を考察するのに適している。

[生産過程反復のための条件]　生産資本の循環は，資本主義的生産では，生産過程の反復のためには，流通過程W—G—Wが順調に行なわれなければならない，ということを示している。

[恐慌の可能性の発展]　単純な商品流通がすでに，**恐慌の可能性**（すなわち，あるW—Gの不可能が，それに続くG—Wを不可能にし，それがまた別のW—Gを不可能にする，という仕方で，販売の不可能の連鎖的波及が生じうること）を含んでいたが，生産資本の循環は，流通の中断による生産の不可能性を，したがって恐慌の可能性を，さらに発展したかたちで含んでいる。なぜなら，ある資本のW—Gの不可能は，その資本のG—Wと資本家のg—wとを不可能にし，かくしてこの資本に労働力(A)を売って必須生活手段を買う労働者のW(A)—G—W(N)や，他の資本のW—Gを不可能にする，という仕方で，再生産の停滞や縮小を連鎖的に波及させる可能性があるからである。

[蓄積ファンドの積立と投下]　拡大再生産のさい，**追加資本**の投下は，工場の新設やそこに設置する機械類の購入などのために，一般にまとまった額の貨幣支出を必要とする。そこで，剰余価値の資本への転化（蓄積）のためには，ある期間にわたって剰余価値が**蓄積ファンド**として積み立てられなければならない。蓄積ファンドの積立のために流通から引き揚げられた貨幣は蓄蔵貨幣の形態にある。この蓄蔵貨幣が現実の蓄積のために投下されるときには，流通に購買手段または支払手段として投じられるのである。

[生産資本の循環の特色]　生産資本の循環は次のような特色をもっている。
① 　循環は生産過程で始まり，流通過程を経たのち，生産過程の出発点で終わる。
② 　流通過程は生産の反復のための手段・条件である。
③ 　資本の運動は，生産のための生産，蓄積のための蓄積として現われる。
生産資本の循環は，古典派経済学者たちが資本を把握し分析するさいの循環形態であった。

(4) 商品資本の循環（$W'\ldots W'$ 循環：$W'—G'—W\ldots P\ldots W'$）

[**商品資本の循環**] 商品資本が出発点かつ復帰点である循環が**商品資本の循環**である。

商品資本の循環も，単純再生産の場合と拡大再生産の場合との二つについて観察しなければならない。

[**単純再生産**] 剰余価値の全部が資本家によって消費されて生産にはいらなければ，商品資本の単純再生産が行なわれる。単純再生産の場合，商品資本の循環を図示すれば，次のとおり。

$$W' \begin{cases} W— \\ —G' \\ w— \end{cases} \begin{cases} G—W\ldots P\ldots W' \\ g—w \end{cases} \begin{cases} W \\ w \end{cases}$$

[**拡大再生産**] 剰余価値の全部またはその一部が追加資本（$mc + mv = \Delta Pm + \Delta A$）として投下されれば，商品資本は拡大された規模で再生産される。拡大再生産の場合，商品資本の循環を図示すれば，次のとおり。

$$W' \begin{cases} W— \\ —G' \\ w— \end{cases} \begin{cases} G = G—W \\ \Delta G—\Delta W \\ g \quad g—w \end{cases} \ldots P'\ldots W' \begin{cases} W \\ w \end{cases}$$

[**商品資本の循環は総商品生産物の再生産を表わす**] $W'\ldots W'$ という循環は，剰余価値を含んだ総商品生産物の再生産を表わす。それは，まずもって，総生産物の流通過程から始まるのであり，生産的消費ばかりでなく，剰余価値からの蓄積，資本家の消費，労働者の消費をも含んでいる。だからこの循環形態は，資本主義的流通過程を直接に，また総括的に観察するのにふさわしい。

[**資本の流通と収入の流通との絡みあい**] 商品資本の循環は，資本と資本との絡みあい，生産と消費との絡みあい，資本の流通と収入の流通との絡みあいを示唆している。

[**社会的総資本の再生産と流通過程との考察のための形式**] この循環を社会的総資本の循環とみなせば，W' は社会の年間の総生産物であり，この循環は社会的生産・消費のすべての要素を包含することになる。この形式のもとで，

社会的総資本の再生産と流通とを考察することによって，資本主義的生産における生産と消費との全運動を統一的に明らかにすることができる。この考察は本篇第3章で行なう。

［商品資本の循環の特色］
① 循環は流通過程で始まり，生産過程で終わる。
② 資本の過程は，剰余価値の実現を含まなければならない。
③ 資本の運動は，資本と資本，生産と消費，資本流通と所得流通，の絡みあいとして現われる。

商品資本の循環は，ケネーを代表者とする重農学派が資本を把握し分析するさいの循環形態であった。

(5) 個々の産業資本の具体的な運動形態

［3資本形態への分割と3資本循環の並行的進行］　個々の資本の運動の場合でも，現実の運動では，一つの資本が三つの部分に分割されて，それらが貨幣資本，生産資本，商品資本という三つの形態をとっており，したがって，貨幣資本の循環，生産資本の循環，商品資本の循環という三つの循環形態が並行的に進行している（図170）。

図170　資本の3形態への空間的分割と資本の3循環の並列的進行

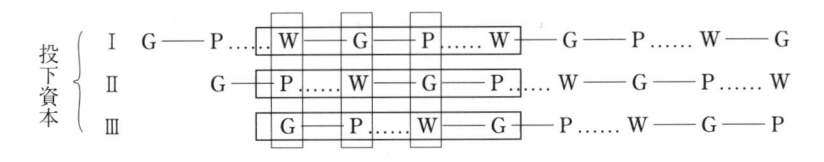

投下資本 {
Ⅰ　G—P....W—G—P.....W—G—P......W—G
Ⅱ　　　G—P—W—G—P....W—G—P......W
Ⅲ　　　　　G—P—W—G—P......W—G—P

第2節　流通時間と流通費

§1　流通時間

(1) 資本の生産時間と流通時間

［生産時間と流通時間］　資本の循環は，その経過の時間から見れば，資本が生産過程を通過している**生産時間**と資本が流通過程にとどまっている**流通時間**とからなる。

(2) 資本の流通時間：販売時間と購買時間

［販売時間と購買時間］　資本の流通時間は，W′—G′ に要する**販売時間**と G—W に要する**購買時間**とからなる。この二つのうち，資本にとって決定的に重要なのは販売時間である。なぜなら，G—W は，一般的等価物である貨幣で市場に出ている任意の商品を購買する過程であるのにたいして，W′—G′ は，商品が市場で買い手を見いださなければならない過程だからである。

(3) 流通時間と価値増殖

［**流通時間は価値増殖が中断されている時間である**］　流通時間は，資本にとって不可欠の時間であるが，この時間のあいだは，生産過程が中断されているので価値増殖は行なわれず，資本は商品または貨幣の形態にとどまっている（図171）。だから，資本は流通時間を極力圧縮しようとしないではいない。資本のこの傾向については，次の§2の(4)で述べる。

図171　流通時間による生産過程（＝価値増殖）の中断

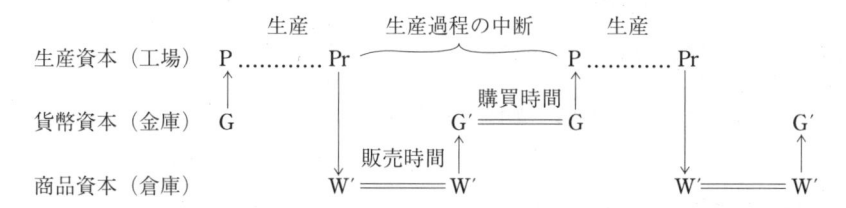

```
                    生産     生産過程の中断     生産
生産資本（工場）  P………Pr                   P………Pr
                    ↑          購買時間        ↑
貨幣資本（金庫）  G            G′════G                G′
                               ↓ 販売時間 ↑
商品資本（倉庫）              W′════W′              W′════W′
```

§2　流通費

(1) 資本の流通過程と商品流通

［**資本流通は商品流通をともなう**］　資本の流通過程では，剰余価値を孕んだ商品資本 W′ が G′ に転化しなければならない。これには，資本家または労働者の G—W が対応するのであって，W′—G′ は，一方で貨幣の流通をともなうとともに，他方で商品の流通すなわち持手変換[2]をともなう。

---

[2]　「商品の流通すなわち持手変換」は，次の(2)で述べる「物流」と同じではない。物流は生産物の物理的な移動であるが，厳密な意味での商品流通または持手変換は，商品の所有名義がある商品所持者から他の商品所持者に移ることであって，商品の物理的移動をともなわない場合もある。たとえば，物理的に動かすことのできない家屋のような商品の場合には，販売によって商品流通または持手変換があっても物流は生じない。

［商品流通における商品変態の絡みあい］　まず，第１篇第１章で見た商品流通（☞　図90）において，商品の変態 W—G—W が貨幣流通に媒介されてたがいに絡みあう姿を見よう（図172）。

図172　商品変態の絡みあいと商品流通

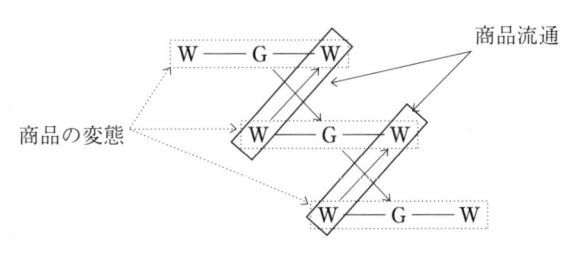

［資本流通における資本変態の絡みあい］　W—G—W は資本の循環にも含まれている。ここでの W—G—W は商品の変態であると同時に，資本（資本価値）の変態でもある。そこでまず，資本の変態 W—G—W が，貨幣流通に媒介されてたがいに絡みあっている姿を見よう（図173）。

図173　資本流通の絡みあいと商品流通

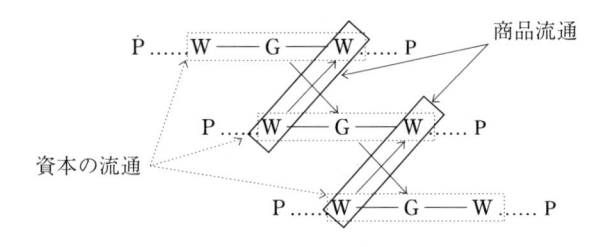

［資本流通における資本流通と収入流通との絡みあい］　資本の W′—G′ に対応する G—W には，資本家による生産手段の購買だけでなく，資本家および労働者による消費手段の購買，すなわち収入の流通も含まれている。また，資本の G—W は，G—Pm と G—A とからなるのであって，前者に対応する W—G が資本家による生産手段の販売 Pm—G であるのにたいして，後者に対応する W—G は労働者による労働力の販売 A—G である。そこで，資本の変態 W—G—W が貨幣流通に媒介されてこれらの購買および販売と絡みあっている姿を見よう（図174）。

図174　資本流通と収入流通との絡みあいと商品流通

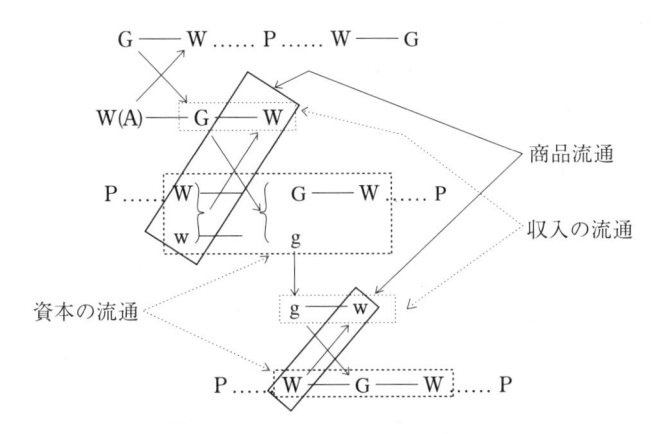

(2) 物流の2契機：運輸と保管

[**物流の2契機＝生産物の運輸と保管（在庫）**]　どんな社会でも，生産過程から出てきた生産物は，消費されるまでに，多かれ少なかれ，物理的な移動の過程を通らなければならない。そのような移動はこんにち，広く「**物的流通**（physical distribution）」（略して「**物流（PD）**」）と呼ばれている。時間的・空間的な運動であるこの物流は，必ず，時間的・空間的な静止をともなっている。そこで，物流は人間の二つの活動を必要とする。第1の契機は，生産地点から消費地点までの生産物の運輸の活動である。第2の契機は，生産地点から消費地点に到達するまでにどこかで滞留し，在庫の状態にある生産物を保管する活動である。**運輸**と**保管**は物流が必要とする活動の2大契機である。それらは，さらに，包装・荷役・仕分けなどの付帯的な活動をともなう。

[**物流と生産過程**]　場所の移動は広い意味では使用価値の形態変化だから，生産物は，消費地点に到達したときにはじめて最終的に完成されたと見ることができる。この観点からすれば，運輸は生産過程の継続であり，追加的な生産過程である。

これにたいして保管は，生産物の使用価値を変更させるものではない。しかしそれは，使用価値を維持し，使用価値の変質・減少を防止するから，そのかぎりで保管は，使用価値に作用するという生産的な性格をもち，本来の生産過程の延長と見ることができる。

［**商品の運輸と保管（在庫）**］　資本主義的生産では，社会の生産物の圧倒的な部分が商品となるので，生産物の物流は一般に商品の物流という形態をとる。

第1に，生産物の運輸は一般に商品の運輸である。

第2に，生産物の保管は商品の保管である。商品の保管には，①生産者や商人のもとでの，販売すべき商品の保管（商品在庫），②生産者のもとでの，買い入れた生産手段の保管（生産用在庫），③資本家や労働者のもとでの，買い入れた個人的消費手段の保管（消費用在庫），という三つの形態があるが，買い入れられた生産手段や消費手段はすでに商品ではなくて，潜在的には生産過程または消費過程にあるのだから，このうちの①のみが，本来の商品の保管（**商品在庫**）である。

（3）　流通費

［**広義の流通費**］　生産過程で費やされる，対象化された労働（生産手段の価値）と生きた労働とが生産の費用であるのにたいして，流通過程で費やされる，対象化された労働（物的諸手段の価値）と生きた労働とは，流通の費用つまり**流通費**である。

生産費用はすべて商品の価値となる。すなわち，生産手段の価値は商品のなかに移転し，生きた労働はすべて対象化して新価値となる。ところが，流通部面では価値が生産されることはないのだから，流通部面で必要とされる流通費は，商品に価値を追加するどころか，逆にその価値額だけ，剰余価値からの控除となるはずである。

しかし，運輸と保管という，物流が必要とする活動の2契機はともに生産的な性格をもち，本来の生産過程の延長だから，物流のための費用は生産費用に準じる性格をもっている。そこで流通費は，**物流費**と**純粋な流通費**とに大別されることになる。

［**物流費**］　物流のための費用，つまり運輸費および保管費は，商品に価値を追加する。運輸や保管に付随する包装，荷役，仕分けなどに要する費用も同じ性質のものである。しかし，これらの費用がなければそれだけ生産物の生産を拡大できるはずであり，その意味では，これらの費用は生産にとっての空費である。また，商品の変態の停滞（不随意の在庫）から生じる保管費も，商品に価値を追加しない。

[**純粋な流通費**]　価値のたんなる形態変化（W—G および G—W）のために，とりわけ価値を商品形態から貨幣形態に変える（W′—G′ つまり商品資本の実現の）ために必要な費用は純粋な流通費であって，商品にまったく価値を追加しない。それは生産にとってのまったくの空費であって，すでに存在する価値の，つまりは剰余価値からの控除であり，剰余価値から補塡されなければならない。

（**4**）　流通時間なき流通——資本の必然的な傾向

[**資本は流通時間と流通費とを最小限に縮減しようとする**]　産業資本の循環は W—G—W という流通過程を含んでいる。販売 W—G と購買 G—W とのうちで決定的に困難なのは W—G である。商品資本 W′ は G′ に転化しなければならず，最終的に売れなければならない。産業資本は，多かれ少なかれ，この販売のために時間（流通時間）と費用（流通費）とを要するが，流通時間は生産時間を制限し，流通費は剰余価値から補塡されなければならない。流通時間と流通費とはともに資本にとっての空費であり，産業資本はこれを最小限に縮小しようとしないではいない。

[**流通時間なき流通**]　流通時間と流通費とを最小限に縮減しようとする資本の傾向を，簡単に**流通時間なき流通**と呼ぶ。つまりここでの「流通時間」という語は，流通に必要な時間と費用との総称として用いられているわけである。流通時間なき流通という資本の傾向は，のちに第 3 篇第 4 章で見る産業資本からの商業資本の自立化と第 3 篇第 5 章で見る銀行制度の成立とにとってきわめて重要な不可欠の契機である。

第2章　資本の回転

第1節　回転時間と回転数

§1　回転の概念
　[回転の概念]　資本の循環の「循環」が，ぐるっと回ってもとのところに戻る，という語意をもつのにたいして，ここでの**回転**は，ある地点に到達するまでぐるぐると循環を続けていく，という語意をもっている。つまり，周期的に繰り返される運動として見られた循環である。

　[資本の回転]　だから，**資本の回転**とは，投下された資本が還流してくるまで循環を繰り返していく過程として見られた，資本の運動である。すぐあとの第3節で見るように，個々の循環も円運動ではあるが，1回の循環で投下された資本の全部が戻ってくるわけではない。投下された資本の還流には，一般に，多くの循環を経る必要があるのであって，資本の回転の概念が必要となるのである。

§2　資本の回転時間
　[回転時間]　貨幣形態で投下された資本価値の全体が再び貨幣形態で還流してくるまでの時間を**回転時間**と呼ぶ。

　[回転時間＝生産時間＋流通時間]　回転時間は，反復される多くの循環を包括している。それらの循環の時間はいずれも生産時間と流通時間とからなっており，これらの生産時間および流通時間の総計が回転時間をなす。

　[生産時間＝労働時間＋非労働時間]　生産時間は，労働が行なわれている時間つまり**労働時間**と同じではない。というのは，生産過程の経過中に，労働対象に労働が加えられていない時間がありうるからである。たとえば，ワインの生産時間のうち，ワインを寝かせておく時間は，労働は行なわれず，ただ自然力が原料に加わる過程が進行しているだけの時間である。生産時間がこのような**非労働時間**を含んでいることがありうる。

［流通時間＝販売時間＋購買時間］　すでに見たように，資本の流通時間は販売時間と購買時間とからなる。資本の運動にとって不可欠のこの両者の，とくに販売時間の相違が回転時間の相違をもたらす。

　［回転時間は生産部面によってさまざまである］　回転時間は，資本が投下される生産部面によってさまざまである。

§3　資本の回転数

　［回転時間と回転数］　さまざまの異なる資本の回転の速度を比較するとき，回転時間の絶対的な大きさで比較することもできるが，一定の期間における回転の回数で比較することもできる。一定の期間，通常は１年間について見られた回転の回数を**回転数**と言う。月を単位とする回転時間を u とし，１年間の回転数を n とすると，

$$u = \frac{12}{n} \quad \text{したがって} \quad n = \frac{12}{u} \quad \text{または} \quad n \cdot u = 12$$

である。回転時間が１年を超えるときには，回転数は１よりも小さくなる。

第２節　固定資本と流動資本

§1　固定資本と流動資本

　［資本の還流の仕方の違い］　投下された資本の還流の仕方に注目するときには，資本は，すでに見た不変資本と可変資本との区別とは異なった観点から，二つの資本に区別される。

　［流動資本］　投下資本の一部は，個々の循環ごとにすべて生産物の価値として再現し，生産物とともにすべて流通にはいって，生産物の販売によってすべて貨幣形態で還流してくる。労働対象（原料）の価値は，個々の生産過程で，すべて生産物に移転する。労働力の価値は，個々の生産過程で，すべて生産物のうちに再生産される。こうした資本部分を**流動資本**と呼ぶ。労働対象と労働力に投下される資本は流動資本である。

　［固定資本］　これにたいして，投下資本の他の一部は，個々の生産過程では，投下価値の一部だけが生産物のなかに移転し，その生産物の販売によって貨幣形態で回収されるだけで，残りの価値は生産場面に固定されている。道具や機

械のような労働手段に投下される資本価値はおおむねこのようなものである。それらの価値は，反復される循環ごとに少しずつ還流し，長期の期間を経てようやくそのすべてが還流してくる。こうした資本部分を**固定資本**と呼ぶ。

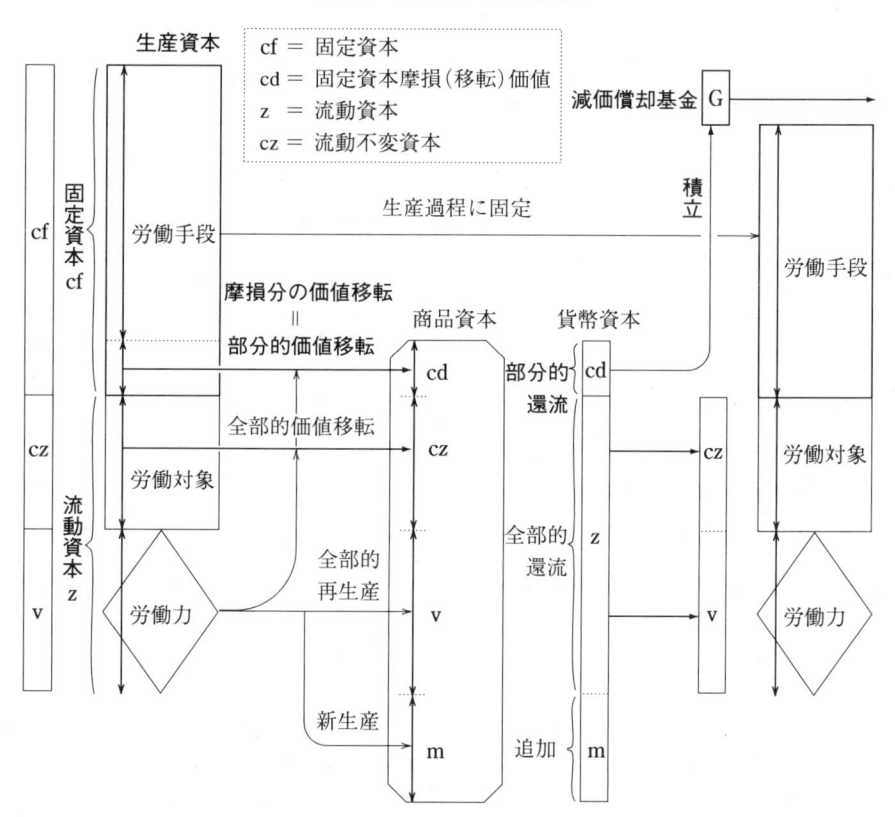

［**固定資本と流動資本**］　固定資本と流動資本とは，生産資本の構成要素を価値の流通様式という観点から区別したものである（図175）。

図175　固定資本と流動資本

cf ＝ 固定資本
cd ＝ 固定資本摩損（移転）価値
z ＝ 流動資本
cz ＝ 流動不変資本

§2　固定資本と流動資本との区別と不変資本と可変資本との区別

［**二つの区別の視点の違いと両者の関連**］　固定資本と流動資本との区別は，すでに，資本の具体的な運動形態に属する区別であり，資本家の実践活動のなかで彼らがつねに意識しているものである。これにたいして，すでに見た不変

資本と可変資本との区別は，現象の裏に隠れている資本の本質的な運動から見た区別であって，人びとの日常意識にのぼることがない。後者が，資本の価値増殖の視点からの資本の区別であるのにたいして，前者は，資本価値の流通の仕方の視点からの区別である。この二つの区別の違いと関連を明確に把握しておくことがきわめて重要である（図176）。

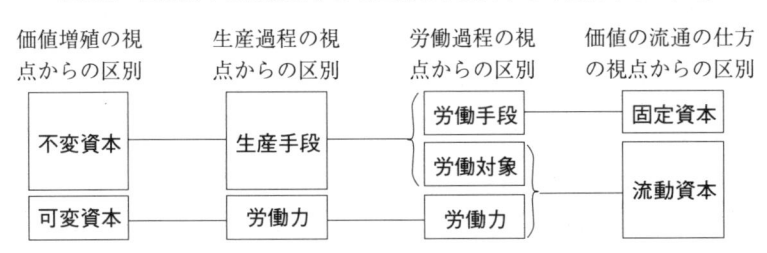

図176　固定資本と流動資本との区別と不変資本と可変資本との区別

価値増殖の視点からの区別	生産過程の視点からの区別	労働過程の視点からの区別	価値の流通の仕方の視点からの区別
不変資本	生産手段	労働手段	固定資本
		労働対象	流動資本
可変資本	労働力	労働力	

［労働手段が固定資本でない場合もある］　この図に見られるように，労働対象と労働力とはつねに流動資本であるが，労働手段は，それ自体としてつねに固定資本であるわけではない。たとえば，造船業で使用される圧縮空気ハンマーは労働手段であるが，1隻の船舶が完成するまでにいくつものハンマーが消尽されるなら，これに投下される資本は流動資本であって，固定資本ではない。このように労働手段であっても固定資本とならない場合があるのは，固定資本と流動資本との区別があくまでも生産資本の価値の流通様式から見た区別であり，それの回転の視点からの区別だからである。

第3節　回転が資本の価値増殖に及ぼす影響

§1　投下総資本の平均回転と回転循環

［平均回転時間および平均回転数］　固定資本と流動資本とでは回転時間が異なり，固定資本のなかでも，たとえば工場建物と機械とではやはり回転時間が異なる。そこで，投下された資本全体の回転時間，すなわち投下された資本の全額が還流してくるまでの時間は，その資本を構成するさまざまの部分の回転時間の加重平均で計算されることになる。たとえば，次のような計算が行なわ

れる（図177）。

図177　総資本の回転時間および回転数の算定

生産要素	回転時間			年回転数		投下資本価値		年回転額
工　場	20年	（240ヵ月）	⇒	1/20回	×	10億円	=	0.5億円
機　械	10年	（120ヵ月）	⇒	1/10回	×	30億円	=	3億円
原材料	1/12年	（1ヵ月）	⇒	12回	×	2億円	=	24億円
労働力	1/12年	（1ヵ月）	⇒	12回	×	1億円	=	12億円
						43億円		39.5億円

　この例では，平均計算によって，43億円の総投下資本が1年間に39.5億円だけ回転することがわかる。別の表現を使えば，総投下資本43億円が1回転するのに，ほぼ1.09年かかるということである。

　[回転循環]　平均回転がどうであれ，総資本が還流するまでの運動の全体は，原材料や労働力に投下された資本価値が毎月還流する短期の回転の反復を含みながら，しかし工場に投下された資本価値が20年，また機械類に投下された価値が10年かかってようやく貨幣形態で還流してくるという，長期間にわたる一つの循環的な運動である。この循環を**回転循環**と言う。平均回転時間も回転循環の期間も資本の価値増殖にとってきわめて重要な意味をもつものである。

§2　年剰余価値量と年剰余価値率

　[年剰余価値量と年剰余価値率]　すでに見たように，資本の増殖度は，可変資本が剰余価値をもたらす率である剰余価値率によって最もよく捉えられる（☞第1篇第2章第2節§1）が，剰余価値率が同一でも，資本の回転数が異なれば，一定期間たとえば1年間に生み出される剰余価値の絶対量は異なることになる。そこで，回転を考慮に入れると，ある可変資本が1年間にどれだけの剰余価値をもたらすか，という仕方で剰余価値の増殖率を示す必要が生じる。1回転にもたらされる剰余価値をmとすれば，これにこの回転の年間の反復回数である回転数nを乗じたものが年剰余価値量M，すなわち年間にもたらされる剰余価値の総額である。可変資本をvとすれば，剰余価値率m′は$\frac{m}{v}$であるが，年剰余価値率M′，すなわち可変資本が年間に剰余価値をもた

らす率は m′n である（図178）。

図178　年剰余価値量と年剰余価値率

$$年剰余価値量：M = m'vn = mn$$
$$年剰余価値率：M' = \frac{m'vn}{v} = m'n$$

剰余価値＝m　剰余価値率＝m′　投下可変資本量＝v　年回転数＝n

[回転時間を短縮させようとする資本の傾向]　年剰余価値の率も量も，可変資本の年回転数が多いほど大きい。だから，「流通時間なき流通」という資本の傾向は，回転時間を短縮させ，回転速度を高めようとする資本の傾向として現われるのである。

§3　追加貨幣資本の必要と遊休貨幣資本の形成

[追加貨幣資本の必要と遊休貨幣資本の形成]　資本が生産過程を出て流通部面にはいれば，この資本が流通過程にあるあいだ，この資本については生産過程が中断され，それだけ生産過程が縮小しなければならない。この中断・縮小を避けるためには，それだけの貨幣資本を生産過程に追加的に投下しなければならない。一般に，流通速度が速くなり流通時間が短縮されれば，必要な**追加貨幣資本**は減少するが，それでも多かれ少なかれ，追加貨幣資本の必要は生じる。他方，生産時間と流通時間との大きさの割合によっては，ある期間，ある量の貨幣資本が流通部面から遊離し，**遊休貨幣資本**を形成する。

[**遊休貨幣資本を追加貨幣資本として利用しようという要求**]　産業資本の回転のなかで，一方で，多かれ少なかれ，追加貨幣資本が必要となり，他方で，多かれ少なかれ，遊休貨幣資本が形成される。どちらも個別資本にとっては価値増殖の負担となるので，個別資本はこれらを最小限に縮小しようとするが，なくしてしまうことはできない。そこで，一方で遊休している貨幣資本を他方での追加貨幣資本として利用しようという資本の要求が生じる。この要求に応えるものが，のちの第3篇第5章で見る銀行制度である。

第3章　社会的総資本の再生産と流通

[**本章の課題**]　第1章および第2章では，資本の流通過程を個別資本について考察してきた。しかし，個別資本の流通は，他の個別資本の流通だけでなく，労働者の労働力の販売や彼らの収入の流通すなわち消費と，また他の資本家の収入の流通すなわち消費と絡みあっており，また相互に条件づけあっている。そしてそのような個別資本の総体が社会的総資本を構成しているのである。そこでこんどは，社会的総資本の構成部分としてのそれらの個別諸資本の流通が，相互にどのように絡みあいながら，全体としての社会的再生産を成り立たせているのか，ということを研究しよう。

はじめに，すでに序章第3節§2で見た，社会的再生産の一般的法則とその貫徹形態について，簡単に振り返っておくことにしよう。というのも，本章での研究は，社会的再生産の一般的法則が資本主義的生産のもとで貫く独自の形態を明らかにすることにほかならないのだからである。

第1節　社会的再生産の一般的法則

[**社会的再生産の一般的法則**]　社会の歴史的な形態にかかわりなく，どの社会でも社会的再生産の一般的法則が貫徹する（☞図26）。

[**生産手段と労働力とが再生産されなければならない**]　社会的再生産によって生産手段と労働力とが再生産されなければならない（☞図21・22）。

[**新生産物は必須生産物を含まなければならない**]　消費された生産手段は，社会的生産物中の再現生産手段によって補塡される。再現生産手段を除いた新生産物は，なによりもまず，労働力を再生産するための消費手段すなわち必須生活手段を含んでいなければならない（☞図23・24）。

[**新生産物は剰余生産物を含まなければならない**]　新生産物はさらに，必須生活手段を超えて，さまざまの用途に充てられるべき剰余生産物を含んでいなければならない（☞図25）。

［社会的生産の2大生産部門への分割］　序章ではまだ触れなかったが，社会的再生産の分析では，社会の総生産を二つの部門に分けて考察することが決定的に重要である。そこで，社会的生産を2大部門に分割した場合の法則を見ることによって，社会的再生産の一般的法則を拡充しておこう。

［**生産手段生産部門と消費手段生産部門**］　社会の総生産物は，最終的に，生産手段として生産過程に，または消費手段として個人的消費過程にはいるので，社会のあらゆる生産が，**生産手段生産部門（第Ⅰ部門）**または**消費手段生産部門（第Ⅱ部門）**のどちらかに属すことになる。社会の総労働と総生産手段は，なんらかの仕方で，どちらかの部門に配分されなければならない（図179）。

図179　社会の2大生産部門：生産手段生産部門と消費手段生産部門

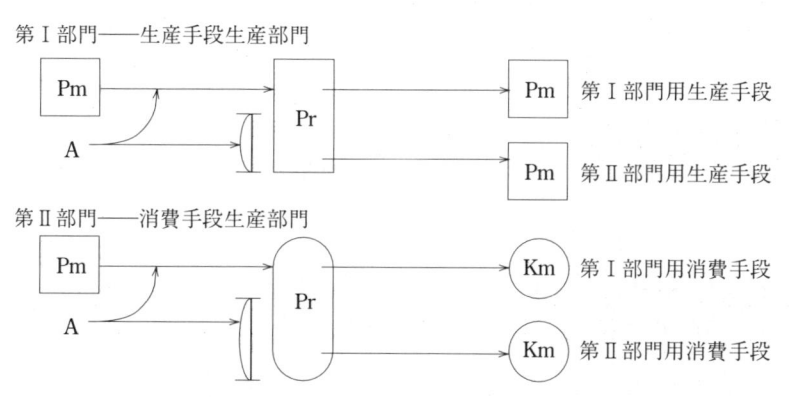

第Ⅰ部門――生産手段生産部門

Pm → Pr → Pm　第Ⅰ部門用生産手段
A ↗　　　　→ Pm　第Ⅱ部門用生産手段

第Ⅱ部門――消費手段生産部門

Pm → Pr → Km　第Ⅰ部門用消費手段
A ↗　　　　→ Km　第Ⅱ部門用消費手段

［**再生産諸要素の各部門での内部補填と両部門間の相互補填**］　再生産が行なわれるためには，両部門で，再生産に必要な生産手段と労働力とが補填されなければならない。すなわち，生産手段が第Ⅰ部門の内部で，消費手段が第Ⅱ部門の内部でそれぞれ補填（内部補填）されるだけでなく，第Ⅱ部門で必要な生産手段が第Ⅰ部門の生産物によって，第Ⅰ部門で必要な消費手段が第Ⅱ部門の生産物によって，それぞれ補填（相互補填）されなければならない（図180）。

［**剰余生産物を含む諸要素の内部補填と相互補填**］　どんな社会でも，社会的再生産が行なわれるためには，それぞれの部門で生産手段と，労働力を再生産するための消費手段とが補填されなければならないが，さらにそのうえに，それぞれの部門でさまざまの目的――蓄積ファンド，保険ファンド，直接生産者

図180　再生産諸要素の内部補塡と相互補塡

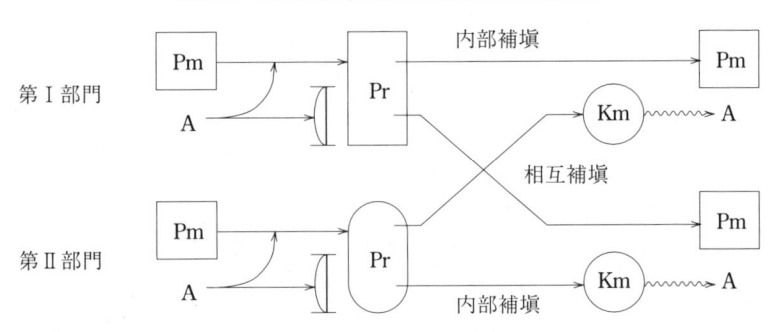

以外の人口の消費，など——のためにそれを超える生産物が確保されなければならない。これに充てられるのは両部門で生産されている剰余生産物である。そこでここでは，単純再生産を前提して（したがって生産の拡大のための蓄積ファンドは度外視して），剰余生産物を含む両部門の生産物が各部門内部および両部門相互間で，どのようにして両部門の生産手段，労働力のための消費手段（すなわち必須生活手段：N），および，労働力以外の人口のための消費手段を補塡するか，ということを見ておこう（図181）。

図181　剰余生産物を含む再生産諸要素の内部補塡と相互補塡

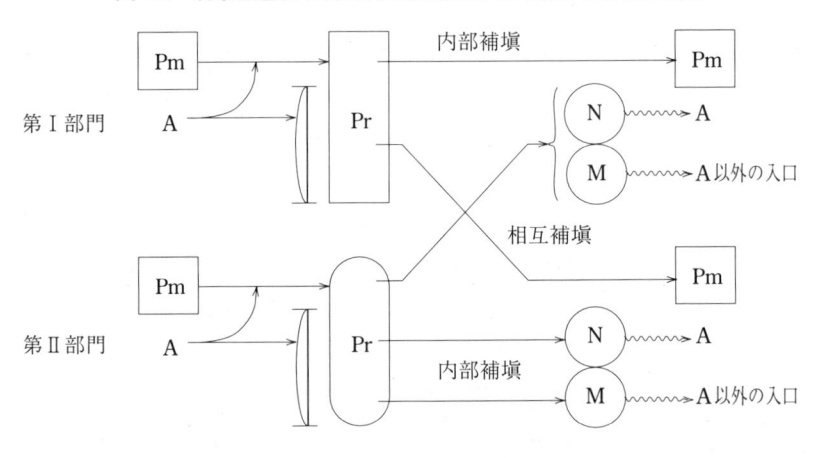

［社会的再生産の一般的法則は各社会に特有の形態をとって貫く］　序章第3節§3で見たように，あらゆる社会における社会的再生産に共通の一般的法則

は，生産関係を異にするそれぞれの社会でそれぞれに特有の形態をとって貫徹する（☞図26，図29～33）。本章での，社会的総資本の再生産および流通の研究は，そのような一般的法則が資本主義的生産のもとで貫くさいの独自な諸形態，諸問題を明らかにすることにほかならない。

第2節　社会的総資本の再生産とそのための諸条件

§1　社会的総資本の再生産の条件＝法則

[資本主義社会における社会的再生産の分析]　さて，社会的再生産の一般的法則は，資本主義生産のもとではどのような形態で貫徹するのだろうか。資本主義的生産に固有の諸法則とはどのようなものなのだろうか。

経済学の歴史のなかで，資本主義的生産における社会的再生産の独自の形態と諸法則とをはじめて徹底的に解明したのはマルクスである。マルクスのこの分析は，彼の経済学上のもろもろの功績のなかで最も重要なものの一つである。

マルクスは，資本の流通過程についての研究の最後の部分で，資本主義社会における社会的再生産を分析した。彼はそこで，「社会的総資本の再生産と流通」あるいは「社会的総資本の再生産の実体的諸条件」を解明する，という課題を設定し，これを見事に解いたのである。

ここでは，その解明の最も核心的な内容を，圧縮して簡潔に示すことにしよう。

[再生産表式]　マルクスによる資本主義的生産のもとでの社会的再生産の分析のなかで，最も有名であると同時に，また全体の基礎となっているのは，たった2行の式からなる**再生産表式**と呼ばれる次の図式である（図182）。

図182　マルクスの再生産表式（単純再生産表式）

```
Ⅰ　4000c＋1000v＋1000m＝6000
Ⅱ　2000c＋ 500v＋ 500m＝3000
```

[再生産表式の意味]　この図式は，それ自体としては，社会的総資本の単純再生産を商品資本の循環の視点で捉えて，その循環の出発点かつ復帰点である

社会的総商品資本を示しているものである。

ここでは合計9000の価値額の社会的総商品資本 W′ が，まず，二つの生産部門に，すなわち**第Ⅰ部門（生産手段生産部門）**と**第Ⅱ部門（消費手段生産部門）**とに分けられている。第Ⅰ部門の総商品資本6000は，生産手段として生産過程にはいる使用価値＝現物形態をもった生産物であり，第Ⅱ部門の総商品資本3000は，消費手段として個人的消費過程にはいる使用価値＝現物形態をもった生産物である。次に，両生産部門の総商品資本がどちらも，**不変資本**（c），**可変資本**（v），**剰余価値**（m）という三つの価値成分に分けられている。このように総商品資本＝社会的総生産物が，一方では，**使用価値**の観点から生産手段と消費手段との二つに分けられ，他方では，**価値**の観点から不変資本，可変資本，剰余価値の三つに分けられていること，これがこの図式のかなめである。

そのうえでこの図式はさらに，年初にそれぞれの総商品資本 W′ をもって出発した両部門の資本が，年度内にどのような流通過程と生産過程とを経て，年末までにまったく同じそれぞれの総商品資本 W′ を再び再生産するのか，ということを示している。その内容を，本書でのこれまでの仕方にならって図示して説明しよう（図183）。

[再生産表式の内容の図解] 商品資本の循環は，単純再生産の場合，次のように進行する（☞251ページ）。まず商品資本 W′ のうち資本価値 W（＝c+v）が変態 W—G—W を経て生産資本 P に転換され，剰余価値 w が変態 w—g—w を経て資本家の消費ファンド w に転換される。これらはいずれも流通過程である。続いて生産資本 P が生産過程で生産物＝商品資本 W′(W+w) を生産し，消費ファンド w の消費によって資本家が再生産される。こうして循環が完了する。

以上の経過は社会的総資本の場合にも同様である。両部門の商品資本 W′ が，それぞれ変態 W—G—W および変態 w—g—w を経て，それぞれの生産資本 P および資本家の消費ファンド w に転換されたのち，P による生産過程と w による個人的消費過程とによって，両部門の W′ と資本家とが再生産される。

しかし，社会的総資本の場合には，それの構成部分である個別的諸資本の変態 W—G—W および変態 w—g—w がたがいに絡み合うのであって，ここでは，個別的諸資本が W—G—W および w—g—w を成し遂げていくときにこれらの変態がたがいにどのように絡み合うのか，ということが問題になる。

図183 再生産表式の意味

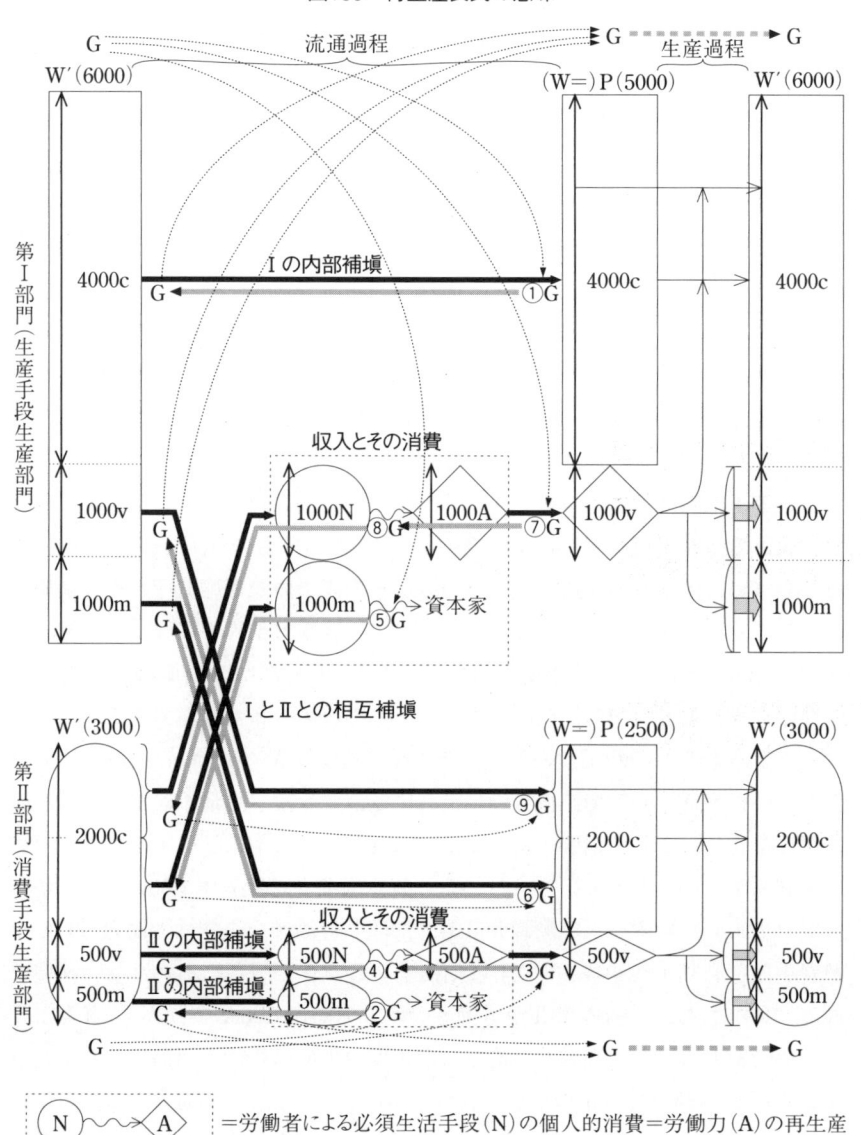

第Ⅰ部門（生産手段生産部門）

第Ⅱ部門（消費手段生産部門）

$\begin{pmatrix} N \end{pmatrix} \leadsto \langle A \rangle$ ＝労働者による必須生活手段(N)の個人的消費＝労働力(A)の再生産

$m \leadsto$ 資本家 ＝剰余価値(m)の個人的消費による資本家(資本の人格化)の再生産

第3章 社会的総資本の再生産と流通

商品資本の循環は流通過程と生産過程とを通じて進行するが，生産過程は，いったん生産資本が準備されれば，そのあとはそれぞれの個別的資本ないし生産部門の内部だけで進行する過程だから，**個別的諸資本**ないし**生産部門の絡み合い**は，もっぱら**流通過程**で生じる事柄である。だから，この流通過程に注目しながら図183を観察しよう。この図では，商品の運動を矢印つきの太い線で，貨幣（G）の運動を矢印つきの薄い線（および点線）で示している。商品と貨幣とはつねに反対の方向に動いていく。

まずこの図を大づかみに見ると，両部門の商品資本 W′ の諸要素の補塡には，さきに社会的再生産の一般的法則のところで掲げた図181に見られたのと同じく，（1）第Ⅰ部門のなかでの**内部補塡**，（2）第Ⅱ部門のなかでの**内部補塡**，（3）第Ⅰ部門と第Ⅱ部門とのあいだでの**相互補塡**，という三つの補塡の流れがあることがわかる。この三つの流れを追ってみよう。

（1）**第Ⅰ部門での内部補塡**：①資本家Ⅰ（第Ⅰ部門の資本家たち）が，それぞれ異なる生産手段の形態にある商品資本ⅠW′ のうちの 4000c をたがいに売買し合って，生産資本ⅠP のうちの 4000c を生産手段の形態でそれぞれ補塡する。ここでは貨幣は，資本家Ⅰの手から出て，資本家Ⅰの手に戻ってくる。

（2）**第Ⅱ部門での内部補塡**：図181でと同じく，二つの補塡の流れがある。一つは，資本家Ⅱ（第Ⅱ部門の資本家たち）の収入の相互補塡である。ここでは，②資本家Ⅱが消費手段の形態にある商品資本ⅡW′ のうちの 500m の部分をたがいに売買し合って，個人的に消費する消費手段（生活手段と奢侈品）の形態に転化し，これを消費する。ここでは貨幣は，資本家Ⅱの手から出て，資本家Ⅱの手に戻ってくる。もう一つは，資本家Ⅱが可変資本 500v を貨幣から労働力 500A に転換し，労働者Ⅱ（第Ⅱ部門の労働者たち）は労働力 500A を消費手段（必須生活手段）500N に転換するという，両者のあいだでの補塡である。すなわち，③資本家Ⅱが労働者Ⅱから労働力 500A を買う。（資本家Ⅱはこの労働力の消費すなわち労働を，今年度の生産過程で，商品のなかに対象化した価値 500v＋500m の形態で自分のものにする。）④労働者Ⅱは，労働力の対価として資本家Ⅱから受け取った賃金 500 という収入で，資本家Ⅱから消費手段の形態にある必須生活手段 500N を買い，これを消費して自分の労働力 500A を再生産する。ここでは貨幣は，資本家Ⅱの手から労働者Ⅱに渡ったの

ち，そこから資本家Ⅱの手に戻ってくる。

　(3) 第Ⅰ部門と第Ⅱ部門とのあいだでの**相互補塡**：ここでも，図181に見られたのと同じく，労働力を再生産する必須生活手段 N の補塡と剰余生産物 M の補塡との二つの流れを見ることができる。一つは，生産手段の形態にある資本家Ⅰの 1000m と消費手段（生活手段と奢侈品）の形態にある資本家Ⅱの 2000c のうちの 1000c との転換である。⑤資本家Ⅰは資本家Ⅱから消費手段 1000c を買って，これを個人的に消費する。⑥資本家Ⅱは受け取った貨幣で資本家Ⅰから生産手段 1000m を買う。ここでは貨幣は，〈資本家Ⅰ→資本家Ⅱ→資本家Ⅰ〉という経路を経て，資本家Ⅰの手に戻ってくる。もう一つは，資本家Ⅰが可変資本 1000v を労働力 1000v に転換し，労働者Ⅰ（第Ⅰ部門の労働者たち）は労働力 1000A を消費手段（必須生活手段）1000N に転換し，資本家Ⅱは消費手段 2000c のうちの 1000 を生産手段の形態に転換するという，三者のあいだでの補塡の流れである。すなわち，⑦資本家Ⅰが労働者Ⅰから労働力 1000A を買う。（資本家Ⅰはこの労働力の消費すなわち労働を，生産過程で，商品のなかに対象化した価値 1000v＋1000m の形態で自分のものにする。）⑧労働者Ⅰは，労働力の対価として資本家Ⅰから受け取った賃金 1000 という収入で資本家Ⅱから消費手段（必須生活手段）1000N を買い，これを消費して自分の労働力 1000A を再生産する。⑨資本家Ⅱは，消費手段 1000c の対価として労働者Ⅰから受け取った貨幣 1000 で，資本家Ⅰから生産手段 1000v を買い，1000c を補塡する。ここでは貨幣は，〈資本家Ⅰ→労働者Ⅰ→資本家Ⅱ→資本家Ⅰ〉という経路を経て，資本家Ⅰの手に戻ってくる。

　見られるように，資本主義的生産のもとでの社会的総資本の再生産でも，さきに見た社会的再生産の一般的法則が貫徹している。しかし，ここでは，いっさいの過程が**貨幣流通**によって媒介されているだけでなく，社会的再生産が**資本の再生産**という独自の形態をとっているのであって，マルクスは，再生産表式によってこの独自性を明らかにしたのであった。

　再生産表式における，第Ⅰ部門の v と m との合計 2000 と第Ⅱ部門の c の 2000 との両者の価値額が同一であるのは，じつは，第Ⅰ部門の v＋m と第Ⅱ部門の c とが相互に補塡し合うという，両部門のあいだでの関係を示しているものだったのである。そしてそれ以外の諸要素，すなわち第Ⅰ部門の 4000c と

第Ⅱ部門の 500v＋500m とは，どちらもそれぞれの部門内部で補塡されることを示している。このように再生産表式はその2行で，社会的総生産物のさまざまの要素がたがいに補塡し合うことによって，社会的総資本が再生産され，労働者および資本家の収入が補塡される次第を示しているのである。

［再生産表式の簡略図］　要するに，再生産表式のポイントは，単純再生産の前提のもとで，前年度の生産の結果としての両部門の商品資本が，どのようにして，本年度の生産の前提となる両部門の不変資本と可変資本とを素材的にも価値的にも補塡すると同時に，本年度の労働者および資本家の収入を素材的にも価値的にも補塡するかを明らかにしている，ということである。これを簡略図にして示すと，次のようになる（図184）。

図184　再生産表式の説明図（簡略図）

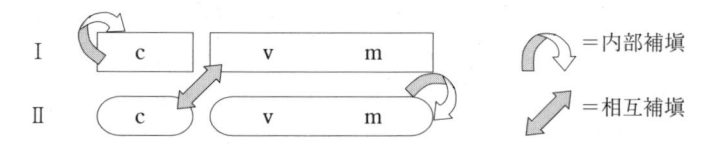

Ⅰ　c　v　m　　⟲＝内部補塡

Ⅱ　c　v　m　　⇅＝相互補塡

［3流れの運動＝単純再生産の法則］　この簡略図を見れば，社会的総資本の再生産には，両部門の資本と収入の補塡を媒介する三つの流れがあることがわかる。この3流れの運動は，資本主義的生産で貫徹しないではいないものなので，**単純再生産の法則**と呼ばれる（図185）。

図185　単純再生産の法則（3流れの運動）

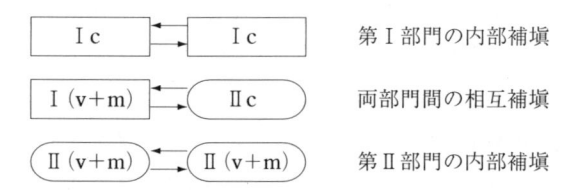

Ⅰc ⇄ Ⅰc　　　第Ⅰ部門の内部補塡

Ⅰ(v＋m) ⇄ Ⅱc　　両部門間の相互補塡

Ⅱ(v＋m) ⇄ Ⅱ(v＋m)　第Ⅱ部門の内部補塡

［再生産の条件の意味］　社会的総資本の生産における3流れの運動は，それが行なわれることによって社会的総資本の再生産が進行することができているのだ，という意味で，**再生産の条件**と呼ばれる。ただし，注意しなければならないのは，これらの条件は資本主義的生産のもとで「法則」としてつねに貫徹しているということである。これらが条件であるということは，けっして，こ

れらがすべて充たされない結果として現実に再生産が不可能になることがある，といった，資本主義的生産・再生産の進行の絶対的条件を意味するのではない（図186）。

図186　単純再生産の条件

$$\begin{aligned} &\text{I}(c+v+m) = \text{I}c + \text{II}c \\ &\text{II}(c+v+m) = \text{I}(v+m) + \text{II}(v+m) \\ &\therefore\ \text{I}(v+m) = \text{II}c \end{aligned}$$

§2　貨幣流通による媒介

[社会的総資本の再生産は商品流通に媒介される再生産である]　資本主義的生産は商品生産である。しかも，商品生産が社会的に一般化するのは資本主義的生産のもとでのみである。したがって，一方では，資本主義的生産のもとでの社会的再生産はその全体が商品の売買（貨幣によって媒介される商品交換）を通じて行なわれると同時に，他方では，社会的再生産が商品の売買（貨幣によって媒介される商品交換）を通じて行なわれるのは資本主義的生産のもとでのみである。

そこで，資本主義的生産のもとでの社会的再生産の一つの決定的な特徴は，貨幣流通によって媒介される再生産だということである。社会的総資本を構成する個別的諸資本の相互の絡みあいはすべて商品の売買の形態で行なわれ，したがって個別的諸資本は，その運動のなかでつねに貨幣資本の形態をとらなければならない。

[再生産諸要素のいっさいの転換が貨幣流通に媒介される]　第Ⅰ部門の内部補塡，第Ⅱ部門の内部補塡，および，第Ⅰ部門と第Ⅱ部門とのあいだでの相互補塡が，貨幣流通によってそれぞれどのように媒介されるのかを，見ておこう。図187で，Kは資本家（ⅠKは第Ⅰ部門の資本家，ⅡKは第Ⅱ部門の資本家，K_1およびK_2は同一生産部門内の二つの資本家群），Arは労働者（ⅠArは第Ⅰ部門の労働者，ⅡArは第Ⅱ部門の労働者）を表わす。

[資本家による流通手段の前貸と還流]　このように再生産諸要素の転換は貨幣流通の媒介によって行なわれるが，この場合には貨幣は流通手段として機能

図187 貨幣流通による社会的再生産の諸転換の媒介

(1) 第Ⅰ部門の内部補塡

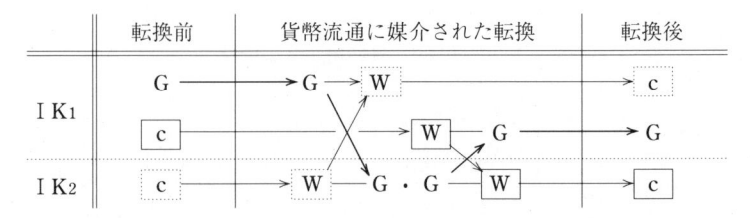

	転換前	貨幣流通に媒介された転換	転換後
ⅠK_1	G →	→ G → W ———————	c
	c ———	——————— W — G	→ G
ⅠK_2	c ———	→ W — G · G — W	c

(2) 第Ⅱ部門の内部補塡

ⓐ Ⅱvの補塡

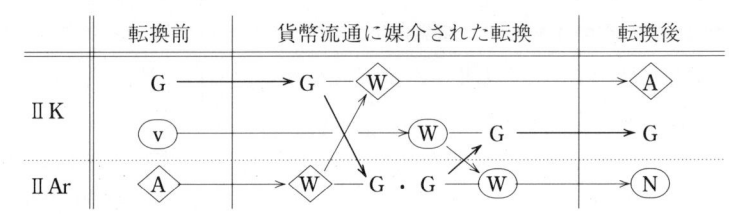

	転換前	貨幣流通に媒介された転換	転換後
ⅡK	G →	→ G → W ———————	A
	v ———	——————— W — G	→ G
ⅡAr	A ———	→ W — G · G — W	N

ⓑ Ⅱmの補塡

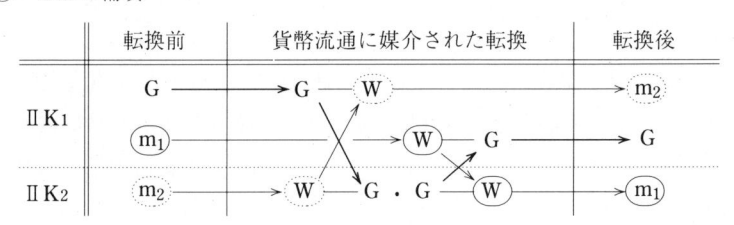

	転換前	貨幣流通に媒介された転換	転換後
ⅡK_1	G →	→ G — W ———————	m_2
	m_1 ———	——————— W — G	→ G
ⅡK_2	m_2 ———	→ W — G · G — W	m_1

(3) 両部門間の相互補塡

ⓐ ⅠvとⅡcとの相互補塡

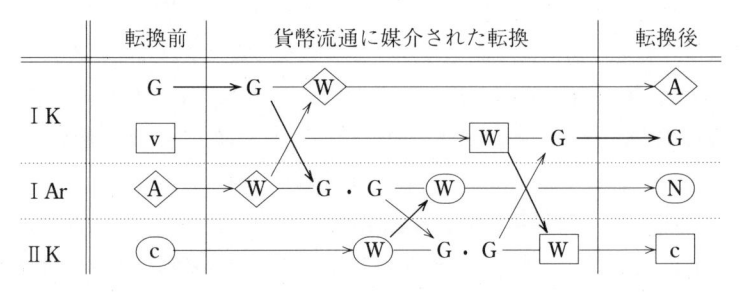

	転換前	貨幣流通に媒介された転換	転換後
ⅠK	G →	→ G — W ———————	A
	v ———	——————— W — G	→ G
ⅠAr	A ———	→ W — G · G — W	N
ⅡK	c ———	→ W — G · G — W	c

ⓑ ⅠmとⅡcとの補塡

ⅰ）Case 1

	転換前	貨幣流通に媒介された転換	転換後
ⅠK	G → → G Ⓦ		→ ⓜ
	ⓜ	→ W → G →	G
ⅡK	ⓒ → Ⓦ	G・G → W	→ ⓒ

ⅱ）Case 2

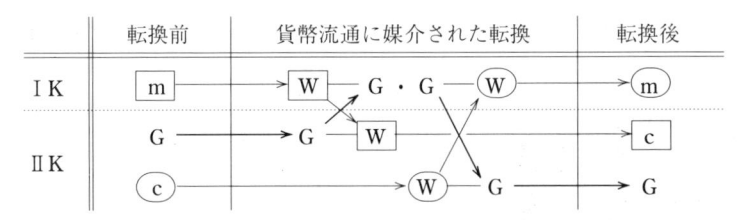

	転換前	貨幣流通に媒介された転換	転換後
ⅠK	ⓜ	→ W → G・G → Ⓦ	→ ⓜ
	G → → G → W		→ ⓒ
ⅡK	ⓒ → → Ⓦ	G	→ G

するのであり，流通する貨幣は流通手段としての貨幣である。そこで，社会的再生産を媒介する流通手段としての貨幣について，次の**三つの基本法則**を確認することができる。

(1) 再生産諸要素の転換を媒介する流通手段としての貨幣は，社会の誰かが前貸しなければならず，したがってこれを前貸する者は，再生産諸要素のほかに前貸できる貨幣をもっていなければならない。（ここでの**前貸**とは，資本の「投下」の意味ではなく，のちに**還流**することを予定して貨幣を「いったん払い渡す」という意味である。）

(2) 労働者は労働力以外になにももっていないのだから，再生産諸要素のほかに貨幣をもっているのは資本家，つまり第Ⅰ部門または第Ⅱ部門の資本家である。だから，貨幣をもっていて，それを流通手段として前貸するのは，第Ⅰ部門または第Ⅱ部門の資本家，要するに資本家である。

(3) 資本家のすべてが，前年度の生産物からなる商品資本をもっているが，そのうちの一部は，それに加えて，なんらかの仕方で入手していた蓄蔵貨幣または鋳貨準備をもっていて，これを流通手段として再生産諸要素の購買に支出する（前貸する）。しかし，これらの資本家も，彼の生産物を販売するのであって，この販売によって，さきに購買に支出した貨幣が彼のもとに戻ってくる，

第3章　社会的総資本の再生産と流通　275

すなわち還流する。

このように，資本家によって流通に前貸された貨幣（流通手段）は，必ずその出発点（すなわち前貸した資本家の手）に還流するのである。

§3　スミスのv＋mドグマの批判

[転換されるべき再生産諸要素は旧価値および新価値からなっている]　前年度の総生産物に含まれている価値（生産物価値）は，第Ⅰ部門の場合にも第Ⅱ部門の場合にも，前年度に消費された生産手段から前年度の具体的労働によって移転させられた旧価値と，前年度の抽象的労働によって新たに生産された新価値（価値生産物）とからなっている（☞図58および図128）。総商品資本＝総生産物の諸要素の補填関係を示す図にこのことを書き加えれば，図188のようになる。この図からはっきりとわかるように，商品を生産する労働が，抽象的労働の側面において新価値を創造するだけでなく，具体的労働の側面において生産手段の価値を生産物のなかに移転するという，二重のはたらきを行なうことをクリアに把握したときにはじめて，流通過程を通じて相互に転換されるべき両部門の再生産諸要素がいずれも旧価値（c）および新価値（v＋m）からなっていることを明確に把握できるのである。なお，ここでは資本家と労働者とのあいだでの労働力の売買の関係は省略し，労働者用の消費手段（必須生活手段：N）が直接に労働力を再生産するものとしている。

[スミスのv＋mドグマ]　ところが，アダム・スミスは次のように考えた。〈個々の資本の生産物の価値はc＋v＋mからなっているが，どの資本のc部分も他の資本のc＋v＋mだったのであり，このうちのcもまた同様であるから，こうしてどこまでも遡っていけば，結局すべてがv＋mに解消してしまう。だから，社会的総資本の総生産物の場合には，その価値にはcは含まれておらず，v＋mだけからなっているのだ。〉この考えは，スミス以降の経済学者たちによって「ドグマ（教条）」のように無反省に受け継がれ，彼らを縛り続けたので，「スミスのv＋mドグマ」と呼ばれる。

[v＋mドグマは表面的事実と合致するように見える]　社会的再生産に即して言えば，①第Ⅱ部門では，どの資本家にとっても，自分の生産物は収入と交換される，という事実，②第Ⅰ部門と第Ⅱ部門とのあいだの交換では，資本と

図188 両部門の生産物価値（c+v+m）と価値生産物（v+m）

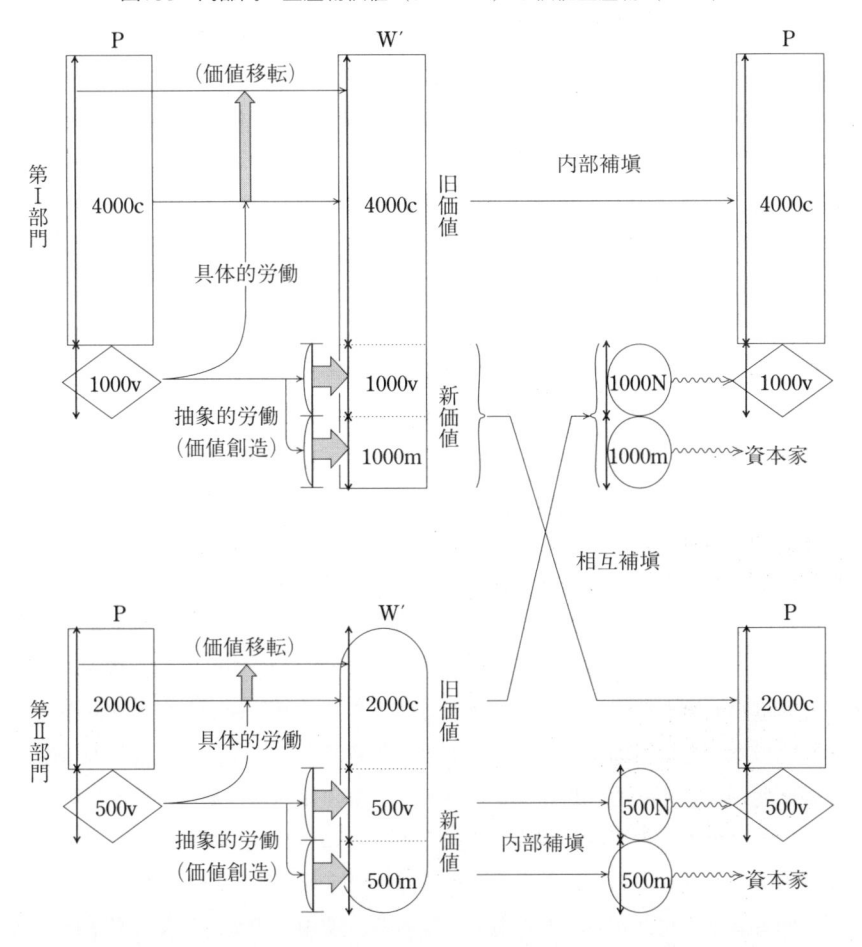

収入とが交換される，すなわち前者の収入が後者の資本を補塡し，後者の資本が前者の収入となる，という事実，そして，③第Ⅰ部門内部での資本と資本との交換は，両部門の労働者と第Ⅱ部門の資本家にとっては無関係である，という事実，──誰にも容易にわかるようなこれらの事実だけから見ると，〈生産物価値のうちのcは，個々の資本家にとっては存在するが，社会的再生産では消失するのであって，すべてがv+mに還元されるのだ〉というスミスのドグマは一見もっともらしく思われる．

［解決されなければならなかった問題］　このドグマが誤っていることをはっきりとつかむためには，①必須労働と剰余労働とからなる生きた労働がvとmとを生産するだけだとすると，cの価値をつくる労働はいったいどこにあるのだろうか，②消費されてしまったPmは，社会の総労働がつくりだす価値生産物（v＋m）のなかから，どのようにして素材的・価値的に補塡されることができるのだろうか，という二つの点が明快に説明されなければならなかった。

［問題解決の決定的ポイント］　マルクスがはじめて，①労働の二重性の把握にもとづいて，年間生産物のなかに含まれている生産物価値のなかには価値生産物のほかに移転＝保存された旧価値が含まれていることを明確にし，そのうえで，②社会的総生産物の素材的・価値的補塡関係を明らかにすることによって，スミスのドグマの誤りを完膚なきまでに明らかにしたのである。

§4　固定資本の再生産と流通

［固定資本の償却と更新］　個々の資本の不変資本に固定資本が含まれているように（☞図175），社会的総資本にも固定資本が含まれている。社会的総生産物の一部として生産された労働手段は，それが固定資本として生産過程に固定されるさいには，貨幣流通に媒介されて商品として流通するのであって，それだけの貨幣が流通過程に投下される。しかし，次年度から耐久期間が終わるまでのあいだは，固定資本は生産過程に固定されていて，ただ部分的に摩損分の価値だけが年間生産物のなかに移転し，この価値だけが貨幣形態に転化する。この貨幣はこの年度には流通に投じられることなく，資本家の手元で固定資本の償却ファンド（償却基金）として積み立てられる。耐久期間が終了すると，固定資本の更新が行なわれる，すなわち，使用価値を失った労働手段は廃棄されて，積み立てられてきて当初の価値額に到達した償却ファンド（貨幣）が流通に投下され，新たな労働手段（商品）に転化し，それが固定資本として再び生産過程に固定される。固定資本の更新のさいには，生産過程の外に積み立てられて，蓄蔵貨幣の形態にあった貨幣が流通手段として流通にはいるが，その後耐久期間が終わるまでは，摩損分の価値額だけが貨幣形態に転化し，それが積み立てられた償却ファンドとして生産過程の外に蓄蔵貨幣として遊休している。

社会的再生産過程を媒介する貨幣流通の見地から見れば，固定資本の更新のさいには，更新する資本家による一方的な購買が行なわれるのであり，固定資本の償却が続いているあいだは，償却する資本家による一方的な販売が行なわれる。固定資本を更新する資本家と固定資本を償却する資本家とがそれぞれ自己の資本を補塡しあう典型的な事例を図189に図示しよう。この図で，cf は生産過程に固定されている固定資本の価値部分，cd は摩損分の価値として償却ファンドの一部となる価値である。固定資本を更新する資本家も償却する資本家も，ともに，複数の資本家からなっているものと考えなければならない。ここでは，図の(1)ⓒで，第Ⅰ部門の資本家が固定資本を更新するために流通に投下した貨幣が，同じ第Ⅰ部門の他の資本家によって固定資本の償却ファンドとして積み立てられるケースを示し，図の(2)で，第Ⅱ部門の資本家が固定資本を更新するために流通に投下した貨幣が，同じ第Ⅱ部門の他の資本家によって固定資本の償却ファンドとして積み立てられるケースを示している。いずれにせよ，固定資本を更新する資本家は，固定資本となる労働手段を，それを生産する第Ⅰ部門の資本家群ⅠK（Am）から買うのだから，これらの転換には必ずⅠK（Am）がかかわることになる（Am は労働手段を表わす）。

　［社会的再生産における固定資本の償却と更新との絡みあい］　図189から読み取れるように，一方の資本家たちは，これまで遊休貨幣資本として（貨幣の形態としては蓄蔵貨幣として）保持してきた貨幣を流通に投下し（すなわち，蓄蔵貨幣を流通手段に転化し），他方の資本家たちは，流通から貨幣を引き揚げて貨幣を遊休貨幣資本として（貨幣の形態としては蓄蔵貨幣として）保持する（すなわち，流通手段を蓄蔵貨幣に転化する），ということになる。

　［固定資本の回転にかかわる社会的再生産の条件］　したがって，社会的再生産が正常に進行するためには，他のすべての条件が充たされている場合，固定資本の更新と積立とのそれぞれの総額が一致すること，すなわち，蓄蔵貨幣の流通手段への転化の総額と流通手段の蓄蔵貨幣への転化の総額とが，あるいは，一方的な販売の総額と一方的な購買の総額とが一致しなければならない。これが，固定資本の償却および更新にかかわる社会的再生産の正常な進行のための条件である。

図189 固定資本の償却と更新（償却ファンドの積立と投下）

(1) 第Ⅰ部門での固定資本償却ファンドの積立と投下

 ⓐ 固定資本償却ファンドの積立（ⅠK₁のもとでの貨幣積立：一方的な販売）

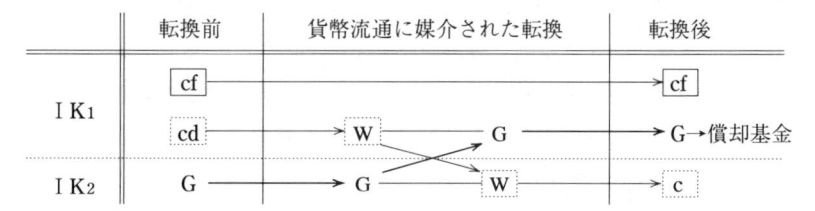

	転換前	貨幣流通に媒介された転換	転換後
ⅠK₁	cf		→cf
	cd ─────→ W G ─────→	G→償却基金
ⅠK₂	G ─────→ G W ─────→	c

 ⓑ 固定資本償却ファンドの投下（ⅠK₁のもとでの現物更新：一方的な購買）

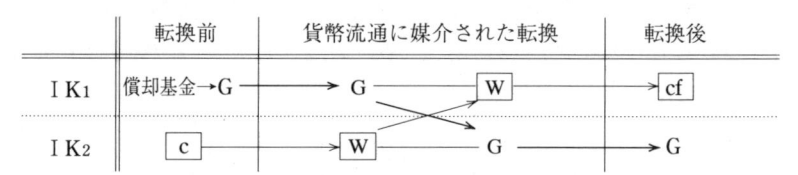

	転換前	貨幣流通に媒介された転換	転換後
ⅠK₁	償却基金→G ─→ G W ─→	cf
ⅠK₂	c ─→ W G ─→	G

 ⓒ 固定資本の貨幣積立（ⅠK₂）と現物更新（ⅠK₁）との絡みあい

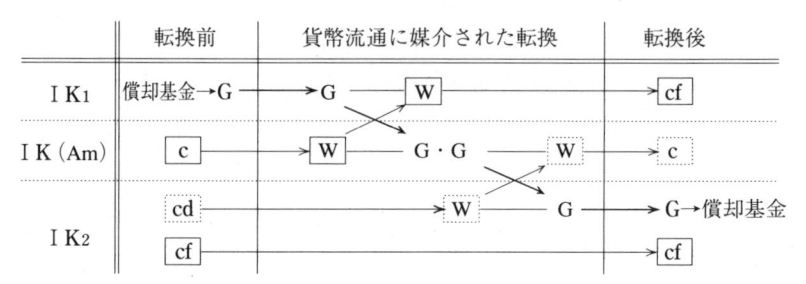

	転換前	貨幣流通に媒介された転換	転換後
ⅠK₁	償却基金→G ─→ G W	cf
ⅠK(Am)	c ─→ W G・G W ─→	c
ⅠK₂	cd ─────→ W G ─→	G→償却基金
	cf		cf

(2) 第Ⅱ部門での固定資本償却ファンドの積立と投下

 固定資本の貨幣積立（ⅡK₂）と現物更新（ⅡK₁）との絡みあい

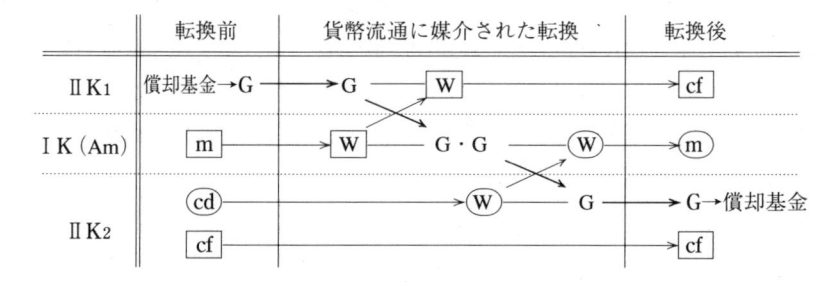

	転換前	貨幣流通に媒介された転換	転換後
ⅡK₁	償却基金→G ─→ G W	cf
ⅠK(Am)	m ─→ W G・G W ─→	m
ⅡK₂	cd ─────→ W G ─→	G→償却基金
	cf		cf

§5　貨幣材料の再生産と流通

[流通する貨幣の摩損分は資本家の剰余価値から補填される]　社会的再生産を媒介する貨幣は商品生産のもとでは不可欠であるが，それは生産にも消費にもはいることのできない空費である。この空費は資本家階級が負担するほかはない。資本家階級は，なんらかの仕方で，彼らが年々取得する剰余価値の一部を貨幣形態で流通過程に投入するのである。

流通に必要な貨幣がすでに存在していて，それの媒介によって単純再生産が進行しているという前提のもとでも，流通部面にある貨幣はそこを徘徊するうちに次第に摩滅していくので，その摩損分はなんらかの仕方で補填されなければならない。この摩損分の補填も，資本家階級が取得する剰余価値の一部によって行なわれるほかはない。いま，貨幣が金であって，補填されるべき貨幣をすべての資本家が平等に負担するとしよう。この場合には，すべての資本家が自己の商品資本に含まれる剰余価値の一部を一定の比率で貨幣＝金に転換し，それをそのまま流通過程に醸出することになる。

[貨幣材料は産金部門と他部門との転換によって補填される]　他方，補填される新たな貨幣＝金も，産金地で産金資本によって生産される生産物であって，まずもってこの資本の商品資本として金市場に登場する。

そこで，産金資本以外の諸資本が自己の剰余価値の一部を産金資本の商品資本として存在する貨幣材料の金に転換するのはどのようにしてか，また産金資本のほうも，資本および収入を生産諸要素および消費手段に転換するのはどのようにしてか，という問題が生じる。

貨幣材料としての金は貨幣に転化するのであって，貨幣となった金は生産手段になることも消費手段になることもない。そこで産金部門を，第Ⅰ部門（生産手段生産部門）および第Ⅱ部門（消費手段生産部門）から区別された第Ⅲ部門とすると，この問題は，社会的再生産の過程で，第Ⅲ部門の総商品資本の諸要素と，第Ⅰ部門および第Ⅱ部門の総商品資本の諸要素とのあいだで，どのような転換が行なわれるのか，という問題として言い表わすことができる。この転換を，適当な数字例で示せば，次のようになる（図190）。

図190　貨幣材料の再生産

```
Ⅰ   4000c + 1000v +  980m + 20mg = 6000
Ⅱ   1980c +  495v +  486m +  9mg = 2970
Ⅲ     20c +    5v +    4m +  1mg =   30
   ─────────────────────────────────────
     6000c + 1500v + 1470m + 30mg = 9000
```

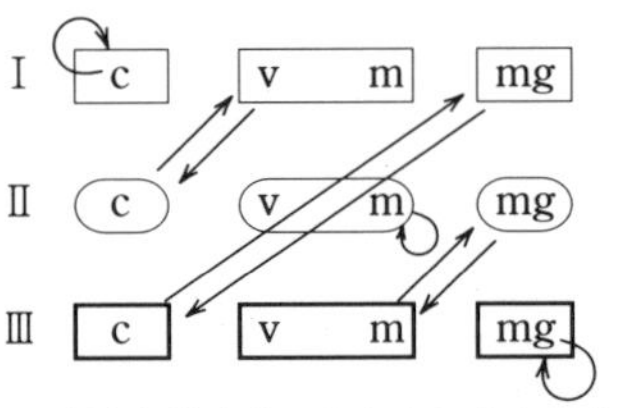

mgは剰余価値(m)のうちから金(gold)の形態で貨幣補塡分にあてられる部分を表わす。

第3節　資本蓄積と拡大再生産

§1　拡大再生産の法則と条件

［**単純再生産から拡大再生産へ**］　単純再生産を前提して，資本主義的生産における社会的再生産，すなわち社会的総資本の再生産とそれを媒介する流通を観察することによって，その最も基本的な仕組みと諸法則とが明らかとなった。こんどは，資本主義的生産のもとでの社会的再生産の拡大の過程，すなわち資本の蓄積による社会的総資本の拡大再生産の過程を考察しよう。

［**資本蓄積は剰余価値の資本への転化によって行なわれる**］　すでに第1篇の第8章第1節で，資本の蓄積によって個々の資本が増大するのはどのようにしてであるか，ということを見た。そこでは，①資本の蓄積とは，剰余価値(m)の資本への転化であること，②資本家は剰余価値の一部を消費するので，剰余価値(m)は資本家の消費ファンド(mk)と，追加資本となる蓄積ファンド(ma)とに分かれること，③追加資本(ma)は，さらに追加不変資本(mc)と追加可変資本(mv)との両者に分かれることを知った（☞図149）。このことは，社会的総資本についても，ある部門の総資本についても完全に当てはまる。

［**単純再生産の法則に剰余価値の資本への転化を導入する**］　そこで，単純再生産のもとですでに見た再生産の法則に，以上の蓄積の仕組みを導入して，それを社会的再生産のもとでの拡大再生産の法則に発展させよう。

［**各生産部門での剰余価値の分割**］　単純再生産のもとでは，第Ⅰ部門でも第Ⅱ部門でも，剰余価値はすべて資本家によって消費されるものと前提された。

今度は，第Ⅰ部門でも第Ⅱ部門でも，剰余価値(m)は，追加不変資本(mc)＋追加可変資本(mv)＋資本家の消費ファンド(mk)に分割される（図191）。

図191　各部門での資本蓄積＝拡大再生産

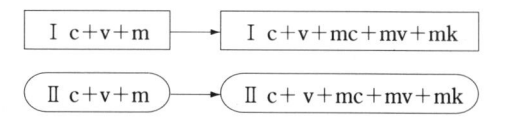

$$\text{I } c+v+m \longrightarrow \text{I } c+v+mc+mv+mk$$
$$\text{II } c+v+m \longrightarrow \text{II } c+v+mc+mv+mk$$

［**拡大再生産の法則（3流れの運動）**］　追加不変資本(mc)は生産手段の形態に，追加可変資本(mv)は労働者用の消費手段の形態に，資本家の消費ファンド(mk)は資本家用の消費手段（生活手段＋奢侈手段）にそれぞれ転化されなければならない。そこで，拡大再生産の場合には，さきに見た3流れの運動は次のように変容することになる（図192）。

図192　拡大再生産の法則（3流れの運動）

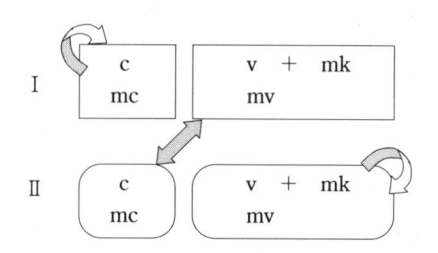

	c / mc	v + mk / mv
Ⅰ	c, mc	v + mk, mv
Ⅱ	c, mc	v + mk, mv

［**拡大再生産の条件**］　そこで，再生産の条件も，次のように変化する（図193）。

図193　拡大再生産の条件

$$\text{I } (c+v+mc+mv+mk) = \text{I } (c+mc) + \text{II } (c+mc)$$
$$\text{II } (c+v+mc+mv+mk) = \text{I } (v+mv+mk) + \text{II } (v+mv+mk)$$
$$\therefore \text{ I } (v+mv+mk) = \text{II } (c+mc)$$

§2　拡大再生産の進行過程

［**拡大再生産は表式の連鎖で表わすほかはない**］　単純再生産では，社会的再生産の諸要素の価値量はまったく変化しないので，その仕組みを2行からなる

第3章　社会的総資本の再生産と流通

再生産表式で示すことができた。これにたいして，拡大再生産の場合には諸要素の価値量が年々増大していくのだから，その過程を表式で示すには，数値の増大していく表式の連鎖として表わすほかはない。社会的総資本の拡大再生産の過程を具体的にイメージできるように，その進行過程を表式展開として例示しよう。ここでの数値はまったくの仮設であること，商品とは逆方向に進むことによって転換を媒介する貨幣の運動は明示していないことに注意されたい。

［第1年度の出発点は前年度に生産された総商品資本である］　いま，年々，すでに一定の比率で拡大再生産が進行しているものとしよう。いま観察する第1年度の前年度に，社会的総資本7500が第Ⅰ部門に5500が，第Ⅱ部門に2000がそれぞれ投下され，どちらの部門でも資本の有機的構成 c：v が4：1，剰余価値率 $\dfrac{m}{v}$ が100％で生産が行なわれたとしよう。そこで第1年度の初めには，前年度の総生産物すなわち総商品資本が，第Ⅰ部門では1100の剰余価値を含む6600の価値の生産手段の形態で，第Ⅱ部門では400の剰余価値を含む2400の価値の消費手段の形態で与えられていることになる。

［第1年度の流通過程と生産過程］　第1年度に，第Ⅰ部門でも第Ⅱ部門でも，剰余価値の50％が蓄積される，つまり**蓄積率が50％**であるとしよう。追加資本の有機的構成も元の資本とまったく同じであるとすると，第Ⅰ部門の剰余価値 1100m は 440mc＋110mv＋550mk に分けられ，第Ⅱ部門の剰余価値 400m は 160mc＋40mv＋200mk に分けられなければならない。このうち，Ⅰ440mc とⅡ160mc は生産手段の形態に，Ⅰ（110mv＋550mk）およびⅡ（40mv＋200mk）は消費手段の形態に転換しなければならない。こうして，まずもって第1年度の流通過程で諸要素の転換が行なわれると，次にはこの年度の生産過程が進行し，年度末に増大した価値量の新たな総生産物が生まれる。この総生産物＝総商品資本が，第2年度の流通の出発点となる。

第2年度以降も，以上に仮定したすべての比率が変化しないままで再生産が進行していくものとして，第4年度の年初まで表式を展開してみよう（図194）。

§3　社会的再生産における蓄積ファンドの積立と投下

［社会的総資本の蓄積にともなう独自の貨幣的要因］　これまでのところでは，拡大再生産を媒介する貨幣の運動を明示していなかったが，拡大再生産では，

図194　拡大再生産の進行過程の一例

部門間比率（総資本の大きさの比率）：Ⅰ$(c+v)$：Ⅱ$(c+v)$ = 11：4
資本の有機的構成（両部門ともに）：　　$c:v = 4:1$
剰余価値率（両部門ともに）：　　　　　$m/v = 100\%$
蓄積率（両部門ともに）：　　　　　　　$ma/m = 50\%$

第1年度　W'	Ⅰ	4400c ＋ 1100v ＋ 1100m ＝ 6600
	Ⅱ	1600c ＋　400v ＋　400m ＝ 2400
W'—(—G'—)—W	Ⅰ	[4400c　＋　1100v ＋ 550mk] [440mc　＋　110mv]
	Ⅱ	(1600c　＋　400v ＋ 200mk) (160mc　＋　40mv)
P	Ⅰ	4840c ＋ 1210v
	Ⅱ	1760c ＋　440v
第2年度　W'	Ⅰ	4840c ＋ 1210v ＋ 1210m ＝ 7260
	Ⅱ	1760c ＋　440v ＋　440m ＝ 2640
W'—(—G'—)—W	Ⅰ	[4840c　＋　1210v ＋ 605mk] [484mc　＋　121mv]
	Ⅱ	(1760c　＋　440v ＋ 220mk) (176mc　＋　44mv)
P	Ⅰ	5324c ＋ 1331v
	Ⅱ	1936c ＋　484v
第3年度　W'	Ⅰ	5324c ＋ 1331v ＋ 1331m ＝ 7986
	Ⅱ	1936c ＋　484v ＋　484m ＝ 2906
W'—(—G'—)—W	Ⅰ	[5324c　＋　1331v ＋ 666mk] [532mc　＋　133mv]
	Ⅱ	(1936c　＋　484v ＋ 242mk) (194mc　＋　48mv)
P	Ⅰ	5856c ＋ 1464v
	Ⅱ	2130c ＋　532v
第4年度　W'	Ⅰ	5856c ＋ 1464v ＋ 1464m ＝ 8784
	Ⅱ	2130c ＋　532v ＋　532m ＝ 3194

貨幣の運動について，単純再生産では見られなかった独自の事態がつけ加わる。しかも，貨幣にかかわるこの独自な事態こそ，資本主義的生産のもとでの社会的再生産過程を特徴づけ，しかも社会的再生産の過程の現実の進行にきわめて大きな影響を与える要因なのである。

　[蓄積ファンドの積立と投下]　社会的総資本について見れば，年々，剰余価値が追加的な生産資本に転化され，生産が拡大されているときでも，個々の資本について見れば，どの資本も新たに取得した剰余価値を直ちに追加的な生産資本に転化できるわけではない。なぜなら，生産の拡大を行なうためには多かれ少なかれまとまった生産設備（工場建物，機械類等々）の設置が必要であり，そのためにはまとまった蓄積ファンド（蓄積基金）が必要だからである。個々の資本は，年々取得する剰余価値の一部を蓄積ファンドとして積み立て，それがあるまとまった大きさに達したときにそれをはじめて追加的な生産資本に転化し，現実に生産規模を拡大することができる。だから，年々取得される剰余価値のうちで，現実に生産資本に転化されるのは，積立額が投下可能な大きさに達している部分だけであって，それ以外の蓄積ファンドは，貨幣に転化されたのちに流通過程から切り離されて，この形態のまま資本家の手元で遊休することになる。このように，社会的総資本の蓄積の過程は，貨幣について，必ず，一方で，貨幣形態での蓄積ファンドの積立のための流通からの貨幣の引き揚げと，他方で，積立を終えた蓄積ファンドの生産過程への投下のための流通への貨幣の投入との，二つの対立的な動きをともなっている。

　[両部門での蓄積ファンドの積立と投下]　第Ⅰ部門で，蓄積ファンドの積立と投下とがそれぞれどのように行なわれるのか，またそれらが絡みあうとすればどのようにしてか，第Ⅱ部門でそれらが絡みあうとすればどのようにしてか，ということを，若干のケースについて図示してみよう。蓄積ファンドを積み立てる資本家も投下する資本家も，ともに，複数の資本家からなっているものと考えなければならない（図195）。

　[社会的再生産における蓄積ファンドの積立と投下の絡みあい]　図195から読み取れるように，固定資本の貨幣形態での積立と更新の場合とまったく同様に，一方の資本家たちは，これまで遊休貨幣資本として（貨幣の形態としては蓄蔵貨幣として）保持してきた貨幣を流通に投下し（すなわち，蓄蔵貨幣を流

図195 蓄積ファンドの積立と投下

(1) 第Ⅰ部門での蓄積ファンドの積立と投下

　ⓐ 蓄積ファンドの積立（ⅠK₁のもとでの貨幣積立：一方的な販売）

	転換前	貨幣流通に媒介された転換	転換後
ⅠK₁	ma	─→ W ─→ G	─→ G 蓄積基金
ⅠK₂	G	─→ G　　 W	─→ c

　ⓑ 蓄積ファンドの投下（ⅠK₁のもとでの現実的蓄積：一方的な購買）

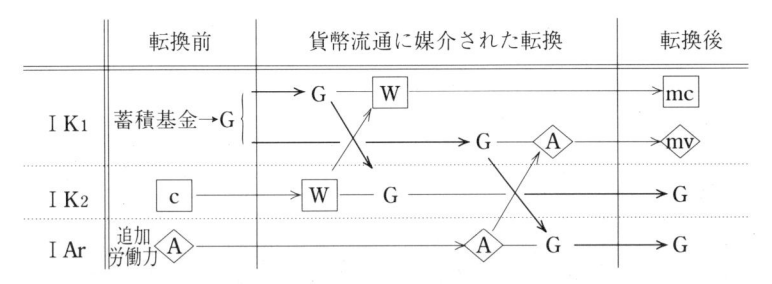

	転換前	貨幣流通に媒介された転換	転換後
ⅠK₁	蓄積基金→G	→G─W　　　　G─Ⓐ	→mc　→mv
ⅠK₂	c	→W─G	→G
ⅠAr	追加労働力Ⓐ	─→G	→G

　ⓒ 追加不変資本の蓄積（ⅠK₁）と貨幣蓄積（ⅠK₂）との絡みあい

	転換前	貨幣流通に媒介された転換	転換後
ⅠK₁	蓄積基金→G	─→G　　W	→mc
ⅠK₂	ma	─→W　　G	→G 蓄積基金

　ⓓ 追加可変資本の蓄積（ⅠK₁）と貨幣蓄積（ⅠK₂）との絡みあい

	転換前	貨幣流通に媒介された転換	転換後
ⅠK₁	蓄積基金→G	→G─Ⓐ	→mv
ⅠAr	追加労働力Ⓐ	→Ⓐ─G・G─W	→N
ⅠK₂	ma	─→W─G	→G 蓄積基金
ⅡK	c	→W─G・G─W	→c

(2) 第Ⅱ部門での蓄積ファンドの積立と投下

ⓐ　追加不変資本の蓄積（ⅡK₁）と貨幣蓄積（ⅡK₂）との絡みあい

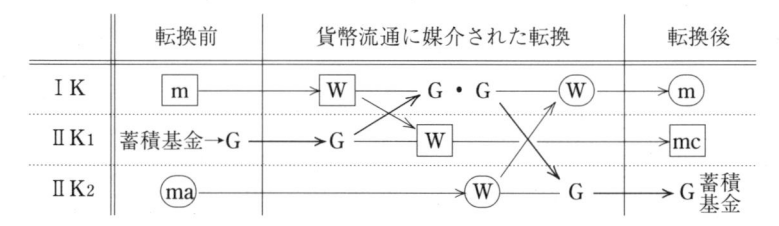

	転換前	貨幣流通に媒介された転換	転換後
ⅠK	ⓜ ──	⟶ Ⓦ ＼ ／ Ⓖ・Ⓖ ／ ＼ Ⓦ	⟶ ⓜ
ⅡK₁	蓄積基金→Ⓖ ──	⟶ Ⓖ ╳ Ⓦ	⟶ ⓜc
ⅡK₂	ⓜa ──	⟶ Ⓦ ── Ⓖ	⟶ Ⓖ 蓄積基金

ⓑ　追加可変資本の蓄積（ⅡK₁）と貨幣蓄積（ⅡK₂）との絡みあい

	転換前	貨幣流通に媒介された転換	転換後
ⅡK₁	蓄積基金→Ⓖ ──	⟶ Ⓖ ── Ⓐ	⟶ ⓜv
ⅡAr	追加労働力 Ⓐ ──	⟶ Ⓐ ╳ Ⓖ・Ⓖ ── Ⓦ	⟶ Ⓝ
ⅡK₂	ⓜa ──	⟶ Ⓦ ── Ⓖ	⟶ Ⓖ 蓄積基金

通手段に転化し），他方の資本家たちは，流通から貨幣を引き揚げて貨幣を遊休貨幣資本として（貨幣の形態としては蓄蔵貨幣として）保持する（すなわち，流通手段を蓄蔵貨幣に転化する），ということになる。

［蓄積ファンドの積立・投下にかかわる社会的再生産の条件］　したがって，社会的再生産が正常に進行するためには，他のすべての条件が充たされている場合，蓄積ファンドの更新と積立とのそれぞれの総額が一致すること，すなわち，蓄蔵貨幣の流通手段への転化の総額と流通手段の蓄蔵貨幣への転化の総額とが，言い換えれば，一方的な販売の総額と一方的な購買の総額とが一致しなければならない。これが，蓄積ファンドの積立・投下にかかわる社会的再生産の正常な進行のための条件である。

［拡大再生産のさいの貨幣の運動にかかわる二つの重要な問題点］　ここでは詳述することをしないが，じつは，蓄積ファンドの貨幣形態での積立と投下については，社会的再生産の進行に大きな影響を与える独自の重要な問題点が二つある。一つは，さきの図に見られるように，蓄積ファンドは追加可変資本の投下を含んでいるが，可変資本の投下とは，労働力の対価としての労働者への賃金の支払であり，この支払は一般に労働が終わったのちに後払される。この

ために，蓄積のさいの貨幣投下には独自の複雑な問題が付け加わるのである。もう一つは，拡大再生産が固定資本の償却ファンドの積立・更新を含んで一定の率で進行していくときには，年々貨幣形態で積み立てられる蓄積ファンドの総量が，積立を完了して貨幣形態から実物形態に転化される蓄積ファンドの総量を超過する，という問題が生じるのである。

§4　単純再生産から拡大再生産への移行

　［単純再生産から拡大再生産への移行過程は独自の要因を含む］　さきに拡大再生産の条件を見たが，それは，すでに拡大再生産が進行しているときにそれが進行するための条件であった。つまり，拡大再生産が進行していくための諸条件であった。それでは，まだ拡大再生産の過程が始まっておらず，したがって単純再生産が行なわれていて，ここから拡大再生産に移行していくという場合には，この移行の過程はどのようにして行なわれるのであろうか。この過程は，すでに見た拡大再生産の諸条件とは別の独自の要因を含んでいる。

　［単純再生産を仮定する］　まず，諸要因の価値額が次のような大きさで単純再生産が進行していると考えよう（図196）。

図196　これまで単純再生産が行なわれてきた

```
W′         Ⅰ    4000c + 1000v + 1000m = 6000
           Ⅱ    2000c +  500v +  500m = 3000

W′―G′―W   Ⅰ   [4000c] + [1000v + 1000mk]
           Ⅱ   (2000c) + ( 500v +  500mk)

P          Ⅰ    4000c + 1000v
           Ⅱ    2000c +  500v
```

　［まず第Ⅰ部門が先行的に拡大しなければならない］　いま，上の単純再生産から拡大再生産に移行する過程を考えてみよう。第Ⅰ部門が生産を縮小するのでないかぎり，第Ⅰ部門が第Ⅱ部門に引き渡すことができる生産手段は最大限2000だから，第Ⅱ部門で剰余価値の一部を追加不変資本に転化して蓄積を行なおうとしても，第Ⅰ部門から追加の生産手段を入手することはできない。つま

り，第Ⅱ部門が蓄積できるようになるためには，そのまえに第Ⅰ部門が，第Ⅱ部門に追加の生産手段を引き渡すことができるように，先行的に拡大していなければならないのである。だから，単純再生産から拡大再生産に移行するためには，まずもって第Ⅰ部門で蓄積が行なわれなければならない。

　［第Ⅰ部門で蓄積のために諸要素の配置換えが行なわれる］　そこで，第Ⅰ部門が，50％の蓄積率で，つまり剰余価値1000の50％である500を蓄積するものとしよう。この500maは元の資本の有機的構成と同様に4：1の比率で不変資本と可変資本とに分割される（図197）。

図197　第Ⅰ部門での蓄積のための配置換え

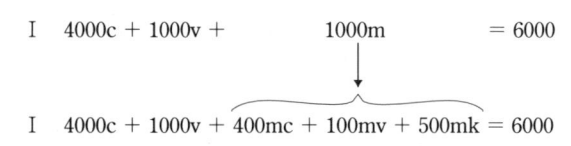

Ⅰ　4000c ＋ 1000v ＋　　　　1000m　　　　　＝ 6000
　　　　　　　　　　　　　　　↓
Ⅰ　4000c ＋ 1000v ＋ 400mc ＋ 100mv ＋ 500mk ＝ 6000

　［第Ⅰ部門での配置換えの結果，第Ⅱ部門が縮小する］　このように，第Ⅰ部門の資本が蓄積のために配置換えを行なうと，その結果，

　　　　Ⅰ（1000v＋100mv＋500mk）＜ Ⅱ 2000c

となり，再生産の条件が満たされない。すなわち，第Ⅰ部門の生産物のうちで第Ⅱ部門に引き渡すことができる生産手段は1600だけしかなく，第Ⅱ部門の資本は，その商品資本のうちの2000cの全部を生産手段に転換することができないのである。

　そこで，転換が価値どおりに行なわれるかぎりは，第Ⅱ部門の資本は，前年度は2000cで出発した生産を1600cに縮小するほかはない（図198）。

図198　第Ⅱ部門の縮小

Ⅱ　2000c ＋ 500v
　　↓　　　　↓　　（400c＋100vの縮小）
Ⅱ　1600c ＋ 400v

　［拡大再生産の開始］　こうして，両部門では，前年度とは異なる次のような転換が行なわれる。この転換は，すでに拡大再生産の条件を満たしており，こうして本年度から拡大再生産の過程が開始されうることになる（図199）。

図199 第Ⅱ部門縮小後の再生産諸要素の補塡

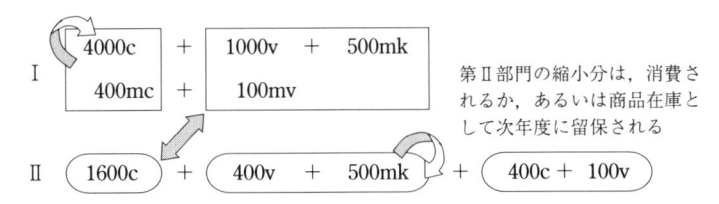

Ⅰ 　4000c　 + 　1000v　 + 　500mk
　　400mc　　　　100mv

第Ⅱ部門の縮小分は，消費されるか，あるいは商品在庫として次年度に留保される

Ⅱ　1600c　+　400v　+　500mk　+　400c + 100v

　この転換ののちにも，第Ⅱ部門には，転換できなかった500の消費手段が残っている。この過剰となった消費手段は，今年度中にこの部門の資本家によって追加的に消費されるのでないかぎりは，廃棄されるか，商品在庫として次年度以降に持ち越されることになる。

　今年度の生産資本の諸要素の大きさと，それらによる生産過程で生産された商品資本とは次のとおりであり，第Ⅰ部門では拡大再生産の過程にはいっており，次年度からは，第Ⅰ部門だけでなく第Ⅱ部門でも拡大再生産が可能となる（図200）。

図200 第2年度から両部門での拡大再生産が可能となる

拡大再生産第1年度P　　Ⅰ　4400c + 1100v
　　　　　　　　　　　Ⅱ　1600c + 400v

拡大再生産第2年度W′　Ⅰ　4400c + 1100v + 1100m = 6600
　　　　　　　　　　　Ⅱ　1600c + 400v + 400m = 2400

［単純再生産から拡大再生産への移行の考察が明らかにすること］　単純再生産から拡大再生産への移行に関する以上の考察から，次のことが明らかとなる。

　(1) 第Ⅱ部門が拡大するためには，そのための物質的基礎である第Ⅱ部門用の追加的生産手段があらかじめ生産されていなければならないが，そのためには，第Ⅰ部門が先行的に拡大していなければならない。第Ⅱ部門が，第Ⅰ部門での生産から独立して，先に資本蓄積を進めることはできないのである。

　(2) 単純再生産から拡大再生産に移行するさいには，第Ⅱ部門で再生産規模の縮小が生じるのであって，これは多かれ少なかれ，再生産過程の攪乱を招かざるをえない。

　以上の二つの点が示しているのは，一般に，社会的生産の拡大のテンポが上

昇する——すなわち蓄積率が上昇する——ためには，つねに，まずもって第Ⅰ部門が先行的に拡大しなければならないのであって，そうでなければ，多かれ少なかれ，再生産過程に攪乱が生じることになる，ということである。

　[蓄積率が独立変数，部門間比率が従属変数である]　資本主義的生産では，剰余価値の増大をめざす諸資本の競争によって，一方では労働生産力が上昇して相対的剰余価値が増加し，他方ではまた資本の蓄積が進行して資本が増大していく。この過程は，社会的にはまったく無計画的・無政府的に進むほかはない。だから，一方で，社会の各生産部門での労働生産力の発展は不均等であり，各部門の資本の有機的構成もまったく不均等に上昇し，剰余価値率も不均等に変化する。他方で，各生産部門での資本蓄積の量も率も不均等であり，各部門で投下される総資本も，したがってそれによって生産される総商品資本もまったく不均等に増大する。

　これは，社会的総生産を第Ⅰ部門と第Ⅱ部門との2大部門に総括して把握した場合でもまったく同様であって，それぞれの部門の資本構成，剰余価値率，投下総資本および総商品資本のいずれもが他の部門からは独立にたえず変化しないではいない。それらの変化にともなって，両部門の投下資本量のあいだの比率も商品資本量のあいだの比率もたえず変化しないではいない。言い換えれば，資本蓄積とそれにともなう生産力の発展が独立変数であり，部門間比率はそれの従属変数である。だから，現実の社会的再生産では，Ⅰ$(c+v+m)$およびⅡ$(c+v+m)$に含まれている六つの要素が，両部門のあいだでまったく過不足のない相互補填が行なわれうるような都合のよい価値額となることはほとんどありえないのである。

　それでは，さきに見た拡大再生産の条件＝法則は意味をもたないのであろうか。そうではない。たとえばⅠ$(v+mv+mk) < Ⅱ(c+mc)$のときには，第Ⅰ部門への需要が第Ⅱ部門への需要よりも大きくなり，第Ⅰ部門の商品の価格が相対的に上昇し，第Ⅱ部門の商品の価格が相対的に下落しないではいない。そしてこんどはこのことが両部門での資本蓄積や生産力発展に影響を与えて，両部門の投下資本量，したがってまた部門間比率を変化させることになる。さらにまたそれは資本と剰余価値との——もっとあとではじめて論じることのできることなので，この章ではまだまったく触れることのできなかった——もろも

ろの運動を引き起こすことになる。たとえば，部門間の資本移動や銀行制度や外国貿易などがそれである。まさに，両部門における資本の運動のこのようなもろもろの動きやその方向やその大きさなどを理解するためにこそ，すでに見た拡大再生産の条件＝法則の把握が不可欠なのである[1]。

第4節　再生産の諸法則と恐慌の発展した可能性

[**再生産の諸条件はそれぞれ独立した絶対的な条件なのではない**]　以上の研究で明らかとなった社会的再生産のもろもろの条件は，それぞれが満たされなければ社会的生産がストップするといった絶対的な制限ではない。資本主義的生産のもとでは，社会的再生産の過程は，増殖欲にもとづいて無政府的に生産・蓄積する個別的資本の行動の総合的な結果として現われるほかはない。再生産の諸条件は，相互に複雑に絡みあい，一部は相互に増幅しあい，一部は相互に打ち消しあうような仕方で作用するのであって，一つひとつの条件が独立に過程を制約するのではないのである。資本主義的生産は，たえざる不均衡のなかで結果として均衡が貫くという仕方で進行する。

[**しかし再生産の諸条件はそっくりそのまま恐慌の諸条件でもある**]　しかし，すでに見たように，資本主義的生産が商品生産であって，貨幣流通によって媒介される流通過程での諸転換を経なければならないということから，その社会的生産がきわめて多くの再生産の条件を含むのであって，これらの条件はその一つひとつが社会的生産の攪乱の契機となりうるものである。だから，再生産の諸条件の総体はそっくりそのまま恐慌の諸条件でもあるのである。

[**流通手段および支払手段としての貨幣が含む恐慌の抽象的可能性**]　貨幣が

---

1) 一部の研究者のあいだに，諸要素間の過不足ない相互補塡が行なわれうるような拡大再生産の表式を想定してそのもとで可能な蓄積の大きさから「均衡蓄積率」なるものを導出し，さらに進んで，そのような蓄積率のもとで過不足なく拡大していく再生産の進行過程を描いてそれを「均衡蓄積軌道」などと呼び，これらの概念になにか理論的な意味があるかのように主張する議論がある。しかしそのような議論は，資本蓄積とそれにともなう生産力の発展が独立変数であり部門間比率がそれの従属変数である，という現実の関係が拡大再生産の条件の理解にとってもっている規定的な意味を見失っていると言わざるをえない。

流通手段として機能し，商品流通の絡みあいが広範に存在しているところで，どこかで販売と購買との分離が生じると——すなわち商品を販売したのちにその代金である貨幣が購買に支出されないと——，それが商品流通の攪乱を生み出す可能性がある。また，貨幣が支払手段として機能し，すでに広範に成立した商品の売買のうちで，相殺されない売買を決済するために支払手段としての貨幣が流通しているときに，どこかで支払が滞ると，それが支払の連鎖を中断し，連続的な支払不能を生み出す可能性がある。これらの可能性を**恐慌の抽象的可能性**と呼ぶ。

　[**社会的総資本の再生産過程に含まれる恐慌の発展した可能性**]　恐慌の諸条件としての再生産のもろもろの条件は，こうした抽象的・形態的な可能性が，社会的総資本の再生産の諸契機によってさらに具体的な内容を受け取ったものであり，その意味で**恐慌の発展した可能性**なのである。

　[**蓄積率変化による攪乱は恐慌の発展した可能性の一部である**]　なお，すぐまえのところで見た，単純再生産から拡大再生産への移行とは，蓄積率がゼロの再生産から蓄積率がプラスの再生産に移行するような変化であって，これは，蓄積率が上昇するような再生産上の変化の一つの特殊なケースにほかならない。すなわち，すでに拡大再生産が進行しているときでも，第I部門の蓄積率が上昇するときには単純再生産から拡大再生産への移行の場合に生じたのと同じ事態が生じるのであり，さらに，両部門の蓄積率がともに上昇するようなときには，さらにいっそう大きな攪乱が生じる可能性がある。だから，単純再生産から拡大再生産への移行の分析を通じて，同時に，一般に蓄積率が上昇するさいに生じる攪乱の性質が明らかにされたのである。資本の蓄積率は，諸資本の競争のなかで諸資本が自立的に決定するものであって，社会的再生産における両部門の蓄積率も社会的総資本の蓄積率も，それらの総合的な結果にほかならない。それは再生産過程における最も自立的な独立変数である。社会的再生産の過程においては，蓄積率はたえず変動しているのであって，蓄積率が急激に低下する場合も含めて，これらの変動はつねに社会的再生産に攪乱をもたらすことがありうるのである。だから，蓄積率の変動がもたらす攪乱の可能性は，恐慌の発展した可能性の重要な一部をなすものである。

第5節　社会的再生産における生産・流通・消費の内的関連

[社会の表面の奥に潜む生産・流通・消費の関連]　第3節§1～§2で見た，社会的総資本の拡大再生産における再生産の諸要素の転換＝補塡の関連は，じつは，拡大再生産過程における資本と収入との絡みあい，そこでの生産・流通・消費の相互的関連を明らかにするものであった。ここで，両部門での拡大再生産が進行しているもとで，資本と収入とがどのように絡みあい，資本家による生産と流通過程と資本家および労働者の消費とがどのように関連しているか，ということを一つの図によって見ることにしよう。この図を，第1篇第1章の図41（経済の「循環的流れ」についての常識的イメージ ⇒巻末折込み2）と対比することによって，社会の表面に見えている経済の姿とは異なる，その奥に潜む生産・流通・消費の内的関連を知ることができるであろう（図201）。

図201　社会的再生産過程における生産・流通・消費の関連（⇒ 巻末折込み4）

[社会的再生産の内的関連を諸条件の総体として捉えることの意味]　この図201に示されているのは，社会的総資本の再生産と流通の諸条件のうち，2大生産部門における資本と収入との再生産における最も基本的な補塡関係だけである。しかし本章では，このほかにも再生産のさまざまの条件を見てきた。それぞれを分析するさいにはつねに「他のすべての条件が充たされている」と仮定した。しかし現実の再生産過程では，諸条件が攪乱を相乗的に強めたり，相互に作用を打ち消しあったりする。だから，結果として生じる資本の運動の具体的な様相はきわめて複雑なものとなる。社会の表面ではこれらの条件の一つひとつが独立したものとして現われることはない。本章の研究は，深部に潜んでいる内的関連の諸契機を一つひとつ明らかにすることによって，複雑で一見不可解な諸現象を解き明かすための不可欠の手がかりを与えるものなのである。

なお，再生産の諸条件はいずれも資本の具体的諸形態，とりわけ第3篇第5章で見る，信用システムの発展と銀行制度の形成との動因をなすものである。

第3篇
総過程の諸形態

本篇の課題と研究の進め方

[これまでの研究：資本主義的生産の内的関連の解明]　第1篇「資本の生産過程」では，その第2章「資本と剰余価値」以下の諸章で，流通過程は正常に進行するものと仮定して資本の生産過程を研究し，資本主義的生産の最も本質的で基本的な仕組みを知った。

続く第2篇「資本の流通過程」では，すでに得られた資本の生産過程についての知識を前提して資本の流通過程を研究した。まず，第1章「資本の循環」および第2章「資本の回転」で，流通過程での資本の運動の独自な諸形態を知るとともに，それらが生産過程での資本の価値増殖に及ぼす影響を見た。さらに第3章「社会的総資本の再生産と流通」では，生産過程と流通過程とを経ながら進行する資本の再生産を社会的な過程として研究し，流通過程における諸資本の運動の絡みあいを理解した。

以上の研究によって，古典派経済学が総体的に把握することができなかった，資本の総過程の内的関連の解明を終えた。

[本篇の課題：資本と剰余価値との具体的諸形態の展開]　こんどは，資本の総過程（個別的諸資本とそれらの全体からなる社会的総資本とが経ていく生産過程および流通過程の全体）で，資本と剰余価値とがとる具体的な諸形態を，これまでの本質の把握にもとづいて展開していく。この領域は，古典派経済学者たちによってもさまざまな仕方で展開されており，それらの具体的形態のほとんどすべてがすでに概念化されていた。しかし彼らは，諸現象からそれらの本質を分離して把握し，そのうえでそれらをそのような本質の現象諸形態として展開することができなかった。ここでは，すでに見てきた本質についての知識を出発点とし，それの現象形態として具体的諸形態を展開していこう。

[利潤と利潤率]　まず第1章では，剰余価値が，投下総資本の増加分として捉えられたときにとる形態である利潤と，剰余価値が利潤として見られたとき

の個々の商品の価値構成部分の独自な形態を研究する。

　[平均利潤率と生産価格]　次の第2章では，諸資本がより高い利潤率を求めて運動する結果，利潤率に均等化の傾向が生じ，したがってまた，個々の商品の販売価格の変動の中心が，資本に平均利潤をもたらす価格，生産価格となることを知る。

　[利潤率の傾向的低下]　第3章では，資本主義的生産の発展のなかで生じる資本構成の高度化が，個別資本にとっても総資本にとっても決定的に重要である利潤率をたえず引き下げる方向に作用しないではいないのであって，これが利潤率の傾向的低下という現象となって現われることを明らかにする。

　[商業資本と商業利潤]　第4章では，資本の循環（第2篇第1章）のところで見た「流通時間なき流通」という資本の傾向によって産業資本から分離し自立化する資本，つまり，もっぱら資本の流通に携わることによって利潤を取得する商業資本を研究する。

　[利子生み資本と利子，銀行制度]　第5章では，長短の期間，生産過程や流通過程の外部にある貨幣が，他人の手によってこれらの過程で資本として運動することを媒介する独自な資本の形態，つまり利子生み資本とそれが取得する利子について述べよう。この資本は，発展した形態では銀行制度で運動する独自の「貨幣資本」として現われるので，この銀行制度を概観しよう。

　[土地所有と地代]　第6章では，資本主義的生産が，土地という独自な生産条件の所有を近代的土地所有という形態で自己に従属させながら，しかも剰余価値の一部を地代という形態で土地所有者に引き渡さなければならない，ということから生じる諸問題を取り扱う。

　[収入諸形態と諸階級]　第6章までのところで，剰余価値がとる具体的諸形態，すなわち企業利得（産業利潤および商業利潤），利子，地代が展開されたので，第7章では，労働者の生きた労働が生み出す価値が，労賃およびこれらの諸形態で社会の成員の収入となる仕組みを研究する。ここでは，一方では，われわれの研究の出発点では常識的イメージとして現われていた資本主義的生産が，いまや，「深部の構造や法則によって説明された像」に転化していることを確認できるとともに，他方では，この生産のもとで社会の構成員が必然的に，対立する社会的集団，すなわち階級を形成することを見るであろう。

第1章　資本と利潤

第1節　資本と利潤および利潤率

　［**資本は利潤の獲得を目的に運動している**］　これまでのところでわれわれが知った資本は，産業資本だけである。商業資本や利子生み資本，そして土地所有は本篇の第4章以降ではじめて順次に取り扱う。それまでは，資本というのは産業資本のことである。

　資本はなにを目的に運動しているのか。誰でも知っているのは，それは増殖することを目的に運動していること，さらに具体的に言えば，増殖分である**利潤の獲得を目的に運動している**ということである。

　［**利潤は〈販売価格マイナス費用価格〉として現われている**］　それでは，資本はどのようにして利潤を獲得しているのか。誰でも知っているのは，それは生産した商品を販売することによって利潤を手に入れているのであり，さらに具体的に言えば，その商品の販売価格がその商品の費用よりも大きいので，その差額が利潤となるのだ，ということである。商品の販売価格のうちで，商品にかかった費用を補填する価格部分は，商品の**費用価格**と呼ばれる。だから，個々の商品から得られる利潤は，**販売価格マイナス費用価格**である。資本家の実践に即してもっと具体的に見れば，利潤は，資本の「売上総額」から，減価償却費・原材料費・労務費等々の「経費」を除いた差額，つまり「営業利益」である。

　［**投下総資本の増殖率としての利潤率**］　利潤は，個々の商品について見れば，販売価格が費用価格を超える超過分である。利潤の投下総資本（固定資本＋流動資本）にたいする比率が，資本の増殖の程度を表わすのであって，これが**利潤率**である。利潤を p，投下総資本を C とすれば，利潤率 p' とは次のものである。

$$p' = \frac{p}{C}$$

第2節　費用価格と利潤

[**資本の利潤についての表象をすでに得られた知識で整理する**]　さて，このような，人びとの日常の意識にのぼっている，資本の利潤と利潤率とについての事実を，われわれがこれまでに，資本の生産過程および流通過程を研究することによってすでに得ている知識にもとづいて整理しよう。

　第1篇第1章で見たように，商品の生産に必要な費用は，①その生産のなかで消費される生産手段の価値（この商品の生産以前に対象化した過去の労働）と，②この生産手段を変形・加工して生産物にするさいに支出される生きた労働である。前者は，商品のなかに移転する旧価値であり，後者は商品のなかに対象化して新価値となる。商品の価値はこの旧価値と新価値との合計である。つまり，商品の生産費用を表わすのは商品の価値である（☞図58）。

　資本主義的生産では，第1篇第2章で見たように，商品に移転する旧価値は不変資本（c）という形態をとり，新たに対象化する生きた労働は可変資本プラス剰余価値（$v+m$）という形態をとる。だから，資本主義的生産のもとでの商品そのものの生産の費用は $c+v+m$ である（☞図128）。

　しかし，第2篇第2章で見たように，不変資本のうち流動不変資本 cz は，商品価格の実現によってつねに還流してくるが，固定資本 cf は，生産過程に固定されていて，生産物に移転するそれの価値は摩損分の価値 cd だけであって，残存する価値部分は生産物のなかに移転しない。だから，個々の商品の価値は，生産手段から移転する旧価値 $cd+cz$ と新たに対象化した労働である新価値 $v+m$ とからなるのであり，$cd+cz+v+m$ で表わすことができる（☞図175）。これが商品の現実の費用であって，その大きさは商品に含まれている対象化した労働の量によって測られる。

　しかし，商品の価値 $cd+cz+v+m$ のうち m は，労働者に剰余労働を費やさせるが，それは不払労働であって，この労働には資本家はビタ一文費やすことはない。商品の価値のうちで商品が資本家に費やさせるのは，彼が資本として投下しなければならない $cd+cz+v$ だけである。これが資本家にとっての商品の費用であって，その大きさは商品の生産に投下された資本の量によって

測られる。

　[〈費用価格＋利潤〉として現われているのは〈資本＋剰余価値〉である]　こうして，さきに見た商品の**費用価格**とは，販売価格のうちの，資本家的費用を補塡する価格部分のことであることがわかった。商品の価値をW，商品の資本家的費用 cd＋cz＋v を補塡するその費用価格を k とすれば，利潤 p は W－k である。だから，費用価格とそれを超過する利潤という形態で現われているのは，資本とそれが取得する剰余価値なのである。

　[**費用価格と利潤という形態では剰余価値の本質はおおい隠される**]　ところが，費用価格とその増加分である利潤というこの現象形態には，資本とそれが取得する剰余価値というそれらの**本質**はまったく現われていない。むしろこの形態は，生産過程で労働力が価値形成者として労働力の価値を超えて剰余価値を生み出すのだ，という本質的な関係を完全におおい隠すのである。

　第1に，費用価格を見てわかるのは，それが販売価格のうちの，資本家が費やした費用である支出された資本を補塡するために必要な部分であるということだけであって，それの成分である cd と cz と v とのそれぞれが，利潤として現われている価値とどのような関係にあるのかはまったく見えていない。つまり，価値増殖過程は完全に消えている。

　第2に，第1篇第6章の「労賃」で見たように，資本家が支払う賃金は労働力の価値であるにもかかわらず，労働賃金として，すなわち労働の価格として現われ，そのために投下資本中の可変資本部分 (v) も，生産で支出される剰余労働を含むすべての労働にたいして支払われた資本価値として現われる（☞図140・141）。そこで，投下資本価値とそれが生産した商品の価値とはそれぞれ次のようなものとして現われることになる。

　　投下資本＝生産手段に支出された資本価値＋労働に支出された資本価値
　　商品価値＝費用価格（生産手段と労働との価格）＋利潤（剰余価値）

　この表現では，不変資本 (c) と可変資本 (v) とが「生産手段に支出された資本価値」と「労働に支出された資本価値」として表わされており，したがってそれらによって買われる生産要素が素材的に異なっていることが示されているだけで，両者が価値増殖過程で果たす決定的に異なった役割はまったく消えて

しまっている。つまり，ここで利潤という姿をとっている剰余価値（m）がどのようにして加わったのか，ということはまったく見えなくなっている。したがって，商品価値に含まれる費用価格は，資本価値すなわち生産に充用された生産手段と労働とに支出された価値がそっくり帰ってきたものでしかなく，資本が支出した費用を回収するもの，支出された資本を補塡するものでしかない。それでいて，商品はこの費用価格を超える——どのようにして生じるのかはまったくわからない——利潤（剰余価値）という価値額を含んでいるのである。

　第3に，費用価格そのものの算定のさいに，投下資本の価値成分の区別として意識されるのは，固定資本と流動資本の区別だけである。すなわち，固定資本として生産過程に固定されている価値のうち，労働手段の摩滅分の価値 cd だけが生産物価値のなかにはいるのであって，固定資本のうちのこの部分だけが費用価格の一部として回収されなければならないのにたいして，労働対象に投下される不変資本価値は労働力に投下される可変資本価値とともに，費用価格によってすべて回収されるのであって，この両者はともに流動資本として同一視される。不変資本と可変資本とが価値増殖過程で果たすそれぞれ異なった機能は完全に消え失せている。

　第4に，さらに，生産過程にある労働手段の全体が生産物の生産のさいに機能するので，生産過程に固定されている資本価値の全体が，増加分である価値の発生にかかわっているように見える。

　第5に，以上のことの結果として，増加分である利潤は生産手段と労働とからなっている，資本のもろもろの価値要素から一様に生じるように見える。資本のすべての要素がいっしょになって増加分を生むように見えるのである。

　[**投下総資本が生んだものとして観念された剰余価値が利潤である**]　こうして，増加分である剰余価値は，労働力によって生み出されたものであって可変資本の増加分であることはまったく見えなくなり，〈投下される総資本（固定資本プラス流動資本）の全体が生み出すもの〉と観念されることになる。**利潤**とは，一般に，資本がもたらす増加分と考えられているが，これを経済学的に正確に言えば，〈投下総資本によって生み出されたもの〉と観念された剰余価値であり，神秘化された形態をまとっている剰余価値である。しかし，この形態は，労働力の価格がとる労賃という形態とまったく同じく，資本主義的生産

様式から必然的に生まれてくる形態であり，剰余価値はこのような形態をとらないではいない（図202）。虚偽の外観を示しているこの図を，現実の過程を図示した前出の図175と対比されたい。

図202　費用価格および利潤という形態が生み出す諸観念

❖ 固定資本の摩損分（cd）＋流動不変資本（cz）＋可変資本（v）⇒ 費用価格（k）
❖ 剰余価値（m）⇒ 利潤（p）
❖ 利潤という剰余価値の形態から発生する虚偽の観念
　① 「投下総資本の全体が生産物の形成に参加するのだから，そのなかに含まれる増加分である利潤は，投下総資本から発生する。」
　② 「投下総資本の増加分である利潤は，費用価格の増加分として回収される。」
　③ 「利潤は資本の産物であり，果実である。」

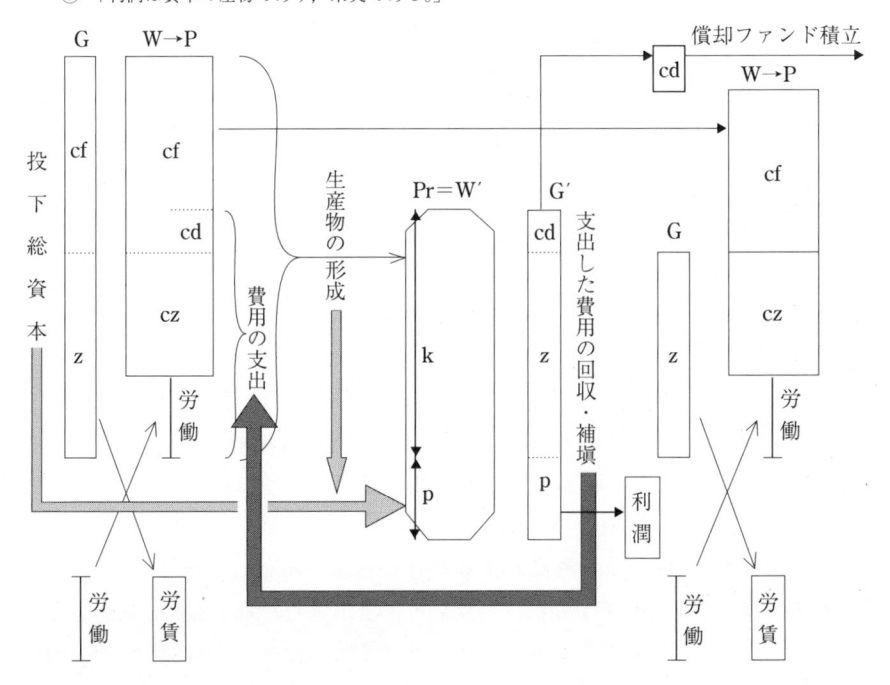

第3節　利潤の形態での資本と剰余価値の神秘化

[利潤率は剰余価値率をおおい隠す]　さきに見たように，利潤（p）は，〈投下総資本によって生み出されたもの〉と観念された剰余価値である。だが，投

下総資本（C）は不変資本（c）と可変資本（v）とからなるのだから，**利潤率**（$p'=\dfrac{m}{C}$）は，本質的には，

$$p'=\frac{m}{c+v}$$

にほかならない。そして，剰余価値は，もっぱら可変資本の価値変化から生じるのであるから，この利潤率（p'）は，

$$p'=\frac{v}{c+v}\cdot\frac{m}{v}=\frac{v}{c+v}\cdot m' \quad (m'=剰余価値率)$$

とつかまれなければならない。つまり，利潤率は，可変資本が投下資本のうちで占める比率（$\dfrac{v}{c+v}$）（つまり資本の有機的構成の逆数）と剰余価値率（m'）との積である。したがって，利潤率の最大限はcがゼロの場合であって（実際にはcがゼロになることはありえない），そのときには，

$$p'=\frac{v}{v}\cdot m'=m'$$

つまり，利潤率＝剰余価値率である。だから，利潤率は，剰余価値率の高さによって決定的に制約されている。ただ，投下総資本のうちでcが占める割合が大きくなるに従って，利潤率を剰余価値率からそれだけ大きく乖離させるのである。

ところが，利潤率 p' においては，一方の投下総資本と他方での利潤だけしか現われないので，外観上は利潤率 p' からは剰余価値率 m' を見いだすことができない。つまり，利潤率によって剰余価値率は決定的におおい隠されてしまうのである。

　[**利潤は商品を価値よりも高く売ることから生じるという観念**]　ところで，これまでは，資本が生産した商品の価値に，支出された資本価値を補塡する費用価格を超えてさらに利潤（剰余価値）が含まれており，この商品がその価値どおりに販売されることによってこの利潤が貨幣形態で実現されるものと考えてきた。

　ところが，利潤は商品の費用価格と販売価格との差額として現われるが，資本家にとって商品の生産のために支払わなければならないものとしてはっきり確定しているのは費用価格だけである。費用価格が回収されるかぎりは資本が

補塡されるが，販売価格が費用価格を下回れば，資本そのものが補塡されなくなるからである。それにたいして，商品の販売価格は市場の状況に左右され，また販売における彼の手腕にもかかっている。そこで，このような事実から，資本家は，〈もともと商品の価値には利潤は含まれていないのであって，費用価格こそが商品に内在的な価値であり，利潤は商品をこの内在的価値よりも高く売ることから生じるのだ〉と考える。すでに，利潤（剰余価値）が生じる過程はすっかりおおい隠されてしまっていて，それがどのようにして生じたものであるかはまったく見えなくなっていたのであるが，ここではその利潤は，商品がそれの内在的価値である費用価格よりも高く売れたことによって生じたもの，つまり，純粋に流通過程で生まれたものと観念されているのである（図203）。

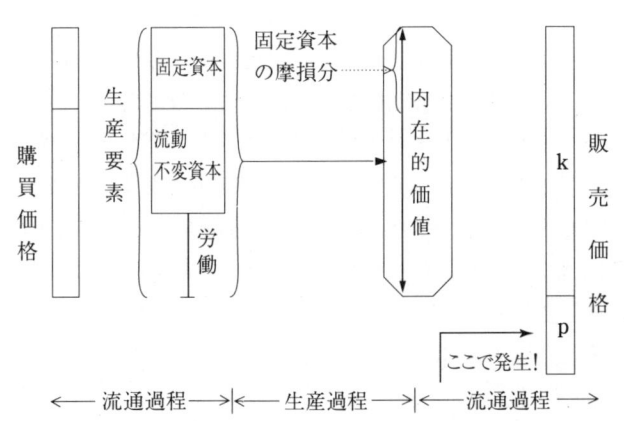

図203 「利潤は流通過程から生まれる」（虚偽の観念）

❖ 虚偽の観念：「p＝販売価格－内在的価値（＝購買価格＝費用価格）であり，利潤は流通過程で生まれる。」

　この考え方によれば，売り手は商品をそれの内在的価値よりも高く売るのだから，買い手は商品をそれの内在的価値よりも高く買わされるのであり，したがって売り手の利潤とはつねに買い手の損失だ，ということになる。すると，すべての売買を一緒にすれば，利潤と損失は相殺されて，ビタ一文の利潤も存在しないことになる。しかし資本家の転倒的な観念は，そんなことにはいっこうにお構いなしである。

［利潤率は父なる資本の子なる利潤にたいする量的関係である］　いずれにせよ，**資本**はいまや，生産過程および流通過程を通って運動するなかで利潤を生む主体として現われる。利潤にたいする資本の関係は，自分が生み出した子にたいする親の関係である。利潤を生むことによって，資本はこの利潤の大きさだけ増加する。この増加した資本もその全体が資本であるから，増加分である利潤も資本の一部である。だから，資本と利潤との関係は，主体である資本の資本自身にたいする関係である。利潤率とはまさに，父なる資本の子なる利潤にたいする量的関係でしかないのである。こうして，剰余価値が利潤の形態をとると，この資本の増加分は労働者の剰余労働が生み出したものだというその真の根源はもはやまったく見えなくなる。それがどのようにして生まれてくるのかはまったく不可解となり，資本そのもののもつ隠れた神秘的な性質から出てくるもののように見えるのである。

　［**主体としての資本とその人格化としての資本家**］　すでに第1篇第5章「資本のもとへの労働の包摂」で，資本の生産過程では労働の生産力，すなわち労働者という人格に属する主体的な生産力が，資本の生産力，すなわち資本という物象に属する生産力として現われること，そして資本という物象が資本家というかたちで人格化されることを見た。このような転倒的な関係からは，〈資本こそが主体であって労働者はこの主体に「働き口」を与えてもらうたんなる売り手でしかない〉という転倒的な観念が生じるのであるが，この意識は，いまや，〈利潤を生み出す主体としての資本〉という観念にまで発展した。そして，この主体としての資本の人格化が**資本家**なのである。

第4節　個別資本の行動基準としての利潤率

　［**年利潤率**］　個別資本が実践的に算定する利潤率は，一定期間についての，具体的には1年についての利潤率である。1年間に得られる利潤量の投下総資本にたいする比率が**年利潤率**である。年利潤率は，利潤率に，第2篇第2章で見た資本の年回転数を乗じたものである。資本の年回転数を n とすると，年利潤率 P' は次のようになる（$m'n$ は年間剰余価値率。年間剰余価値率については図178を参照）。

$$P' = \frac{v}{c+v} \cdot m'n = \frac{1}{\frac{c}{v}+1} \cdot m'n$$

$\frac{c}{v}$ は資本の有機的構成を表現する。つまり年利潤率は，剰余価値率（m'）と年回転数（n）とに比例して上昇し，資本の有機的構成（$\frac{c}{v}$）が高くなればなるほど低下するのである。

［**剰余価値生産という規定的目的は利潤追求として現われる**］　第1篇で繰り返して見たように，剰余価値の生産こそが資本主義的生産の規定的な性格であり，それこそが，資本の人格化である資本家にとっての生産の規定的目的である。このことは，資本家の生産の目的は利潤だ，というかたちで，つまり彼の行動を根本的に決定するものは利潤の追求だ，というかたちで現われてくる。

［**資本家は利潤率を最大にしようと行動する**］　資本家にとって，利潤の大きさは，一方では利潤の絶対量として，他方では投下総資本にたいする相対的な率である利潤率として，把握される。ところで，p=Cp'であるから，利潤の絶対量（p）は，投下総資本の絶対量（C）と利潤率（p'）とによって規定される。そこで，資本家にとっては，一方で投下総資本を増大させること（資本を蓄積すること）が重要であると同時に，他方では利潤率をできるかぎり上昇させることが必要である。このうち，投下資本の大きさは，個々の資本の蓄積の程度と蓄積の可能性によって規定されるが，利潤率は，個々の資本を取り巻くさまざまな社会的な要因によって，要するに資本の競争と景気の状況とによって制約される。そこで，資本は，このように競争と景況とによって制約される，社会全体の利潤率や特定部門の利潤率を見ながら，自己の利潤率を最大にしようと行動するのである。資本をどの程度蓄積するか（投資活動）も，このような判断にかかっている。だから，利潤率（具体的にはいわゆる「**期待利潤率**」）こそは，資本の行動を決定する最大の要因である。

［**資本にとっては利潤率さえ高ければ生産部門はどこでもいい**］　資本にとっては，利潤の獲得が目的であって，ある特定の生産物の生産はそのための手段にすぎない。だから，生産部門によって利潤率が異なるならば，資本はより高い利潤率をもたらす生産部門に投下されることにならざるをえない。このことは，次章で見る，利潤率の平均利潤率への均等化と生産価格の形成のところで，重要な意味をもつことになる。

第2章　平均利潤率と生産価格

第1節　生産部門内の競争による市場価値の成立

[本章では諸資本の競争が取り上げられる]　第1篇第4章第1節で，相対的剰余価値の生産がどのように行なわれるかということを理解するために，先取り的に特別剰余価値をめぐる諸資本の競争について述べた。しかし，そのほかには，これまでのところもろもろの個別的資本が展開する競争について立ち入って触れることをしなかった。本章では，その諸資本の競争が本格的に取り上げられる。

[市場の概観]　諸資本が競争を展開する直接の場所は**市場**である。そこでまず，その市場を概観しておこう。

売買の場面の空間的な広がりの観点から，世界市場，外国市場，国内市場，遠隔地市場，局地的市場，ヨーロッパ市場，アジア市場，等々が区別される。

取引が行なわれる時期や場所が特定されている場合には，その時期や場所に即して特別の名称がつけられる。たとえば，年の市，大市，縁日，クリスマス市場，魚河岸市場，朝市，等々。

しかし，市場の区別の最も重要な視点は，売買される商品の種類である。なぜなら，取引される商品の違いによって，市場のあり方にも大きな違いが生じるからである。最も大きな区別は，商品市場（生産物市場），貨幣市場（資本市場を含む），労働市場，土地市場である。

商品市場（生産物市場）は，貨幣（や資本）や労働や土地などの特殊な商品を除いた一般の商品の市場であって，生産物市場と原料市場が主なものである。これは，生産手段となる商品が取り扱われる生産財市場と消費手段となる商品が取り扱われる消費財市場とに分けることもできる。さらに，それぞれの商品ごとに，野菜市場，馬匹市場，穀物市場，魚市場，などが成立する。

労働市場は，第1篇ですでに見たように，労働力を売買する市場であるが，〈労働を売買する〉という観念から労働市場と呼ばれている。

広義の貨幣市場（money market）は，資本（なんらかの増分——利潤，利子，配当，等々——をもたらしてくれるもの）という使用価値をもつ商品と考えられた貨幣が取引される市場である。狭義の貨幣市場（銀行間で短期の貸借を行なう市場），資本市場，証券市場，株式市場，円市場，ドル市場，ユーロ市場，等々がこれに属する。貨幣市場については，のちの第5章で触れる。

土地の売買については第6章で見る。

このように市場にはきわめて多くの亜種，変種があり，それぞれの市場は固有の特色をもっているが，このような市場の全体について言えるのは，市場とは，商品の売り手と買い手とが出会って，商品の売買を行なう場面のことだ，ということである。市場と呼ばれるものは，通常，特定の売り手と特定の買い手とが行なう個別取引（相対取引）の場面ではなく，多くの売り手と多くの買い手とが出会って売買を行なう場面なのである。

さて，いまここで問題となるのは，これらのうちの商品市場（生産物市場）だけである。労働市場についてはこれまでも幾度も触れる機会があった。貨幣市場や土地市場はここではまだ問題にしない。

［**市場取引と相対取引との決定的な違い**］　特定の売り手と特定の買い手とが行なう個別の取引（相対取引）と市場での取引（市場取引）との決定的な違いは，前者では，売り手と買い手との偶然的な個別的事情が商品価格にきわめて大きな影響を及ぼすのにたいして，後者では，個々の売り手や買い手の偶然的な個別的事情は商品価格の変動にはまったく影響を及ぼさないということである。後者の場合に価格を変動させるのは，ほとんどもっぱら，取引される商品の供給と需要との相対的な量的関係である。

［**供給と需要**］　ある市場に現われている同一商品の全体は，それらの持ち手の人数や彼らの個別的な条件にかかわりなく，つねに，市場に提供されている一つの商品大量としての意味しかもっていない。市場にある商品をこの観点から見るとき，それを**供給**と言う。これにたいして，価格次第ではこの商品を買おうとして市場に現われている買い手の欲求の全体を**需要**と言う。需要は，この商品のために支出することを予定している貨幣の総額で言い表わすこともできるが，それを規定する最も基本的な要因は，求められている商品量である。しかし需要は，商品量のほうも貨幣額のほうも，価格が変化すれば増減するこ

とがありうる相対的な大きさである。需要の場合にも，それは，買い手の人数や彼らの個別的な条件にかかわりなく，つねに，市場に買いに出ているまとまった一つの貨幣大量としての意味しかもっていない。このような，供給と需要との量的な関係（以下「需給関係」と呼ぶ）に応じて価格は変動する。すなわち，需要にたいして供給が大きすぎる，あるいは供給にたいして需要が小さすぎるときには，価格は下落し，逆に，需要にたいして供給が小さすぎる，あるいは供給にたいして需要が大きすぎるときには，価格は上昇するのである。

　［需給関係による価格変動は集団的な値決め交渉の結果］　こうした需給関係による価格の決定は，売り手と買い手とのあいだでの交渉による価格決定のいわば集団版である。

　一対一の売り手と買い手とのあいだでは，売買のたびに，売り手の「言い値」にたいして買い手が「付け値」を出し，交渉が行なわれてこの二つの「値」が一致したときにそれが「決まり値」＝「売り値」となる。

　これにたいして，多くの売り手が不特定多数の買い手に同一商品の大量を売る大多数の市場では，それぞれの売り手の言い値にたいする需要の反応（つまり付け値の動向）を見ながら，売り手がこの言い値を上げたり下げたりする，という仕方で価格の決定が行なわれる。売り手のほうの数が多ければ，売り手のあいだで，言い値を引き下げても自分の商品を買わせようとする競争が，買い手のほうの数が多ければ，買い手のあいだで，買おうとする商品への付け値を引き上げてももっと高くなるまえに先に買おうとする競争が生じる。こうした仕方で売り手と買い手とのあいだでの価格についてのいわば集団的な交渉が行なわれるのである。

　［「一物一価の法則」］　同一市場のなかでこうした競争が自由に行なわれれば，同じ商品であれば，どの商品についてもほぼ同水準の価格が成立することになる。誰の目にも明らかなこの事実を，人びとは古くから「一物一価の法則」と呼んできた。

　［市場価格］　このように，それぞれの商品ごとに市場で成立している価格が**市場価格**である。市場価格は，商品の現実の決まり値であり，現実の売り値である。商品の売り手が商品を売って手にすることができるのはこの市場価格である。商品の市場価格はそれの需給関係が変われば上下に変動する。

［社会的価値と個別的価値］　それぞれの商品がそれぞれの市場価格をもつというのは，じつは，同じ商品であればどの単位商品をとってもいずれもその商品の代表見本として同じ価値をもっている，ということを，価格について，つまり貨幣による価値の表現について言ったものにほかならない。商品の価値が社会的必要労働時間によって決定されること，さらに具体的に言えば，価値は，個々の資本家が商品の生産に実際に要した個別的労働時間の対象化である**個別的価値**とは異なる，社会的必要労働時間によって決定される**社会的価値**であることは第1篇第4章第1節で見たとおりである。個々の資本家にとっては，彼の商品の個別的価値とこの社会的価値との乖離は重大な問題である。すでに見たように，これがプラスであれば，資本家は**特別剰余価値**を取得することができるが，これがマイナスであれば，剰余価値の一部を失わなければならないからである（☞図134）。それでは，個々の資本家がそれぞれ実際に要する個別的労働時間，それぞれの資本家の商品のもつ個別的価値は，彼にとっての特別剰余価値または欠損価値を決定するという意味しかもたないのであろうか。いな，それどころか，じつは市場に出てくるある商品の社会的価値はすべての商品の個別的価値の社会的総平均なのであって，どの商品の個別的価値も，この社会的平均に影響を与える一部をなしているのである。

［総量の構成単位としての商品の価値＝平均価値］　市場に登場するある商品の全量が，その商品の供給として，その商品への需要に相対する。この商品種類の供給のために，社会は，それが支出することのできる労働時間全体のうちからある量の労働時間を割いたのであり，したがってこの商品全量が，そうした労働時間の大きさを示している。この総労働時間には，もちろん，社会的平均的な生産条件のもとで支出された労働時間だけでなく，それよりも優れた生産条件のもとで支出された労働時間も，それよりも劣った生産条件のもとで支出された労働時間も含まれる。そして，どんな生産条件のもとで生産されたものであろうと，この商品種類の個々の商品は，この商品全量を均等に分けた構成単位であって，個々の商品が市場で代表する労働時間は，全商品を生産するのに支出された総労働時間を商品量で除して得られる労働時間である。じつは，市場に登場する商品の社会的必要労働時間とは，この労働時間なのであり，市場に登場する個々の商品がもつ社会的価値はこの労働時間によって決定されて

いるのである。だから，この社会的価値とは，量的に見れば，市場に現われる個々の商品の個別的価値の総平均である。いま生産条件に，中位的な生産条件，それよりも優れた生産条件，それよりも劣った生産条件，という三つがあるとすると，社会的価値は，それぞれの生産条件のもとで生産される商品の個別的価値の加重平均ということになる。このように，個別的価値の総平均，あるいは異なった生産条件のもとで生産された商品の個別的価値の加重平均によって決まる価値の大きさを**平均価値**と呼べば，市場に登場する個々の商品の社会的価値とは，量的にはまさにこの平均価値にほかならない。

　[**市場価値＝市場に登場する商品の社会的価値**]　商品が現実に市場に出てくるときの価値は，言い換えれば，商品の社会的価値が市場でとっている現実の姿は，同じ商品種類の総量の構成単位としての商品の価値であり，量的には平均価値である。このような姿をとっている社会的価値を**市場価値**と言う[1]。**市場価格**とは，まさにこの市場価値の貨幣表現なのである。

---

1) 第1篇第1章で商品の価値を見たときには，価値は社会的なものだから，それは商品を生産するのに社会的に必要な労働時間によって決まると言い，その社会的必要労働時間とは，正常な生産諸条件のもとで労働の熟練と強度との平均度をもって商品を生産するのに必要な労働時間だと説明した。そのさいには，まだ，同じ商品種類の全体が市場で供給を形成するということはまったく考慮に入れていなかった。それにたいして，ここでは個々の商品は，市場で供給を形成する同一種類の商品全量の構成単位（可除部分）として取り上げられているのであって，その商品全量の生産に必要な総労働時間がそれの価値を決める要因としてはいってくるのである。同一種類の商品大量の可除部分としての商品の価値が平均価値であり，言い換えれば，その商品全量の生産に必要な総労働時間を商品の総量で除したものなのである。

　しかし，平均価値である市場価値が市場で市場価格に影響を与えるのは，実際には，同種商品の大量を供給する，したがってその商品の個別的価値が市場価値に近いような資本が，価格決定のイニシアティブを握る，という仕方で行なわれる。だから，市場価値の水準をどれかの商品の個別的価値をとって代表例として示すとしたら商品全量のなかのどの商品を平均見本にとればよいか，という観点から市場価値を見れば，それは，さまざまの異なった生産条件をもつ諸資本のなかで，市場に大量を供給する資本の商品の個別的価値と一致する，と言うことができる。数学的に言えば，さきの平均価値が加重平均値であるのにたいして，こちらは**最頻値**（モード）である。量的には両者は必ずしも同一ではないが，しかし，市場価値を具体的に，商品全量のなかから市場価格に影響を与えるような代表的商品の価値とし捉えなければならないときには，この後者の規定（いわゆる「大量規定」）によらなければならない。

[**超過利潤をめざす部門内競争が市場価値を成立させる**]　社会的価値に市場価値という姿を与えるのは，同じ生産部門に属する諸資本の競争である。さまざまの生産条件をもつ諸資本が特別剰余価値をめざして競争していることは，すでに第1篇第4章第1節で見たとおりである。さきに前章で見たように，資本が生産過程で取得する剰余価値は，それが〈総資本の所産〉として観念されるとき利潤という形態をとるのだから，そのような観念で特別剰余価値を見るときには，この剰余価値も利潤という形態をとらないではいない。そこで特別剰余価値は，部門内の平均的な利潤よりも超過して得られる利潤という姿をとるのであって，これを**超過利潤**と呼ぶ。同一生産部門に属する諸資本は，超過利潤をめざして競争する。この競争によって，さきの三つの生産条件，すなわち中位的な生産条件，それよりも優れた生産条件，それよりも劣った生産条件という三つの生産条件そのものがたえずより高いものに変革されていき，商品を生産する労働の生産力が高まっていくのである。労働の生産力が高まれば，個々の商品の生産に必要な労働時間が減少するから，平均価値である市場価値も低下する。このように，超過利潤をめざす生産部門内部の諸資本の競争が，さまざまの生産条件のもとで生産された諸商品のもろもろの個別的価値から一個同一の市場価値を成立させるのである。

　以上，同一生産部門内の競争が同じ商品については一個同一の市場価値を成立させ，市場価格はこの市場価値をめぐって変動することを知った。そこで，今後は，それぞれの商品の「価値」というときには，個別的価値の平均であるこの市場価値を指すことにしよう（図204）。

　[**諸資本の競争は資本の内在的諸法則の執行者である**]　市場にはさまざまの当事者が登場する。たんに売り手と買い手というだけでなく，資本家であったり労働者であったり，生産者であったり商人であったり，貨幣資本家であったり土地所有者であったりする。そしてこれらの当事者たちがもってくる商品または貨幣はまとまって供給と需要とを形成し，この両者の関係が売買される商品の価格を変動させる。そして，この価格の変動がまた，市場に当事者たちがもってくる商品または貨幣の大きさを変えるのである。このようなたえざる運動のなかで，当事者たちは，同じ立場にある者どうしのあいだで，あるいは相対しあう者のあいだでたえず圧力を加えあっている。だから，当事者たちは，

図204　部門内競争によって個別的価値の加重平均である市場価値が成立する

❖ 横幅はそれぞれの資本が生産する商品量を表わす。

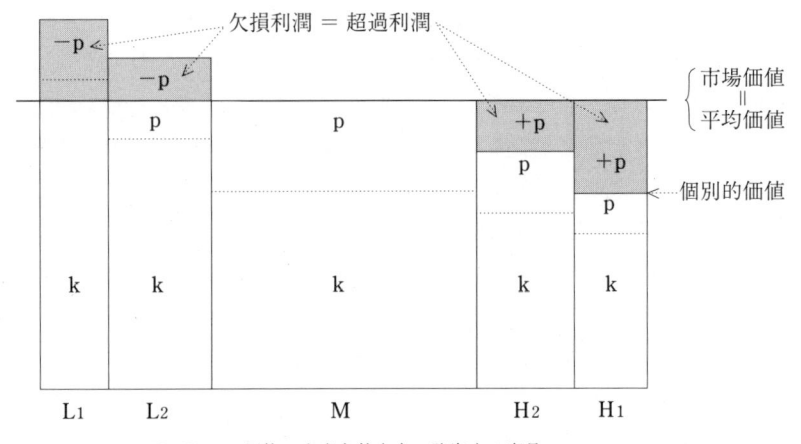

欠損利潤 ＝ 超過利潤

市場価値 ＝ 平均価値

個別的価値

H_1, H_2 = 優位の生産条件をもつ諸資本の商品
M = 中位の生産条件をもつ諸資本の商品
L_1, L_2 = 劣位の生産条件をもつ諸資本の商品

このような圧力の圏外で超然としていることはできず，こうした外部からの圧力でたえず一定の方向に駆り立てられないではいない。当事者たちがこのように相互に圧力を加えあうことが**競争**である。じつは，当事者たちが競争に強制されて一定の方向に突き進むことによって，はじめて資本の諸法則が実現されていくのである。だから，個々の資本に外的な強制として作用する競争は，**資本の内在的な諸法則の執行者**である。しかし，執行者である競争は，諸法則そのものをつくりだすことはできない。だから，資本主義的生産を分析するときには，まずもって，内在的な諸法則を把握し，そのうえでそれらが競争によってどのように執行されていくのかを研究する，という順序で進まなければならないのである。本章で競争について触れることができるのは，そのために必要な資本の内在的な諸法則がすでに理解されてきているからである。本章でも諸資本の競争は，あくまでも法則の執行者として捉えられなければならない。

第2節　平均利潤率と生産価格

§1　全商品が価値どおりに販売されれば利潤率は部門ごとに異なる

[**資本の構成は生産部門によってまちまちである**]　生産部門によって資本の有機的構成はさまざまである（図205）。（同じ商品を生産する同一部門の諸資本のあいだにも生産条件の違いに応じて資本構成に違いがあるが，ここでは，それぞれの生産部門の平均的な資本構成をもつ資本を考える。）

図205　資本の有機的構成は生産部門によって異なる

$$
\begin{cases}
\text{I} & 95c+ 5v & \text{資本構成が最も高い生産部門（たとえば製鉄業）} \\
\text{II} & 85c+15v & \\
\text{III} & 80c+20v & \text{資本構成が中位的な生産部門（たとえば織物業）} \\
\text{IV} & 75c+25v & \\
\text{V} & 65c+35v & \text{資本構成が最も低い生産部門（たとえば水田農業）}
\end{cases}
$$

[**資本構成の相違によって利潤の量は異なり利潤率も異なる**]　剰余価値率が同じであれば，剰余価値＝利潤の量は可変資本の量に比例する（図206）。（剰余価値率はいつでもどこでも100％だと仮定する。）

図206　資本構成の相違によって剰余価値＝利潤の量は異なる

$$
\begin{cases}
\text{I} & 95c+ 5v & \Rightarrow & 5m & \text{価値}=105 \\
\text{II} & 85c+15v & \Rightarrow & 15m & \text{価値}=115 \\
\text{III} & 80c+20v & \Rightarrow & 20m & \text{価値}=120 \\
\text{IV} & 75c+25v & \Rightarrow & 25m & \text{価値}=125 \\
\text{V} & 65c+35v & \Rightarrow & 35m & \text{価値}=135
\end{cases}
$$

したがって，資本の有機的構成が異なれば利潤率も異なる（図207）。

図207　資本構成の相違によって利潤率も異なる

$$
\begin{cases}
\text{I} & 95c+ 5v & \Rightarrow & 5m & 100C & \Rightarrow & 5p & p' = & 5\% \\
\text{II} & 85c+15v & \Rightarrow & 15m & 100C & \Rightarrow & 15p & p' = & 15\% \\
\text{III} & 80c+20v & \Rightarrow & 20m & 100C & \Rightarrow & 20p & p' = & 20\% \\
\text{IV} & 75c+25v & \Rightarrow & 25m & 100C & \Rightarrow & 25p & p' = & 25\% \\
\text{V} & 65c+35v & \Rightarrow & 35m & 100C & \Rightarrow & 35p & p' = & 35\%
\end{cases}
$$

だから，もしすべての商品がその価値どおりに販売されるなら，各部門の利潤率（特殊的利潤率）はまちまちとならざるをえない。

なお，資本の回転期間の相違も利潤率の相違をもたらすが，以下では，簡単化のためにこの要因は度外視し，資本の回転はすべての生産部門で同一と仮定しよう。

§2　生産部門間の諸資本の競争は部門間の資本の移動を引き起こす

［資本にとっては高い利潤率を実現することこそが問題である］　しかし，資本主義的生産は剰余価値の生産であり，利潤の獲得を目的とした生産である。資本にとっては利潤率こそが肝要であって，資本にとって問題であるのは，どのような商品を生産するか，どの生産部門で運動するか，ということではなく，より高い利潤率を実現することである。

［部門間に利潤率の相違があれば資本の移動が生じないではいない］　どの個別的資本も，より高い利潤率をめざして運動する。諸資本は同一生産部門の内部で，より多くの超過利潤を獲得するために他の諸資本よりも高い生産力をもつ新技術を採用して生産条件を高めようと競争しているが，諸資本は異なった生産部門の間でも，より高い利潤率を実現しようと競争する。このような**競争の圧力**によって，生産部門間に利潤率の相違があるならば，より高い利潤率をめざす**部門間の資本移動**が生じないではいない。さきに見たように，さまざまの生産部門で生産されるすべての商品が価値どおりの価格で販売されるなら，利潤率は生産部門ごとにまちまちとなる。その場合には，利潤率のより低い部門からより高い部門に向かって，資本の移動が生じないわけにはいかない。また，新たに投下される資本も，利潤率がより高い生産部門に投下されるであろう。

§3　商品の市場価格は生産価格を中心にして変動する

［資本移動による需給関係の変化は諸商品の価格を変動させる］　資本の移動の結果，利潤率のより高い部門の資本が増大して，この部門の商品の供給が増大し，利潤率のより低い部門の資本が減少して，この部門の商品の供給が減少する。このように諸商品の供給の大きさが変動することによって需給関係が変

化し，各商品の市場価格は価値から乖離する。

　[**利潤率の相違があるかぎり資本移動と価格変動はなくならない**]　商品の価格が下がれば需要は増大し，商品の価格が上がれば需要は減退するから，この運動には反作用が生じるが，利潤率の新たな水準にもとづいて新たな資本移動の運動が始まる。この運動は，利潤率の相違があるかぎり，けっしてなくならない。

　[**利潤率の均等化によって平均利潤率が成立する**]　その結果，資本の移動が自由に行なわれるなら，どの商品の市場価格も，すべての生産部門で利潤率が同一となるような価格を中心にして変動するようにならざるをえない。このような状態を生み出す過程を**利潤率の均等化**（平均化）と呼び，そのような利潤率を**平均利潤率**，そしてこの平均利潤率によって得られる利潤を**平均利潤**と呼ぶ。平均利潤率を dp′，平均利潤を dp としよう。すると，各個の資本にとっての平均利潤は，その投下総資本に平均利潤率を乗じたものである。

$$dp = C \cdot dp'$$

　[**資本に平均利潤をもたらす商品の価格＝商品の生産価格**]　どの生産部門で生産される商品についても，投下資本に平均利潤をもたらすような価格があるはずである。このような価格は，資本家自身によっても実践のなかで，自己の商品の価格がどれだけであれば社会的平均的な利潤を得ることができるか，というかたちでつねに感知されているものであって，古典派経済学者たちによってもすでに明確に意識されていた。そのような価格を，重農学派は「必要価格」，アダム・スミスは「自然価格」，リカードウは「生産価格」または「費用価格」と呼んだ。マルクスはこれをリカードウにならって「生産価格」と呼んだ。ここでも，資本に平均利潤をもたらすような価格を**生産価格**と呼ぼう。

　[**商品の生産価格＝費用価格＋商品1単位当たりの平均利潤**]　それでは，生産価格，すなわち，すべての生産部門で利潤率が同一となるような商品の価格というのはどういうものであろうか。それは，それぞれの商品の費用価格 (k) に，その費用価格あたりの平均利潤を，つまり費用価格 (k)×平均利潤率 (dp′) を加えたものであるほかはない。生産価格を Pp とすれば，

$$Pp = k + k \cdot dp' = k(1 + dp')$$

である。投下総資本が生産する商品の全部がこの生産価格で売られれば，この

資本は平均利潤を取得することができるわけである。

　[個々の商品の生産価格はそれの価値とは直接には無関係である]　諸商品が価値どおりの価格で売られるのであれば，それらは部門ごとに異なる利潤率をもたらすはずなのだから，商品の生産価格は，たまたま社会的に平均的な資本構成と同じ資本構成をもっているような部門の商品を除けば，その商品の価値とは一致しない。生産価格を規定するのは，費用価格と商品1単位当たりの平均利潤であるが，それぞれの商品そのものについて一義的に確定されるのは，それぞれの商品に支出された資本を表わす費用価格だけである。商品1単位当たりの平均利潤は，投下総資本について計算された平均利潤（すなわち投下総資本に平均利潤率を乗じたもの）を投下総資本が生産する商品総量で除したものであり，平均利潤率は，これはまたこれで，社会的総剰余価値を社会的総資本で除したものであるのだから，こちらは商品の価値とは直接にはなんの関係もないのである。

第3節　諸資本の競争による利潤率均等化の過程

　[利潤率均等化の過程を仮設例で見よう]　商品がすべて価値どおりの価格で販売され，資本の有機的構成が異なる生産部門のあいだに利潤率の相違があるとき，資本が部門間を自由に移動できるなら，個々の資本は最も高い利潤率を求めて部門間を移動するから，その結果，どの部門の商品の市場価格も，利潤率が平均利潤率となるような価格すなわち生産価格を中心に変動するようになる。この過程がどのようなものであるのかを思い描くことができるように，仮設例をつくってみよう。

　部門によって固定資本と流動資本との比率が異なり，個々の商品にはいりこむ不変資本（固定資本摩損分＋流動不変資本）の大きさはさまざまであって，こうした固定資本の違いは資本の回転期間に影響を与えることを通じて利潤率に影響するが，ここでは，事態を簡単化して，固定資本はまったく存在しないものと仮定しよう。

　[出発点では商品は価値どおりの価格で販売される]　まず，資本構成の異なる次のような五つの生産部門で，それぞれ100の資本が充用され，すべての生

産物が価値どおりの価格で販売されていると仮定しよう（表3）。

表3　資本構成の相違によって生産部門ごとに利潤率が異なる

部門	I	II	III	IV	V
1．総資本(C＝c＋v)	100	100	100	100	100
2．社会的総資本量(Σ1)	500				
3．資本構成(c：v)	95c＋5v	85c＋15v	80c＋20v	75c＋25v	65c＋35v
4．不変資本(c)	95	85	80	75	65
5．可変資本(v)	5	15	20	25	35
6．剰余価値率(m/v)	100％				
7．剰余価値(5×6)	5	15	20	25	35
8．社会的総剰余価値(Σ7)	100				
9．特殊的利潤率(7/1)	5％	15％	20％	25％	35％
10．商品の総価値(4＋5＋7)	105	115	120	125	135
11．社会的総価値(＝Σ10)	600				
12．商品の総費用価格(＝1)	100	100	100	100	100
13．商品の総価格(＝10)	105	115	120	125	135
14．社会的総価格(Σ13)	600				
15．実現利潤(p)(＝13－12)	5	15	20	25	35
16．社会的総利潤(Σ15)	100				
17．実現利潤率(p′)(15/1)	5％	15％	20％	25％	35％

　[高い利潤率を求めて資本移動が生じる]　この状態では，生産部門によって資本構成が異なっているために，部門間で利潤率に高低がある。そこで，いま，利潤率の低い部門IおよびIIから資本がそれぞれ20および10だけ流出し，利潤率の高い部門IVおよびVにそれぞれ10および20だけ流入したと仮定しよう。社会の総需要が生産される総価値量に等しく，総需要の各部門への配分比率がもとのままで，これによって商品価格が決定されると仮定すると，商品価格は，部門IおよびIIでは上昇し，部門IVおよびVでは低下して，表4のようになる。
　[資本移動の結果，需給関係に変化が生じ，価格も変動する]　社会的総資本量が不変なのに社会的総価値量＝社会的総需要量が600から607に増大したのは，資本構成の低い部門で投下される資本量が増大し，そのために以前よりも社会

表4 資本移動の結果，各部門での供給量が変化し，価格が変動する

部　　門	I	II	III	IV	V
1．総資本(C=c+v)	80	90	100	110	120
2．社会的総資本量(ΣC)	500				
3．資本構成(c：v)	95c+5v	85c+15v	80c+20v	75c+25v	65c+35v
4．不変資本(c)	76	76.5	80	52.5	78
5．可変資本(v)	4	13.5	20	27.5	42
6．剰余価値率(m/v)	100%				
7．剰余価値(5×6)	4	13.05	20	27.5	42
8．社会的総剰余価値(Σ7)	107				
9．特殊的利潤率(7/1)	5%	15%	20%	25%	35%
10．商品の総価値(4+5+7)	84	103.5	120	137.5	162
11．社会的総価値(=Σ10)	607				
12．社会的需要総額(Σ11)	607				
13．各部門への需要(12×(表3.10/表3.11))	106.23	116.34	121.4	126.46	136.57
14．商品の総価格(=13)	106.23	116.34	121.4	126.46	136.57
15．社会的総価格(=Σ14)	607				
16．商品の総費用価格(=1)	80	90	100	110	120
17．実現利潤(14−16)	26.23	26.34	21.4	16.46	16.57
18．実現利潤率(17/1)	32.78%	29.27%	21.4%	14.96%	13.80%
19．価格の変動総額(14−10)	+22.23	+12.84	+1.4	−11.04	−25.43
20．価格の変動率(19/10)	+26.46%	+12.4%	+1.17%	−8.03%	−15.7%

的総剰余価値量が増大したからである。見られるように部門IおよびIIでは〈供給＜需要〉となり，IVおよびVでは〈供給＞需要〉となった。こうなれば，部門IおよびIIでは価格が上昇し，IVおよびVでは価格が下落しないではいない。

そこで，総需要量（＝総価値量）は不変のまま，IおよびIIの商品にたいする需要がそれぞれ9.11および7.08だけ減退し，IVおよびVの商品にたいする需要がそれぞれ7.08および9.11だけ増大したとしよう。その結果，前者では価格が下落し，後者では価格が上昇する。ここでは，便宜上，この価格変動の大きさを需要の変動幅と同じだとすると，その結果は表5のようになる。

表5　価格変動による需要の変化が生じて，全部門の利潤率が均等になった

部　　門	I	II	III	IV	V
21. 需要変動	−9.11	−7.08	0	+7.08	+9.11
22. 需要＝総価格(13＋21)	97.12	109.26	121.4	133.54	145.68
23. 社会的総価格(Σ22)	607				
24. 商品の総費用価格(＝1)	80	90	100	110	120
25. 実現利潤(22−24)	17.12	19.26	21.4	23.54	25.68
26. 社会的総実現利潤(Σ22)	107				
27. 実現利潤率(25/1)	21.4%	21.4%	21.4%	21.4%	21.4%

　［どこも市場価格が生産価格に一致するような需給関係が成立］　見られるように，すべての部門で利潤率は等しくなった。これは，総資本にたいする総剰余価値＝総利潤の比率である平均利潤率に等しい。もし，このような状態が生まれてそれが変化しないかぎり，どの部門の資本にとっても，利潤率から見るかぎりは他部門に移動する理由がなく，したがってもはや資本移動は生じないことになる。このような状態のときの商品の価格が生産価格である。結果をまとめると，表6のようになる。

　［現実に存在するのはたえざる不均衡のたえざる均衡化である］　しかし，資本主義的生産のもとで，このような理想的な均衡的価格関係が成立し，その時点で資本の移動が完全に停止するなどということは絶対にありえない。それは，きわめて多くの個別的資本がきわめて多くの種類の商品を生産しているからだけではない。資本の価値増殖の内的衝動は，超過利潤をめざす各生産部門内部での競争の外的法則として貫き，個々の資本にたえざる労働生産力の発展を強制する。それはまったく不均等に，各生産部門での資本構成を高度化させ，それぞれの生産物の市場価値を低下させることによって市場価格を低下させる。また，利潤量の増大をめざす個々の資本の資本蓄積は，まったく不均等に，各商品の生産量＝供給量を増加させる。だから，現実の資本主義的生産のもとでは，そもそも完全な均衡関係が成立すること自体がけっしてありえないのである。現実に見られるのは，需給のこのような均衡状態に向かって進みながら，たえず行き過ぎては戻り，新たな市場価値の変動と需要供給の変化によってたえず不均衡が生じる，という動揺だけである。現実の市場価格は，このような

表6 均衡状態ではどの生産部門の商品も生産価格で販売される

部門	I	II	III	IV	V
1．総資本($C=c+v$)	80	90	100	110	120
2．社会的総資本量($\Sigma 1$)	500				
3．剰余価値(m)	4	13.5	20	27.5	42
4．社会的総剰余価値(Σm)	107				
5．平均利潤率(4/2)	21.4％				
6．商品の総価値(1+3)	84	103.5	120	137.5	162
7．社会的総価値($\Sigma 6$)	607				
8．平均利潤(1×5)	17.12	19.26	21.4	23.54	25.68
9．社会的総平均利潤($\Sigma 8$)	107				
10．商品の総費用価格(=1)	80	90	100	110	120
11．商品の総生産価格(10+8)	97.12	109.26	121.4	133.54	145.68
12．社会的総生産価格($\Sigma 11$)	607				
13．総生産価格－総価値(11－6)	+13.12	+5.76	+1.4	－3.96	－16.32
14．〃　総計($\Sigma 13$)	0				

均衡価格＝中心価格である生産価格をめぐってたえず変動し，その変動がまた資本移動の大きさと方向に変化を引き起こして，均衡価格である生産価格そのものを変化させるのである。つまり，現実に存在するのは本質的に「**たえざる不均衡のたえざる均衡化**」でしかない。さらに，現実には，資本の移動にはさまざまの制限や障害があるのであり，他部門の利潤率が高いことがわかっていても，だからと言って諸資本が部門間を完全に自由に移動できるわけではない。この面からも，現実に利潤率の完全な均等化が達成されることはありえないのである。

　　[法則の把握と生産価格の概念なしに現実は理解できない]　しかし，この「たえざる不均衡のたえざる均衡化」の運動が存在するのは否定しがたい事実である。それがなぜ，どのようにして，どの方向に，どれだけの大きさで生じるのか，ということ，また資本移動の制限が価格の変動にどのような影響を及ぼしているのか，諸部門間の利潤率の格差をどのように残しているのか，ということは，競争による利潤率均等化の法則の把握と，この均等化運動によって

成立する生産価格および平均利潤率の概念とがなければ，まったく理解することができない。言い換えれば，それらを欠いては現実の具体的過程を分析することができないのである。

第4節　価値法則および剰余価値法則の貫徹

　[**価値は価格を規制するものとしての意味を失うのか**]　さきに見たように，生産価格は，社会的総資本の平均的な有機的構成とたまたまほぼ等しい有機的構成をもっている特定の生産部門を除いて，どの生産部門でも価値とは一致しない。だから，いったん生産価格が成立して，市場価格の変動の中心が生産価格になると，個々の商品について見るかぎり，価値は市場価格の変動の中心ではなくなっている。また，それぞれの商品の生産価格そのものも，それの価値とは直接にはなんの関係もない。それでは，生産価格が成立したのちには，商品の価値は，価格を規制するものとしてもはやなんの意味ももっていないのであろうか。

　[**生産価格は商品の価値および剰余価値によって規定されている**]　さきの表6を調べてみよう。それぞれの部門の「11. 商品の総生産価格」は，直接には「1. 総資本」に「5. 平均利潤率」を乗じて得られる「8. 平均利潤」を加えたものであって，「1. 総資本」に「3. 剰余価値」を加えた「6. 商品の総価値」とは直接には無関係である。けれども，「5. 平均利潤率」の高さは，「4. 社会的総剰余価値」を「2. 社会的総資本量」で除したものである。この「4. 社会的総剰余価値」は五つの生産部門のそれぞれで生産された商品の「6. 商品の総価値」に含まれている「3. 剰余価値」の合計である。規定関係を示せば，〈個々の商品の価値および剰余価値→社会的総剰余価値→平均利潤率→平均利潤→各生産部門の総生産価格→各商品の生産価格〉ということになる。つまり，個々の商品の価値および剰余価値が個々の商品の生産価格の絶対量を規定しているのであり，前者の変動は，どんなにわずかであろうと，後者に影響しないわけにいかない。要するに，生産価格と平均利潤率との大きさは，商品の価値とそれによって規定される各生産部門の特殊的利潤率（各部門の総剰余価値をその部門の総資本量で除したもの）とを前提しているのであり，これに

よって規定されているのである。

　[利潤率の均等化は総剰余価値を比例配分する仕組みである]　このことをもっと一般的に表現しよう。商品が生産価格で販売されれば，どの生産部門の資本もその資本量に比例して平均利潤を取得することができる。この平均利潤は，社会の総剰余価値を社会の総資本のあいだで，資本量に応じて比例配分したものにほかならない。すなわち，商品が生産価格で販売されれば，生産価格が価値よりも低い生産部門で生産された剰余価値が，生産価格が価値よりも高い生産部門に流れていくのであって，平均利潤率の水準と平均利潤の総額とを規定するものは，商品の総価値とそれに含まれる総剰余価値以外のなにものでもない。マルクスは，資本家たちの全員が取得した総剰余価値をそれぞれの資本量に応じて全員で分けあうことになっているこの結果を「**資本家的共産主義！**」と皮肉っている（エンゲルス宛てのマルクスの手紙，1868年4月30日）（図208）。

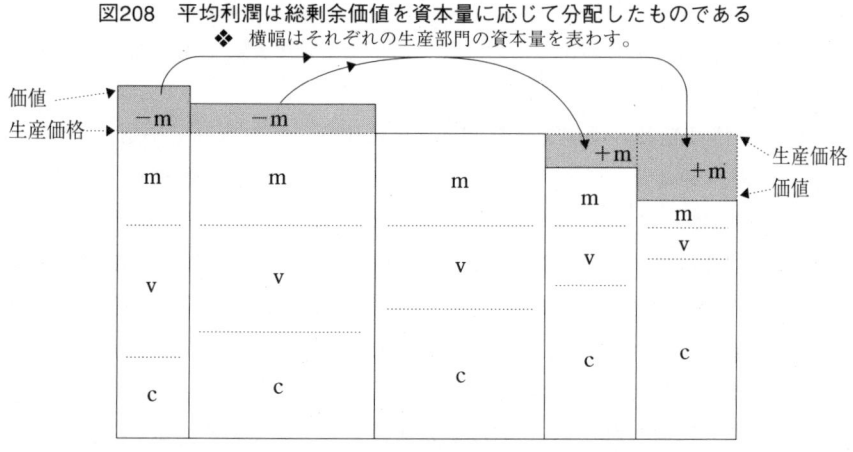

図208　平均利潤は総剰余価値を資本量に応じて分配したものである
　　　❖　横幅はそれぞれの生産部門の資本量を表わす。

　[生産価格の成立は価値法則と剰余価値法則の貫徹の結果である]　平均利潤率と生産価格とが成立するのは，価値から乖離する価格がその乖離によって商品の需給を変化させることを通じて，価格に価値を中心に変動するようにさせる法則，すなわち〈価値法則〉の基礎のうえで，個々の資本に最大限の価値増殖をめざすように強制する内在的な法則，すなわち〈剰余価値法則〉が貫徹するからである。だから，平均利潤率および商品の生産価格は，労働者の剰余労働が生み出す剰余価値および商品の価値と無関係であるどころか，その反対に，

資本主義的生産のもとで価値法則および剰余価値の法則が貫徹することの必然的な結果として生じるものなのである。

　[諸資本の競争は価値による総生産の規制を実現する]　資本主義的生産のもとでは，生産価格をめぐる市場価格の変動による需給の調整という形態で〈価値による総生産の規制〉が貫徹する。生産価格は，資本主義的生産のもとでの価値規定の貫徹形態である。価値法則はこの形態のもとで，はじめて全社会的に貫徹するのである。

　[平均利潤率および生産価格は価値および剰余価値をおおい隠す]　商品の生産価格および平均利潤は，ともに価値法則および剰余価値の法則の貫徹形態であるにもかかわらず，価値および剰余価値という本質の転化形態として，それらとはまったく異なった独自な姿態をとっている。しかも，個々の商品や個々の資本については，価値および剰余価値から量的にも乖離しているために，これらの形態からは価値および剰余価値というそれらの本質を直接に見ることはまったくできなくなっている。こうして，生産価格と平均利潤率とは，費用価格および利潤という形態よりも，さらにしっかりと価値および剰余価値という本質をおおい隠すのであり，資本の価値増殖をまったく見えないものにしてしまうのである。

　[平均利潤率と生産価格を価値と剰余価値から説明しなければならない]　平均利潤率も生産価格も，ともに資本主義的生産での事実であり，人びとの目に見えている形態である。資本家たちは，これらを概念的に把握することはできないが，事実上，これらを意識しながら競争を行ない，したがってまた資本の移動を行なっている。経済学がしなければならないのは，平均利潤率と生産価格という事実を確認することではない。経済学がしなければならないのは，多かれ少なかれ人びとに知られているこれらの事実を，しかしそれらの本質を完全におおい隠して人びとに見えなくさせているこれらの形態を，その奥に潜んでいる価値法則および剰余価値の法則から展開すること，商品の価値および剰余価値にもとづいて完全に説明することである。これは，つまるところ，平均利潤率と生産価格という人びとに見えている現象の世界を，その奥に隠れている，労働する諸個人が形成している労働の世界から説明し尽くさなければならない，ということなのである。

第3章　利潤率の傾向的低下の法則

第1節　利潤率の低下と古典派経済学

[**資本主義的生産の発展にともなう利潤率低下が認められた**]　18～19世紀に，資本主義的生産が発展するにつれて，資本にとって決定的な意味をもっている利潤率が次第に低下する事実が認められた。また，一般に，資本主義的生産が発展している国ほど利潤率が低く，したがってまた利子率が低かった。古典派経済学者たちはこの現象を説明しようとし，またその説明をそれぞれの政策的目標に利用しようとした。

[**スミスは競争の増大が原因だとした**]　アダム・スミスは，資本蓄積が進展すると資本相互間の競争が増大して，賃金が上昇するとともに商品価格が下落する，ここから利潤率の低下が生じるのだ，と説明して，この説明を高利潤を重視する重商主義への批判の武器とした。しかし，競争は，すでに見たように，利潤率を均等化させることができるだけで，それの水準そのものを低下させることができるわけではない。

[**リカードウは土地収穫逓減の法則が原因だとした**]　リカードウは，土地収穫逓減の法則の作用によって穀物価格が上昇し，その結果，賃金が騰貴することが，利潤率の低下の原因だとし，この説明によって，地主階級が要求する穀物の高価格維持政策を批判した。しかし，土地収穫逓減の法則そのものが架空のものであることに加えて，賃金の騰貴は剰余価値率を引き下げるだけであって，この議論には利潤率と剰余価値率との混同があった。

第2節　利潤率の傾向的低下の法則

§1　マルクスの説明：資本構成の高度化による利潤率の低下

[**資本構成高度化が原因であることをマルクスがつきとめた**]　経済学の歴史のなかで，マルクスがはじめて，資本の蓄積につれて資本の有機的構成が高度

化することが利潤率を低下させる基本的な要因であり，したがって利潤率の低下は資本主義的生産のもとでの生産力の発展の表現であることを明らかにした。

資本の有機的構成を $\frac{c}{v}$ で示すことにし，これを k' とすると，利潤率 p' と資本の有機的構成 k' との量的関係は次のように表わすことができる。

$$p' = \frac{m}{c+v} = \frac{1}{\frac{c}{v}+1} \cdot \frac{m}{v} = \frac{m'}{k'+1}$$

つまり，利潤率 p'（平均利潤率）は，剰余価値率 m' の増大に比例して増大し，資本の有機的構成（社会的平均構成）$k'(=\frac{c}{v})$ が増大するのにつれて減少するのである。剰余価値率が一定であれば，利潤率は資本の有機的構成の高度化につれて低下していく。資本の蓄積の進行とともに生産力は発展し，資本の有機的構成は高度化していくので，資本主義的生産の発展につれて，利潤率は低下していかざるをえない。

マルクスはこのように，資本主義的生産における生産力の発展にともなう資本の有機的構成の高度化こそが利潤率低下の根本原因であることを明らかにした（図209）。

図209　資本の有機的構成の高度化にともなう利潤率の低下

❖ 同一の労働量が取り扱う Pm が増加するにつれて c/v は高度化する。
❖ m' が一定であれば，c/v の高度化につれて，$p'=m/(c+v)$ は低下する。

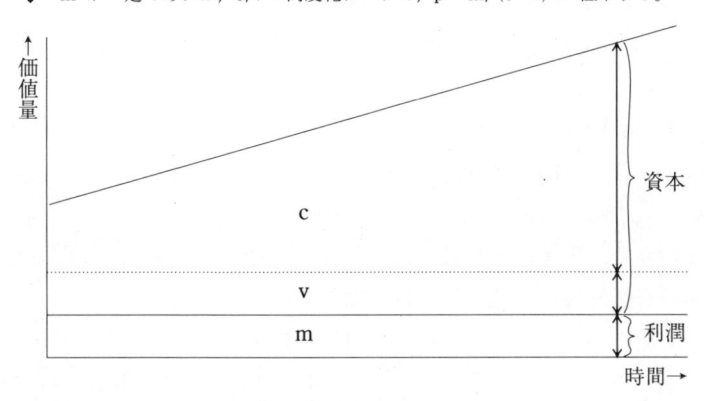

[**資本は利潤の率の低下を量の増大で埋めようとする**]　マルクスは，資本の有機的構成の高度化にともなう利潤率低下の必然性を明らかにしただけではな

かった。彼は，利潤率の低下の率よりも大きな割合で投下資本量が増大する場合には，利潤率の低下にもかかわらず利潤の総量が増大すること，そして個別資本はこの方法によって利潤量の増大をめざさないではいないことを明らかにした。つまり，利潤率の低下は，利潤率の低下を資本量の増大によって埋め合わせて利潤量を増大させようとする資本の必然的傾向を生み出す。だから，利潤率の低下は，資本の蓄積を促進しないではいないのであり，実際，資本主義的生産のもとでは利潤の総量は，一時的な減少の時期を経ながらも，傾向的には増大していかざるをえないのである。こうして，同じ諸法則が，社会的総資本について見ると，増大する利潤総量と低下する利潤率とを生み出す。

[利潤率の低下の法則＝近代の経済学の最も重要な法則]　このように率の低下と量の増大というこの両面的な作用を含む〈利潤率の低下の法則〉を，マルクスは，「理解することが最も困難な諸事情を解明するための最も本質的な法則」であり，「近代の経済学の最も重要な法則」でありながら，「その単純さにもかかわらず，これまでけっして理解されたことがなく，まして意識的に言い表わされたこともない法則」だと言った（『経済学批判要綱』，邦訳『資本論草稿集』②，557ページ）。

§2　マルクスへの批判

[有機的構成高度化による説明への批判]　資本の有機的構成の高度化によって利潤率の低下を説明するマルクスの見解にたいしては，次のような批判が行なわれてきた。

(1)　資本の有機的構成が高度化するとしても，生産力の発展にともなう剰余価値率の上昇には理論的には限界がないのだから，必ず利潤率が低下するとは言えない。

(2)　そのうえ，生産力が発展するにつれて不変資本の諸要素が低廉化するので，資本の有機的構成は必ずしも高度化するとは言えない。

(3)　そもそも個別資本は，それの利潤率を低下させるような新技術を採用することはないのだから，社会的資本についても，新技術の採用が利潤率を低下させることはありえない。

このような批判が当たらないことは，以下のところから明らかである。

§3 生産力の発展によって利潤率の上限が低下する

［第1の批判］　まず，資本の有機的構成が高度化するとしても，生産力の発展にともなう剰余価値率の上昇には理論的には限界がないのだから，必ず利潤率が低下するとは言えない，という批判について考えてみよう。

［**移転する過去労働にたいする生きた労働の比率をとる**］　マルクスは，剰余価値率がどんなに上昇するとしても，生産過程で新価値を生み出す生きた労働の総量こそが利潤量の増大の限界であり，したがってまた利潤率を限界づけるものであることを示唆している。

そこで，不変資本にたいする可変資本（労働力の価値）の比率である資本の有機的構成の代わりに，生産過程で生産物のなかに移転する生産手段の価値すなわち過去に対象化された労働の量と，生産過程で充用され，ここで対象化して新価値となる生きた労働の量との比率をとってみよう。この二つの労働量は，資本の生産物である商品資本の価値について見れば，それぞれ，そのなかに移転した過去に対象化した労働である旧価値 c（すなわち不変資本価値）と，生産過程で新たに対象化した労働である新価値 $v+m$（すなわち可変資本価値プラス剰余価値）とにほかならない。

［**資本の新旧価値構成と新価値率**］　そこで，移転する過去労働にたいする生きた労働の比率を表わす，商品資本のこの二つの価値成分の比率を**資本の新旧価値構成**と呼ぼう。新価値 $v+m$ を N とし，資本の新旧価値構成を示す比率として，旧価値 c にたいする新価値 N の比率である $\frac{N}{c}$ をとり，これを**新価値率**と呼び，n' としよう。すると，**資本の新旧価値構成**の高度化はこの新価値率 n' の減少によって表現されることになる。

［**資本の新旧価値構成は剰余価値率の変化に影響されない**］　マルクスは，生産過程で充用される生産手段と労働との構成（資本の技術的構成）の変化を反映するかぎりでの資本の価値構成（Pm 価値と A 価値との構成）を「資本の有機的構成」と呼んだが，資本の価値構成は，資本の技術的構成が変わらなくても，剰余価値率が変化すれば変化する。それにたいして資本の新旧価値構成を示す $\frac{N}{c}=\frac{v+m}{c}$ は，v にたいする m の比率すなわち剰余価値率の変化にはまったく影響を受けない。したがってそれは，資本の価値構成よりも，資本の技術的構成の変化を正確に反映する。すなわち，資本の技術的構成が高度化す

るときには，剰余価値率の如何にかかわらず，$n' = \dfrac{N}{c}$ は必ず低下する，つまり資本の新旧価値構成は必ず高度化するのである。

［新価値率は利潤率の極大値である］　この新価値率 n′ と利潤率 p′ との量的関係は次のとおりである。（c も v も m もつねに正の値である。）

$$p' = \dfrac{m}{c+v} < \dfrac{v+m}{c} = \dfrac{N}{c} = n'$$

この式から明らかなように，可変資本 v（労働力の価値）がゼロで，剰余価値 m が生きた労働のつくりだす新価値の全部を飲み込むとき，利潤率 $p' = \dfrac{m}{c+v}$ は新価値率 $n' = \dfrac{v+m}{c}$ とイコールになるのであって，利潤率がこれ以上になることはありえない。剰余価値率 m′ が無限大に上昇して v が限りなくゼロに近づいたとしても，利潤率 p′ は新価値率 n′ を超えることができない。つまり，新価値率が利潤率の極大値なのである。

［生産力の発展によって利潤率の上限そのものが低下していく］　資本の技術的構成が高度化するのにつれて資本の新旧価値構成が高度化し，新価値率が低下していくのだから，同時に利潤率の上限そのものが低下していく。資本の蓄積につれて，生産力の発展による資本の技術的構成の高度化によって資本の新旧価値構成が高度化し，それによって利潤率の最高限界がたえず低下していくのだから，剰余価値率がどんなに上昇しても，利潤率は長期的・究極的には低下していかざるをえないのである。図210によってこのことを直感的に理解することができるであろう。

図210　剰余価値率の上昇は新価値率（p′ の上限）の低下を相殺できない

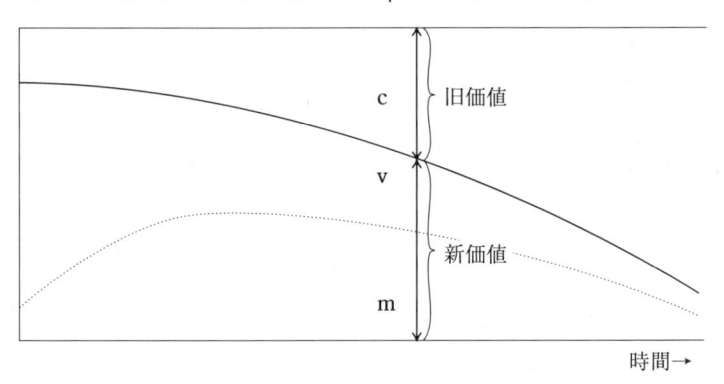

§4　利潤率の低下は対抗的諸要因の作用によって傾向的な形態をとる

　[一見法則に反する諸現象も法則にもとづかなければ説明できない]　利潤率の傾向的低下の法則そのものを理解するときに肝心であるのは，次の三つの点である。

　(1)　資本主義的生産のもとでの生産力の発展は，つねに，資本の有機的構成を高度化させる方向に作用していること。

　(2)　資本の有機的構成の高度化は，他の条件が同じであれば，一義的に利潤率を低下させること。

　(3)　利潤率の低下という所与の事実が，以上の2点によって完全に解明されたこと。

　かりに，長期間にわたって利潤率が低下していないという現象が認められたとしても，解明されなければならないのは，この法則が作用しているにもかかわらず利潤率が低下しなかったのはどういう要因によるのか，ということである。言うまでもなく，このような解明は，法則の作用を前提しなければ不可能である。この現象から法則そのものが存在しないと結論するのは，人工衛星が地球から飛び去るという事実から地球の引力を否定するようなものである。

　むしろ，利潤率低下の法則が作用しているからこそ，利潤率の低下を緩和するために，資本主義的生産は生産手段，とりわけ原材料の低廉化を要求し，したがってそれらの生産部門での生産力の発展を要求する。その結果，これまた，資本の有機的構成の高度化をもたらすことになるのである。

　[**低下法則の貫徹は対抗的要因の作用によって傾向的な形態をとる**]　マルクスは，利潤率低下の現象を資本の有機的構成の高度化から説明したうえで，この現象がなぜ漸次的なものとして現われるのかを問題にした。彼は，利潤率の低下に反対に作用する要因として，不変資本の諸要素を低廉化させる諸原因と剰余価値率を上昇させる諸原因とをあげ，それらが利潤率低下の法則の作用を傾向的なものとすること，すなわち，長期にわたってはじめて確認できるような仕方で貫くものであることを明らかにしていたのである（図211）。

　[第2の批判]　そこで，さきにあげた，生産力の発展にともなって不変資本の諸要素が低廉化するので，資本の有機的構成は必ずしも高度化するとは言えない，という批判について考えてみよう。

図211 利潤率の低下をもたらす諸要因と反対に作用する諸要因

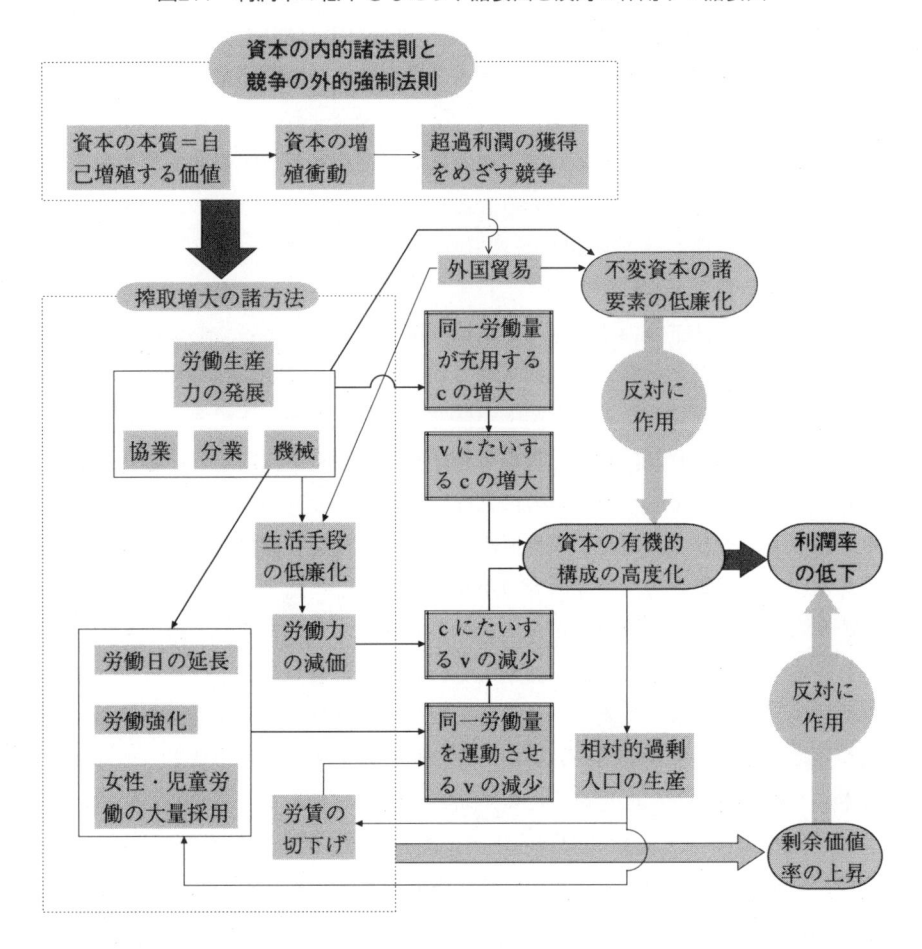

[図：資本の内的諸法則と競争の外的強制法則から始まる利潤率低下の諸要因の関係図。「資本の本質＝自己増殖する価値」→「資本の増殖衝動」→「超過利潤の獲得をめざす競争」。搾取増大の諸方法（労働生産力の発展：協業・分業・機械、労働日の延長、労働強化、女性・児童労働の大量採用）、生活手段の低廉化、労働力の減価、同一労働量が充用するcの増大、vにたいするcの増大、cにたいするvの減少、同一労働量を運動させるvの減少、労賃の切下げ、外国貿易、不変資本の諸要素の低廉化（反対に作用）、資本の有機的構成の高度化、相対的過剰人口の生産、剰余価値率の上昇（反対に作用）、利潤率の低下]

　たしかに，ある生産手段の生産で生産力が上昇してこの生産手段の価値が低下すれば，この生産手段を充用する資本では不変資本 c がそれだけ減少するので，v＋m が不変であれば，資本の価値構成がそれだけ低下し，利潤率は上昇する。そこで，生産力の発展はたえず生産手段の価値を引き下げるのだから，社会的に見ても，不変資本の諸要素のこの低廉化は資本の有機的構成の高度化を阻止し，利潤率を高めることになるのではないだろうか。

　［不変資本諸要素の低廉化は構成高度化を妨げることはできない］　しかし，

生産力の発展による資本の技術的構成の高度化は，前項で見た資本の新旧価値構成の高度化としてたえず進行していかないではいない。これにたいして，不変資本の諸要素の低廉化は，それらのそれぞれを生産する部門で生産物価値を低下させるような新技術が一般化したときにはじめて生じるものであって，それまでの期間にも，すでに資本構成の高度化は進行している。だから，不変資本の諸要素の低廉化は，資本構成の高度化の進行を直接に妨げるものではないのであり，進行していく資本構成の高度化に反対に作用して，この高度化の速度を和らげるものでしかないのである。

§5　資本間の競争が利潤率を低下させる新技術を採用させる

　[第3の批判]　さきにあげた第3の批判，すなわち，そもそも個別資本は，それの利潤率を低下させるような新技術を採用することはないのだから，社会的資本についても，新技術の採用が利潤率を低下させることはありえない，という批判も，一見もっともらしくみえるが，まったく当たらない。もしこれが真実であるとしたら，そもそも，古典派経済学者の目の前で進行して彼らが説明に苦慮した利潤率の低下という現象そのものが生じていなかったはずである。

　[諸資本の競争が利潤率を低下させる新技術を諸資本に採用させる]　それでは，個々の資本が利潤率の上昇を意図して新技術を採用するにもかかわらず，利潤率が低下するのはなぜであろうか。

　個別的資本が新技術を採用するのは，同一の生産部門のなかでの諸資本の競争のなかで，それが生産する商品の個別的価値を市場価値よりも引き下げることができれば，超過利潤を手に入れることができ，そのかぎりでこの個別的資本の利潤率が高まるからである。しかし，新技術が生産部門で一般化し，市場価値がその個別的価値にまで下がれば，超過利潤も特別に高い利潤率も消滅する。結果は，新技術が部門全体で資本構成を高める結果として，部門の平均的な利潤率が引き下げられることになるのである。

　超過利潤をめぐる個別的諸資本間の競争こそが，結果として資本構成を高度化することによって利潤率を引き下げるような新技術を個別諸資本に採用させるのである。これはまさに，資本の内在的な法則が諸資本の競争という外的な強制法則として貫くということにほかならない。

第3節　利潤率の傾向的低下の法則と資本の運動

　［利潤率低下と蓄積促進との矛盾は諸能因の衝突として現われる］　資本は利潤率が低下しても利潤量は増大させようと蓄積を推し進めないではいないが，生産力の上昇が利潤率の低下を引き起こすから，利潤率の低下と加速的蓄積という矛盾に満ちた資本の運動は両立しがたい諸能因の衝突となって現われる。

　［資本の過剰］　大資本が中小の資本を打ち倒し併呑(へいどん)する資本の集中が進行し，利潤率の低下を利潤量の増大で埋められない資本は資本として機能できなくなるので，社会的に見れば**資本の過剰**が生じることになる。その結果，切り捨てをまぬがれようとする激しい競争戦が展開され，労賃は一時的に上昇し，そのために利潤率は一時的にさらに低下する。過剰資本の整理が必至となる。こうして顕わになるのは利潤（すなわち資本）による生産の制限である。

　［商品の過剰］　他方，生産力の上昇と資本の加速的蓄積は生産量を増大させていくが，商品の販売は資本主義的生産特有の分配・消費諸関係によって制限されている。労働者は資本にとって商品の買い手として重要であるのに，資本は労働力の売り手としての彼らにたいする支払を最低限に押さえており，また資本家の消費も彼らの蓄積欲求によって制限されている。その結果，資本主義的な分配・消費諸関係による制限が**商品の過剰生産**として現われてくる。

　［人口の過剰］　このように資本の過剰生産は商品の過剰生産を含まないではいないが，これが生産そのものの絶対的過剰ではなくて生産の資本主義的形態から生じるものであることは，これらの過剰が同時に**人口の過剰**をともなっていることからも明らかである。一方に働き口も生活手段ももたない膨大な相対的過剰人口があり，他方に膨大な生産手段が遊休している。同じ資本蓄積と生産力発展とが，利潤率の低下と相対的過剰人口の生産とをもたらすのである。

　［諸矛盾の爆発としての恐慌］　資本が生産力を発展させ蓄積を推し進めるなかで諸矛盾の累積が限度に達すると，それらが爆発して諸関係を回復させることになる。これが19世紀にほぼ10年の周期で生じていた**恐慌**である。利潤率低下の法則が貫徹するさいに明るみにでてくる資本蓄積の諸契機は，同時に，折に触れて述べてきた恐慌の可能性を現実性に転化する諸契機なのである。

第4章　商業資本と商業利潤

第1節　商業資本の自立化

§1　産業資本からの商業資本の自立化

[**商業資本と商業利潤**]　**商業資本**は，流通部面のなかで，買ったのちに売るという運動，つまりG—W—Gという運動を行なうことによって増殖する資本である。その増殖分は，産業資本のそれと同じく利潤であるが，産業資本の利潤が産業利潤と呼ばれるのにたいして，**商業利潤**と呼ばれる。

[**産業資本からの商業資本の自立化**]　商業資本は，産業資本のために，商品の販売を引き受けることによって，産業資本の流通時間を短縮させ流通費用を減少させる資本であり，**産業資本家**（生産者）とは別人格である**商業資本家**（商人）に属する資本として，産業資本から自立化した資本である。

[**産業利潤の一部が商業利潤となる**]　商業資本の機能によって，流通時間が短縮され，流通費用が減少するので，産業資本は，①流通時間を生産時間に転化させることによって剰余価値を増大させることができ，②剰余価値からの流通費用の控除をまぬがれることができる。産業資本は，こうして増大した剰余価値の一部分を，商業資本の機能にたいして支払う。これが商業利潤であり，社会的分業の一分肢としての商業資本の自立化を可能にするものである。

[**商業資本の機能**]　生産者が商品を商人に売れば，生産者にとっては彼の商品資本が実現されたことになるが，商品そのものはまだ最終的には売れてはいない。これを最終の買い手（生産的消費者または個人的消費者）に最終的に売ることが，商業資本の機能である。

このように，商品資本の機能が，流通過程にある特殊な資本の専有の機能として独立化され，分業によって一つの特別な種類の資本家に割り当てられた機能として固定されたとき，商業資本が成立する。

§2　商業資本の運動形態

[**商業資本の運動形態は G―W―G′ である**]　商業資本は，商品の購買に投下され，同じ商品の販売によって還流する。それはつねに流通過程のなかにあって，G―W―G′ つまり「買ってから売る」という運動を繰り返す（図212）。

図212　商業資本の自立化とその運動

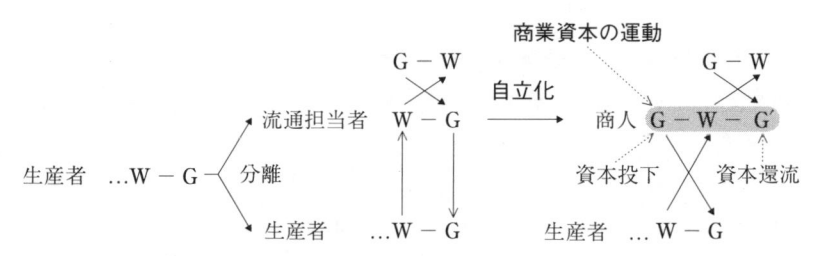

商業資本が成立して，産業資本のために商品の販売を引き受けるようになっても，産業資本は商品を商業資本に売らなければならないのであって，販売時間とそのための費用がゼロになるわけではない。また商業資本も，純粋な売買の機能と合わせて，物流の機能をもになうのであり，そのかぎりで部分的には，延長された生産過程を遂行する[1]。しかし，事柄を純粋に把握するために，以下ではこの二つのことを度外視し，商業資本は，産業資本が生産した商品の流通にかかわるすべての時間と費用とを負担するが，生産過程の延長とみなすことのできる生産的な機能はまったく果たさないものと仮定しよう。

---

[1] 商業資本の基本的な機能は，純粋な売買の操作であり，その中心は商品の買い手を見つけて商品を売ることであるが，それとともに，多かれ少なかれ商品の物流にかかわる操作に携わる。商品の輸送を専門的に行なう輸送業者や商品の保管を専門的に行なう倉庫業者の資本は商業資本ではなく広義の産業資本に属するのであって，商人は商品の輸送や保管をこれらの輸送業者や保管業者に委ねるが，しかし商人も，商品を仕入れてから販売するまでには，商品を梱包したり，送り先に向けて分類したりする作業を行なうし，またとくに最終消費者に商品を売る小売りの部面では，商品を開包し小分けするなどの作業を行なう。これらの作業は，生産物を消費できるものに仕上げる広義の生産過程に属するものであり，生産過程の延長と見ることができる。このような作業を行なうとき商人も産業資本に属する機能を兼ねているのである。そしてこのような作業のさいに支出される「商業労働者」の労働も商品に対象化し，商品に価値を加えることになる。

§3 資本主義的生産にとっての商業資本自立化の意義

[商業資本自立化の意義]　産業資本からの商業資本の自立化は，産業資本にとって，したがって資本主義的生産にとって，次のような積極的意義をもっている。

(1)　産業資本にとっての販売時間の短縮は，個別的にも社会的にも，資本の回転を加速するので，年利潤率を上昇させる。

(2)　産業資本家が商品資本の実現の機能を商業資本家に委ねることによって，産業資本家が，貨幣形態で流通過程に投下しておかなければならない資本額と，再生産過程の停滞・中断に備えて準備しておかなければならない貨幣資本とが減少するので，同一の生産規模のもとで投下すべき資本額が減少し，利潤率が上昇する。

(3)　商業資本家が商品の売買を専門的に行なうことによって商品資本の変態が速められ，流通過程に投下されていなければならない貨幣資本は，産業資本家が自分たち自身で行なう場合の大きさに比べてはるかに少額で足りることになる。つまり，商品取扱いのために投下される資本の総量は，産業資本家自身がそれをすべて行なう場合よりも縮小されるのである。こうして，社会的に見れば，総資本のうちの流通過程にある貨幣資本の割合が減少する。したがって，生産過程に投下される資本の割合が増大し，社会的利潤率つまり総資本にたいする総剰余価値の率が上昇する。

(4)　商業資本による商品売買の専門化によって，流通費用（物的手段の価値および労働）が相対的に減少するので，総産業資本が取得する総剰余価値のうちから控除される価値額が減少し，社会的利潤率が上昇する。

(5)　商業資本の発展は，市場の拡張を助け，大規模生産を助長することによって，産業資本の蓄積と生産力の発展とを促進する。

第2節　商業利潤

§1　商業利潤の源泉としての商業資本による売買での価格差

[商業資本は売買での価格差によって利潤を取得する]　商業資本家が彼の利潤を彼の商品の価格差から引き出すほかはないこと，つまり，購買価格（仕入

価格）を超える販売価格の超過分が彼の利潤の源泉であることは明らかである。また，商業資本家が，商品の仕入のほかに営業経費（物的手段の価値および労賃）を支出する場合には，それを回収するのも，この差額による以外にないことは明らかである。だから，商業資本家にとっては，つねに〈購買価格＜販売価格〉でなければならない。じっさい，商業資本家が存在するところでは，同一の商品についてこのような二重の価格が社会的・一般的に成立している（図213）。

図213　商業利潤の源泉としての売買価格差（販売価格－購買価格＞０）

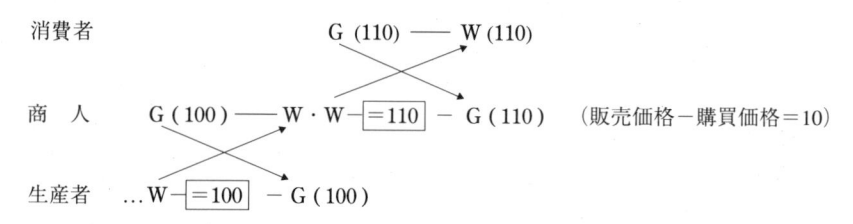

消費者　　　　　　　G (110) ────── W (110)

商　人　　　G (100) ────── W・W─$\boxed{=110}$ － G (110)　　（販売価格－購買価格＝10）

生産者　　…W─$\boxed{=100}$ － G (100)

そこで，どのようにして，どの商品についても一般的にこのような二重の価格が成立しうるのか，そもそも商業資本家にとっての購買価格と販売価格の高さは，それぞれなにによって決まるのか，ということが問題になる。

§2　基本的な関係：価値よりも安く買って，価値で売る

[産業資本から商品を価値よりも安く買って，価値で売る]　すでに見たように，商業資本は，産業資本のために売買の機能を果たすことによって，産業資本が取得した剰余価値の一部分の分配にあずかるのであって，この分配分が商業利潤である。だから，上の問題は，商業資本家はどのようにして産業資本家から剰余価値の一部分を受け取るのか，という問題に帰着する。

まず，商業資本がない場合には商品が価値で（生産価格でではなく）販売される，と前提しよう。

この場合には，産業資本家は自己の商品を商業資本家に，その商品の価値以下の価格で販売する。この価格は，産業資本家にとっては販売価格であり，商業資本家にとっては購買価格（仕入価格）である。商業資本家はこの商品を価値どおりの価格で消費者に販売する。こうして商業資本家は，産業資本家から，

購買価格と価値との差額を受け取るのである。だからこの場合，商業資本家は商品を，価値よりも安く買って，価値で売るのである（図214）。

図214　商業資本家は商品を，その価値よりも安く買って，その価値で売る

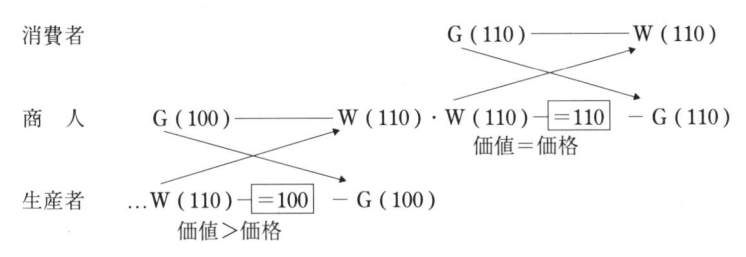

```
消費者                              G(110) ────── W(110)
                                         ╲    ╱
                                          ╲  ╱
                                           ╲╱
                                           ╱╲
                                          ╱  ╲
商　人      G(100) ────── W(110)・W(110)─│=110│─ G(110)
                   ╲    ╱                 価値＝価格
                    ╲  ╱
                     ╲╱
                     ╱╲
                    ╱  ╲
生産者      …W(110)─│=100│─ G(100)
             価値＞価格
```

[利潤率の均等化を前提すれば生産価格で売ることになる]　けれども，すでに見たように，産業資本の生産諸部門間の移動によって利潤率が均等化され，生産価格が成立したのちには，各商品の市場価格は生産価格を中心に変動する。だから，商業資本家の販売価格も，価値ではなくて，生産価格によって規定されるはずである。つまり，商業資本家は商品を，商業資本がなかった場合の産業資本の生産価格よりも安く買って，生産価格で売るはずである。

§3　産業資本も商業資本も生産価格で売る

[商業資本も利潤率の均等化に参加する]　それでは，商業資本の購買価格（＝産業資本の販売価格）は，産業資本の生産価格からどれだけ低くなるのであろうか。この水準次第では，〈産業資本の利潤率＞商業資本の利潤率〉となったり，その逆となったりするであろう。

　資本の移動が自由であるかぎり，もし商業資本の利潤率が産業資本の利潤率よりも高ければ，産業資本が商業資本へ転化する運動が，逆に産業資本の利潤率が商業資本の利潤率よりも高ければ，商業資本が産業資本に転化する運動が生じないわけにはいかない。しかも，商業の部面は，最も流出入の容易な部面なのである。その結果，商業資本も利潤率の均等化に参加するのであって，平均利潤率は，産業資本と商業資本との全体について成立するようになる。商業資本の利潤率も，平均利潤率を中心に変動することになる。

[共通の平均利潤率をもたらす生産価格が成立する]　そこで商業資本の販売価格についても生産価格が成立して，商業資本の購買価格（＝産業資本の販売

価格）と販売価格はともに，産業資本にも商業資本にも等しい平均利潤率をもたらすような価格，つまり生産価格を中心に変動することになる。

［産業資本も商業資本も自己にとっての生産価格で販売する］　ここでの平均利潤率は，総産業資本にたいする総剰余価値の比率ではなくて，総産業資本に総商業資本を加えた総資本にたいする総剰余価値の比率である。商業資本をgとすれば，総資本はc+v+gであり，平均利潤率は $dp' = \dfrac{m}{c+v+g}$ である。

要するに，産業資本は商品を自己の生産価格で販売し，商業資本は商品をこの価格で，つまりは自己にとっての生産価格よりも安い価格で買って，自己にとっての生産価格で売るのである（図215）。

図215　商業資本の購買価格と販売価格

規定
商業資本の購買価格 ←── 産業資本にとっての生産価格
　　　　　　　　　　　　＝費用価格＋産業資本の平均利潤

規定
商業資本の販売価格 ←── 商業資本にとっての生産価格
　　　　　　　　　　　　＝購買価格＋平均利潤
　　　　　　　　　　　　＝費用価格＋産業資本の平均利潤＋商業資本の平均利潤

［産業資本の取得した剰余価値が産業資本と商業資本に分配される］　こうして，産業資本が取得した総剰余価値が，産業資本と商業資本との全体によって，資本の大きさに応じて分配されるのである。

［商品価格に含まれる平均利潤量は産業資本と商業資本では異なる］　ただし，上の両式について注意が必要なのは，産業資本と商業資本とでは資本の回転速度がまったく異なるから，同一の単位商品の価格に含まれる平均利潤の大きさは，産業資本の場合と商業資本の場合とではまったく異なるのであって，回転速度の速い商業資本の場合には，単位商品に含まれる平均利潤量は，産業資本のそれの場合よりもはるかに少ない，ということである。

§4　商業費用も商業資本の一部を形成し利潤を要求する

［商業費用の支出も商業資本にとっては資本の投下である］　商業資本は，その営業のために物的手段と労働とを充用する。この労働を得るために労働力を

購入する。これらの費用，つまり**商業費用**は純粋な流通費である。この「空費」は，ほんらい総資本が負担すべきものであるから，総資本の総剰余価値から控除されなければならない（☞第2篇第1章第2節§2(3)）。

ところが，商業費用は，直接には，商業資本がそのすべてを支出するのであり，しかもそれは，商業資本にとっては資本の投下として現われる。つまり，商業資本は，〈仕入価格＋商業費用〉からなるのである。商業資本は，この全体にたいして平均利潤を要求する。そこで，商業費用を資本の一部に加えると，商業資本の購買価格と販売価格とは，次のようになる（図216）。

図216　商業資本の販売価格には商業費用がはいる

購買価格＝産業資本にとっての生産価格
　　　　＝費用価格＋産業資本の平均利潤

販売価格＝商業資本にとっての生産価格
　　　　＝購買価格＋単位商品あたりの商業費用＋商業資本の平均利潤

[産業資本と商業資本にとっての利潤と生産価格]　いま，総産業資本の不変資本を c，可変資本を v，生産された剰余価値を m とし，総商業資本が商品の仕入に投下した貨幣資本を g，その商業費用のうち物件費を a，人件費を b とすれば，平均利潤率，総産業利潤，総商業利潤，産業資本の総生産価格，商業資本の総生産価格は，それぞれ次のようになる。

平均利潤率：　　　　　　　$dp' = \dfrac{m-(a+b)}{c+v+g+a+b}$

総産業利潤：　　　　　　　$p = (c+v)dp'$

総商業利潤：　　　　　　　$h = (g+a+b)dp'$

産業資本の総生産価格：　　$Pp = (c+v)(1+dp')$

商業資本の総生産価格：　　$Pk = (g+a+b)(1+dp')$

なお，総産業資本と総商業資本とをとれば，総商業資本は総産業資本から総商品を，〈総価値－（商業利潤＋商業費用）〉で買い，最終消費者に総価値で売るわけである。そのことは，次の式によって確認することができる。

Pk（総生産価格）$= (g+a+b)(1+dp') = c+v+m = W$（総価値）

第3節　商業資本の回転

[**商業資本では回転が早くなるほど1商品が含む利潤は減少する**]　商業資本は，一定期間について平均利潤が得られるような価格で商品を販売するのであり，同じ商業部門の商業資本の全体について見れば，回転が速くなればなるほど，1回転で得られる平均利潤，したがってまた一つの商品に含まれる平均利潤は減少する（図217）。

図217　産業資本の回転と商業資本の回転との相違

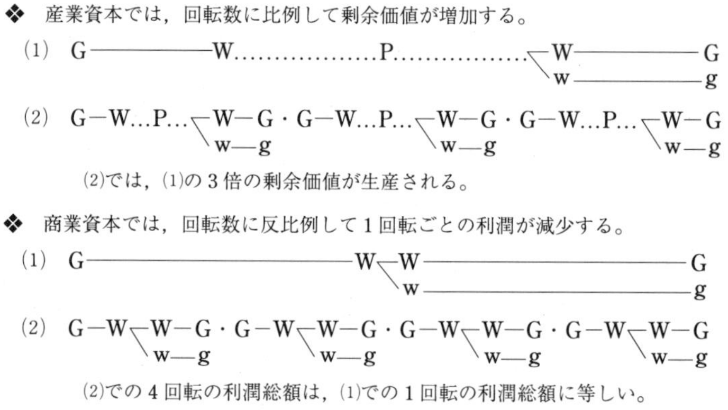

❖　産業資本では，回転数に比例して剰余価値が増加する。

(1)　G————W…………P…………W———G
　　　　　　　　　　　　　　　　　w———g

(2)　G—W…P…W—G・G—W…P…W—G・G—W…P…W—G
　　　　　　w—g　　　　　w—g　　　　　w—g

(2)では，(1)の3倍の剰余価値が生産される。

❖　商業資本では，回転数に反比例して1回転ごとの利潤が減少する。

(1)　G————————W—W————————G
　　　　　　　　　　　w————————g

(2)　G—W—W—G・G—W—G・G—W—G・G—W—G
　　　　w—g　　　w—g　　　w—g　　　w—g

(2)での4回転の利潤総額は，(1)での1回転の利潤総額に等しい。

[**「薄利多売」によって利潤量を増大させることができる**]　しかし，個々の商業資本は，回転を速めることによって，平均的な回転の資本よりも安く販売することができる。これによって，販売商品量を増大させて，市場でのシェアを大きくするとともに，総利潤を増大させて，平均利潤を超える超過利潤を獲得することができる（「薄利多売」の効果）。

第4節　商業資本の外的自立性と再生産過程の内的関連の貫徹

[**商業資本の自立化による産業資本の生産量の増大**]　産業資本からの商業資本の自立化によって，産業資本が生産する商品の販売が商業資本に委ねられ，商業資本が販売の機能を専門的に引き受ければ，商品の販売は，卸売業から小

売業にいたるまで広範に張りめぐらされた流通網によって飛躍的に拡張される。商品の販売は，一国の内部でだけではなく，世界市場にまで広がっていく。これによって，産業資本の生産量も増大することができる。

　［生産能力と在庫収容力とによる再生産過程の弾力性］　商業資本は，つねに，ある程度の商品在庫をその手元にもっていなければならない。この在庫となっている商品は，産業資本にとってはすでに売れた商品ではあってもまだ最終的には売れていない商品である。しかし，商業資本は産業資本＝生産過程から外的に独立して運動するために，産業資本から商品を大量に買い込んで，商品在庫を膨らませることができる。こうして，産業資本＝生産過程の巨大な生産能力と商業資本の在庫収容力とによって，再生産過程は巨大な弾力性をもつことになる。社会的な再生産過程のなかの生産部面と消費部面との関連は，商業資本の媒介的活動によって著しく間接的なものとなり，相対的に自立した運動をするようになる（図218）。

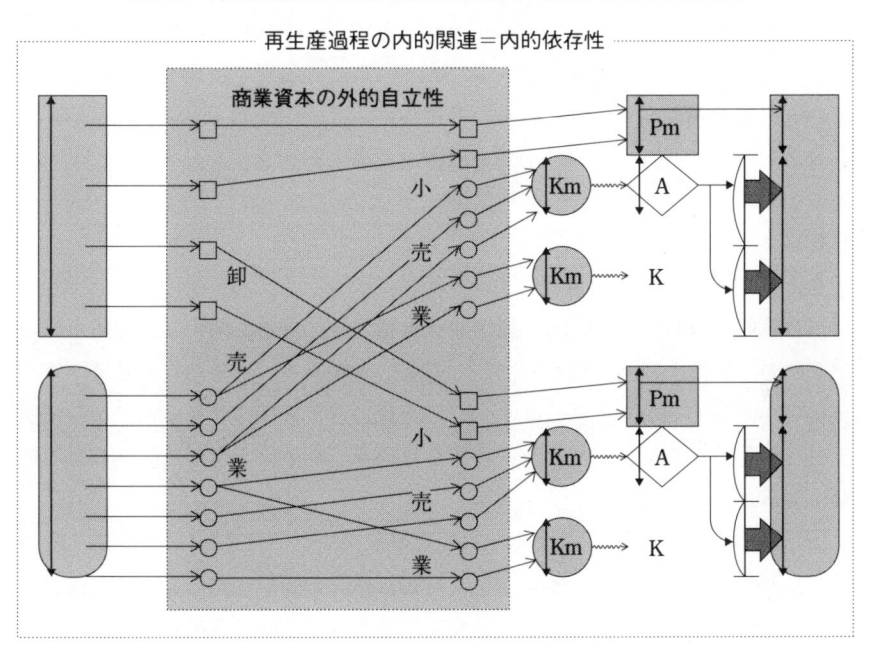

図218　再生産過程の内的関連と商業資本の運動の外的な自立性

［恐慌による再生産過程の内的関連の最終的貫徹］　産業循環のある時期には，商業資本は産業資本にたいして，最終需要から独立した**架空な需要（仮需）**をつくりだす。この過程が進行していくと，商業資本のもとに，最終需要を大きく超えた大量の商品在庫が滞留するようになる。それが過剰在庫となっていることが最終的にわかると，卸売業の部面で恐慌現象が生じる。販売の不能，それにともなう支払の不能，投げ売り，そして破産が発生する。こうして，架空な需要によって支えられていた**外観上の繁栄**は終わり，その陰に隠れていた**過剰生産**が明るみに出るのである。このようにして，商業資本の外的な自立性によっておおい隠されていた再生産過程の内的関連は，最終的には自己を貫徹するのである。

第5節　貨幣取扱資本

§1　貨幣取扱資本

［貨幣取扱業務によって手数料を利潤として取得する資本］　**貨幣取扱資本**とは，貨幣取扱業務を専門的に営み，それにたいする**手数料**収入によって利潤をあげる資本である。貨幣取扱資本は，もっぱら流通過程で機能する資本であって，広義の商業資本に属する。

　　広義の商業資本　｜　商品取扱資本（狭義の商業資本）
　　　　　　　　　　｜　貨幣取扱資本

§2　貨幣取扱資本の自立化

［貨幣取扱業務とその費用］　**貨幣取扱業務**とは，貨幣に関する技術的な操作，すなわち，貨幣の収納，保管，支払，簿記，差額決済，当座勘定の処理，等々を行なう業務である。これらはすべて，流通過程での操作であって，剰余価値を生むことはなく，むしろそれに必要な費用は，剰余価値から控除される流通費である。

［産業資本および商品取扱資本からの貨幣取扱資本の自立化］　しかし，産業資本も商品取扱資本も，このような技術的な操作を必要とする。貨幣取扱資本はこの業務を専門的に営むことによって，産業資本や商品取扱資本がこれらの

操作をすべて自らが行なう場合よりも少ない費用で，これらの操作を処理する。そこで，産業資本と商品取扱資本は，自己の利潤（もともとはすべて産業資本が取得した剰余価値）の一部を貨幣取扱資本に譲ることによって，それらの操作に必要な流通費を相対的に減少させることができる。

　貨幣取扱資本は，産業資本および商品取扱資本の流通過程での貨幣取扱いの操作が，独自な資本の機能として自立したものであり，総資本から独自の資本として分離・独立した部分である。商品取扱資本が，産業資本から派生した資本であるのと同様に，貨幣取扱資本も，産業資本および商品取扱資本から派生した資本である。

　しかし，貨幣取扱資本が成立して，それが産業資本および商品取扱資本のために貨幣取扱いの業務を行なうようになっても，産業資本および商品取扱資本は貨幣取扱いの業務を完全になくすことができるわけではない。

§3　貨幣取扱資本の運動形態

　[貨幣取扱資本の運動形態は G—G′ である]　貨幣取扱業者は，貨幣取扱いの操作に，一定の物的費用と労働とを投下する。この労働も，一般には，労賃を支払って労働者から労働力を購入することによって入手する。貨幣取扱資本が投下する資本とは，このような物件費および人件費にほかならない。そしてそれらは，産業資本および商品取扱資本から受け取る手数料から，利潤とともに補填されなければならない。

　だから，貨幣取扱資本の運動形態は G—G′，つまり〈資本——資本＋利潤〉である。

§4　貨幣取扱資本の利潤

　[貨幣取扱資本も利潤率の均等化に参加する]　貨幣取扱資本も，商品取扱資本と同様に，平均利潤率の形成をもたらす競争に参加する。したがって，総資本のうちで貨幣取扱資本が占める比率が大きくなればなるほど，それだけ平均利潤率は下がることになる。しかし，貨幣取扱資本が存在することによって，産業資本および商品取扱資本の流通費は減少するのであり，それによって平均利潤率は上昇する。資本主義的生産にとっての貨幣取扱資本の意義は，商品取

扱資本のそれと基本的に同様である。

　貨幣取扱資本も平均利潤を要求するから，貨幣取扱業務にたいする手数料は，貨幣取扱資本に一定期間について，〈資本（＝物件費＋人件費）＋平均利潤（＝資本×平均利潤率）〉をもたらすような水準を中心に変動することになる。

§5　貨幣取扱資本の成立と発展

　［**貨幣取扱資本は両替業および地金取扱業から生まれた**］　貨幣取扱資本は，歴史的には，まず国際的交易から発展してくる。それぞれの国の内国鋳貨を世界貨幣に換え，また世界貨幣を内国鋳貨に換える**両替業**，および，世界貨幣としての金銀を取り扱う**地金取扱業**が，貨幣取扱資本の自然発生的な基礎であり，貨幣取扱業の最も本源的な形態である。この基礎のうえに，**振替銀行**が生まれ，**金匠**（きんしょう）（Goldsmith）が活躍した。

　［**貨幣取扱資本のもとに資本家階級全体の貨幣準備が集中する**］　両替，地金取扱い，振替などの機能を営む貨幣取扱業のもとには，次第に，購買手段・支払手段の準備金と遊休貨幣資本とが集中するようになる。こうして，貨幣取扱業者は大量の貨幣資本を取り扱うようになるが，これは，産業資本家や商品取扱業者の貨幣資本なのである。この集中によって，資本家階級全体の必要とする購買手段・支払手段の準備金は，個々の資本家の手中にある場合よりも少なくてすむようになる。

　［**貨幣取扱業者は銀行業者**になり**貨幣取扱業務は銀行業務**となる］　そこで，貨幣取扱業者は，彼の手中で利用可能な貨幣を利子生み資本として運用するようになる。こうして，上述の貨幣取扱業務に，利子生み資本の管理や信用取引が結びつくことになる。それによって，貨幣取扱業は完全に発展したものとなるが，ここに見られるのは，すでに，近代的な銀行制度であって，そこでの資本は単純な貨幣取扱資本ではなく，銀行資本となっているのである。この点については次章の第2節で詳述する。

第5章　利子生み資本と利子

第1節　利子生み資本

　[**本章での研究の順序**]　**利子生み資本**とは，文字どおり，その増殖分が利子の形態をとる資本である。利子生み資本は，いわゆる金融の分野で運動する資本の最も基本的な形態である。

　この第1節で，利子生み資本および利子の本質とこの資本の基本的な運動形態とを明らかにし，次の第2節で，利子生み資本の運動の最も中心的な舞台である銀行制度の仕組みを見たうえで，銀行制度のもとでの利子生み資本の諸形態の架空性を明らかにし，最後に，銀行制度の成立の必然性とそれが資本主義的生産において果たす役割とを概観しよう。

§1　利子生み資本と利子

　[**貨幣資本と貨幣市場**]　「**貨幣資本**（monied capital）」にたいする需要と供給とが出会い，両者の量的関係によって利子率が変動している場所は**貨幣市場**（money market）と呼ばれる。つまり人びとは，ここで「貨幣」という「商品」が売買されているのだ，と考えているのである。「商品」にたいしては対価が支払われなければならない。「貨幣」という「商品」にたいする対価と考えられているものは，同じ貨幣の形態で支払われる**利子**である。

　[**〈資本としての貨幣〉が商品として売買される**]　しかし，貨幣とは，あらゆる商品と直ちに交換できる力をもつ特定の商品（一般的等価物の機能を社会的に独占する商品）であり，価格とは商品の価値をこの貨幣で表現したものにほかならない。いったい〈**貨幣が商品になる**〉というのはどういうことなのであろうか。そして「貨幣」という「商品」にたいして同じ貨幣が支払われるというのはどういうことなのであろうか。

　ある物が商品となるのは，それが買い手にとってのなんらかの使用価値をもっているからである。それでは，貨幣市場で売買される「貨幣」の使用価値と

はなんであろうか。市場の関係者たちが言うところによれば，それは「資本」として役立つという性質である。だから，彼らはしばしば，この商品の対価と見られる利子を「資本の価格」と呼ぶのである。

ここから，人びとがここで「商品」と見なしているのは，〈一般的等価物として機能するという性質をもったものとしての貨幣〉ではなく，〈資本として機能するという性質をもったものとしての貨幣〉であることがわかる。つまり，ここでは貨幣が，資本として機能するという独特の「使用価値」をもつ商品となっているのである。約言すれば，〈資本としての貨幣が商品となっている〉，あるいは，〈貨幣が資本として商品となっている〉のである。

[**〈資本としての貨幣〉の売買は貸付と返済という形態をとる**]　しかし，「貨幣」という商品は，普通の商品のように，対価と引き換えにそれを相手に譲渡して終わり，という仕方で売られることはできない。「貨幣」を買う人が，それがもつ，資本として機能する力能，つまりそれの「使用価値」を消費するのは，それを資本として機能させること，それを資本として投下したのち，利潤とともに回収することによってである。だから，資本という「使用価値」とは，利潤を入手できるという「使用価値」なのである。貨幣を資本として機能させて利潤を取得するには一定の期間が必要である。だから，「貨幣」という「商品」は，売り手がこの貨幣を一定期間買い手の手に委ねておき，期間が終われば買い手がそれを売り手に返す，という仕方で売られるほかはない。これはまさに，すでに第1篇第2章第1節で労働力の売買について見た時間極めでの商品の売買にほかならない。

AがBに貨幣を資本として売る，という販売は，Aがこの貨幣をBに一定期間だけ自由に使わせる，という独自な形態で行なわれる。このような，資本としての貨幣という商品の時間極めでの売買の場合には，一定期間後に返還する約束での貨幣の手放しを**貸付**といい，その返還を**返済**という。つまりここでは「売り手」は貸し手であり，「買い手」は借り手である。貸付・返済というこの運動によって，資本としての貨幣の「使用価値」が売り手＝貸し手から買い手＝借り手に譲渡されるのである。

譲渡されたこの「商品」の対価が，一定期間の貸付にたいして支払われる利子である。利子は，資本としての貨幣という独特な商品の対価であり，それの

「価格」,したがってまた「資本の価格」と見なされる。

　[利子生み資本]　貸し手の貨幣は,この場合,G—G′という変態をする。一定期間のたんなる手放しおよび返還によって価値が量的に増大する。このように増殖する価値は資本である。G—G′というこの形態では,資本の自己増殖が,増殖の過程なしに,まったく純粋なかたちで現われている。このような資本,手放し・還流という運動だけによって増殖する資本が**利子生み資本**である。また,貸付・返済という形態で運動するという点に注目して,**貸付資本**とも呼ぶ。貨幣市場で人びとが「**貨幣資本 (monied capital)**」と呼んでいるのは,この利子生み資本の具体的形態なのである[1]。

　[〈使用価値〉としての資本の機能とはなにか]　さて,人びとが「貨幣」という「商品」の使用価値と考えている「資本」の機能とはほんとうはなんであろうか。これまでのわれわれの研究によれば,この問いにたいして,すでに容易に,また完全に答えることができる。

　すでに見たように,資本主義的生産では,貨幣は,生産過程および流通過程に資本として投下されれば,利潤(産業利潤および商業利潤)を,さらに利潤率の均等化が行なわれる場合には,平均利潤をともなって還流する。つまり,貨幣は,産業資本ないし商業資本として運動することによって,平均利潤を生むことができる。だから,ここでは貨幣は,一般的等価物として機能するとい

---

1) 本章ではこのあとにも「貨幣資本 (monied capital)」という語が何度かでてくるが,この「貨幣資本」は,第2篇第1章第1節§2で見た貨幣資本とははっきりと区別されなければならない。後者は,産業資本が行なう G—W...P...W′—G′ という循環における G および G′,すなわち資本の循環形態としての貨幣資本である。また,本篇第4章で見た商業資本の G—W—G′ という循環における G および G′ も,同じく資本の循環形態としての貨幣資本である。この貨幣資本は,生産資本や商品資本に対立するもので,英語では money capital または money-capital である。これにたいして,本章で「貨幣資本 (monied capital)」としているのは,貨幣市場の当事者たちがここで運動している利子生み資本を呼ぶときの名称であり,ここでの monied (または moneyed) はもともとは landed (土地からなる)にたいして「貨幣からなる」といった語感をもっていた語で,その後 industrial (産業的) や commercial (商業的) にたいして「金融的」とでも言うべき語感をもつようになった。貨幣市場で取引される商品を人びとが「資本」と考えるとき,この「資本」を「実物資本 (real capital)」(産業資本や商業資本)から区別するのにこの語が使われる。「貨幣資本」とは別のいい訳語がないので,本書では原語を添えて「貨幣資本 (monied capital)」としている。

う属性に加えて，さらに，資本として機能し，平均利潤を生むことができる，という属性をもっているわけである。

だから，「貨幣」という商品のもつ「資本」という使用価値とは，この商品を一定期間資本として機能させれば，機能させた人の手に平均利潤をもたらすことができる，という，貨幣のもつ可能性または力能なのである。

[**利子の実体と利子生み資本成立の前提**] 「貨幣」は，それが成立したときからすぐにこのような可能性または力能をもっていたわけではない。それでは，いったい，いつからこのような使用価値をもつことになるのであろうか。

それは生産が資本主義的に行なわれるようになったのちである。資本主義的生産様式のもとではじめて，貨幣はそうした使用価値をもつようになる。

借り手は，借りた貨幣を資本として機能させて平均利潤を入手し，この平均利潤のうちの一部分を利子として，貸し手に支払う。借り手はこれによって平均利潤マイナス利子の価値額を入手する。貨幣を資本として機能させるのは**機能資本家**（**産業資本家**および**商業資本家**）であるが，それにたいして，貨幣を貸し付けることによってそれを増殖させるのは，彼らとは異なる種類の資本家，すなわち**貨幣資本家**（monied capitalist）である。だから**利子**は，資本主義社会で，機能資本家が貨幣資本家から借り受けた貨幣を資本として機能させて平均利潤を取得するときに，機能資本家がそのうちから貨幣資本家に引き渡す部分であり，したがってその実体は剰余価値にほかならない。

貨幣が，したがってまたそれによって買われる生産手段が資本として機能し剰余価値を生むことができるのは，生産手段から切り離された労働が賃労働としてそれらに対立している状態が，要するに資本主義的生産関係が存続しているからであり，資本の所有とはこの分離を表現するものである。このことが貨幣に他人の労働にたいする指揮権を与え，剰余労働を取得することを可能にし，こうして貨幣を，資本としての属性において，商品にする。これが，利子生み資本という独自な資本形態を生み出すのである。

[**商品，貨幣，資本などの概念をめぐる混乱**] 貨幣市場の当事者たちにも，この市場では資本としての貨幣が商品となっている，という事実は見えている。ところが，彼らに見えるのは，貨幣は〈貸付─返済〉という運動をするだけで所有者に利子をもたらす，という表面的な現象だけである。彼らには，利子は

「資本」という「商品」の「価格」であるとしか見えず，その実体が剰余価値であることはまったく認識されない。さらに彼らは，商品，貨幣，資本，等々の本質を知らず，また価格を価値から理解することができないため，「資本としての貨幣」という「商品」の本性も明確に捉えることができず，これらの概念を使ってなにかを語るたびに，いたるところで混乱に陥るのである。

§2　利潤の分割と利子率

　[**利子率の変動の限界と利子率を規定するもの**]　利子は，機能資本家が貨幣資本家に支払う，平均利潤の一部分なのだから，利子の最高限界は平均利潤そのものである。利子の最低限界はゼロである。利子の水準すなわち**利子率**は，この最高限界と最低限界とのあいだで，利子生み資本の需要供給の変動によって，つまり貸し手と借り手との競争によって変動する。これ以外に利子率の水準を規定するものは存在しない。

　[**貸付可能な貨幣資本の需要と供給**]　銀行制度が発展すると，貨幣市場での利子生み資本は，銀行に集積した**貸付可能な貨幣資本**（loanable monied capital）という形態をとるので，利子率はこの貸付可能な貨幣資本の供給と需要との力関係によって変動する。この需要・供給では，貨幣資本は大量にまとまった一般的社会的なものとして現われ，したがって利子率は，それぞれの瞬間にはいつでも社会的に一様な，確定した大きさとして現われる。

　[**利子率の長期的および中期的な変動傾向**]　資本主義的生産の発展にともなって，平均利潤率は傾向的に低下する。これとともに利子率の最高限界も低下し，利子率は傾向的に低下する。また，平静状態，活気の増大，繁栄，過剰生産と恐慌，停滞，平静状態，といった産業循環の諸局面の転換は利子生み資本の需要・供給に一定の法則的な変化をもたらすので，それらの局面と利子率とのあいだにはおおよその対応関係がある。活気が増大して繁栄が続いている時期にかけては，利子率はやや上昇したとしても上昇の率は低いが，繁栄の頂点で，繁栄に隠されていた過剰生産が露呈し始めると，利子率はぐんぐん上昇し，パニックが起こってだれもかれもが過去の取引の決済のための貨幣を求めるときに，利子率は最高限に達する。停滞期には，利子率は再び最低の水準で推移する。

§3 利子と企業利得

[利子と企業利得とへの利潤の分割] 借入資本を機能させる機能資本家が取得した利潤は、そこから借入資本にたいする利子が支払われるので、利子と利子を控除した残りの部分との二つの部分に分かれる。後者の部分は**企業利得**[2]と呼ばれる。利子率が変動すれば、この分割の比率も変化する。利子率は、貸付可能な貨幣資本の量（供給）と機能資本のうちの、資本を借り入れようとする部分の大きさ（需要）との関係によって決まるのだから、この分割は利潤のまったく量的な分割でしかない。

[利子＝所有の果実，企業利得＝機能の果実という観念が確立する] ところがこのようにしていったん「利子」という範疇が成立すると、〈利子は資本の「所有」がもたらす果実だ〉という観念が生まれ、他方、〈企業利得は資本を機能させたことにたいする報酬だ、資本の「機能」の果実だ〉という観念が生まれる。その結果、自己資本だけからなる機能資本の大きさは利子率になんの影響も及ぼさないにもかかわらず、自己資本だけを充用する機能資本家も、自分が取得する利潤を、〈自分の資本「所有」にたいする利子と自分の資本「機能」にたいする企業利得との二つの部分からなるものだ〉と観念するようになる。こうして、〈利子＝「所有の果実」〉、〈企業利得＝「機能の果実」〉、という抜きがたい虚偽の観念が確立する。2種類の資本家のあいだでの、利子と企業利得とへの利潤の純粋に量的な分割が、それぞれまったく別々の源泉から生じる二つの別々の範疇への分割、つまり質的な分割に転化してしまう。機能資本が生産過程で取得した剰余価値の一部分である利子は、〈資本の所有の果実〉という観念のなかでは、生産過程とは、したがってまた労働者階級の剰余労働の搾取とはまったくかかわりのないものとして現われ、他方、同じく剰余価値の一部分である企業利得は、資本とはかかわりのないものとして、生産過程そのものから、しかも一切の社会的形態とはかかわりのない労働過程一般から生じるものとして現われる。

---

2) マルクスは『資本論』の草稿のなかで「企業利得（Unternehmungsgewinn）」と書いていたが、エンゲルスが『資本論』第3部を編集・刊行するさいに、彼の版ではこの語をすべて「企業者利得（Unternehmergewinn）」という語と置き換えた。そのために、「企業利得」は一般に「企業者利得」と呼ばれている。

［さらに〈資本を機能させるのは労働者だ〉という観念が確立する］　こうして，資本家は貨幣資本家として生産過程の外部にあり，〈生産過程で機能する機能資本家はたんなる労働者だ〉という観念が生まれてくる。

　さらに，生産過程における機能資本家の諸機能が，特殊な労働者種類である監督労働者に委ねられ，彼らに監督賃金が支払われるようになると，彼らの労働にあっては，結合された社会的労働の指揮者としての労働と労働者から剰余価値を搾取する監督者としての労働とが渾然一体となっているために，後者の労働が搾取される労働者の労働とまったく区別できないものになる。

　こうして，資本が機能する場面から資本家は消え去り，そこでは〈普通の労働者と彼らを指揮・監督する高級労働者とがともに労働してともに労賃を得ているのだ〉ということになる。こうして，資本と労働との対立はまったく消し去られ，〈資本と労働という二つのまったく別々の所得源泉がそれぞれ利子と賃金とをもたらすのだ〉という観念が確立する。

　［**株式会社では資本家が余計な人格であることが露呈する**］　しかし，株式会社では，機能資本家に属するいっさいの実質的な機能を，資本を占有していない**管理者**（managerすなわち「雇われ重役」）が遂行するのであり，生産過程にはもはやたんなる機能者しかおらず，資本家は生産過程から完全に消えてしまっている。こうして，株式会社の発展は，資本家が生産過程には必要でない余計な人格であることを明らかにし，資本の利潤とは他人の不払労働の固まり以外のなにものでもないことを人びとの目にさらけ出すようになるのである。

§4　利子生み資本における資本の物神性の完成

　［**利子生み資本における資本の物神性の完成**］　利子生み資本の運動 $G—G'$ では，一定額の貨幣は一定期間に一定額の果実をもたらすものだ，という資本の増殖がまったく無内容に現われている。〈貸し付けられる資本であろうと自己資本であろうと，資本であるかぎりは自ずから子を産み，増殖するのだ〉という観念が完成している。これこそ**資本関係の物象化**，**資本の物神性の完成**である。資本主義的生産の本質的な内面的関係はすっかり隠蔽され，もっぱら転倒したかたちで現われる。

　［**生産関係の発展と物神性の発展**］　労働が私的に行なわれ，社会的分業が自

然発生的に行なわれる社会で，労働生産物が必然的にとる商品という形態は，人びとの社会的関係を物象的におおい隠すものだった。すなわち，商品＝価値をもたなければ社会から財貨を受け取れないという事実（商品＝物による人間支配）から，〈商品＝物こそが人間にとって最も大事なものだ〉という観念（物神崇拝）が生じた。

　さらに，商品形態の発展は，ある特定の商品（金）を貨幣にする。貨幣は，私的労働と社会的分業の社会でのみそれに与えられる形態であり，その力（一般的等価物としての力）はまったく社会的なものである。ところが，貨幣（価値のかたまり）なしには社会からなにひとつ受け取ることができず，逆に貨幣さえあればなんでも入手できるという事実（貨幣による人間支配）から，〈およそ人間社会では貨幣こそが最も肝心なものだ〉という観念（貨幣物神崇拝，黄金崇拝，拝金思想）が生じた（☞図76）。

　労働する諸個人が生産手段から切り離され，自己の労働力を売らなければ生きていくことができないという社会的関係のもとで，貨幣と生産手段は資本に転化する。そして，この資本主義的生産の発展のなかで，資本家の機能資本家と貨幣資本家との分離が生じると，利潤は利子と企業利得とに分裂する。だから，利子はこのような社会的な関係＝生産関係の産物にほかならない。ところが，これらの形態が確立すると，〈物としての貨幣は自動的に増殖し，自分の子を産むのだ〉という観念が確立し，はては，〈「世の中」で肝心なことは，最も有利な「金融商品」に貨幣資本を投下して利殖させることだ〉という観念（**完成した資本物神崇拝**）ができあがる。「利子生み資本一般がすべての狂った形態の母であって，たとえば債務〔預金〕が銀行業者の観念では彼の売る商品として現われる」（『資本論』第3部，MEW, Bd. 25, S. 483）のである（図219）。

　経済的な諸範疇・諸観念はすべて，特定の歴史的な生産関係のもとで物に与えられた形態にすぎないのに，商品の物神性，貨幣の物神性，そして資本の物神性は，このことをおおい隠すのである。

　[資本の諸形態の発展は資本の自己矛盾を顕わにする]　このように利子生み資本形態において資本物神は完成するが，しかし資本はその発展のなかで同時に**所有と労働との分離**を推し進め，株式会社形態において，資本による剰余価値の取得を正当化できる根拠をもたないことを露呈するようになる。このよう

図219 生産関係の発展と物神性の発展

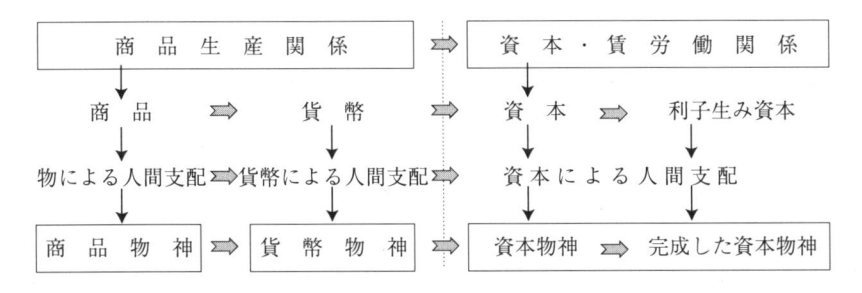

に資本主義的生産の発展は，一方では生産関係の物象化を推し進め，資本物神を完成させると同時に，他方で，自己自身の正当性を否定するような諸形態を生み出さないではいない。このことは，資本の発展とは資本そのものの矛盾の発展にほかならないということをはっきりと示しているのである。

第2節　銀行資本と銀行制度

[**銀行制度**]　発展した資本主義的生産のもとで，利子生み資本が運動する主要な舞台は**銀行制度**である。銀行制度のもとでは，貨幣と貨幣資本とが銀行に集中して独自な意味での「**貨幣資本**（monied capital）」という姿をとり，銀行から利子生み資本として貸し出される。

銀行制度は，資本主義的生産のなかで人為的に創出された，貨幣資本の集中と配分のための社会的機構である。

§1　銀行制度の二つの側面

[**銀行制度＝信用システム・プラス・利子生み資本の管理機構**]　銀行制度には二つの側面がある。一つは信用を取り扱うシステムという側面であり，一つは利子生み資本を管理する制度という側面である。

（1）信用システムとしての銀行制度

[**信用システム**]　銀行制度は，なによりもまず，信用を取り扱うシステムである。**信用システム**とは，現実の価値である貨幣に代わって信用が流通するシステムという意味である。

まず，信用システムそのものの最も基礎的な意味をつかんでおこう。

［**信用システムの生成**］　すでに見たように，**信用**とは，もともと，商品の掛売買のもとでの債権・債務そのものであり，商品流通の発展のなかで自然発生的に成立したものであった（☞第１篇第１章第５節§１(4)）。もっぱら金属貨幣が流通していたときにも，この**信用売買**を基礎にして，信用が広範囲に貨幣に代位する仕組み，すなわち信用システムがすでに生まれていた。

［**商品信用**］　単純な商品流通のもとでも，さまざまの事情から商品生産者たちのあいだで，現金売買に代わって掛売買が自然発生的に生まれてくる。掛売買とは，第１の時点で売り手が商品を譲渡し，第２の時点で買い手が貨幣を支払う，という売買である。第１の時点では，買い手が売り手に，貨幣を支払うという約束をすることで，売り手は商品を譲渡し，商品の所有権は売り手から買い手の手に移る。売り手のもつ商品の価格は買い手による貨幣支払約束に転化した。これによって商品の売買は終わり，売り手は債権者，買い手は債務者となる。このように，売り手が，貨幣そのものに代わる貨幣支払約束と引き換えに商品を譲渡することを，買い手に「信用を与える」（買い手の側は「信用を受ける」）と言う。つまり「信用」とは貨幣支払約束であり，ここで発生する債権者・債務者の関係は「信用関係」である。掛売買とは信用売買にほかならない（☞図95〜97）。

この信用は，商品の売り手が買い手に商品の形態で与えるものだから，**商品信用**と呼ばれる。この商品信用こそが，信用システム全体の基礎をなすものであり，発展した形態でのいっさいの信用がこの信用の土台の上に生まれてくるのである。

［**商業信用**］　さて，資本主義的生産のもとでは，社会的再生産の全体が商品流通によって媒介されるようになり，流通部面で運動する商業資本も発展してくる。商品信用は，その当事者が機能資本家（産業資本家および商業資本家）となるにつれて拡大され，一般化されていく。彼らのあいだでは，商品はふつう，貨幣と引き換えにではなく，一定期日の支払約束と引き換えに売られる。このような書面での支払約束は，一括して**商業手形**と呼ばれる。そしてこの手形は，裏書譲渡によって，その満期日まで機能資本家たちのあいだで繰り返し流通するようになる。それはもはや，一つの取引での貨幣支払約束（信用）を

表わすものではなく，いくつもの取引で，貨幣に代わって流通するものである。そこで，このような商業手形は**商業貨幣**と呼ばれる。もし，商業貨幣が流通することで生じる債権債務が「相殺」によって決済されてしまうなら，貨幣は結局どこにも現われる必要がなくなる。この場合には，商業貨幣が，つまり信用が，絶対的に貨幣として機能したのである（☞図98〜100）。

〈資本主義的生産のもとで機能資本家たちが商品の形態で授受しあう信用〉という，発展した段階の商品信用は**商業信用**または**企業間信用**と呼ばれる。

[**銀行制度の一側面としての信用の取扱い**] 銀行制度は，商業信用を基礎にしてはじめて成立することができた。銀行制度が確立すると，あらゆる流通の領域で，銀行の受ける信用が広範囲に貨幣に代位する。具体的には，銀行は商業手形を割り引く。すなわち，流通する商業手形（債権者が振り出す為替手形と債務者が振り出す約束手形）を銀行券または預金に置き換える。**銀行券**は，商業流通における手形流通の土台の上に創造された，銀行が支払を約している約束手形であって，銀行の受ける信用を表わすものであるが，商業流通を出て一般流通にもはいり，広く貨幣に代わって流通するようになるので，**本来の信用貨幣**と呼ばれる。銀行制度のもとでは，銀行券（銀行の約束手形）と預金者が**小切手**（銀行宛ての為替手形）によって流通させる**当座性の預金**とが銀行の受ける信用の基本的形態である。あとで見るように銀行は顧客に貨幣形態での信用を与える（与信業務を行なう）が，そのさいの貨幣とは，じつは銀行券や預金，すなわち銀行の受ける信用である。

[**銀行制度は信用システムの上層的構成部分である**] 銀行制度の第1の側面は，このように，さまざまの流通する信用を取り扱うということ，すなわち信用システムの一部だということである。銀行制度は，商業信用という基礎の上に成立しながら，それ自身が信用の取扱いという側面をもっており，信用システムの一部分をなしているのである。

こうして，商業信用が信用システムの基礎的構成部分をなすのにたいして，銀行制度は信用システムの上層的構成部分をなし，この両者が，全体として，資本主義的生産のもとでの信用システムを形成している（☞図224）。

(2) 利子生み資本の管理機構としての銀行制度

銀行制度のもう一つの側面は，**利子生み資本の管理**という側面である。この

側面は，貨幣取扱資本という土台の上に，その発展の結果として成立したものである。

　[**貨幣取扱資本のもとへの貨幣の集中と遊休貨幣の形成**]　すでに見たように，機能資本（産業資本および商業資本）が必要とする貨幣取扱いの技術的操作が貨幣取扱資本のもとに集中するのにともなって，機能資本の購買・支払準備金も，再生産過程のなかで必然的に形成される遊休貨幣資本も，ともに貨幣取扱資本のもとに集中する。貨幣取扱資本のもとで，機能資本全体にとっての購買・支払準備金は最小限に縮小されるので，貨幣取扱資本のもとにおかれた準備金の一部分は購買・支払準備金としては必要のないものとなり，貨幣取扱資本のもとでたんに遊休している貨幣となる。こうして，貨幣取扱資本のもとには，機能資本の購買・支払準備金の一部から形成される遊休貨幣と，機能資本がもたざるをえない大量の遊休貨幣資本とが，累積するようになる（図220）。

図220　貨幣取扱資本のもとへの貨幣の集中とそのもとでの遊休貨幣の形成

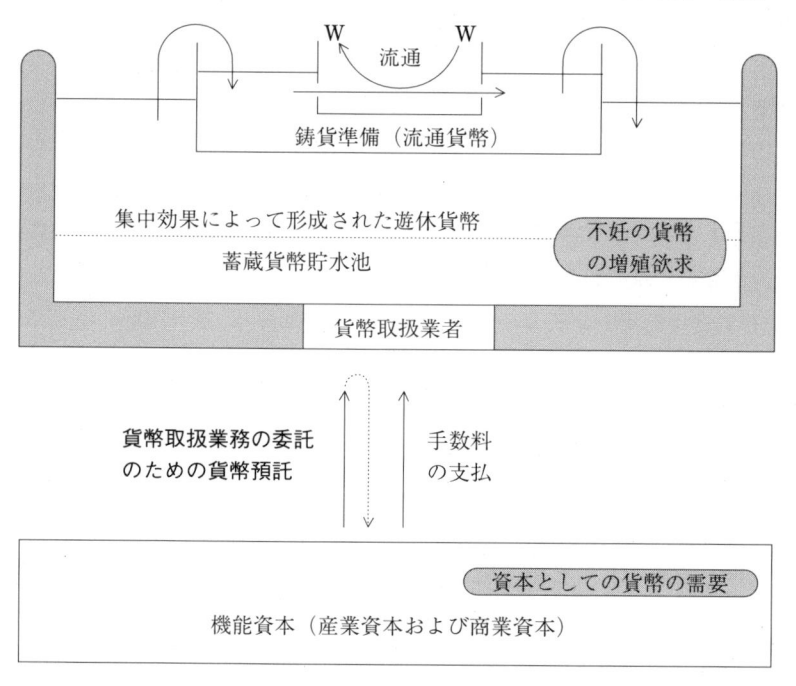

　[**不妊の貨幣の増殖欲求と投下貨幣資本入手の要求**]　このように貨幣取扱業

者のもとで遊休している貨幣および貨幣資本は，不妊の状態から目覚めて資本として増殖することを欲求する．他方，機能資本の側ではいつでも，多かれ少なかれ，より多くの剰余価値を求めて，投下貨幣資本を，つまり資本として投下するための貨幣を増大させたいという要求がある．

　［貨幣取扱資本のもとでの遊休貨幣の利子生み資本への転化］　そこで，貨幣取扱業者が，自己のもとで遊休している貨幣および貨幣資本を機能資本家に貸し付け，利子を受け取ることが行なわれるようになる．貨幣取扱業者はこれによって自己の資本を利子生み資本として増殖させることができ，機能資本家は投下貨幣資本を入手することができるのである（図221）．

図221　貨幣取扱資本のもとでの遊休貨幣の利子生み資本への転化

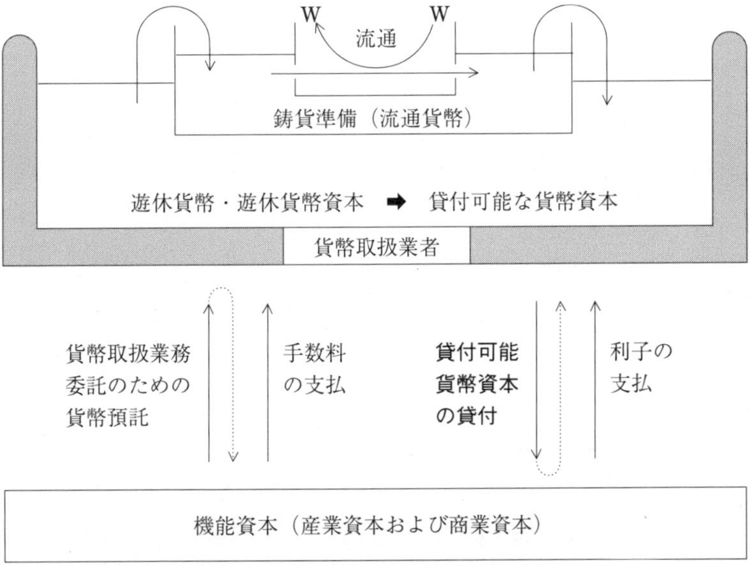

　［貨幣取扱業者の銀行業者への転化］　貨幣取扱業者が自己のもとに遊休している貨幣を利子生み資本として貸し出すことが恒常化すると，彼は，利子生み資本として貸し出す貨幣を増加させるために，貨幣取扱業務のために機能資本家から預託された貨幣に加えて，利子を支払うことによって，社会のあちこちで一時的または長期的に休んでいる貨幣および貨幣資本を自己のもとに受け入

れようとするようになる。こうして，貨幣取扱業者が，貨幣取扱業務のほかに，貨幣の貸借をも自己の固有の業務として営むようになると，彼は**銀行業者**に転化する。

　機能資本家はこの銀行業者に，貨幣取扱業務を委託するために自己の貨幣を預託するだけでなく，さらに，自己のもとで遊休するいっさいの貨幣資本を利子生み資本として預託し，それにたいして銀行業者から利子を受け取るのである（図222）。

図222　銀行資本（貨幣取扱業務および利子生み資本管理業務を営む資本）

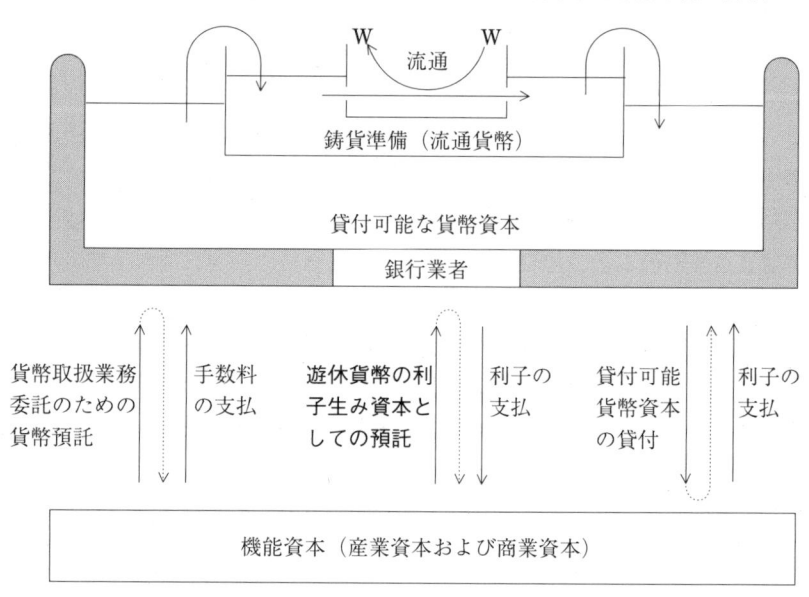

```
        W        W
           流通
      鋳貨準備（流通貨幣）

      貸付可能な貨幣資本
           銀行業者
```

| 貨幣取扱業務委託のための貨幣預託 | 手数料の支払 | 遊休貨幣の利子生み資本としての預託 | 利子の支払 | 貸付可能貨幣資本の貸付 | 利子の支払 |

機能資本（産業資本および商業資本）

　[**利子生み資本の集中者・媒介者・管理者としての銀行**]　社会的に見れば，銀行業者は，一方では借り手の代表者として，機能資本のもとで遊休している貨幣および貨幣資本ばかりでなく，本来の貨幣資本家が所有する貨幣，さらに労働者その他諸層の購買・支払準備金までも利子を支払って借りることによって，社会全体の遊休している貨幣と貨幣資本とを集中し，他方では貸し手の代表者として，こうして形成される大量の貸付可能な貨幣資本を，機能資本のうちの追加的な貨幣資本を求める借り手にたいして貸すのであり，約言すれば貨

幣資本（monied capital）の貸し手と借り手とのあいだの媒介者という役割を果たすのである（図223）。

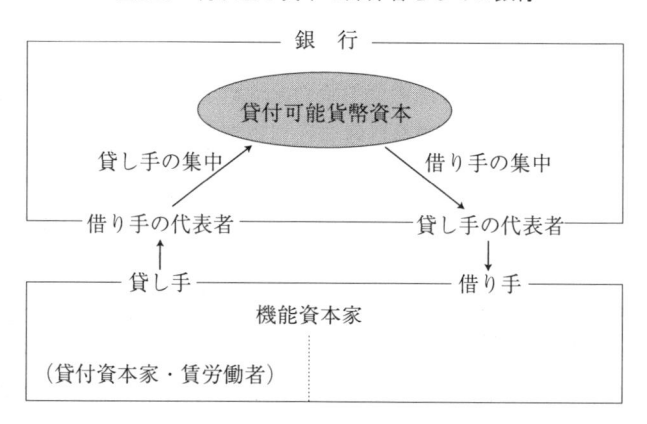

図223　利子生み資本の媒介者としての銀行

```
┌──────────── 銀　行 ────────────┐
│            ╭─────────╮          │
│            │貸付可能貨幣資本│          │
│            ╰─────────╯          │
│         ↗              ↖        │
│    貸し手の集中      借り手の集中  │
│  ─借り手の代表者─    ─貸し手の代表者─│
└────│──────────────────│────┘
     ↓                  ↓
┌──貸し手──────────────借り手──┐
│            機能資本家            │
│                                  │
│（貸付資本家・賃労働者）          │
└──────────────────────────┘
```

［銀行制度の一側面としての利子生み資本の管理］　このように，自己の固有の業務として貨幣の貸借を行ない，それによって利子生み資本としての貨幣資本（monied capital）を媒介し管理する，というこの側面こそ，銀行業者を単純な貨幣取扱業者と区別する，銀行制度の最も本質的な側面である。

［銀行制度の二側面と信用システムの二つの構成部分］　以上見てきたように，銀行制度は，一方で，信用の取扱いという側面においては信用システムの構成部分をなすものであるが，他方で，貨幣取扱業務と結びついて利子生み資本を媒介し管理するという側面をもっている。こうして，銀行制度が成立すると，信用システムは，その基礎的な構成部分である商業信用とその上に築かれる上層的構成部分としての銀行制度との二つの部分からなることになる。これを図示すれば図224のようになろう。

資本主義的生産の発展とともに，銀行以外の，信用にかかわるさまざまの「金融機関」が生まれて，これらも信用システムの構成部分をなすようになる。こんにち使われる「金融システム」という言葉は，事実上，このような諸機関を包括する「信用システム」の全体を意味しているものと見ることができるが，それでもなお，このシステムの基礎的構成部分が機能資本（産業資本および商

図224　銀行制度の二つの側面と信用システムの二つの構成部分

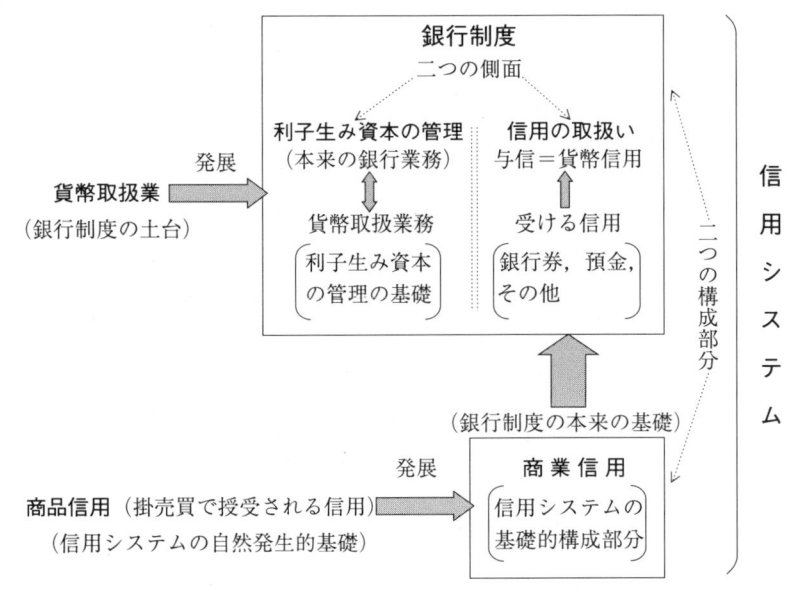

業資本）のあいだでの商業信用であること，そしてシステムのかなめをなすものがこの基礎の上にそびえ立つ銀行制度であることに変わりはないのである。

§2　銀行の利潤と資本

［銀行利潤＝利鞘プラス手数料］　銀行業者は，銀行業務を営むことによって，利潤（銀行利潤）を獲得する。

銀行業者の利潤は，第1に，彼らが貸し手と借り手との媒介者として機能するさい，借りるときに支払う利子よりも貸すときに受け取る利子のほうが高い，ということから生じる。すなわち**利鞘**である。第2に，彼らが貨幣取扱業者として引き続き機能資本家のために貨幣取扱業務を営むことによって，機能資本家から受け取る**手数料**である。

銀行業者は，貨幣資本を利子生み資本として貸し出すことによって利子を取得するたんなる貨幣資本家ではないのであり，彼の儲けはたんなる利子ではけっしてないのである（図225）。

［銀行の自己資本＝本来の銀行資本］　銀行の資本は二つの部分からなる。

図225 銀行資本の利潤

銀行業務 ｛利子生み資本の管理 ⟶ 利鞘＝受取利子－支払利子｝ 銀行利潤
　　　　　貨幣取扱業務　　　⟶ 貨幣取扱手数料

　第1に**自己資本**である。これは，銀行業者が自ら所有する資本（株式銀行であれば株主が払い込んだ資本）であって，本来の**銀行資本**（bank capital）である。これにたいする銀行の利潤の比率が銀行の**利潤率**である。自己資本は，銀行業者が運用する総資本のうちのきわめてわずかな部分にすぎない（図227の貸借対照表の「自己資本」）。自己資本は，なによりもまず，銀行業務を行なうのに必要な固定資本（土地，建物，耐久的什器）に投下されなければならないが，この部分は，それ自体としてはけっして利子を生まない。

　［**銀行の他人資本＝銀行業資本**］　銀行業者の資本の第2の部分は他人資本である。これは，銀行業者がその顧客から受けている信用を表わしている部分，すなわち**信用資本**であって，彼らが貸し付けることによって利子を稼ぎだす資本，つまり本来の銀行業を営む資本の中心はこの資本部分である（図227の貸借対照表の「他人資本」）。そこでこの部分は**銀行業資本**（banking capital）とも呼ばれる。

　だから，「銀行の資本」と言うとき，それが本来の「銀行資本」（自己資本）のことを指しているのか，「銀行業資本」（他人資本）のことを指しているのか，それともその全体を指しているのか，ということが明確に区別されなければならない。

　［**銀行資本は貨幣取扱資本かつ利子生み資本として増殖する**］　銀行は，自己資本と他人資本とを一体にして，貨幣取扱業務および利子生み資本管理の業務に投下し，利鞘および貨幣取扱業の手数料からなる利潤を取得する。つまり，銀行のもとで運動する資本は，資本の基本形態から見れば，貨幣取扱資本および利子生み資本という形態で運動するのであり，銀行資本はこの両方の資本の性格を合わせもっているのである。

　なお，銀行業者の資本の場合には，資本としてのその性格からして，利潤をあげるために運動させる資本の圧倒的な部分がつねに他人資本なのであり，この点が通常の機能資本とは特徴的に異なっているところである。

[銀行の貸借対照表と損益計算書]　銀行資本の運動と銀行の活動は，その貸借対照表（balance sheet, B/S）および損益計算書（profit and loss statement, P/L）を通じてよりよく理解できる。まず，一定の時点における資本の状態を示す**貸借対照表**および一定の期間についての利益または損失を示す**損益計算書**と，両者はどのように関連しあっているのかを見ておこう（図226）。

図226　貸借対照表と損益計算書

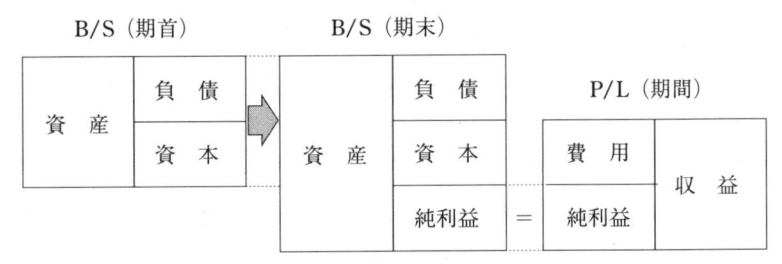

銀行の貸借対照表と損益計算書の骨組みは次のようになっている（図227）。

図227　銀行の貸借対照表と損益計算書

銀行のB/S	
資　産	資本・負債
現金・準備金 貸出 　⎡割引手形 　⎣貸付 有価証券投資 固定資産	他人資本 　⎡発行銀行券 　⎣預金 自己資本 　⎡期首資本 　⎣当期利益

銀行のP/L	
費　用	収　益
支払利子 諸費用 当期利益	受取利子 受取手数料

§3　銀行の貸付可能な貨幣資本の諸源泉（預金の源泉）

（1）　機能資本家の貨幣と遊休貨幣資本の銀行への集中

[購買・支払準備金→当座性預金]　第1に，商業世界の購買・支払準備金が**当座性の預金**として銀行に預託される。

　それは銀行のもとで共同の準備金となることによって，必要な最小限に縮減される。たえず出入りするこの部分については，銀行業者はつねに支払の準備

をしておかなければならないが，これを超える貨幣額は，貸付可能な貨幣資本に転化し，銀行はこれを利子生み資本として機能させることができる。

［**遊休貨幣資本→定期性預金**］　第2に，機能資本家の遊休貨幣資本が**定期性の預金**として銀行に預託される。

　比較的長期にわたって銀行の手元に滞留するので，その間，銀行はこれを利子生み資本として運用することができる。機能資本家は銀行に，遊休貨幣資本の管理を委託するのであるが，銀行はこれを比較的長期に運用することによって利子を取得することができるので，そのなかから利子を支払うようになる。このような利子支払によって，機能資本家は遊休貨幣資本を，利子を取得する目的で銀行に預金するようになる。

（2）　本来の貨幣資本家の遊休貨幣資本の集中

［**金利生活者たちの貨幣資本の集中**］　機能資本家とは区別される**本来の貨幣資本家**，つまり自己の貨幣をもっぱら利子生み資本として貸し出し，それによる利子収入で生活している資本家（**金利生活者**）たちが，利子の取得を目的として銀行に預金する。これらの資本家は，銀行に，自己の資本の利子生み資本としての運用を委ねるのであり，銀行は，この資本を運用して取得した利子の一部分を貨幣資本家に支払う。銀行はここでは，これらの貨幣資本家と機能資本家とのあいだの媒介者としての役割を果たす。

（3）　すべての階級に属する消費者たちによる消費に充てる貨幣の預金

［**あらゆる消費者の消費ファンドとしての貨幣の集中**］　銀行制度の発展につれて，また，ことに，さまざまの預金に利子が支払われるようになるにつれて，社会のあらゆる消費者が消費のためのファンドを銀行に預金するようになる。第1に，消費者たちは，将来の消費に充てる予定の貨幣貯蓄を長短さまざまの期間，銀行に預金する。第2に，彼らは，日常的な消費そのものによって必要とされる購買・支払準備金をも，銀行に預金するようになる。

［**少額貨幣の集積は銀行制度の独自な作用である**］　貸付可能な貨幣資本のこの第3の源泉では，貨幣資本としてはたらくことができなかったはずの少額の貨幣が大きな貨幣資本にまとめられるのであって，この集積は，銀行制度が果たす一つの独自な作用である。

§4　銀行による貨幣資本の運用の形態

銀行は，貸付可能な貨幣資本を利子生み資本として運用して，利子を取得する。この運用の基本形態は貸出と有価証券投資である。

(1) 貸出（広義の貸付）

[貸出]　銀行の**貸付**は，広義には，次の手形割引と貸付とを含むが，わが国では，この広義の貸付をとくに**貸出**と呼んでいる。

[手形割引]　貸出の第1のものは**手形割引**である。銀行は，機能資本家間の商業信用を表わす商業手形を割り引く。手形の割引とは，支払期日までの利子を割引料として徴収して手形を買い入れることである。代わり金は，銀行券か預金通貨の形態で支払われる。

[貸付：証書貸付，手形貸付，当座貸越]　貸出の第2のものは**貸付**である。貸付には，単純な借用証書による**証書貸付**，銀行宛ての手形を振り出させてそれを割り引くという形態をとる**手形貸付**，あらかじめ認められた当座預金の過振りによって発生する**当座貸越**，という三つの形態がある。

[担保付き貸付と無担保貸付]　また貸付は，担保の有無によって**担保付き貸付**と**無担保貸付**とに分かれる。

(2) 有価証券投資（投資）

[債券や株式への投資による利子・配当の取得と売買差益の取得]　銀行は，貨幣資本をさまざまの有価証券に投下し（これをとくに〈**投資**〉と言う），それらがもたらす利子や配当を取得する（利子生み資本としての投下）。また，それらの価格変動を利用して売買差益を取得する。有価証券投資の対象となる証券は**債券**と**株式**である。債券には，**国債**や**地方債**のような**公債**と**社債**とがある。なお，手形も有価証券の一種ではあるが，ここで言う有価証券には含まれない。

§5　銀行信用と，銀行が受けている信用の諸形態

[銀行信用または貨幣信用]　銀行は，貸付可能な貨幣資本を貸し出すことによって，債務者となる顧客にたいする債権をもつことになる。すなわち，顧客に信用を与えるのである。銀行が顧客に与える信用を，通俗的に**銀行信用**と言う。あるいは，商品の形態で信用を与える商品信用ないし商業信用とは異なり，

なんらかの貨幣の形態で信用を与えるので，**貨幣信用**とも言う。

　［**銀行は自己が受けた信用の形態で信用を与える**］　信用を銀行が与えるさい，すなわち貸付可能な貨幣資本を貸し出すさいに，銀行が顧客に実際に与えるのは，現実の価値である貨幣ではなくて，流通可能なさまざまな形態の信用である。その主要な形態は，銀行券，銀行券以外の銀行手形，預金である。これらはすべて，**銀行自身が受けている信用**を表わしている。つまり銀行は，自己が受けている信用の形態で，自己の信用を与えるのである。

（1）　銀行が受ける信用の基本形態

　［**銀行券**］　イギリスでも日本でも，ある時期，どの銀行も自行の銀行券を発行していた。銀行券の発行が中央銀行に集中するのは後年のことである。

　銀行券は，銀行が振り出した一覧払の約束手形にほかならない。それは，持参人にたいする銀行の債務であり，銀行が受けている信用を表わしている。

　銀行券は，典型的には，銀行が機能資本家に銀行信用を与えるさいに機能資本家の手に渡り，機能資本家から労働者に賃金として支払われることによって機能資本家たちのあいだの流通つまり商業流通から出て，一般流通にはいり，ここでも貨幣として機能する。

　さらに，発券を独占する**中央銀行**が生まれると，中央銀行券は，銀行券でありながら同時に強制通用力を与えられた法貨となり，一国の流通のすみずみにまで行き渡るようになる。にもかかわらず，兌換が行なわれているかぎりは，それが銀行が受けている信用を表わしていることは明白である。

　銀行が受けている信用のなかで，銀行券が最も目立つものである。

　［**銀行券以外の銀行手形**］　銀行は，銀行券以外の手形（銀行手形）でも信用を与えることができる。

　［**預金**］　銀行が受ける信用で，銀行券と並ぶ重要性をもつのは**預金**である。預金はいずれも預金者にたいする銀行業者の債務であるが，預金者にとっても銀行にとっても，当座性の預金と定期性の預金とはそれぞれ異なった意味をもっている。

　［**当座性預金の利子または手数料**］　**当座性の預金**は，預金者が自己の貨幣取扱業務を銀行に委託するために預託したものであり，銀行にとっては貨幣取扱業務のための出費を必要とするのであって，預金者が銀行にその委託の手数料

を支払うべきものである。しかし，預金額のうち預金者によって払い戻しが請求される金額は相対的にきわめてわずかなものであって，銀行は経験的に掌握したわずかな率の支払準備金を除くその大部分を，利子生み資本として運用し，これによって利子を取得することができる。こうして取得できる利子額と銀行が貨幣取扱業務のために支出しなければならない金額とを比較したとき，前者が多ければ，銀行は預金者に利子を支払って預金額を増大させるであろうし，後者が多ければ，銀行は預金者から貨幣取扱いの手数料を要求するであろう。わが国ではこれまでのところ圧倒的に当座預金の金利も手数料もゼロであるが，これは，両者を相殺しても銀行になにがしかの差益が残ると見なされてきたからである。

[**信用創造＝預金設定による貸出**]　さらに，当座性の預金の場合，銀行は，顧客の預金口座に一定の金額を書き込むことによって，その顧客にその金額の信用を与える（貸出を行なう）ことができる。これを**預金設定**による**貸出**と言う。顧客は，設定されたこの預金への指図証書である小切手を振り出すことによって第三者への支払をすることができる。銀行券と同様に小切手も一覧払であり，持参人にたいする銀行の債務を，すなわち銀行が受けている信用を表わしている。このように，銀行が預金設定で貸出を行なうと，銀行の受ける信用がそれだけ新たにつくりだされるので，これを**信用創造**と呼んでいる。

[**預金通貨**]　こうして，預金という銀行が受ける信用も貨幣に代わって流通するように見えるので，当座性の預金は**預金通貨**と呼ばれることがある。なお，預金設定による貸出の場合にも預金の払出にたいする準備は必要だから，預金設定による貸出の大きさも，確保できる準備金の大きさによって制約される。

[**定期性預金**]　これにたいして，**定期性の預金**は，預金者が自己の遊休貨幣を利子の取得を目的として利子生み資本として銀行に預託したものであり，銀行は，この貨幣を利子生み資本として運用することによって，これにたいする支払利子よりも多くの利子を取得して利鞘を稼ぐために，この預金を受け入れるのである。

なお，中央銀行が銀行券の発行を独占するようになると，**市中銀行**（中央銀行以外の銀行）の受ける信用の主要な形態は，この預金だけになる。（長期の

貸付を主たる業務とする**長期信用銀行**の場合には，債券（金融債）が受ける信用の中心である。）

(2) 現金貸出のさいの無準備の信用の創造

［現金での信用授与の場合でさえも無準備の信用を創造する］　さらに，銀行が，預金として受け入れた現金のうち一部分を支払準備として手もとに残して他の部分を現金で貸し付ける（つまり信用を与える）とき，この貸出によって自己の預金債務のうちそれだけの額が無準備となるのだから，この場合にも，銀行はそれだけの額の無準備の信用（受ける信用）を創造するのであって，その結果，この新たに創造した無準備の受ける信用で自己の信用を与えていることになる。

§6　銀行の支払準備と銀行経営

［**兌換と預金払戻のための支払準備**］　さきに見たように，一方では，銀行の貸付可能な貨幣資本は，さまざまの源泉からの預金によって形成され，その一部には，機能資本家の当座性の預金やさまざまの消費者の当座性の預金が含まれている。他方では，銀行が信用を与えるさいに用いる，銀行が受けている信用の主要な形態は，銀行券（兌換銀行券）と当座性の預金である。銀行券と当座性の預金（およびそれに宛てて振り出された小切手）とは，そのどちらも，一覧払であるから，それにたいしてはつねに**支払準備**をもっていなければならない。中央銀行に発券が集中している場合には，中央銀行は，発行銀行券にたいする兌換準備と預金（たいていは市中銀行が中央銀行に預け入れた預金）にたいする支払準備をもたなければならず，市中銀行は，預金にたいする支払準備をもたなければならない。

［**安全性と収益性**］　銀行券の兌換請求も，預金の払戻の請求も，その全額が一度に請求されることはありえない。通常は，銀行券発行高や預金受入額のうちの，相対的にわずかな金額を準備しておけば足りる。銀行券発行高や預金受入額のうち，支払準備を超える額は，銀行にとっての**無準備の債務**となっている。したがって，支払準備が大きければ大きいほど，それだけ**安全性**が高いことになる。他方，支払準備として銀行の金庫に眠っている貨幣は，利子生み資本として運用されていない遊休貨幣であって，利子を生まないから，この遊休

貨幣が少なければ少ないほど，それだけ銀行の利潤は大きくなるのであり，**収益性**が高いことになる。

そこで，安全性を損なわずに支払準備をどこまで縮小できるかを判断することが銀行経営上の重要事項となる。

§7　架空資本とその諸形態
(1)　架空資本

[**資本還元による架空資本の形成**]　貨幣が利子生み資本として貸し出されると，市場で確定している一定の利子率で利子をもたらすことから，規則的に得られる貨幣収入がなんらかの「資本」の「利子」だと観念され，次にこの「利子」をもたらす収入源泉が「資本」だと観念される。たとえば，利子率が年5％のときに，500万円の貨幣は利子生み資本として貸し出されれば，この資本は毎年25万円の利子をもたらす。ここから，25万円の年収入は500万円の資本の「利子」と見なされ，そしてこの収入をもたらすものが，この利子をもたらす，500万円という大きさの「資本」だと見なされるのである。このように，収入のほうが確定していて，ここから利子率を介して計算されるある大きさの資本があるとする考え方ないしその計算は**資本還元**ないし**資本化**と呼ばれる。資本還元によって「資本」と呼ばれるものは，実際に機能している再生産的資本でも利子生み資本でもなくて，たんに想像されただけの純粋に幻想的な存在でしかない。このような資本は**架空資本**（fictitious capital）と呼ばれる。

[**架空資本の商品化**]　この考え方の転倒ぶりは，労賃を資本還元して，労働力を資本だと見なす観念においてその頂点に達する。この観念がばかげていることは，労働者がこの「利子」を入手するために労働しなければならず，労働者は自分のこの「資本」の価値をけっして換金することができないことを考えればすぐわかる。ところが，資本主義的生産のもとでは，これに類する資本還元によって形成されたさまざまの架空資本が商品として売買されるのである。次章の第5節で見る土地価格も地代を資本還元したものであり，売買される土地は架空資本の一種である。

[**金融市場**]　いわゆる「金融市場」とは，じつは，そのようなさまざまの架空資本が商品となり，売買されている市場の総称なのである。

(2) 架空資本の諸形態とその蓄積

[国債]　国債は，国家にたいする債権を表わす債券である。国債の所有者には国家から年々，確定した利子が支払われる。そこで，国債はこの利子を生む「資本」と見なされ，この「資本」としての国債が債券市場で売買されるようになる。この「資本」の「価値」は，確定利子をときどきの利子率で資本還元したものであって，利子率が上昇すれば下落し，利子率が下がれば上昇する。実際の売買価格は，この「価値」を中心に，需要供給によって変動するのである。債券市場で国債を買う者が支払った貨幣は，彼にとっては〈確定利子をもたらす資本〉と観念されるにしても，この貨幣はただ，売り手の手元にはいるだけであって，けっして現実の資本として機能することはない。最初に国家から国債を買った者が支払った貨幣は，国家によって支出され消えてしまう。それはけっして増殖する資本にはならない。残っているのは国家の債務だけであり，国債そのものは将来の税金にたいする指図証でしかない。それにもかかわらず，この国債という架空資本が銀行の有価証券投資の対象となり，銀行資本の一つの構成部分となるのである。金融市場で売買される，国債以外の公債や社債（事業債）も基本的に同様の性質をもつものである。

[株式]　すでに見たように，銀行制度は株式資本という結合資本を生み出す。この資本への所有権を表わす証券である**株式**は，それ自体としては，それぞれの企業で投下されている資本の一部を表わしている。しかし，株式はじつは，この資本がもたらす剰余価値の一部にたいする権利名義でしかない。株式も典型的な架空資本なのである（株式の場合には，架空資本ではなくて「**擬制資本**」という訳語が当てられることが多い）。株式の所有者には株式会社から年々，業績に応じた配当が支払われる。株式の「価値」（「理論価格」）は，この配当をときどきの利子率で資本還元したものであって，利子率に反比例して上下する。市場での実際の価格は，このような「価値」をもつそれぞれの株式への需要とその供給とによって変動する。株式市場での株式の購買代金は，売り手の手元に移るだけであって，けっして現実の資本になることはない。それにもかかわらず，このような株式も銀行の有価証券投資の重要な対象となり，したがって銀行資本の一つの構成部分をなすのである。

[投機行動によって形成される価格]　このように，収入の源泉となる所有権

原が資本としての商品となるが，この商品は生産的にも個人的にも消費することはできないのだから，それの買い手は，銀行を含めて，それがもたらす収入の増大を期待するか，市場での将来の販売によって得られると予想する売買差益を期待して，それを買うのである。このような商品の価格は，本質的に投機的であり，投機的な動機にもとづく需要供給によってたえず変動する。銀行の資本の一部はこのような投機的な架空資本の形態をとっているのである。

(3) 架空資本としての銀行の貨幣資本

[保有有価証券の架空性] このように，銀行の貸付可能な貨幣資本の一部は，架空資本であるさまざまの有価証券の形態をとるが，そればかりではなく，総じて銀行の保有する有価証券は，手形や他行銀行券をも含めて，すべて貨幣にたいするたんなる支払指図証である。それ自身価値をもった貨幣ではないという意味では，これらも架空なものである。

[預金の架空性] ところが，こうした銀行の資本は，その大部分が銀行の受けた信用，すなわち銀行に預託された公衆の資本である。貸出のために設定された預金はもとより，顧客から受け入れた預金でさえも，その大部分が無準備の債務であり，帳簿のなかだけにある架空なものである。この意味では，銀行のもとでの貸付可能な貨幣資本の集積とは，本来，架空資本の集積でしかない。

[支払準備の架空性] さらに，それらの預金にたいする銀行の支払準備でさえも，市中銀行のそれは，その大部分がこれまた無準備の債務であるところの中央銀行への預金の形態をとっているのであって，これまた架空なものである。

[銀行資本の架空性の露呈による銀行制度の動揺] だから，銀行の資本は，その全体が本質的に架空なものである。いったん，なんらかの原因で架空な資本の一部が現実の価値に転化することを要求されると，この膨大な資本全体の架空性が一挙に明るみに出て，銀行制度そのものが大きく揺さぶられることになる。このことをはっきりと人びとの目に見せつけたのは，膨大な不良債権の露見によって多くの大銀行が破綻に瀕した1990年代の日本の銀行制度である。

(4) 架空資本の蓄積としての「マネー」（貨幣財産）の蓄積

[「マネーの蓄積」とは架空資本の蓄積，請求権の蓄積でしかない] 発展した資本主義的生産の国々では，膨大な量の貨幣資本（monied capital）が，資本還元によって成立した架空資本の形態で存在している。現今「世界を駆け回る

マネー」と言われるときの「マネー」とはまさにこのような貨幣資本にほかならない。だから、「マネーの蓄積」ということで考えられているのは、たいていは、生産が生み出す剰余価値の一部にたいする請求権の蓄積、あるいはそれらの請求権の市場における価格（幻想的な資本価値）の蓄積のことでしかない。いま、世界を駆け回る「マネー」は世界の貿易額の50〜100倍とも言われるが、この場合の「マネー」とはまさにこのようなものである。

　[架空資本の異常な膨張はカジノ資本主義を生まないではいない]　蓄積されたこのような「マネー」あるいは貨幣財産の大きさに目を奪われると、一国の富も、ある時期（たとえば「バブル」の時期）、急速に増大するかのように見えるのは必至である。しかし、このような架空資本の増大は請求権の増大でしかなく、このような「マネー」の膨張や収縮は、けっして、一国の富の、あるいは一国の生産や流通の膨張や収縮を表わすものではない。むしろ、一定の大きさの剰余価値にたいする請求権の膨張は、架空資本の平均的な増殖率を引き下げるのであり、「マネー」の世界での競争、すなわち獲物の奪いあいを激化させないではいない。いな、ここで個々の資本にとって利得となるのは、剰余価値という共同の獲物であるよりはむしろ、打ち倒した他の資本の死体そのものである。「ギャンブル資本主義」とか「カジノ資本主義」といった言葉は、異常に増殖した架空資本というハイエナの群れが、限られた剰余価値を前にして、激しく戦いあい、食いあっている状態を言い表わしているのである。

§8　資本主義的生産における銀行制度形成の必然性

　銀行制度は、資本が創出したきわめて組織的で人為的な機構である。

　[近代的な銀行の生成史]　歴史的には、勃興してきた産業資本および商業資本が目の前に見たのは、旧来の高利資本が貴金属を独占して、高利をむさぼっている状態であった。新たな資本が資本蓄積を推し進めて資本主義的生産を拡大していくためには、利子を取得する資本を自己に従属させて、利子率を産業利潤や商業利潤のなかから支払われるような水準にまで引き下げなければならなかった。この目的を達成するために創造されたのが銀行制度であった。銀行制度は、一方ではすべての死蔵されている貨幣を集中してそれを貨幣市場に投じることによって、他方では信用貨幣（兌換銀行券）の創造によって、高利資

本による貨幣の独占を打ち破った。17世紀の初頭にアムステルダム銀行やハンブルク銀行などの**振替銀行**が生まれていたが，銀行制度の形成の最大の画期は1694年のイングランド銀行の設立であった。ここから近代的な銀行の歴史が始まった。

　　[**資本そのものの内的本性から銀行制度を把握する**]　ここでは，これまで見てきた資本そのものの内的本性から，資本が銀行制度を創造しないではいない**必然性**——諸契機と直接的動因——を把握したうえで，次の§9で銀行制度が資本主義的生産において果たす役割を要約しよう。

　　[**「流通時間なき流通」をめざす資本の必然的傾向**]　流通時間は価値も剰余価値も生まない時間であるから，産業資本は流通時間を最小限に短縮しようとする志向をもたざるをえない。

　　また，産業資本が流通過程で支出しなければならない流通費は剰余価値からの控除でしかないから，産業資本は流通費を，すなわち，貨幣そのもの，商品の売買費用，貨幣取扱いの費用などを，最小限に縮減しようとする志向をもたざるをえない。なお，流通費としての貨幣そのものとは，第1に，再生産の諸要素を相互に補塡する流通のために資本家たちが前貸しなければならない流通手段であって，彼らの購買・支払準備金として存在し，第2に，固定資本の更新と資本蓄積とのために彼らが積み立てなければならない固定資本の償却基金と蓄積ファンドであって，彼らのうちの誰かの手のなかで遊休貨幣資本として存在するものである。

　　[**商品取扱資本の自立化**]　産業資本のなかから，この資本のW—Gの操作を専門的に引き受ける商品取扱資本が独立し，産業資本の流通時間を短縮し，流通費を縮減する。

　　しかし，それにもかかわらず，再生産的機能資本（産業資本および商品取扱資本）は，依然として流通時間と流通費とを必要とするのであり，それらを縮減しようとする志向をもたざるをえない。

　　[**商業信用の拡大とその限界突破の要求**]　資本主義的商品信用すなわち商業信用の発展は，再生産的資本の変態を加速することによって流通時間を短縮し，また，債権債務の相殺によって貨幣が登場しない取引を増加させるとともに商業貨幣である手形（流通する信用）で貨幣を代位することによって，流通費と

しての貨幣を大きく節約させる。しかしそれにもかかわらず，相殺されない債務は貨幣によって決済されなければならないので，個別諸資本はそのための支払準備金や非常時の支払に備える準備金をもたなければならない。再生産的資本は，一方でこれらの準備金を縮減しようとする志向をもち，他方で，手持ちの手形（流通する信用）をできるだけ早く現金に転換したいという要求をもたざるをえない。

[貨幣取扱資本の自立化とその手中での遊休貨幣・貨幣資本の形成]　商品取扱資本に続いて，再生産的資本のなかから，この資本の貨幣取扱いの費用を縮減するものとして，貨幣取扱資本が独立する。

再生産的資本の購買・支払準備金が貨幣取扱資本のもとに集中して共同の準備金となることによって，この準備金の大きさは縮減されるが，それにもかかわらず，依然として準備金の必要そのものはなくならず，またこの縮減によって貨幣取扱資本のもとに形成された遊休貨幣は，そこに集中する遊休貨幣資本とともに，ここでまた不妊の状態にある。

貨幣取扱資本は，遊休している貨幣および貨幣資本を，遊休状態から目覚めさせて能動的に自己増殖させたいという強い志向をもたざるをえない。

[諸資本の競争によって与えられる個別資本の量的制限突破の要求]　個別的諸資本は，競争すなわち資本がたがいに加えあう外的強制によって，利潤率の高い部門へ移動しようとするので，資本が自由に移動できるなら，諸部門の利潤率は均等化し，平均利潤率と生産価格とが成立する。

ところが資本の移動にはさまざまな障害がある。そこで部門間の利潤率の相違は，とりあえず，利潤率の低い部門では生産の縮小と資本の遊休とをもたらし，利潤率の高い部門では資本の増大とそれによる生産の拡大とをもたらす。しかし後者の部門での資本の増大は，この部門内部での剰余価値をもってするのには限界がある。そこでこのような部門の資本は，自己の量的制限を突破して生産と流通とを拡大するために，前者の部門で遊休している潜在的な資本を利用したいという要求をもつ。

さらに，有機的構成の高度化による利潤率の低下は，競争をつうじて個別資本に，投下資本量の増大による利潤量の絶対的増加でこれに対応しようとする衝動を与えるが，これも個別資本が自己の量的制限を突破することなしには実

現できない。

　このような，自己の量的制限を突破しようとする個別資本の衝動は，遊休している貨幣・貨幣資本を再生産的資本として利用したいという強い要求を生み出さないではいない。

　[**遊休貨幣の機能資本化の媒介形態としての利子生み資本の成立**]　資本主義的生産様式のもとでは，貨幣は資本として機能すれば平均利潤を生むことができる。そこで資本としての貨幣が商品となり，その対価として利子が支払われる。こうして利子生み資本が成立すると，一方で，遊休している貨幣および貨幣資本の所有者に，それらを利子生み資本として他人の手に委ねることによって増殖させる可能性を与え，他方で，再生産的資本家に，利潤の一部を利子として支払うことによって，他人の所有する貨幣を機能資本として再生産過程に投下する可能性を与える。こうして利子生み資本という資本形態によって，一方での，遊休貨幣・貨幣資本を遊休状態から目覚めさせて能動的に自己増殖させたいという要求と，他方での，他人の遊休している貨幣および貨幣資本を機能資本として利用することによって自己の量的制限を突破しようとする個別資本の衝動とが，ともに実現される可能性が生まれる。

　しかし，この可能性が社会的に現実化するためには，一方で，社会のあちこちで遊休している貨幣・貨幣資本がまとまった大量の利子生み資本として供給されるとともに，他方で，利子生み資本にたいする個別諸資本の要求が同じくまとまった大量の需要として現われ，この両者が媒介される仕組みが必要である。それが**銀行制度**とそのもとでの**貨幣市場**であった。

　[**銀行制度および貨幣市場の成立**]　利殖を求めている遊休貨幣・貨幣資本を自己の手中に集中している貨幣取扱業者が，再生産的資本家のあいだで流通している信用（手形）を自己の受ける信用（銀行券および当座性預金）で置き換えること（手形割引）によって，すなわち，顧客から受ける信用で顧客に信用を与えることによって，銀行業者に転化したとき，銀行制度が成立した。

　銀行制度が成立すると，媒介者としての銀行を中心にした貨幣市場が生まれる。銀行は，再生産的資本の遊休貨幣・貨幣資本だけでなく，社会のいっさいの遊休貨幣・貨幣資本を自己のもとに集中する。貸し手たちによる貨幣資本の供給と借り手たちによる貨幣資本の需要とが，銀行を媒介にして対しあうよう

になる。

　こうして，社会の処分可能なあらゆる資本が諸部門に，それらの生産上の要求に応じて配分されるようになり，部門間の資本移動が媒介されて利潤率の均等化が実現される。さらに，銀行制度は商業信用とともに全体として信用システムを形成し，流通時間と流通費とを大きく縮減するのである。

§9　資本主義的生産における銀行制度の役割

　[資本主義的生産における銀行制度の役割]　以上のところから，銀行制度が資本主義的生産のなかできわめて重要な役割を果たすことは明らかである。それを簡単にまとめれば次のようになる[3]。

　[社会的総資本の配分の媒介]　銀行制度は，社会のいっさいの潜勢的な資本を集中して資本家階級の共同的な資本とし，この大量になった貸付可能な貨幣資本を生産上の要求に応じてさまざまの部門に配分することによって，利潤率の均等化を媒介する。このように，銀行資本は，一つの特殊的な資本でありながら，同時にすべての再生産的資本にたいして一般的な形態にある資本であり，資本家階級全体の資本であり，その意味で「社会的」な性格をもっている。利潤率均等化の運動は資本主義的生産の基礎であり，これによって資本主義的生産は一つの社会的生産として成立するのだから，この運動を媒介する銀行制度は，それ自身，資本主義的生産様式の内在的形態である。

　[流通時間・流通費の縮減]　銀行制度は，その土台をなす商業信用とともに信用システムを構成して，さまざまの仕方で流通時間の短縮と流通費の縮減とを実現する。

　銀行制度は，まず，手形割引によって商業信用を促進し，商品変態を加速することによって流通時間そのものを短縮する。またそれによって，通貨（流通手段）の流通速度を加速し，流通に必要な貨幣量を減少させる。他方，商業信用の促進は，貨幣が用いられない取引を拡大し，貨幣を節約する。銀行制度のもとでは銀行券と小切手とが貨幣を代位するので，これによっても貨幣が節約される。さらに，当座性預金の取扱いと結びついた決済制度の発展などの貨幣取扱いの技術の発展は，流通する銀行券をも減少させる。最後に，銀行制度によって，個別資本にとっても資本主義的生産全体にとっても，購買・支払準備

金も遊休している貨幣資本も縮小される。

　［株式会社形成の媒介と促進］　銀行制度は，社会的総資本の諸部門への配分という役割を果たすことによって，資本主義的生産そのものをその可能なかぎりの最高の形態にまで発展させる手段となる。この最高の形態とは**株式制度**にもとづく**株式会社**であり，そこで運動する**株式資本**である。

3）まえの§8での「銀行制度形成の必然性」とこの§9での「銀行制度の役割」とのあいだの関連と区別とについて簡単に触れておこう。

　「銀行制度とはなにか」という問いにたいする答えは，資本主義的生産はなぜ銀行制度を創造しないではいなかったのかということ，言い換えれば「銀行制度形成の必然性」を明らかにすることを含んでいるはずである。たとえば「刃物とはなにか」という問いにたいして，「刃がついていて物を切ったり削ったりする道具」と答えるとき，この答えのなかには，人間が「物を切ったり削ったり」する必要からこのようなものをつくりだしたこと，したがってまた刃物がそのような機能を果たすことが含まれている。しかし，刃物は「物を切ったり削ったり」することだけに使われるわけではない。たとえば刃物（刀やナイフ）が果たす装身具としての役割は，いったん生まれた刃物が社会のなかで社会によって新たに与えられた役割である。すでに見たように，貨幣とはなにか，という問いにたいしては「一般的等価物としての役割を社会的に独占する商品」と答えることができるが，この答えのなかには，「一般的等価物としての役割」すなわちあらゆる商品にとっての価値鏡かつ価値体として役立つということが含まれている。だからこそ，貨幣の第1の機能である価値尺度機能と第2の機能である流通手段機能とは，どちらも金を貨幣にする本質的な機能なのである。それにたいして，価値尺度および流通手段として機能する貨幣としての金は，商品生産の発展のなかで蓄蔵貨幣の形態をとり，支払手段として，また世界貨幣として機能するようになる。しかし，蓄蔵貨幣の形態も支払手段および世界貨幣としての機能も，金をはじめて貨幣にするものではなく，いったん貨幣となった金が商品生産のなかで果たす独自な形態であり機能である。しかし，だからといって，これらの形態や機能が副次的などうでもよいものであるわけではなく，反対に商品生産の発展にとって決定的な役割を果たす。

　銀行制度についても同様のことが言える。これからあげる〈社会的総資本の配分の媒介〉，〈流通時間・流通費の縮減〉，〈株式会社形成の媒介と促進〉という銀行制度の三つの役割のうちのはじめの二つは，「銀行制度形成の必然性」を，銀行制度が果たす役割という見地から見たものであり，したがってそれは「銀行制度とはなにか」という問いにたいする答えのなかに含まれているはずのものである。それにたいして，最後の〈株式会社形成の媒介と促進〉という役割は，そのようにして生まれた銀行制度が資本主義的生産のなかで果たす新たなはたらきである。

　一見すると一部はたんなる繰り返しのように見えるまえの§8とこの§9とのあいだには，このような区別と関連がある。

資本の蓄積過程で資本の集中が進行して，大きな個別資本も現われる。しかし，資本主義的生産様式のもとで真に巨大な資本が出現するのは株式会社の形態においてである。株式会社では，同額の単位である株式を購入するという形態で資本が投下され，各株式に与えられる配当のかたちで利潤が分配されるので，大きさの異なる多数の資本がその大きさに応じて平等に利潤の分配にあずかることができる。いわば「資本家的共産主義」とも言うべきこの仕組みによって，きわめて多数の個別資本が結びつき，一つの**結合資本，アソシエイトした資本**が生まれる。

　株式会社の形成によって，第1に，生産規模のすさまじい拡大が生じ，私的資本には不可能な大規模企業が生まれる。それ以前は国家にしかできなかったような規模の企業が会社企業になる。

　第2に，資本が，私的資本に対立する社会資本（直接にアソシエイトした諸個人の資本）の形態をもち，資本の諸企業が，私企業に対立する社会企業として現われる。それは，資本主義的生産様式そのものの内部での，私的所有としての資本の止揚である。

　第3に，株式資本のもとでは，機能資本家はたんなるマネジャーに転化し，資本所有者はたんなる貨幣資本家に転化する。その結果，一方では，マネジャーが受け取るのは一種の熟練労働の「賃金」にすぎないものとなる。他方では，株式会社では，資本所有者は，マネジャーから最下級の労働者にいたるまでのすべてを含む「生産者」に対立して，外部からたんに他人の剰余労働を取得するだけの余計な存在であることが顕わになる。

　このような意味で，株式会社は資本主義的生産様式の内部での資本主義的生産様式の止揚であり，自分自身を止揚しないではいないような矛盾を含んだ存在であり，資本がアソシエイトした生産者（個人）の所有に転化するための必然的な通過点である。

　銀行制度は，資本主義的生産をこのような地点にまで推し進める役割を果すのである。

第6章　土地所有と地代

第1節　資本主義的生産と土地所有

§1　近代的土地所有と資本主義的農業経営

[**資本主義的生産は旧来の土地所有を近代的土地所有に変形する**]　資本主義的生産は，まず工業の部面で支配的な生産様式となったが，農業の部面では，前近代的な土地所有諸形態，具体的には封建的土地所有と小農民的土地所有とに直面した。資本は土地所有そのものを廃棄することはできず，旧来の土地所有を資本主義的生産に適合した形態に変形させることによって，はじめて農業を自己のもとに従属させることができた。新たにつくりだされた土地所有は，商品生産の所有法則に合致する土地所有であり，**近代的土地所有**と呼ばれる。ここでは，土地の私的所有者である土地所有者は，農業資本家である借地農業者と土地の賃貸契約を結び，一定期間の土地の利用にたいして，借地農業者からその代償として地代を受け取る。借地農業者は，農業労働者を雇用して，この土地の上で資本主義的農業経営を行なうのである。

§2　資本主義的地代

[**土地を利用させるとき，その対価として地代を要求する**]　商品生産社会では，土地所有者は土地にたいする私的所有権をもっており，自己の土地を完全に排他的に占有・利用・処分する権利を社会的に承認されている。彼は，自分の私有物である土地を，時間極めで他人に占有・利用させるときには，それの経済的な利用にたいして対価を要求する。これが**地代**である。

[**借地農業者は資本主義的地代を支払わなければならない**]　農業の部面で資本主義的生産を行なう資本家＝借地農業者は，農業生産に不可欠の生産手段である土地をもっていないので，これを土地所有者から時間極めで借りなければならない。その対価として貨幣形態で支払うのが，農業における**資本主義的地代**である。

［資本主義的地代の二つの基本形態：差額地代と絶対地代］　借地農業者が地主に支払っている地代を見れば，それに二つの基本形態があることに気づく。まず，豊穣度や地理的位置などの条件が有利な土地に支払われる地代が，それらの条件が不利な土地に支払われる地代よりも高額であることから，土地条件の違いに応じて大きさが異なる地代があることがわかる。経済学者はこのような形態の地代を**差額地代**と呼んだ。だが，どんなに条件の悪い土地でも，土地所有者がただで土地を貸すことはない。最も条件が悪い土地である**最劣等地**でさえも支払われる地代を経済学者は**絶対地代**と呼んだ。もちろん，どちらの地代も貨幣形態で支払われるのであって，借り手は貸し手に貨幣の形態である価値額を引き渡すのである。

［地代の基本形態を価値法則と剰余価値法則にもとづいて説明する］　経済学で問題となるのは，土地の借り手が土地の貸し手に差額地代および絶対地代として支払うこの価値額は，いったいどこからどのようにして生まれてくるのか，ということである。

本論の冒頭で述べた「経済の「循環的流れ」についての常識的イメージ」（☞図41 ⇒巻末折込み2）では，土地は，資本および労働とともに，生産において付加価値を生む生産要素であって，土地のもたらす付加価値は，土地サービスという商品の対価として企業が地主に支払うものと考えられている。つまり，土地はそれ自体として価値を生むのであって，それが地代となる，というのである。

しかし，われわれのこれまでの研究からは，価値は抽象的労働の物質化であって，土地そのものが価値を生むなどということはありえないことは明らかである。それではいったい，地代となる価値額は，どこからどのようにして生じるのであろうか。どこで物質化した労働なのであろうか。

このことを明らかにするためには，この二つの種類の地代を，これまで展開してきた価値法則および剰余価値法則にもとづいて，これらの法則が貫く形態として説明しなければならない。

理論的に筋道を立てて地代を論じようとするときには，まず差額地代を明らかにし，そのうえで絶対地代を論じる，というのが普通の順序であるが，ここでは，わかりやすさを優先させて，それらをその逆の順序で見ることにしよう。

第6章　土地所有と地代

第2節　絶対地代

　[**借地農業者は最劣等地でも絶対地代を支払わなければならない**]　最劣等の土地[1]にも土地所有者がいるかぎり，資本家である借地農業者がこの土地を資本主義的農業に利用するためには，土地所有者に地代を支払わなければならない。この地代が**絶対地代**である。

　[**それでも借地農業者は平均利潤を確保できなければならない**]　借地農業者は資本家だから，農業部門よりも高い利潤率の生産部門があれば，その部門に資本を移動させるであろう。だから，借地農業者が最劣等地を借りて農業経営を営むのは，彼が，絶対地代を支払ったのちにも，平均利潤を確保できるからである。

　[**農産物価格は平均利潤をもたらす水準でなければならない**]　借地農業者が，絶対地代を支払ってもほぼ平均利潤を取得できるとすれば，それは，彼が生産して販売する農産物の市場価格が〈費用価格＋平均利潤＋絶対地代〉の水準を中心に変動しているからである。〈費用価格＋平均利潤〉というのは生産価格だから，ここでは市場価格は，生産価格よりも絶対地代の額だけ高い水準にある，ということである。そして，農産物価格がほぼこのような水準にあるのは，この農産物の供給とそれへの需要とが，そのような価格をもたらすような比率を中心にして動いているということを意味する。

　[**資本が自由に流入できないので市場価格は生産価格より高くなる**]　しかし，すでに見たように，利潤率の異なる諸生産部門があって，それらのあいだでの

---

[1] 地球の表面である大地は，社会形態の如何にかかわらず，人間に生活と生産の場所を提供し，生活手段と生産手段とを供給する，天然の生活の場，仕事場，武器庫である。この大地をわれわれは「土地」と呼んでいる。しかし他方で，「私の土地」，「地主の土地」，「国家の土地（国有地）」などと言うとき，われわれは同じ「土地」という語で，ある社会形態のもとで特定の個人・人間集団・社会組織によって占拠・所有・占有されている，地上のある区切られた地面，大地のなんらかの面積をもった特定の部分を考えている。本書でも「土地」と言う同じ語をこの両様の意味で使っているが，それらがどちらの意味で使われているかは文脈によって容易に判断できるであろう。

資本移動に制限がなければ，自由な資本移動の結果，どの部門でも，市場価格が〈費用価格＋平均利潤〉すなわち生産価格を中心に変動するような需給関係が成立し，こうして利潤率の均等化が成し遂げられることになる。だから，農産物の価格が最劣等地でも絶対地代を支払えるような水準にある，というのは，この生産部門すなわち農業部門には，資本が自由に移動することができていないということを示しているわけである。言い換えれば，農業部門では価格が絶対地代分だけ生産価格よりも高いので，借地農業者に平均利潤率よりもそれだけ高い利潤率をもたらしているにもかかわらず，平均利潤率よりも高いこの利潤率をめざして農業部門に資本が流入してこないのである。

　[**土地所有の制限が障壁となって資本の流入を妨げる**]　資本が流入してこない原因は次のことにある。すなわち，この部門の資本家＝借地農業者は，利潤率と平均利潤率との差額を絶対地代として土地所有者に支払わないかぎり土地を利用することができないために，この部門の利潤率が平均利潤率より高くても，絶対地代を支払う資本家は平均利潤以上の利潤を入手することができないからである。つまり，土地所有とその人格化である土地所有者の存在が土地の自由な利用を制限し，したがってまた資本の流入を制限するのである。

　このような**土地所有による制限**が，工業諸部門から農業部門への資本の流入を妨げる**障壁**となって，市場価格の水準を生産価格まで引き下げるような供給の増加をもたらす資本の増加を阻止することになる。これは，土地所有の制限が農産物価格を〈生産価格＋絶対地代〉の水準に高どまりさせるのだ，と表現することもできる。

　[**絶対利潤となる価値はどこからくるのか**]　それでは，このような農産物価格の水準と生産価格との差額，つまり絶対地代となる価値はいったいどこからくるのだろうか。この価値はどこで生産されたものなのであろうか。

　[**農産物が価値で売られれば超過利潤が生じる**]　じつは，農業部門は，生産諸部門のなかでも，資本の有機的構成が低い部門である。いわゆる〈労働集約的〉な産業である。なぜなら農業では，自然条件による大きな制約があるだけでなく，資本の自由な流入が困難で，急速な資本蓄積とそれにともなう労働生産力の急速な上昇とが生じにくいために，一般に労働生産力が工業部門よりも低く，したがってまた資本の有機的構成が工業部門よりも低いからである。す

でに本篇の第2章第2節で見たように，このような生産部門では，資本構成の高い他部門と剰余価値率が同一であれば，利潤率はそれらの他部門よりも高いので，そこでの生産物が価値どおりに売られるならば，平均利潤よりも多くの利潤がもたらされることになる。つまり，そのような部門の生産物が価値で売られるならば，この部門の資本は，価値と生産価格との差額を**超過利潤**（これは部門内諸資本の生産力格差から生じる超過利潤と区別して，**超過利潤の第2形態**と呼ばれることがある）として取得できるのである。農業部門とは，まさにそのような部門である。

　［**土地所有の制限による超過利潤が絶対地代に転化する**］　絶対地代となるのは，農産物の価値と生産価格との差額であるこのような超過利潤であり，したがって，この価値部分は，農業部門で生産された剰余価値にほかならない。農業部門の労働者の剰余労働が**絶対地代の実体**なのである。絶対地代の理解のかなめはここにある。要するに絶対地代は，土地所有による参入障壁が農業部門への資本の自由な流入を阻止することによって，この部門で取得された剰余価値の一部が超過利潤となり，それが土地所有によって地代に転化したものなのである。次に掲げる図228のうち，左方の工業諸部門の部分は，第2章で見た図208と同じものである。土地所有の障壁が利潤率のこのような均等化を妨げるために，農業部門では超過利潤が発生し，それが絶対地代に転化するのである。

図228　土地所有の制限によって生じる超過利潤の絶対地代への転化

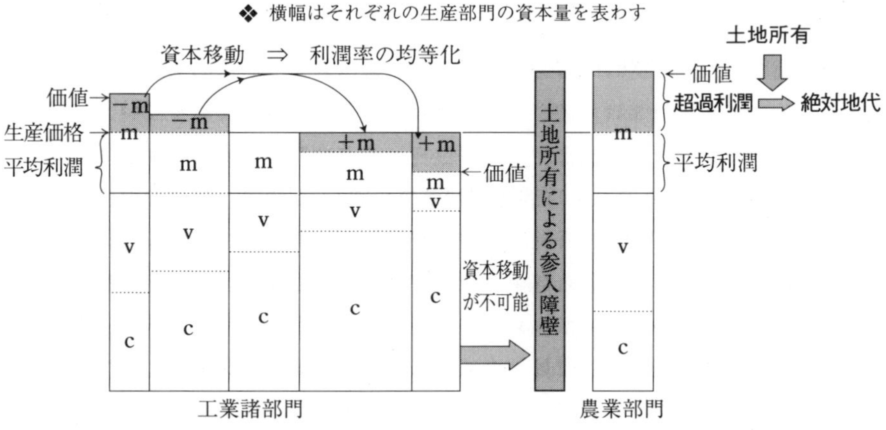

ただし，絶対地代がこの超過利潤の全部を飲み込むとはかぎらない。それがどれぐらいの大きさになるかは，土地所有者たちと農業部門に参入する用意のある借地農業者たちとの力関係と，それによって変動する農産物の需給関係とによって決まるのである。

[**異常な需要による独占状態から地代が生じることがある**]　なお，なんらかの偶然的，外的な原因から，「買い手の欲求と支払能力だけによって規定される」ような需要が農産物の市場価格をそれの価値よりも高いところにまで引き上げることがありうる（『資本論』第3部，MEW, Bd. 25, S. 772, 783）。この場合には借地農業者は，土地所有者に価値と生産価格との差額のすべてを絶対地代として支払っても，なおそれを超える超過利潤を取得できる。もし，土地所有者が借地農業者からこの超過利潤の全部または一部を地代として支払わせることができるときには，この地代となる価値は，絶対地代とは異なり，農業部門で生産された剰余価値ではなく，一種の独占状態によって他部門からそこで生産された価値を取得するのである。そこで，この地代は**独占地代**と呼ばれる。

第3節　差額地代

[**最劣等地以外のすべての土地がもたらす差額地代を見よう**]　さて，こんどは，土地条件の優劣によって大きさが異なる地代である差額地代を見よう。**差額地代**は，最劣等地以外のすべての土地を利用する借地農業者が土地所有者に支払う地代である。

前節ですでに，農業部門では，土地所有の制限によって，生産物の市場価格の変動の中心が生産価格ではなくて価値にまで押し上げられることを見たので，ここでは，農産物の市場価格は基本的にそれの価値によって規定されるものと考えることができる。そして，土地の優劣にかかわりなくすべての借地農業者が，価値と生産価格との差額である超過利潤を土地所有者に絶対地代として支払うものと想定しよう。

[**競争は個別的価値から市場価値を成立させる**]　差額地代は，土地条件の相違によって大きさが異なる地代であるが，農業部門でも，そのような土地条件の相違にかかわりのない，資本が新たにつくりだしたり採用したりすることの

できる生産条件の優劣によってつねにさまざまの個別的価値が存在する。

　土地条件がまったく同じであったとしても，農業技術の応用の巧拙，機械化や分業などの労働者の組織化の度合，そして経営規模の大小などによって，同一の投下資本がもたらす収穫量に差が生じないわけにはいかないから，単位生産物の個別的価値は，優等な生産条件をもつ資本では低く，劣等な生産条件をもつ資本では高い。このような生産条件の相違は，個々の資本そのものに属するものであるが，どの資本にも採用可能なものであって，むしろ競争はどの資本にも，より進んだ条件を採用するように強制するのである。このような条件を**資本条件**と呼ぼう。

　資本条件をめぐる部門内での諸資本の競争は，さまざまの個別的価値から，それらの加重平均である一つの市場価値を成立させる。その結果，市場価値とは異なる個別的価値をもつ商品を生産する資本家のもとでは超過利潤と欠損価値とが発生するが，この超過利潤はそれぞれの資本に帰属し，欠損価値もそれぞれの資本が負担しなければならない。図229の左方に見られる工業部門では，資本条件を異にする，それぞれの部門内部の諸資本の商品が価値で販売されることによって，一方に超過利潤，他方に欠損価値が発生していることが示されている[2]。

　農業部門でも，個別的諸資本はつねにさまざまの資本条件をもっているのであって，農産物の市場価値はさまざまの個別的価値の平均として成立しているのであるが，これらの事情は工業諸部門の場合とまったく同じであるから，資本条件の相違から生じる個別的価値の相違は度外視し，そのような相違は存在しないものとしておこう。

　[**農業経営は不可避的に資本条件とは異なる土地条件をともなう**]　しかし農業部門では，資本条件を度外視しても，もう一つ，生産条件におけるきわめて重要な相違が存在する。

　農業経営を行なう資本にとって，土地は不可欠の生産手段であるにもかかわらず，どの土地もそれぞれ異なった固有の自然的かつ地理的な事情をもち，同じものをつくりだすことも移動させることもできない。このような土地に固有の事情にもとづく生産条件，とくにその豊度と地理的位置とは，一方では，個々の資本が新たにつくりだすことができないものであると同時に，他方では，

図229 土地条件から生じる超過利潤の差額地代への転化

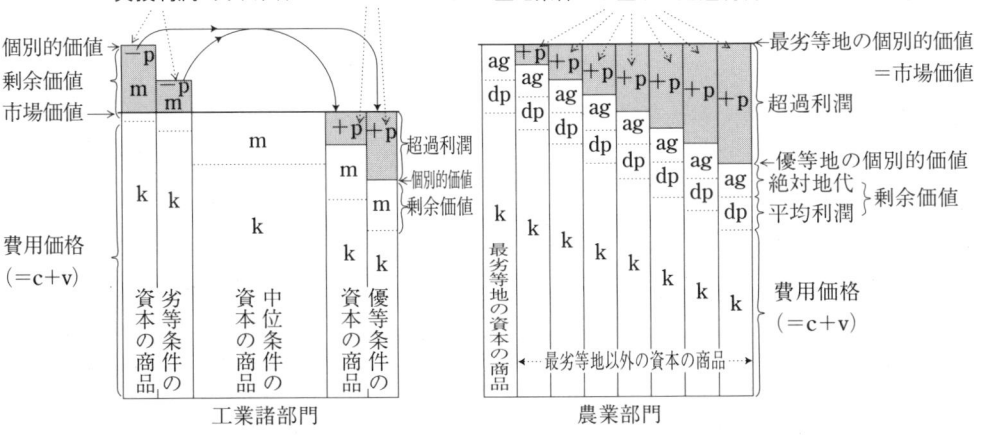

❖ 横幅はそれぞれの資本が生産する商品量を表わす

2）図229のうち，工業諸部門の「個別的価値」，「市場価値」，「剰余価値」は，正確には，それぞれ「個別的生産価格」，「市場生産価格」，「平均利潤」とすべきところである。しかし本書では，ここで「個別的生産価格」および「市場生産価格」という新しい概念を付け加えることを避けた。

　第2章ですでに見たように，部門間の資本移動を度外視すれば，部門内の競争は，諸資本の生産する商品のさまざまの個別的価値から，それらの加重平均である一つの平均価値＝市場価値を成立させる。市場価格はこの市場価値を中心に変動することになる（☞第2章の図204）。

　部門間の諸資本の移動が行なわれて利潤率の均等化が行なわれれば，どの部門でも生産価格が成立する。商品が生産価格で売れるときには，個別的生産価格（個別的費用価格＋平均利潤）が生産価格よりも低い商品を生産する資本は超過利潤を獲得し，それが生産価格よりも高い商品を生産する資本のもとでは欠損価値が発生する。つまり，生産価格が成立したのちにも部門内の諸資本の競争が作用しているのであって，この競争は，商品のさまざまの個別的生産価格から一つの平均的な生産価格を成立させている。部門内のさまざまの個別的生産価格の平均として成立するこの生産価格を個別的生産価格と区別する必要があるときには，この生産価格を〈市場生産価格〉と呼ぶのである。

　個別的生産価格と市場生産価格との関係は，個別的価値と市場価値との関係と基本的に同じである。

第6章　土地所有と地代　387

そうであるがゆえに個々の資本がそれの使用を独占することができるものである。このような生産条件を，さきに見た，資本が新たに採用して充用することができ，したがってそれの使用を独占することが不可能な資本条件にたいして，**土地条件**と呼ぶのである。

　[**独占可能な土地条件とは最劣等地を超える土地がもつ条件である**]　ただし，自然的・地理的事情が，すでに使われている土地のうちの最劣等の土地と同等の土地や，あるいはそれよりも劣悪であって資本によってまだ使われていない土地であれば，これらの土地の利用は，絶対地代を支払いさえすれば，この部門に新たに参入するどの資本にとってもつねに可能であり，開かれている。だから，新たにつくりだすことのできない独占可能な土地条件とは，厳密に言えば，最劣等地を超えるすべての土地のもつ条件である。

　[**例外的な生産条件は市場価値の決定に関与しない**]　最劣等地以外のすべての土地がもつ土地条件は，資本にとっては外的に与えられた生産条件であって，そのような土地をもつ土地所有者から借りることができないかぎりは生産に利用できない条件である。資本家である借地農業者にとっては，これらの土地条件は相互間の競争の条件には属さない例外的な生産条件である。このような例外的な生産条件のもとで生産される商品の例外的に低い個別的価値は，この部面での市場価値の成立には関与せず，個別的価値の水準も商品量も市場価値にはまったく影響しない。

　[**市場価値は最劣等地の商品の個別的価値によって決定される**]　それでは，市場価値の成立に関与し，その水準を決定するのは，どのような商品の個別的価値なのであろうか。それは，独占不可能な例外的でない生産条件のもとで生産された商品の個別的価値である。いまは資本条件の相違はないものと想定しているのだから，それは，利用されている土地のうちの最劣等の土地で生産された商品だけである。つまり，ここでは，市場価値は最劣等地の商品の個別的価値によって一義的に決定されるのである。言い換えれば，農産物の市場価格の変動の中心となるそれの市場価値は，最劣等地の商品の個別的価値と等しい。だから，かりに最劣等地の生産物量がこの部門全体の総生産物量のわずか1％でしかなかったとしても，最劣等地で生産された商品の個別的価値が市場価値を決定するのであって，そのほかの99％の生産物の個別的価値がこの市場価値を

下回る，ということが生じうるのである。さきの図229の右方に示した農業部門では，資本条件の相違から生じる個別的価値の相違は度外視されており，最劣等地以外の土地条件が異なる土地を利用する資本が生産する農産物のさまざまの個別的価値と，それらとはまったく独立に最劣等地の生産物の個別的価値によって規定される市場価値とが示されている。そして，すでに第2章で見たように，個別的価値が市場価値を下回るときには，そこに超過利潤が発生する。いまの例では，この部門のすべての商品が市場価値で売れれば，99％の商品が資本に超過利潤をもたらすことになるのである。

　[**土地条件の相違にもとづく超過利潤は差額地代に転化される**]　しかし，資本主義社会では，土地を私的に所有することが社会的に承認されており，それぞれの土地に，**土地所有の人格化として土地所有者**が存在する。そして，この土地所有ないし土地所有者は，所有対象である土地に固着している土地条件にもとづいて生じたそのような超過利潤を自己に引き渡さないかぎり，資本にその土地の使用を許さない。土地所有者は，この超過利潤はそれぞれの土地が生んだ果実だとして，資本にその引き渡しを要求するのである。他方，資本のほうでは，この超過利潤をそっくり引き渡してもなお平均利潤は取得できるのだから，この超過利潤を引き渡してもその土地を利用しようとする資本はつねに存在する。こうしてこの超過利潤は，土地所有に帰属する地代，正確には**差額地代**に転化するのである。（以上，図229の右方の農業部門の部分を見よ。）

　[**市場価値法則の貫徹の結果として超過利潤が発生する**]　この超過利潤は，資本条件の相違にもとづくものではなくて，土地条件の相違によって生じたものであり，一見したところ，これを生み出したものは，優等な土地という自然そのものであるかのように見えるかもしれない。けれども，この超過利潤は，どの商品についても部門内の競争によって一個同一の市場価値が，したがってまた市場価格が成立しないではいない，という**市場価値の法則**の貫徹の結果として，この生産部門にもたらされたものである。だから，この超過利潤はまったく社会的なものであって，土地そのものの属性が生み出したものでないことは明らかである。

　[**市場価値が平均価値なら超過利潤は部門内の剰余価値である**]　第2章ですでに見たように，資本条件だけで競争を行なっている工業部門では，部門内部

の有利な生産条件をもつ資本が取得する超過利潤は不利な生産条件をもつ資本のもとで生産された剰余価値が移転したものであって，超過利潤となる価値の実体は部門内部で生産された剰余価値である。つまり，図229左方の工業諸部門のところに示したように，超過利潤のプラスと欠損価値のマイナスとは部門内部で相殺されるのである。

かりに，農業部門でも市場価値が，このような資本条件の場合と同じく，土地条件の優劣によるさまざまの個別的価値を加重平均して得られる平均価値によって規定されるのだとすれば，その場合には，優れた土地条件で生産する資本が取得する超過利潤は，劣った土地条件で生産する資本のもとで生産された剰余価値が移転したものであり，後者が欠損価値を出すのに対応するのであって，超過利潤となる価値の実体は農業部門内部で生産された剰余価値であることになる。

　[差額地代となる価値は他部門での労働が生産したものである]　ところが，農業部門での土地条件の相違にもとづく超過利潤は，最劣等地で生産する資本以外のすべての資本が取得するのであって，農業部門内部で相殺されることがない。つまり，この超過利潤のプラスに対応するマイナス（欠損価値）はこの部門の内部にはないのである。だから，農業生産物がその市場価値で他の生産部門に販売されるなら，農業部門は，優れた土地条件で生産する資本の超過利潤だけの価値額を，他の生産部門から受け取ることになる。つまり，差額地代に転化する超過利潤は，農産物が市場価値で売られることによって，他の生産部門から移転した価値なのである。図229の農業部門では，土地条件から生じる超過利潤のプラスに対応するマイナスがこの部門の内部には存在しないことが示されている[3]。

このように農業部門が，他の生産部門に農産物を販売することによって，買

---

3)　だから，農産物が市場価値で販売されるとき，この市場価値は買い手（他の生産部門）にたいしてはまごうかたなき〈社会的価値〉として通用するにもかかわらず，そのうちの，最劣等地以外の土地での資本が取得し絶対地代に転化する超過利潤の部分は，農業部門で生産された価値（農業労働者の抽象的労働が対象化したもの）ではないのであり，したがって価値実体のない〈価値〉，「見せかけだけの〔falsch（英語のfalse）〕社会的価値」（『資本論』第3部, MEW, Bd. 25, S. 673）なのである。

い手である他部門からこの超過利潤だけ多くの価値額を受け取るのであって，他部門から受け取るこの価値額は，「消費者とみなされた社会が土地生産物のために過多に支払うもの」であり，それが「土地所有者にとってのプラス」となっている。つまり，土地の私的所有という，資本の運動にとっては外的な力が，社会からこれだけの価値額を取り上げて，土地所有の人格化である土地所有者の収入にしているのである。

　[差額地代の第1形態と第2形態]　なお，土地の豊度や地理的位置にもとづいて生じる，以上の差額地代は**差額地代の第1形態**と呼ばれる。

　同一の土地に継起的に追加の資本投下が行なわれたときに，生産性の劣る追加投資によって市場価値が上昇し，その結果超過利潤が生じるなら，土地所有者はこれも地代として引き渡すことを要求するのであって，これも差額地代となる。この差額地代は**差額地代の第2形態**と呼ばれる。この場合も超過利潤は土地条件の相違にもとづくのであり，第1形態の変形にほかならない。

第4節　資本と土地所有

　[近代的土地所有でさえ資本にとっては外的な存在である]　すでに触れたように，土地所有は資本にとって外的な力であり，資本の運動そのものにとってはまったく不要なものである。それにもかかわらず，資本主義的生産が生まれてきたとき，資本は，目の前に見いだした土地所有そのものを廃棄することができず，ただ，それの前資本主義的な諸形態を「近代的」な形態に変形して自己に従属させることができただけであった。

　[商品生産である資本主義的生産は私的土地所有を廃棄できない]　それではなぜ，資本は土地所有そのものを廃棄することができなかったのか。それは，資本主義的生産が発展した商品生産であるからである。商品生産のもとでは，商品交換の部面で商品生産の所有法則が貫徹し，商品所持者および貨幣所持者の私的所有が社会的に承認され，法的な権利として確立している。法的に表現すれば，この社会は，私的所有と私的所有権とを承認することのうえに成り立っている社会なのである。このような社会が，土地についてだけ私的所有を廃止できるはずがない。できるのは，土地についても，商品生産の所有法則に合

致するような所有と所有権とを確立することだけである。このようにして成立した土地所有こそ，**近代的土地所有**である。

そうである以上，資本主義的生産の発展のなかで，資本が，それに寄生しているだけの土地所有を煩わしいもの，できれば振り払いたいものと感じながらも，そうすることができないのは当然のことである。

　［**土地国有も土地の私的所有の一形態である**］　しかし，資本主義的生産のもとでも私的な土地所有の形態はさまざまでありうる。一般に〈土地所有〉という言葉で直接的に観念されるのは，生きた人格である諸個人が土地所有者となっている形態であるが，現代の社会では，生きた個人ではない**株式会社**などの**法人**が土地所有者となっている。このような法人所有も私的所有の一形態であることは誰しも認めるであろう。さらに地方自治体による所有もある。そしてその先にあるのが国家による所有，すなわち**国有**である。誰でも知っているように，先進資本主義諸国のどこででも広大な土地が国有地となっている。この国家による所有は，他の国家にたいして私的な所有であるだけでなく，国有となっている土地から切り離されている諸個人にたいしても私的所有である。この諸個人には，労働する諸個人だけでなく，資本の人格化である資本家もはいる。資本家が土地を国家から借りて経営を行ない，対価として地代を支払うとき，国家と資本家との関係は私的所有者と私的所有者との関係なのである。

　［**土地の国有は資本にとって最善の土地所有形態である**］　だから，資本主義社会の内部でも，土地所有が資本に負わせる負担を軽減するための政策として「**土地の全面的な国有化**」が提起されるのはけっして奇異なことではない。むしろ，資本主義社会の内部での私的土地所有形態の究極の形態は土地の国有である。資本家階級にとっては，土地の国有は，許すことのできる最善の土地所有形態なのである。土地が国有化されれば，差額地代を土地所有者階級の手から取り上げて，資本の国家のものとすることができ，さらに絶対地代を廃止して，農業における資本・賃労働関係を全面的に発展させることができるようになるからである。

　［**しかし資本家階級自身は土地の全面的国有化を実行できない**］　しかし，生きた個人や私的な法人による土地所有が支配しているときに，これを全面的に国有化するということは，資本家階級の利益を代表する政権にはまったく不可

能である。なぜなら，そのような試みは，資本主義的生産に適合している私的所有の法的構造の根幹に触れるものであり，資本所有そのものの正当性を問うところにまで進まないではいないからである。

［国家資本主義国における土地国有も私的土地所有の一形態である］　しかし，さまざまの歴史的な経緯から，資本主義のもとでも土地の一般的な国有が存在したし，現在でも存在している諸国がある。いわゆる「現存社会主義」の諸国では，土地は多くの場合，基本的には国有（名称は「人民有」などさまざま）であったし，現在もそうである。それらの国々は「社会主義」を名のっているが，経済構造は本質的に，**国家資本主義**と呼ぶことのできる資本主義のシステムであって，そこでの土地国有は，労働する諸個人にたいしても，そこで運動しているさまざまの形態の資本にたいしても，私的所有以外のなにものでもない。また多くの発展途上国でも，農地改革にともなって土地の国有化が宣言されたが，それらの土地国有が，私的所有に対立する社会的所有でなかったことはいまや完全に明らかであろう。

［全面的な土地国有化の要求は私的所有の正当性を問うことになる］　このように，土地の国有化は資本主義的生産の枠内での改革であるが，しかし，労働者階級が資本主義的生産を乗り越えて進もうとするとき，この要求をかかげて闘うことには大きな意義がある。この闘いは，商品生産の所有法則の貫徹とその結果としての資本主義的取得の法則の貫徹とを明らかにすることによって，**私的所有そのものの正当性を問う**ことになるのであり，さらに，土地の国有化でさえも，そこでとどまるかぎりはいまだ私的所有の枠を乗り越えるものではないのだ，ということを明らかにするのである。

第5節　土地価格

［労働生産物でない土地も売買されている］　土地は労働生産物ではないから，それ自体は価値をもたない。それにもかかわらず，人間の手がまったく加わっていない土地そのものが高い価格をもって売買されている事実がある。この価格はなにによって規定されているのであろうか。

［土地価格は需要・供給だけによって規定されているのか］　言うまでもなく，

発展した資本主義社会ではありとあらゆるものが商品となるのであって，その価格がおよそ経済的な法則とはまったく無関係な偶然的事情以外になんの根拠ももたない「買い手の購買欲と支払能力だけによって規定されている価格」であるような商品がいくらでもある。マリリン・モンローが着ていたドレスの「価格」もそうであり，選挙の1票の「価格」もそうである。それでは，土地の価格も，このようにもっぱらそれの供給とそれへの需要だけによって規定されているのであろうか。

　[**土地価格は地代を利子率で資本還元した擬制価格である**]　そうではない。流通市場での株式の価格については，実際の市場での価格がどんなにそれから乖離しているとしても，一般に，それぞれの株式がもたらす配当——これの大きさはその株式会社の利潤の大きさを反映するはずのものである——をときどきの利子率で資本還元したものがそれぞれの株式の「適正価格」であると認められている。土地についても，それを時間極めで貸すことが土地所有者に一定の地代をもたらす，ということが資本主義的生産のもとでの一つの経済法則である以上，土地そのものが売買されるときには，この地代の大きさが土地の価格を規定しないわけがないのである。一定の定期的な収入をもたらす源泉は，利子を生む利子生み資本と見なされて資本還元され，擬制価格が成立することはすでに前章で見た。**地代**も，土地所有者にとっての収入であるから，それが**ときどきの利子率で資本還元**されて，**土地の価格**と観念されるのであって，土地価格はこうした擬制価格の一つである。土地の売買は，実際の価格がこの「**資本化された地代**」とどれほどの開きがあるかを勘考しながら行なわれることになる。需要が供給にたいして著しく強くて，市場価格がこの「理論価格」から著しく乖離している場合には，この乖離をもたらす事情ないし原因が解明されるべきではあっても，この事実から「理論価格」そのものの存在を否定することは決してできないのである。

　[**資本主義的生産の発展とともに地価は上昇する傾向がある**]　本篇の第3章で見たように，資本主義的生産の発展は利潤率の低下の傾向を含んでいる。そして，第5章で見たように，利子率の上限は利潤率によって画されているのだから，利潤率の低下とともに利子率の上限の低下が，したがって利子率の平均的な水準の低下が生じざるをえない。利子率が低下すれば，利子率によって資

本還元されることによって成立する，もろもろの収入源泉の擬制価格も上昇することになる。利子率によって資本還元された擬制価格である土地価格もまったく同様である。だから，資本主義的生産の発展がもたらす利子率の水準の低下とともに地価は上昇する傾向をもたないではいない。しかも，土地の借り手が土地所有者に支払う実際の借地料には，資本主義的生産の発展とともに，さきに見た本来の地代のほかに——ここではもうこれに立ち入ることができないが——さまざまの要素が含まれるようになるのであって，土地価格はこうした借地料の全額を資本還元した擬制価格となるために，さらにいっそう上昇する傾向がある。こうして，地球の表面の一部をわがものとすることを社会的に承認されている，生産にはまったくかかわらない諸個人，すなわち土地所有者によって社会の富から取り上げられる部分が，資本主義的生産の発展とともに増大し，それとともにまた，それらの諸個人の「所有」する区切られた地球表面の「価値」が上昇していくのである。

第6節　土地物神

　[商品生産社会では自己労働による土地取得の観念が確立する]　土地の私的所有とは，社会的な承認のもとに，地球の表面の人為的に区切られた一部を排他的に使用・処分できる状態にあることであり，この**私的土地所有の人格化**が**土地所有者**である。発展した商品生産社会である資本主義社会では，市場では商品生産の所有法則が貫徹している。すなわち，商品所持者と貨幣所持者が市場にもってくる商品および貨幣はそれぞれ自己労働によって取得したものとして相互に承認しあうことによって売買が成り立つことになっているので，この社会では，土地についてさえも，〈なんらかの仕方で自己労働によって取得したものだ〉とする観念——たとえば〈自己労働によって取得した貨幣によって買ったものだ〉という観念——が確立しないではいない。そして，前節で見たように土地が価格をもち売買されることが，この観念を最終的に完成させることになる。なぜなら，土地市場で土地を買った土地所有者は，安んじて，その土地を〈自己のもつ貨幣によって，したがってつまるところ「自己労働によって」取得したのだ〉と観念することができるからである。

[土地は所有者に果実をもたらす果樹だという観念が確立する]　土地所有者がそのようにして自分に属するものだとしている土地を時間極めで資本家の手に委ねておくと，ただそれだけで彼は地代を取得することができる。土地は彼にとって，地代という果実を生んでくれる果樹である。そこで，〈自己労働によって正当に取得した土地が果実をもたらすのは当然であり，だから実際に果実をもたらすべきものだ〉という観念が確立する。

　[地代は生産費用であり費用価格にはいるという観念が確立する]　時間極めで土地を借りる資本家にとって，その土地は生産条件の一つをなすものであるが，それにたいして支払う地代は，これまで見てきたように，労働者が生産する剰余価値の一部分である。ところが，資本家は，一定期間土地を使用するために地代を支払うという表面的な事実から，〈地代は一定期間の土地の使用そのもののもつ価格への支払であって，生産費用の一部，具体的には費用価格の一部だ〉と観念しないではいない。そして，この一定期間の土地の使用が生産条件として生産物にかかわるので，〈生産物の販売価格によって回収される費用価格には地代相当分の価格もはいっているのだ〉と観念するようになる。

　[〈土地―地代〉による三位一体的定式の完成]　経済学者たちは，〈生産要素としての土地が収入の源泉となり，地代という果実をもたらす〉という当事者のこのような観念を，そのまま自己の理論のなかに取り入れ，すでに見た，〈労働―労賃〉および〈資本―利子〉という二つの項と並ぶ，この〈土地―地代〉という第3の項によって三位一体的定式を完成させる。

　[土地物神が生産当事者を引き回す]　このような転倒した観念の世界のなかで，地球表面の区切られた一部でしかない土地が，商品物神，貨幣物神，資本物神と並ぶ土地物神として，生産当事者たちを引きずり回すことになる。1980年代末までのわが国で，「土地神話」が広く信じられ，この妄想のうえで巨大銀行からサラリーマンまでが踊り狂ったのは，その一つの具体的な現われにほかならない。

第7章　収入諸形態と諸階級

第1節　収入とその源泉

［収入］　収入（Revenue〔独〕, revenue〔英〕, revenu〔仏〕）とは，一定の源泉から繰り返して収得され，その源泉を損うことなしに自由に消費されうる価値，あるいはそれによって度量される生産物を意味する。その語源は「再びやってくる」という意味のフランス語 revenir である。

［**資本主義社会における諸収入の源泉は労働者の生きた労働である**］　これまでの研究で，資本主義的生産様式のもとでの収入の基本形態がすべて明らかになっている。すなわち，賃労働者の**労賃**，機能資本家（産業資本家および商業資本家）の**企業利得**，貨幣資本家の**利子**，土地所有者の**地代**である。

これらの収入の真の源泉がなんであるかも，われわれはすでに完全に知っている。

最も重要なことは，それらすべてが労働者の新たな生きた労働が創造する新価値の一部分にほかならない，ということである。それ以外のところからは，どんな収入も生じようがないのである。

［**労賃→賃労働者**］　いっさいの収入の源泉である新価値を生産する賃労働者は，そのうちの必須労働の対象化である，労働力の価値の等価を，だから資本家によって投下される可変資本価値の等価の部分を，商品としての労働力の対価として受け取る。これは，どんな社会でも労働する諸個人が消費しなければならない労働ファンドの資本主義的形態である。賃労働者は，自己の必須労働の対象化を資本家から受け取るのであって，これが賃労働者の収入となるのである。

［**企業利得→機能資本家**］　機能資本家（産業資本家および商業資本家）は，彼の所持する貨幣を資本として生産過程または流通過程に投下し，平均利潤を取得する。平均利潤は，産業資本家の総利潤が資本量に応じて各機能資本家に分配されたものである。産業資本家の利潤とは，もともと剰余価値，すなわち，

産業資本家が生産過程で取得した労働者の剰余労働の対象化にほかならない。しかし，機能資本家は，取得した平均利潤をすべて収入として消費することはしない。第1に，その一部を，資本蓄積のための蓄積ファンドに転化する（蓄積ファンドの一部は労働ファンドに転化する）。第2に，彼が資本の全部ないし一部を貨幣資本家から借り入れている場合には，貨幣資本家に利子を支払わなければならない。第3に，彼が生産諸条件の一部をなす土地を土地所有者から借り入れている場合には，土地所有者に地代を支払わなければならない。この3項目を除いた残りの部分が機能資本家の企業利得であり，彼の消費ファンド，すなわち彼が消費できる収入となるのである。

［利子→貨幣資本家］　増殖可能な貨幣を所有している貨幣資本家は，機能資本家にその貨幣を資本として貸し付けることによって，機能資本家から機能資本家の平均利潤の一部を，利子という形態で取得する。これが貨幣資本家の収入となる。

［地代→土地所有者］　大地の一部を自分のものだと主張することを社会的に承認されている土地所有者は，その土地を機能資本家に貸すことによって，機能資本家から機能資本家の平均利潤の一部を，地代という形態で取得する。これが土地所有者の収入となる（図230）。

［総収入は労賃と純収入とに分けられる］　資本の生産物が含む総価値（生産物価値）のうち，賃労働者の新たな生きた労働の対象化すなわち新価値は，以上のすべての収入の源泉である。労賃，企業利得，利子，地代となる価値（ないしその価値を含む生産物）部分は「総収入」と呼ばれる。しかし，この総収入のうち，賃労働者の労賃とそれ以外の収入とのあいだには，本質的な区別がある。労賃以外の収入は，新価値のうちの剰余価値を源泉とするのにたいして，労賃は，新価値のうちの可変資本の補填に必要な価値部分を源泉とするのであって，それは賃労働者にとっては収入であるが，資本家にとっては資本である。資本家にとって資本である労賃の部分を除いて，剰余価値を源泉とし，資本家（機能資本家および貨幣資本家）および土地所有者の収入となる部分を，総収入にたいする「純収入」と呼ぶ。

［社会的再生産においても総収入と純収入との区別は明白である］　個別資本家の立場から見るかぎり，総収入と純収入との区別はつねに明白である。しか

図230　資本主義的生産様式における諸収入とそれらの真の源泉

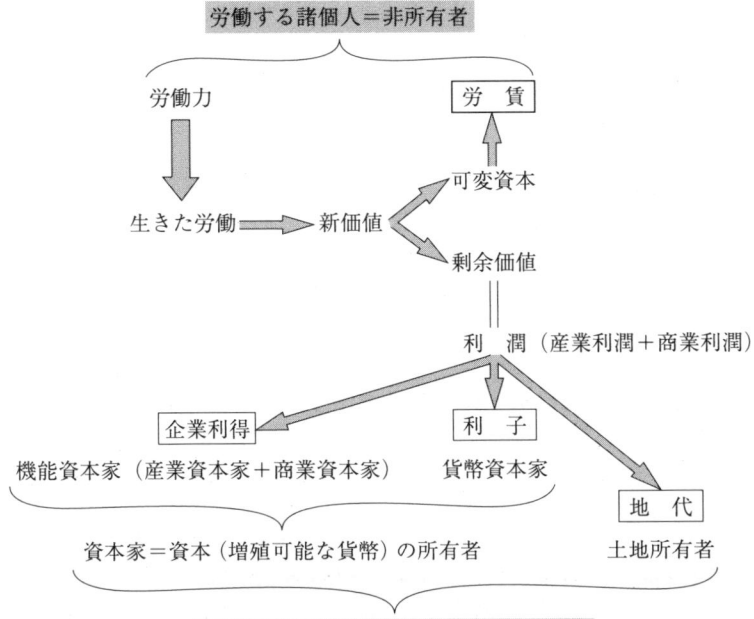

```
                    労働する諸個人＝非所有者

         労働力                        労　賃
                                        ↑
                                      可変資本
         生きた労働 → 新価値 <
                                      剰余価値
                                        ‖
                              利　潤（産業利潤＋商業利潤）

            企業利得              利　子
     機能資本家（産業資本家＋商業資本家）　貨幣資本家
                                                    地　代
         資本家＝資本（増殖可能な貨幣）の所有者    土地所有者

              生産手段および貨幣の所有者＝非労働力
```

し，社会全体の立場から見ると，すでに見たアダム・スミスの$v+m$ドグマのように，外見にまどわされた混乱した観念が生じる（☞第2篇第3章第2節§3）。けれども，新価値は，社会形態の如何にかかわらず労働する諸個人の新たな労働が生み出す新生産物がとる資本主義的形態であり，剰余価値は，新生産物のうち労働ファンドである必須生産物（＝必須生活手段）を超える剰余生産物がとる資本主義的形態であることを熟知しているわれわれにとっては，社会全体の立場から見ても，総生産物の総価値のうちから総不変資本価値を除いた新価値が総収入となり，剰余価値が純収入となることはすでに明白である。

第2節　国民所得

[社会的総生産物の価値構成＝$c+v+m$]　社会的総生産物の価値は，すでに第2篇第3章で詳しく見たように，資本主義的生産様式では社会的総資本の生

第7章　収入諸形態と諸階級

産物の価値であって，それの生産に投下された不変資本および可変資本とそれらの増殖分である剰余価値とに分けることができるが，このうちの不変資本価値は，生産手段に含まれていた過去の労働の対象化である旧価値が生産物に移転した部分であるのにたいして，可変資本価値および剰余価値は，労働者の新たな労働が対象化して形成した新価値である。この新価値の部分が，新たに生産を拡大するための，すなわち資本を蓄積するための蓄積ファンド（このうちの一部はさらに追加労働者の労働ファンドに転化する）と各種の収入とに分かれる。可変資本価値は，一方では資本家がすでに投下した可変資本を補塡すると同時に，他方では賃労働者の労働ファンドである労賃となり，剰余価値は資本家および土地所有者の収入となる（図231）。

図231　社会的総生産物の二つの価値構成部分と新価値の分解

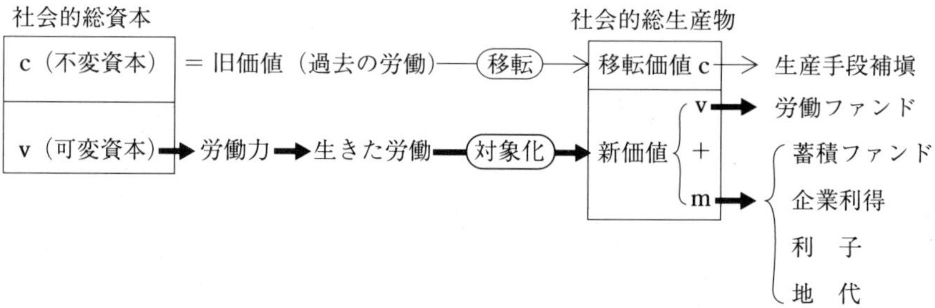

[国民総生産]　一つの社会または国で1年間に生産された社会的総生産物は「国民総生産物」または「国民総生産」と呼ばれる。それは，物的視点すなわち使用価値の視点から見れば，無数の異なった生産手段と無数の異なった消費手段とからなっており，価値の視点から見れば，不変資本の移転価値および新価値からなっている。そして新価値は，可変資本価値とそれを超える剰余価値とに分けることができる。

[国民所得]　このうち，その年度に消費された生産手段を補塡することに充てられるべき不変資本の移転価値は，単純再生産の場合でさえも，収入となることはできない。それにたいして，新価値の部分は収入に転化しうるのであって，単純再生産の場合には実際そのすべてが収入に転化する。国民総生産物のうちで一国民が収入として処分することの可能な部分は「国民所得」（この場

合には収入を所得と表現するのが普通である[1]）と呼ばれるが，年間総生産物価値のうちのこの新価値こそ，国民所得をなす価値部分である（図232）。

図232　国民総生産と国民所得

国民総生産 $\begin{cases} 移転価値 = 前年度から移転・保存された価値 = c \\ 国民所得 = 今年度に新たに生産された価値 = v + m \end{cases}$

［国民所得の第1次分配］　新価値は，物的生産物の生産過程およびそれの延長である物流過程での新たな労働である。その生産をになう資本は，産業資本である。だから，国民所得は，製造・加工・建設業，農林水産業，鉱業，電気・ガス・水道業，運輸・保管・通信業，などの生産部門の諸資本によって生み出される。

もっぱら流通過程に携わる資本，すなわち商業資本のもとでの労働は新価値を形成せず，したがって国民所得を生み出さない。卸売・広告業などがそれにあたる。

貨幣取扱資本ないし利子生み資本として運動する資本が買い入れる労働力の労働も新価値を形成しないから，国民所得を生み出さない。銀行・保険・信託・証券業などの諸部門でのもろもろの金融機関の資本がそれにあたる。

生産部門以外の諸部門でも，年間総生産物の一部であるさまざまの物的手段と，そこでの労働を行なう賃労働者への労賃が資本として投下され，のちに，それらの部門の資本家の利潤をともなって還流する。これらの資本および利潤は，すべて，生産部門で生産された価値が，さまざまの仕方でそれらの部門に流入するのであって，それはすべて，生産部門で生産された国民所得の再分配なのである。

1）本節の冒頭で述べたように，日本語の「収入」にあたる英語は revenue，フランス語は revenu，ドイツ語は Revenue であり，いずれも「再びやってくるもの」という意味である。これにたいして，日本語の「所得」にあたる英語は income，ドイツ語は Einkommen で，いずれも「はいってくるもの」という意味である。しかし，フランス語では後者にあたる語はなく「国民所得」は revenu national〔国民収入〕と言うように，英語でもドイツ語でも前者と後者とのあいだに特別な意味の違いがあるわけではない。

[**本源的所得**]　生産部門で生み出された国民所得が，商業資本や金融機関の諸資本に分配ないし再分配され，こうしてこれらの部門で最終的に賃労働者，機能資本家，貨幣資本家，土地所有者の収入（所得）となる過程を，「**国民所得の第1次分配**」と呼び，この過程で形成されるもろもろの収入を「**本源的所得（収入）**」と呼ぶ。

　[**国民所得の第2次分配**]　賃労働者，機能資本家，貨幣資本家，土地所有者がそれぞれ取得した本源的所得は，さらにさまざまのかたちで彼らの手から流れ出していく。そしてそれらが，さまざまの派生的収入を形成することになる。この過程を「**国民所得の第2次分配**」と呼ぶ。

　本源的所得の一部は，医療・教育・芸能・娯楽・旅行・飲食・理容業などのように，本来の商品と同様に価格をつけて売られる**サービス**にたいする対価として支払われる。現代ではこれらの部門でのサービスの売り手の多くが，賃労働者の労働力を買って資本主義的に経営する**サービス資本**である。サービス業での労働は，対象化して価値となることがないので，これらの部門での資本も国民所得は生み出さない。そこでの資本も，したがって労賃も，そしてまた利潤も，すべて本源的所得の第2次分配でしかない。

　[**派生的所得**]　ある種の経済学では，サービス資本と同じく〈公的サービスを売るもの〉と観念されている，国家諸機関（政府・議会・裁判所・軍隊・警察・自治体，など）での労働も――販売される商品の生産・物流過程をになう労働は別として――対象化して価値とならず，国民所得を形成しない。この部門では，基本的には国民の諸収入から徴収される**租税**を財源とし，これを**財政支出**することによって，国民所得の再分配を行なう。公務員の収入はこうした派生的所得（収入）の一つであり，社会保障関係の歳出もさまざまの派生的所得を形成することになる。

　サービス部門への再分配をも含む，国民所得の分配については図233を見られたい。なお，この図では公共部門での再分配は省いてある。

　図233　国民所得と資本主義社会の諸階級へのその分配（⇒ 巻末折込み5）

　[**現行国民所得統計における国民所得概念**]　一国の経済活動の全体を見るうえで，国民所得を質的・量的に精確に把握することがきわめて重要である。資

本主義諸国の政府は，国民所得をさまざまの視点から捉える統計，**国民所得統計**を作成している。国際的に比較可能な統計の作成方法も整備されている。

しかし，それらの統計を作成するための前提となる国民所得の概念がさまざまの非科学的な観念によって歪められているために，年間に生産部門で対象化される価値が分配および再分配されていく過程を正しく捉えることが困難になっていることに留意しなければならない。

第3節　経済的三位一体の観念

[三位一体的定式]　われわれは第1篇の第6章で，労働力の価値が当事者たちの目に労働の価値および価格として，したがって労賃（労働賃金）として現われるほかはないことを見た。

本篇の第5章では，機能資本家の剰余価値のうちから貨幣資本家に支払われる利子が資本という商品の価値として現われること，それは〈資本の所有の果実〉と観念され，それに対応して企業利得は〈資本の機能にたいする報酬だ〉と観念されるばかりでなく，さらに進んで，企業利得は〈生産過程の管理・監督という労働にたいする労賃だ〉と観念されるにいたることを見た。その結果，収入としては利潤という概念さえも消え失せて，所有する資本にたいして利子という収入を受け取るものだけが資本家と見なされることになる。

本篇の第6章では，土地という独自な生産条件の独占によって，特定の生産部門における超過利潤が機能資本家から土地所有者に地代として引き渡されること，ところがこのことが，〈土地という生産要素は地代となる価値を生み出すのであって，これがそれの所有の果実として土地所有者のものになるのだ〉というように転倒させられることを見た。

こうしてわれわれは，これまでの展開によって，〈**三つの生産要素である労働，資本，土地**が，それぞれ**賃金，利子，地代という三つの収入の源泉**であり，それらが生産物の**付加価値を構成する**〉という**三位一体的定式**が必然的に成立する根拠と仕組みとを完全に理解したことになる（図234）。

[**資本主義経済についての常識的イメージに立ち帰る**]　われわれは，本論の冒頭，すなわち第1篇第1章の最初のところで，資本主義経済について人びと

図234　経済的三位一体の定式

生産の3要素＝収入の3源泉 { 労　働 ⟶ 労　賃
資　本 ⟶ 利　子
土　地 ⟶ 地　代 } 三つの収入

がもっている大づかみな一般的イメージを整理して,「経済の「循環的流れ」についての常識的イメージ」という表題をつけて図示した（☞ 図41 ⇒巻末折込み2）。じつは,いまわれわれは,再び,あの図に戻ってきているのである。

　ただ,出発点ではそれは,人びとが資本主義経済の表面を見たときに,特別な経済学的分析なしに容易にもつことができる常識的観念,表象にすぎなかったのにたいして,いまではわれわれは,そのような表面におおい隠されている,そして表面に見えるのとはまったく異なったその内部の基本的な仕組みをよく知っており,しかもそればかりではなくて,そのような内部の仕組みがどのようにして,出発点で見た常識的観念を生み出すのか,なぜそのような見え方をするのか,ということまで知ったのである。それは,あたかも,目の前にあるのがボンネットにおおわれた自動車である点ではまったく同じであるのに,はじめは,ガソリンという液体を消費して走行する不思議な物体にしか見えなかったものが,教習所で自動車の構造を学んだのちには,そこから,ボンネットに隠されているエンジンから車軸にいたる自動車の内部の仕組みを頭脳のなかに再生産して,そのような仕組みがボンネットの形状まで規定していることを見て取ることができるようになっている,といったようなものである。

　第2篇第3章で示した図201（「社会的再生産過程における生産・流通・消費の関連」⇒巻末折込み4），本章の図233（「国民所得と資本主義社会の諸階級へのその分配」⇒巻末折込み5），そして,いま見た図234（「三位一体的定式」）を,第1篇第1章冒頭で示した図41（⇒巻末折込み2）とじっくり見比べてみよう。そして,この図41が,まさに資本主義経済についてのもろもろの転倒した観念の総合だったのだ,ということを見極めよう。

　こうしてわれわれは,資本主義経済についてのわれわれの日常的な常識的イメージからつかみだした最も簡単で一般的な事象の分析から始めて,この経済の最も本質的な仕組みを次々と展開し,いま,再び出発点にとった資本主義経

済の表面に戻ってきた。こうしてわれわれは，序章第4節§2の「(4)叙述の仕方」で見た上り道（☞図40）をたどり終わったのであり，さらに具体的に言えば，第1篇第1章の図42（「叙述の出発点と到達点」）の「到達点」すなわち「本書最終章」に到達したのである。

第4節　資本主義社会の諸階級

［分配関係と諸階級］　資本主義社会の成員をなす諸個人は，そのすべてが労働する諸個人として自然と社会にかかわっているのではない。この社会では，労働力および賃労働を人格的に代表する賃労働者のほかに，資本を人格的に代表する資本家，すなわち機能資本家（産業資本家および商業資本家）および貨幣資本家と，土地所有を人格的に代表する土地所有者がいる。これらの経済的人格によって代表される諸物象は，資本主義的生産様式のもとでの諸個人の社会的関係から必然的に発生するものであるが，これらの経済的人格は，直接には，それぞれの分配における位置，どこからどのようにして収入を得ているか，ということによって区別される。すなわち，資本主義社会の分配関係と諸個人の経済的人格とが結びついているのである。

　同じ経済的人格をもつ諸個人は経済的に共通の利害をもち，他の経済的人格をもつ諸個人と共通の対抗的利害関係をもつのであって，そこから，同じ経済的人格をもつ諸個人は必然的に社会的集団を形成しないではいない。これが**階級**である。だから階級は，まずもって，資本主義社会の**分配関係**における位置を共通にする諸個人の集団だと言うことができる。この観点から見るとき，資本主義社会の基本的階級は，**労働者階級**，**資本家階級**，**土地所有者階級**の三者である（☞図233 ⇒巻末折込み5）。

　[**分配関係は生産関係によって規定されている**]　しかし，じつは，そのような分配関係を決定しているのは，人びとが生産のなかで取り結ぶ社会的関係，すなわち**生産関係**である。

　資本主義的生産における生産関係は，すでに詳しく見たように，相互に自立して私的に営まれる労働が全体として社会的分業を形成しているという生産関係，すなわち**商品生産関係**と，そのうえで形成される，労働する諸個人であり

ながら労働の諸条件から切り離されているために自己の労働力を商品として売るほかはない賃労働者と，労働しないでそれらの労働諸条件を人格的に代表する資本家とのあいだの関係，すなわち資本・賃労働関係とからなっている。土地という労働条件を人格的に代表する土地所有者は，直接に賃労働者に対立するのではなくて，労働諸条件を人格的に代表する資本家を介して賃労働者とかかわりをもつのである（☞ 図230）。

このような生産関係が，資本主義社会における分配関係を規定しているのである。特定の形態の分配関係は，歴史的な特定の生産関係の表現でしかない。分配関係が歴史的なものであるのは，生産関係が歴史的なものだからである。だから，資本主義的な分配関係は資本主義的生産関係がなくなれば，それとともに消滅する。

［**資本主義的生産関係＝資本・賃労働関係 ⇒ 基本的階級関係**］　だから，生産関係の見地から見れば，資本家階級と土地所有者階級とのあいだの対立は，生産関係において，労働諸条件を代表する二つの種類の経済的人格のあいだの対立であって，労働諸条件から切り離された労働する諸個人と労働諸条件を代表する人格との関係という基本的対立にとっての副次的な対立にすぎない。

資本主義的生産様式のもとでは，生産手段の非所有者である労働する諸個人の階級，すなわち**賃労働者階級**と，生産手段および貨幣の所有者であって非労働者である諸個人の階級すなわち**資本家階級および土地所有者階級**との関係が，最も基本的な階級関係である（図235）。

図235　資本主義社会の基本的階級関係

```
⎧ 労働する諸個人 → 労働力商品の人格化 ＝ たんなる労働者（非所有者）＝ 賃労働者階級
⎨       ↓ 分離・自立化
⎩ 労働諸条件 → 労働諸条件の人格化 ＝ 所有者（非労働者）＝ 資本家階級＋土地所有者階級
```

［**諸階級と階級闘争**］　すでに言うまでもなく，この基本的な階級関係の両当事者の**経済的利害**はあらゆる点において真正面から対立しているから，資本主義的生産関係が存続するかぎり，階級間の闘争である**階級闘争**は，賃労働者階級と資本家階級および土地所有者階級とのあいだで，とりわけ賃労働者階級と資本家階級とのあいだでたえることなく展開される。資本家階級と土地所有者

階級とのあいだに利害の対立や衝突が生じることがあっても，それはこの社会のなかでの副次的な対立，衝突でしかない。

そして，資本主義的生産の発展とともに，資本主義的生産の限界を突破して，資本主義的生産の胎内に孕まれている新たな社会の誕生を助けるようになる主体的な力が，まさに，資本主義社会における労働する諸個人の集団であるこの賃労働者階級なのである。

［労働する諸個人こそが主体である］　ところで，本書では序章（第2節§3）からこれまで，自己の労働によって社会的富を生産し，社会を支える人びとを呼ぶのに，しつこいまでに「労働する個人」または「労働する諸個人」という語を当ててきた。読者のなかには，たんに「人間」とか「個人」とか言えばいいところで，なぜわざわざそのような特異な表現を使うのか，とくに，労働者階級を形成するこの人びとをなぜストレートに「労働者」と呼ばないのか，という疑問をもたれた方があるかもしれない。すでに多くの読者が十分に察知してくださっているものと思うが，念のために記せば，その理由は次のとおりである。

第1に，いま「労働者」という言葉で人びとが考えるのは圧倒的に「賃労働者」のことである。しかし「賃労働者」は，あらゆる時代に自己の労働によって人間社会を支えてきた「労働する人びと」が，現代の社会すなわち資本主義社会でとっている疎外された姿である。現代の「賃労働者」のこの姿のなかから「労働する人びと」をつねに見抜いていることが，現代社会の仕組みを理解するための不可欠のカギとなるのである。

第2に，その「労働する人びと」は，「賃労働者」であるかぎり自己の個性や能力を十全に発展・発揮させることができないにもかかわらず，それでもなお厳然として，その一人ひとりはそれぞれに独自の個性と能力をもった「個人」である。「労働者階級」とは，同一の利害をもつそのようなもろもろの「個人」の集団にほかならない。彼らは，「社会」という生きた一つの全体のたんなる構成器官なのではなくて，各自がいずれも，その日々の行動によって現実の社会を——そして現在のところは資本主義社会を——再生産し，維持・形成している一個の生きた主体，すなわち「個人」なのである。

だから，第3に，現在の社会を変革する労働者階級の運動も，このような主

体としてのもろもろの「個人」が意識的に連帯して行なう運動であって、はじめて現実的な力を発揮することができるはずである。ましてそれが、アソシエイトした自由な諸個人によって意識的に形成されるアソシエーションをつくりだすことを目的とする運動であるなら、それは自覚的に連帯した諸個人によってになわれるほかはない。

　日々、社会を再生産し形成している主体は、それぞれ独自の個性をもった労働する諸個人なのであり、そしてまた、社会を変革する主体も、その同じ労働する諸個人なのである[2]。

2）「労働する個人」という語は『資本論』では一文（『資本論』, MEW, Bd. 23, S.185）のなかで使われているほか、「労働個人」という語が一箇所に見られるだけである（同前, S. 790）。しかし、マルクスにとって社会のなかの人間がなにをおいても「労働する個人」であったことは、彼の著作の多くの箇所から明確に読み取ることができる。以下の文章を熟読玩味されたい（強調は引用者）。

　①「われわれが出発点としてとる前提は、現実的な諸個人、彼らの行動、および彼らの物質的生活諸条件である。……特定の仕方で生産的に働いている特定の諸個人は、ある特定の社会的および政治的関係を結ぶ。ここで諸個人と言うのは、はたらき、物質的に生産している諸個人のこと、したがって特定の物質的な、彼らの意志からは独立な諸制限、諸前提および諸条件のもとで活動している諸個人のことである。」（『ドイツ・イデオロギー』, MEW, Bd. 3, S. 20, 25.）

　②「出発点はもちろん、社会のなかで生産している諸個人、それゆえ諸個人の社会的に規定された生産である。」（『経済学批判序説』, MEW, Bd. 13, S. 615.）

　③「資本の定式では、生きた労働は、原料にたいしても用具にたいしても、また労働が行なわれているあいだに必要とされる生活手段にたいしても、否定的なものにたいする仕方で、非所有にたいする仕方でかかわるのであって、この定式にはなによりもまず非土地所有が含まれている。言い換えれば、労働する個人が土地、大地にたいして自分自身の土地、大地にたいする仕方でかかわる状態、すなわち、土地の所有者として労働、生産している状態が否定されているのである。最善の場合には労働する個人は、土地にたいして労働者としてかかわるだけでなく、労働する主体としての自分自身にたいして土地の所有者としてかかわるのである。」（『経済学批判要綱』, 邦訳『資本論草稿集』②, 153-154ページ。）

　④「資本の制限とは、……生産諸力、一般的富等々、知識等々をつくりだすことが、労働する個人自身が自分を外在化させるというかたちで、すなわち彼が、自分のなかからつくりだしたものにたいして、自分自身の富の諸条件にたいする仕方でではなく、他人の富の諸条件、自分自身の貧困の諸条件にたいする仕方でかかわる、というかたちで現われる、ということなのである。」（同前, 邦訳, 218ページ。）

おわりに
――研究の到達点と残された諸課題――

　第3篇第7章で，それまでの叙述によって明らかとなった，資本主義的生産のもとで社会を構成する諸個人の労働の成果が分配される仕方を，最終的に国民所得とその諸源泉として概括した。そして，このような分配の真の内容が，必然的に，〈資本―利子〉，〈土地―地代〉，〈労働―労賃〉という三位一体的定式によっておおい隠され，剰余価値の諸部分が，相互にまったく独立したものとして現われないではいない次第を最終的に確認した。そして最後に，資本主義的生産の基本的な生産関係である資本・賃労働関係は，必然的に，労働する諸個人からなる賃労働者階級と，彼らから切り離された労働諸条件を人格的に代表する資本家・土地所有者階級との階級関係として現われざるをえないこと，彼らの階級的な利害の対立は両階級のあいだの階級闘争として展開せざるをえないことを述べた。

　本書がこれまで行なってきたのは**資本の一般的分析**，言い換えれば**資本主義的生産の一般的研究**であり，その最終的な到達点が以上のようなものだったのである。

　われわれはこうして，第1篇第1章で資本主義社会の表面についてのわれわれの表象を手がかりに，この表層を分析して，その背後に隠されている本質的な諸法則をつかみ，これらの法則にもとづいて，表層における転倒的な外観の必然性を明らかにした。

　われわれはいまでは，資本主義社会の外観的な運動は，その基底を貫いている運動法則，あるいは最深部にある内的な関連から生じているものであること，したがって前者は後者の認識なしには理解できないことを知っている。

　けれども，このことを知っているだけでは，本質的にたえざる不均衡化のなかでのたえざる均衡化としてのみ貫く資本主義生産の**諸法則のもろもろの具体的な貫徹形態**はまだ説明されないままである。それらを理解するためには，資本の一般的分析によって得られた内的関連，内的諸法則についての認識にもとづいて，さらに**具体的な諸問題の研究**に進んでいかなければならない。このよ

うな研究が，本講のあとに残された課題である。ここでは，そのうちで最も重要な課題を四つだけあげておくことにしよう。

第1に，資本の一般的分析では，資本主義的生産様式の内的諸関連およびそれらの内的編制とその一般的な現象形態とを把握することが中心課題であったから，それらの関連が貫くさいの具体的な運動形態，言い換えれば，資本主義的生産が発展するさいの動態的な形態である**産業循環**，すなわち中位の活況から次第に好景気となり繁栄局面を迎えるが，繁栄はいつかは過度の緊張状態をもたらし，隠されていた過剰生産が暴露されると恐慌が生じて生産は急激に縮小し，矛盾が一時的に解消されて再び資本の蓄積が始まるまでは不況の時期が続く，という循環的運動形態は，ごく一般的に指摘されただけで，これらの形態そのものは本格的に分析されなかった。この研究は，経済学の分科で言えば，産業循環論，景気論，恐慌論などで取り扱われる。

第2に，資本の一般的分析では，資本主義社会は主として一つの社会としてのみ取り扱われた。これは，特定の国ではないが，ある一国の内部における資本主義的生産の分析と考えることもできるものである。しかし，資本主義は現実には，多くの国における資本主義的生産の併存と絡みあいとして存在しているということばかりでなく，資本主義的生産そのものが内在的に，**世界市場**を創出・拡大して，世界を一つにしていかないではいない内的衝動をもっているという意味では，資本主義国家の形態で総括されている資本主義的生産が国家を超え出て国際的な運動を展開する次第を明らかにしなければならない。このような課題は，経済学の分科では，世界経済論などで取り扱われるべきものである。

第3に，経済学が現代のさまざまの具体的問題の解明と解決に役立つためには，資本の一般的分析によって得られた，資本主義的生産についての体系的認識すなわち理論にもとづいて，それぞれの国の資本主義的生産の，それぞれの時期の特殊的な形態と具体的な運動を明らかにし，歴史の歯車を前進させるためにそれぞれの国の労働する諸個人に提起されている，解決されるべき基本的課題を指し示さなければならない。これが現状の理論的分析であり，簡潔に言えば**現状分析**と呼ばれるものである。

最後に，以上の三つの課題に取り組むためにも，いま理論的に明らかにする

ことが緊要となっている問題を，とくに一つだけあげておこう。それは，世界中の資本主義諸国で，中央銀行が発行する銀行券が不換券となっている**不換制**が一般化しており，そして諸国での不換制を基礎に特定の国（現在はアメリカ）の不換通貨が「国際通貨」として通用しているという，世界資本主義の現在の状態をどのように理解するか，という問題である。換言すれば，貨幣である金を基礎にした貨幣システム（monetary system）はすでに意味を失ったのか，そして，厳密に言えばそのような貨幣システムを基礎にしてのみ存立できるはずの信用システム（credit system）はもはや存在しないのか，という問題である。この問題は，すでに資本の一般的分析を超えるものなので本書では触れることをしなかったが，現代の経済を分析するさいの最も重要な理論的問題の一つである。これに答えようとすれば，さらに進んで，金融論や国際金融論などで信用・銀行システムを理論的に研究することが必要となるであろう。

　以上，ここでは残された課題として四つだけをあげたが，経済学のさまざまの分科のなかには資本主義経済を対象外とするようなものはほとんどないのだから，読者は今後，資本の理論をしっかりと踏まえたうえで，さまざまの特殊研究の分野で，またさまざまの仕方で，資本主義経済のいっそう具体的な姿態の研究に取り組むことになるであろう。

　このような意味では，読者がいまたどりついたのは，まだ，山並みの連なる連峰の，他のすべての峰々をはるかに見はるかすことのできる最初の峰の頂きでしかない。いつか読者諸兄姉が，あの壮大な連峰のすべての峰々を制覇し終える日がくることを期待しよう。

あとがき

　本書の原型は，経済学の原論や概論を講義するさいに作成・配布してきたプリント教材である。1961年にはじめて作成したときにはわずか8ページのタイプ印刷のものだった。そののち，記述内容の追加や訂正を繰り返し，教材としてわかりやすくする工夫も重ねてきて，2000年6月に冊子として作成したものは300ページを超えた。しかし，新たにわかったり気づいたりしたことを盛り込んだ箇所や，時間を割いて丁寧に説明をしようとしたことのある部分は詳しくなっているのに，時間の割り振りからいつも簡単に触れるだけにしてきた部分では箇条書きのようになっているところもある。良いテキストとは，対象を知悉したうえで，読者にとって最小限必要な部分をバランスよく配置し，それらをわかりやすく簡潔に述べたものであろうから，その点から見ても，この冊子はとうてい上質のテキストとは言えない。しかも，内容的にも，まだ未解決のままになっている問題や，詰めの足りない箇所などがあちこちに残っている。

　それにもかかわらず，そのような冊子に若干の手を加えて本書をまとめることにしたのは，重要な理論的問題についての理解に大きな転換を幾度も経験してきて，いまようやく，経済学理論の最も基礎的な部分について一応は筋の通った話ができるようになった気がしているからでもあるが，他方では，この時機を失すれば，学生諸君にだけでなく，同学のみなさん，そして広く経済学を学ぼうとするみなさんに，筆者が経済学の理論的内容についてこれまでに考えてきたことをお伝えして，ご検討とご批判をいただく機会をもつことはもうできないままに終わるだろうと思われるからである。

　本書の図解について一言しよう。筆者がはじめて『資本論』に取り組んで四苦八苦していた大学1年の夏から秋にかけて，越村信三郎著『図解資本論』（全4冊，春秋社，1953年）が刊行された。この書物の内容はおおむね『資本論』の要約であったが，書名にあるように多くの図（全125図）を掲げていた。図解などというものはかえって事柄をわかりにくくするだけだと感じる人も少なくないが，筆者の場合には，これらの図は『資本論』の全体の筋道をつかむの

にかなり役に立った。とくに，あとからめくって次々と図を見ていくだけでも，読んだ全体の内容を直感的に再生産することができるように思えた。このときの経験が，その後，講義のさいに図を利用することに導いたのであった。本書には越村氏の著書からそのまま取り入れた図は一つもないが，氏の図からの影響を残しているものやそれらからヒントを得たものはあちこちにあるであろう。また，無意識のうちに図の書き方にヒントをいただいている書物がこのほかにもあるにちがいない。参照させていただいたこれらのものに感謝の意を表しておきたい。

　それにもかかわらず，本書での図解にはそれなりの個性と特徴とがあることを読者の皆さんに感じていただけるものと考えている。たとえば，本書は，労働の二重性を最初から最後まで一貫した仕方で図示することによって，経済学批判の全体系を貫いているこの「経済学のかなめ」の意義を示そうとした。また，それとの関連で，価値の実体としての抽象的労働とそれの対象化である価値そのものとをつねに明示的に区別して図示した。そしてそれらを前提にして，価値増殖過程の図示では，具体的労働による不変資本の価値移転と抽象的労働による新価値形成とを中心に，この過程の内容を直感的に把握できるように工夫した，等々である。

　　　　　　　＊　　　　＊　　　　＊

　本書のような不十分なものでも，これをまとめようと決めるまでには多くの先達，先輩，同僚，同学の皆さんからのさまざまのご指導，ご教示，ご援助を必要とした。ここではそのなかから，忘れがたい若干の先達のお名前を挙げることをお許しいただきたい。

　工場で働くか農村にはいると言い張る洟垂れに，大学でマルクスを学ぶことも意味のある選択だと諭してくださった荒木繁先生。マルクスを学ぶに相応しい経済学部をもつ大学として立教大学と法政大学とを薦めてくださった井上完二さん。大学入学時に，出たばかりの革装の長谷部訳『資本論』全5巻を贈ってくださった齋藤正治さん。政治的波乱によって困難な立場を経験しなければならなかった学生時代につねに暖かく見守ってくださった立入広太郎先生。マルクスに目が向いていることを承知のうえで経済史ゼミへの参加を許され，つ

ねにマルクスの見地から議論しようとする筆者にたいして大塚史学ないしウェーバーの立場から対等に議論してくださることによって,マルクスをきちんと読むことを強制してくださった故松田智雄先生。さまざまの問題についての長時間にわたる粗暴な議論にいつも我慢強く応じてくださっただけでなく,大学院博士課程の時期には研究室を完全に占拠・使用させてくださった広田純先生。大学院時代の全体を通じてなんの制約もなく自由にのびのびと振る舞うことを許してくださった指導教授の故三宅義夫先生。きびしい問題への簡潔な解答を要求することによって古典を熟読することの楽しさを味わせてくださった山本二三丸先生。いつも書きたてほやほやの原稿による講義を通じて,本物の経済学者の仕事を彼らが直面していた現実の課題との関連で読み解く面白さを見せてくださった小林昇先生。若輩の断定的な物言いにもつねに誠実に対応してくださり,ことあるごとに長文のお手紙で励ましてくださった故見田石介先生。そして,故関口存男先生からほぼ3年にわたってドイツ語を教えていただくことができたのも真の僥倖であった。

　ここではとくに,大学院に入学してまもなくお宅で開かれていた恐慌論研究会に参加させていただいたのち,『マルクス経済学レキシコン』の編集作業などを通じてほぼ四半世紀を同道させていただいた故久留間鮫造先生のお名前をあげさせていただきたい。筆者が,マルクスの理論・思想の圧倒的な魅力を原典を通じて実感するようになり,また,とって代わりうるもののないそれの現代的妥当性にゆるぎない確信をもつようになったのは,まさに久留間先生を通してであった。先生は,マルクス経済学の常識的な既成観念によって金縛りになっていた筆者を,さまざまの理論的問題を投げかけてくださることによって,マルクスによってマルクスを理解するように導き,スターリニズムによる呪縛から解き放たれる機縁をつくってくださった。浅学非才の身として,いまだその解放は主観的にも不十分の極みであるが,それでも,21世紀にこそマルクスの理論が労働する諸個人の実践のなかで示すであろう巨大な力をいま生き生きと感じとることができているのは,先生と出会うことができた仕合わせによるものである。

　法政大学大学院博士課程のゼミに出席してくれている諸君には,本書執筆の途次,ことあるごとに内容的な問題提起を行ない,疑問を出してもらってきた。

それによって多くの箇所で誤りを正し，記述を改善することができた。感謝する。

　桜井書店を立ち上げてまもない桜井香氏がそのむずかしい離陸の時期に，ページ数が多く，また処理に手間のかかる多数の図を含む本書の刊行を決意してくださった。そして，全体を丁寧に点検したうえで，煩雑な仕上げの過程をみごとに進めてくださった。心からお礼を申しあげる。

2001年3月
大谷禎之介

大谷禎之介
おおたにていのすけ

1934年，東京都に生まれる。
1957年，立教大学経済学部卒業，大学院経済学研究科に進む。
1962年，東洋大学経済学部助手。同専任講師，助教授を経て，
1974年，法政大学経済学部教授。経済学博士（立教大学）。
1992年から，国際マルクス＝エンゲルス財団編集委員。
1998年から，同財団日本MEGA編集委員会代表。
2005年，法政大学名誉教授。

著訳書
マルクス『資本論草稿集』大月書店（共訳），1978-1994年
マルクス『資本の流通過程』大月書店（共訳），1982年
モスト原著，マルクス改訂『資本論入門』岩波書店，1986年
『ソ連の「社会主義」とは何だったのか』大月書店（共編著），1996年
チャトパディアイ『ソ連国家資本主義論』大月書店（共訳），1999年
『経済原論』法政大学通信教育部，2001年
『マルクスに拠ってマルクスを編む』大月書店，2003年
『21世紀とマルクス』桜井書店（編著），2007年
MEGA第2部第11巻『1868-1881年の『資本論』第2部草稿』（共編），2008年

図解　社会経済学

2001年3月30日　初　版
2008年4月10日　第10刷

著　者　大谷禎之介
装幀者　林　佳恵
発行者　桜井　香
発行所　株式会社　桜井書店
　　　　東京都文京区本郷1丁目5-17　三洋ビル16
　　　　〒113-0033
　　　　電話　(03)5803-7353
　　　　Fax　(03)5803-7356
　　　　http://www.sakurai-shoten.com/

印刷所　株式会社　ミツワ
製本所　誠製本株式会社

Ⓒ 2001 Teinosuke Otani

定価はカバー等に表示してあります。
本書の無断複写(コピー)は著作権法上
での例外を除き，禁じられています。
落丁本・乱丁本はお取り替えします。

ISBN4-921190-08-9　Printed in Japan

図35　社会形態の発展＝生産様式の交替
❖ アジア的奴隷制は省く

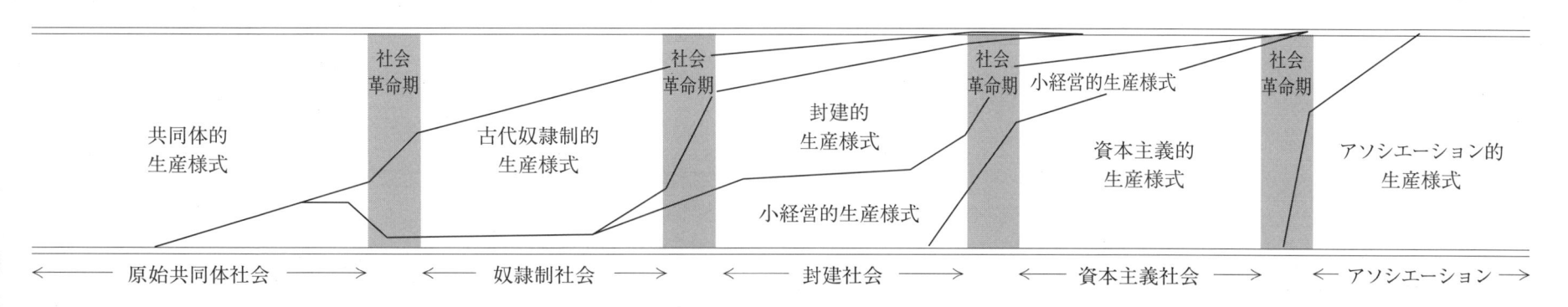

共同体的生産様式　／　古代奴隷制的生産様式　／　封建的生産様式　／　小経営的生産様式　／　資本主義的生産様式　／　アソシエーション的生産様式

小経営的生産様式

社会革命期

←　原始共同体社会　→　←　奴隷制社会　→　←　封建社会　→　←　資本主義社会　→　←　アソシエーション

図36　社会革命＝生産力の発展を起動力とする社会構成体の交替

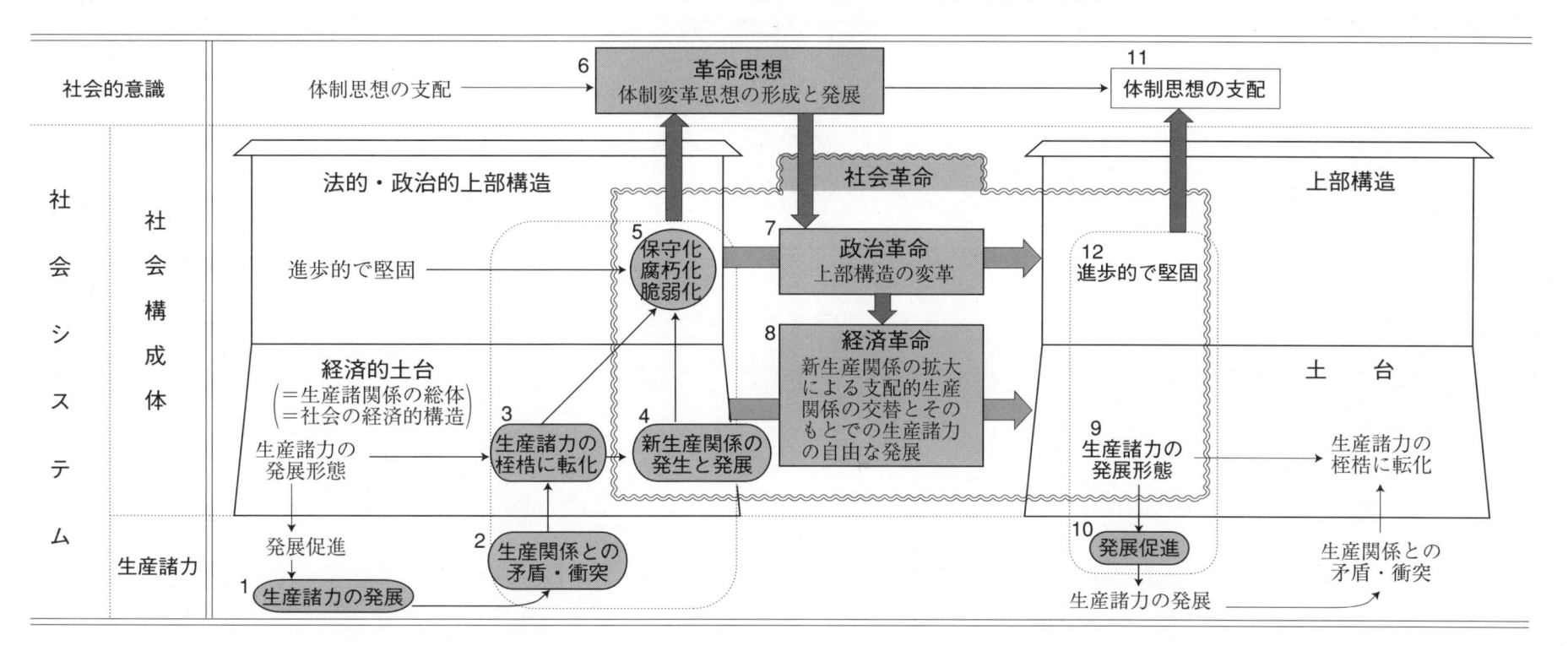

社会的意識：体制思想の支配　→　6 革命思想 体制変革思想の形成と発展　　11 体制思想の支配

社会構成体：
- 法的・政治的上部構造　／　社会革命　／　上部構造
- 進歩的で堅固　→　5 保守化 腐朽化 脆弱化　→　7 政治革命 上部構造の変革　→　12 進歩的で堅固
- 経済的土台（＝生産諸関係の総体＝社会の経済的構造）
- 生産諸力の発展形態　→　3 生産諸力の桎梏に転化　→　4 新生産関係の発生と発展　→　8 経済革命 新生産関係の拡大による支配的生産関係の交替とそのもとでの生産諸力の自由な発展　→　土台
- 9 生産諸力の発展形態　→　生産諸力の桎梏に転化

生産諸力：
- 発展促進　→　1 生産諸力の発展　→　2 生産関係との矛盾・衝突
- 10 発展促進　→　生産諸力の発展　→　生産関係との矛盾・衝突

図35　社会形態の発展＝生産様式の交替
図36　社会革命＝生産力の発展を起動力とする社会構成体の交替

図41　経済の「循環的流れ」についての常識的イメージ

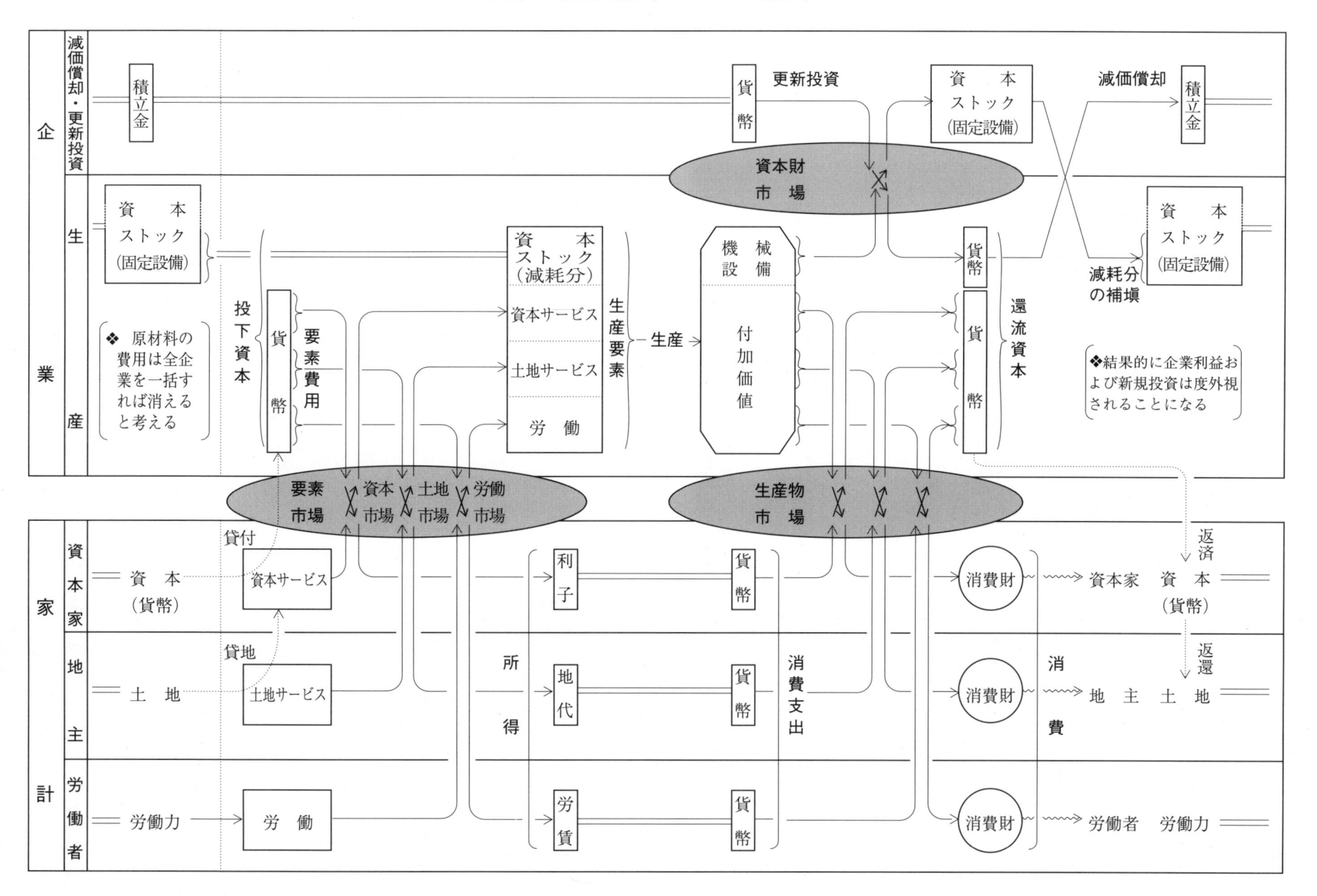

図41　経済の「循環的流れ」についての常識的イメージ　2

図127 価値増殖過程（剰余価値の生産）

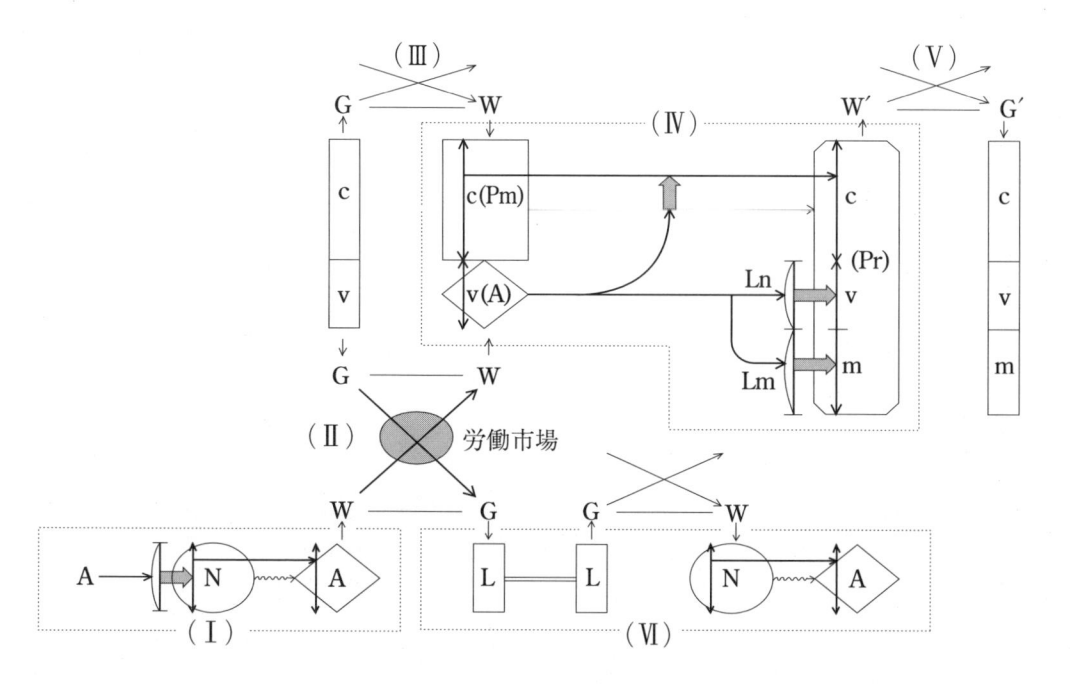

Pm	= 生産手段（Produktionsmittel）
A	= 労働力（Arbeitskraft）
Pr	= 生産物（Produkt）
N	= 必須生活手段（notwendige Lebensmittel）
W	= 商品（Ware）
G	= 貨幣（Geld）
c	= 不変資本（c[k]onstantes Kapital）
v	= 可変資本（variables Kapital）
m	= 剰余価値（Mehrwert）
Ln	= 必須労働時間（notwendige Arbeitszeit）
Lm	= 剰余労働時間（Mehrarbeitszeit）
L	= 賃金（Lohn）

（Ⅰ）［**労働力価値の規定**］労働力の価値は，必須生活手段（労働力を再生産するために不可欠な生活手段）の価値によって，したがって必須生活手段の社会的必要労働時間によって，規定されている。

（Ⅱ）［**労働力の購買（労働力への資本投下）**］資本家は労働市場で，労働者から労働力を時間極めで買い，対価として賃金を（実際には後払で）支払う。

（Ⅲ）［**生産手段の購買（生産手段への資本投下）**］資本家は商品市場で，他の資本家から生産手段を買う。

（Ⅳ）［**労働力の消費**］資本家は，買った労働力を契約時間のあいだ消費する。つまり労働者を自分の指揮と監督とのもとで労働させる。
　　　この労働力消費の過程は，同時に，一方では労働過程であり，他方では価値増殖過程である。
　①［**労働過程**］労働者の労働の一方の側面である具体的労働は，生産手段を変形・加工して，生産物を生産する。
　②［**価値増殖過程**］ⓐ［**生産手段の価値の移転**］具体的労働は，生産手段の価値（旧価値）を生産物のなかに移転する。したがって，生産手段に投下された資本部分（不変資本）の価値量は，この過程を通じて保存されるだけで，その大きさは不変である。
　　　　　　　　　　ⓑ［**労働力価値の等価の再生産と剰余価値の新生産**］労働者の労働の他方の側面である抽象的労働は，商品のなかに対象化して新価値となる。すなわち，まず労働力価値の等価を再生産し（必須労働時間），さらにそれを超えて，剰余価値を新たに生産する（剰余労働時間）。したがって，労働力に投下された資本部分（可変資本）の価値量は，この過程のなかで変化できるばかりでなく，増大する。

（Ⅴ）［**商品価値の実現による剰余価値の実現**］資本家は，商品市場で自分の商品を売り，それの価値を実現する（貨幣に転化する）。それによって同時に，この価値のなかに含まれている剰余価値を実現する（貨幣に転化する）。

（Ⅵ）［**労働力の再生産**］労働者は，労働力の対価として得た賃金で，資本家から必須生活手段を買い，それを消費して，労働力を再生産する。

図127　価値増殖過程（剰余価値の生産）　3

図201　社会的再生産過程における生産・流通・消費の関連

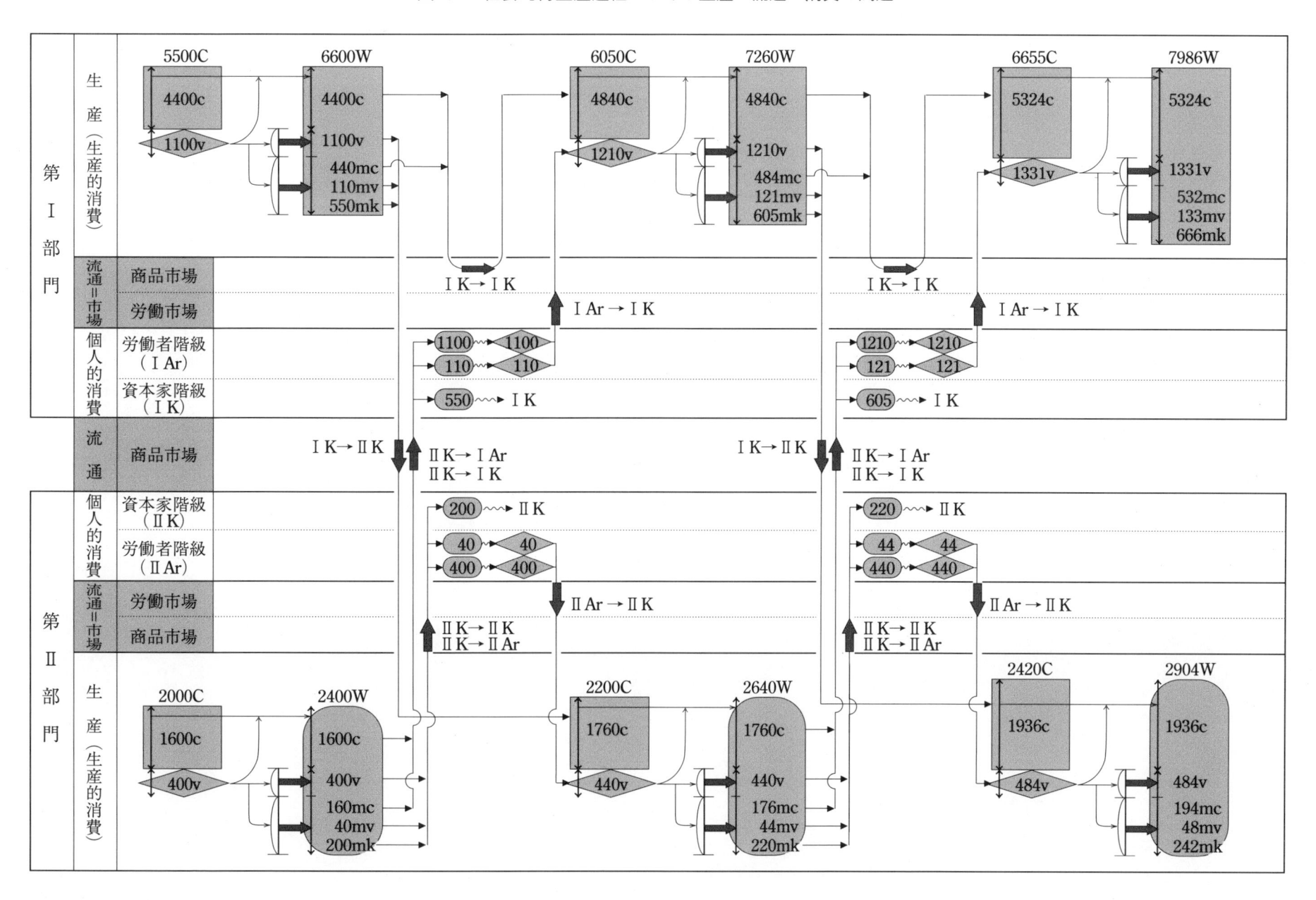

図 201　社会的再生産過程における生産・流通・消費の関連　4

図233　国民所得と資本主義社会の諸階級へのその分配

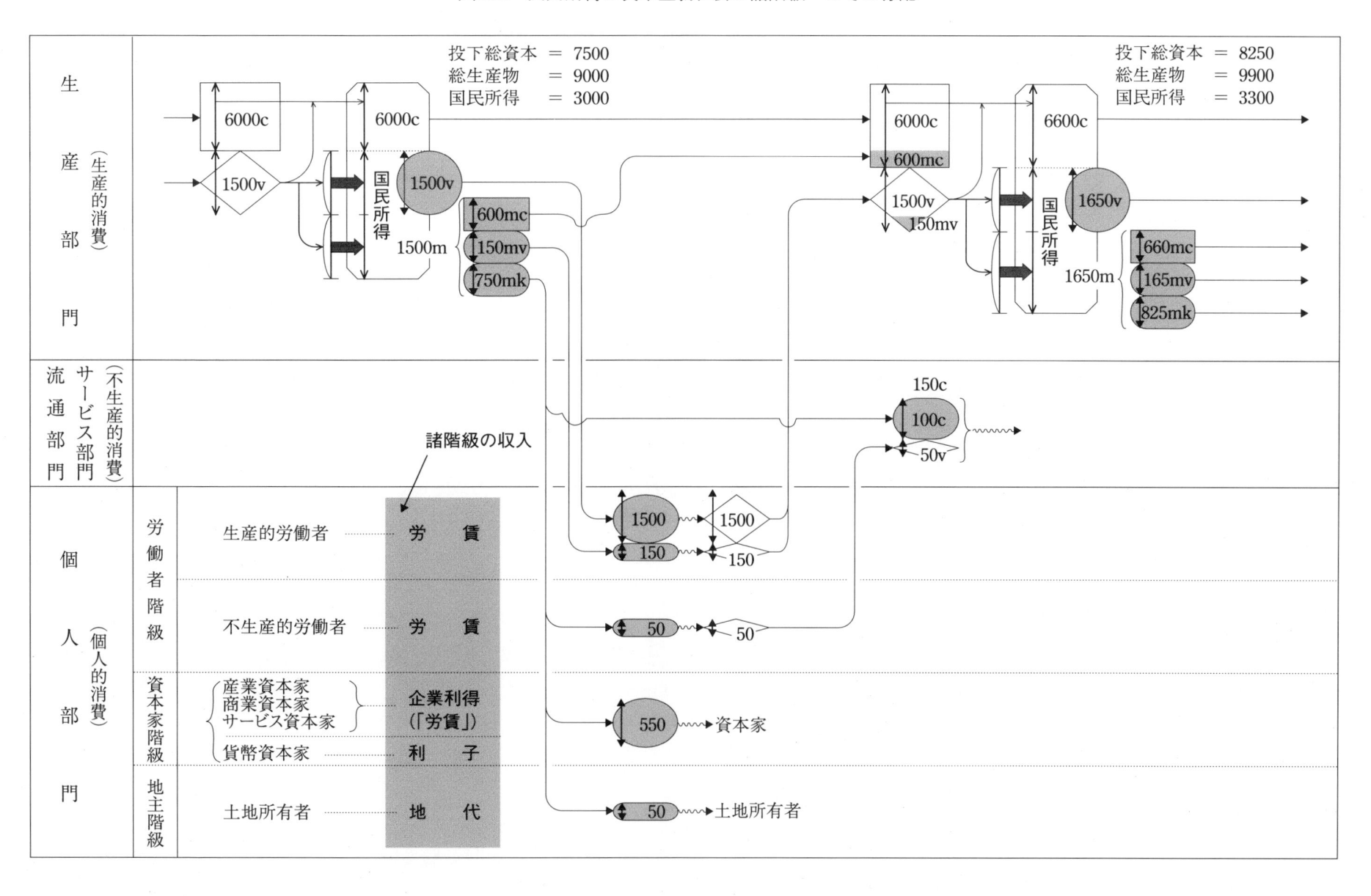

図233　国民所得と資本主義社会の諸階級へのその分配　5